고려 현종 연구

고려 현종 연구

김 갑 동 _{지음}

혜안

책머리에

　고려시대의 역사를 공부하면서 몇몇 왕과 인물들의 생애에 대해 흥미를
가져왔다. 그 중 많은 관심을 가졌던 인물 중의 하나가 고려 현종이었다.
그는 불우한 어린 시절을 극복하고 왕위에 오른 인물이었기 때문이다.
어머니 얼굴도 모른 채 태어났으며 다섯 살 때 아버지마저 죽음으로써
고아로 자랐던 것이다. 그 후 19세에 왕위에 오르기까지 모진 고난과
역경을 겪었다. 심지어는 천추태후에 의해 죽음을 당할 뻔까지 하였다.
왕위에 즉위한 후 22년 동안 그는 많은 제도적 개혁과 업적을 남겼다.
그리하여 그는 崔冲에 의하여 '고려의 중흥을 이룩한 임금[中興之主]'이라
는 평가를 받기도 하였다. 따라서 그에 대한 관심을 가지고 여러 편의
논문을 발표하였다. 그 논문들을 모아 수정, 보완하여 이 저서를 내놓게
되었다.

　이 책의 내용은 총 4장으로 구성되어 있다. 1장에서는 천추태후와
현종의 즉위 과정을 살펴보았다. 현종의 이모이며 목종의 어머니인 천추
태후는 사실은 경종과 친남매라는 사실을 밝혔다. 그러나 이를 감추기
위해 어머니 성을 따랐는데 그의 집권기에는 그녀의 고향 인근의 서경세력
이 득세하였음을 살펴보았다. 또 현종이 어린 시절 3년 정도 머물렀던
사천 지역의 현황과 즉위 과정, 즉위 후의 정책과 사천 문제 등을 고찰해
보았다.

　2장에서는 후비들의 稱外姓 문제와 현종의 혼인을 살펴보았다. 먼저

고려 초부터 왕비들이 어머니 성을 따르는 제도가 있었는데 이것이 현종 대에 제도적으로 고착해가는 과정과 그 배경을 탐구해 보았다. 또 현종의 혼인 현황을 살펴보고 왜 김은부의 세 딸이 왕비가 되었는가 하는 점도 고찰하였다. 그 과정에서 거란의 침입도 간단하게 살펴보았다.

3장에서는 현종 대의 지방제도 개혁과 전라도의 탄생을 살펴보았다. 고려의 지방제도는 고려 태조 때부터 정비되기 시작했지만 그것이 완성된 것은 현종 대라 생각되기 때문이다. 당시의 외관 파견 문제, 주·속현 제도의 정비 문제를 다루어 보았다. 또 현종 9년에 전라도가 탄생하였는데 왜 무주를 제치고 나주가 부상하여 전라도 명칭에 포함되었는가 하는 점에 주목해 보았다.

4장에서는 현종 대의 사상과 문화를 살펴보았다. 먼저 현종 대까지 활약했던 김심언의 생애를 살펴보고 그의 유학 사상을 그가 올린 封事를 통하여 고찰해 보았다. 김심언의 유학 및 역사에 대한 해박한 지식이 현종 대의 역사 편찬과 지방 제도 개혁에 어떤 영향을 끼쳤는가를 살폈다. 또 현종 대에 편찬된 『七代事跡』의 편찬 과정을 살펴보고 그것이 『太祖實錄』과 어떠한 관련성이 있는지를 탐구하였다. 나아가 현종의 불교 정책 속에서 홍경사의 창건 과정과 그 의의도 살펴보았다.

위와 같은 내용은 대부분 기존에 발표했던 논문과 크게 다르지 않다. 따라서 이 책의 근간이 된 논문들을 제시해 보는 것이 좋을 듯하다.

김갑동, 「김심언의 생애와 사상」 『사학연구』 48, 1994

김갑동, 「고려 현종대의 지방제도 개혁」 『한국학보』 80, 1995

김갑동, 「고려 현종과 사천지역」 『한국중세사연구』 20, 2006

김갑동, 「고려전기 후비의 칭외성문제」 『한국사학보』 37, 2009

김갑동, 「천추태후의 실체와 서경세력」 『역사학연구』 38, 2010

김갑동, 「고려 현종의 혼인과 김은부」 『한국인물사연구』 15, 2011

김갑동, 「전라도의 탄생과 그 의의」『역사학연구』63, 2016
김갑동, 「고려의 7대사적과 태조실록」『사학연구』133, 2019

    끝으로 졸저의 출판을 흔쾌히 허락해 주신 혜안의 오일주 사장님과 김태규 선생님을 비롯한 편집진 여러분께 고마움을 전하고 싶다.

2022년 3월
원오 김갑동 씀

목차

2장 후비의 칭외성 정책과 현종의 혼인

3장 현종의 지방제도 개혁과 전라도

4장 현종 대의 사상과 문화

1장
천추태후와 현종의 즉위

I. 천추태후의 실체와 서경 세력

1. 머리말

우리 역사에서 여자가 왕위에 오른 것은 매우 드물다. 공식적인 여왕은 신라에만 존재했으니 선덕여왕, 진덕여왕, 진성여왕이 그들이다. 그러나 왕은 아니었지만 실질적인 권력을 가지고 권력을 좌우한 경우도 드문 일은 아니었다. 그 중의 한 인물이 고려시대의 千秋太后이다.

그는 景宗의 부인이었으며 穆宗의 어머니였다. 顯宗의 이모이기도 하였다. 그는 목종이 즉위하자 천추태후라 불리면서 전권을 휘둘렀다. 그는 西京을 鎬京이라 하여 중국의 則天武后가 周나라의 부흥을 표방했던 것처럼 고려의 부흥과 개혁을 꿈꾸었다. 周나라의 서울이 바로 호경이었기 때문이다. 또 그의 치세 기간인 목종 대에는 거란의 침략이 없었으니 대외 정책도 무난하게 수행하였다고 평가할 수 있다. 그러나 목종의 후계자 문제로 顯宗과 대립하였다. 자신의 아들로 후계자를 삼으려 했으나 목종의 배려와 康兆의 정변으로 현종이 왕위에 오르면서 실각하였다.

그의 치적과 활동에 관해서는 어느 정도의 연구가 진행되었다.[1] 그러나

---

1) 김창현, 「고려시대 천추태후와 인예태후의 생애와 신앙」『한국인물사연구』 5, 2006 ; 권순형, 「고려 목종대 헌애왕태후의 섭정에 대한 고찰」『사학연구』 89, 2008 ; 김아네스, 「고려시대 천추태후의 정치적 활동」『한국인물사연구』

그의 출자에 대해서는 미심쩍은 데가 없지 않다.[2] 그리고 그가 왜 서경을 중심으로 개혁 정치를 하려 하였는가 하는 배경도 깊이 있게 천착된 것 같지 않다.

따라서 필자는 우선 천추태후의 실체를 千秋殿夫人과 관련하여 살펴보겠다. 또 서경 세력의 동향과 관련하여 경종과 성종의 혼인을 살펴보고자 한다. 특히 외척 세력의 동향을 중심으로 천추태후의 등장 배경을 탐구해 보고자 한다.

2. 천추태후의 실체

천추태후는 원래 경종의 왕비 獻哀王后 皇甫氏로 戴宗의 딸이라고 되어 있다.[3] 경종의 또 다른 왕비인 獻貞王后 皇甫氏도 대종의 딸로 천추태후의 동생이었다고 나와 있다.[4] 그런데 고려의 제6대 임금 成宗도 대종의 아들이었다. 즉 그는 원래 이름이 治로 대종의 둘째 아들이었으며 어머니는 宣義太后 柳氏였다.[5] 즉 대종 旭은 孝德太子, 成宗, 敬章太子를 낳았던 것이다.[6] 따라서 지금까지 학자들은 성종과 천추태후[헌애왕후], 헌정왕후를 친남매간으로 간주해 왔다. 아버지가 같다고 되어 있으니 어머니도 당연히 같다고 보았던 것이다.

그러나 여기에는 의문의 여지가 없지 않다. 성종의 어머니는 선의왕후

10, 2008 ; 김창현, 『천추태후, 역사 그대로』, 푸른역사, 2009.

2) 대부분의 연구자들은 헌애왕후와 헌정왕후의 어머니를 선의왕후 柳氏로 보고 있으나 金塘澤은 그의 어머니를 皇甫氏로 보고 있는 것이다.(「高麗 穆宗 12年의 政變에 대한 一考」 『韓國學報』 18, 1980, 〈표 1〉)

3) 『高麗史』 권88 후비전1 경종 헌애왕태후 황보씨조.

4) 『高麗史』 권88 후비전1 경종 헌정왕후 황보씨조.

5) 『高麗史』 권3 성종세가 서문.

6) 『高麗史』 권90 종실전1 대종 욱조.

류씨라 분명히 밝히고 있지만 천추태후와 헌정왕후의 어머니는 분명치 않기 때문이다. 그렇다면 그의 어머니는 누구인가. 다음 기록을 보자

A - ① 光宗의 大穆王后 皇甫氏는 태조의 딸이니 景宗과 孝和太子 및 千秋·寶和 두 부인과 公主 한 사람을 낳았다.(『高麗史』 권88 후비전1 광종 대목왕후 황보씨조)

② 광종은 3명의 딸을 두었다. 千秋殿夫人은 대목왕후 황보씨의 소생이 며 千秋殿君에게 시집갔다. 寶和宮夫人도 대목왕후의 소생이다. 문덕 왕후도 대목왕후의 소생이며 그의 사적은 후비전에 있다.(『高麗史』 권91 공주전 광종조)

③ 文元大王 貞은 封爵 追贈의 사유를 역사에서 잃었다. 그 아들 천추전 군은 광종의 딸 阿志君에게 장가들었는데 일찍 죽었으며 역사에 그 이름이 누락되었다.(『高麗史』 권92 종실전 문원대왕 정조)

여기서 보는 바와 같이 A①의 기록에 대목왕후 황보씨는 광종과 결혼하 여 景宗과 孝和太子 및 千秋·寶和 두 부인과 公主 한 사람을 낳았다고 되어 있다. 그러나 A②의 기록에 보면 그녀는 광종과의 사이에서 千秋殿夫 人과 寶和宮夫人, 文德王后 세 딸을 낳은 것으로 되어 있다. 그렇다면 천추부인과 천추전부인, 그리고 보화부인과 보화궁부인은 동일인임에 틀림없으며 공주 1인이란 바로 문덕왕후를 가리킨다 하겠다. 문덕왕후는 광종의 딸로써 처음에는 弘德院君에게 시집갔다가 후에 성종의 배필이 된 사람이다.[7] 홍덕원군 圭는 태조와 獻穆大夫人 平氏와의 사이에서 태어 난 壽命太子의 아들이었다.[8] 이로 미루어 홍덕원군에게 시집갔을 때는 일개 공주에 지나지 않았으나 성종의 배필이 되면서 문덕왕후가 된

---

7) 『高麗史』 권88 후비전1 성종 문덕왕후 유씨조.
8) 『高麗史』 권90 종실전 태조 수명태자조.

것이라 생각된다. 천추전부인은 阿志君이란 이름을 갖고 있었음도 알 수 있다.

그렇다면 광종과 대목왕후 황보씨 사이에서 난 천추전부인과 보화궁부인은 누구인가. 천추전부인의 어렸을 때 이름은 阿志君이었다. A-③의 기록이 그것을 증명해 준다. 천추전부인은 千秋殿君에게 시집갔음도 알 수 있다. 그런데 천추전군은 태조와 신명순성왕태후 劉氏와의 사이에서 태어난[9] 文元大王 貞의 아들이었다. 그가 광종의 딸 아지군에게 장가들었는데 일찍 죽었다고 되어 있다. 이를 종합해 보면 광종과 대목왕후 사이에서 낳은 천추전부인은 원래 이름이 아지군이었는데 문원대왕 정의 아들인 천추전군에게 시집갔으나 천추전군이 일찍 죽어 과부가 되었음을 알 수 있다.

그런데 문제는 이 천추전부인이 바로 헌애왕후 황보씨가 아닌가 하는 것이다. 천추태후의 '千秋'와 천추부인의 '千秋'란 글자가 동일하기 때문이다. 천추태후라는 호도 그가 천추전에 거처하였기 때문이었다. 다음 기록을 보자.

> B. 헌애왕태후 황보씨는 戴宗의 딸이니 穆宗을 낳았다. 목종이 왕위에 오르자 그에게 應天啓聖貞德王太后라는 존호를 올렸다. 목종의 나이 이미 18세가 되었으나 태후가 섭정하였는데 千秋殿에 거처하였으므로 세상에서 그를 천추태후라 불렀다.(『고려사』 권88 후비전1 경종 헌애왕태후 황보씨조)

여기서 보는 것처럼 그는 적어도 목종 대에는 천추전에 거처하였음을 알 수 있다. 그런데 '천추태후'란 칭호는 정식 태후의 명칭이 아니고

---

9) 『高麗史』 권88 후비전1 태조 신명순성왕태후 유씨조.

세상 사람들이 천추전에 거처하였으므로 그렇게 부른 것임도 알 수 있다. 그렇다면 목종이 즉위하기 전에는 태후라 하지 못했을 것이고 헌애왕후 역시 죽은 뒤에 붙여진 시호임에 틀림없다. 광종비 대목왕후나 경종비 헌숙왕후, 성종비 문덕왕후도 다 죽은 뒤에 붙여진 시호이기 때문이다.10) 따라서 생전에는 천추전부인이라 불렸을 것이다. 태조의 왕비 신정왕태후 황보씨도 생전에는 明福宮大夫人으로 불렸으나 그가 죽은 후 신정대왕태후라는 시호를 받았기 때문이다.11) 그렇다면 대목왕후의 딸인 천추전부인이 곧 천추태후라는 결론이 된다.

만약 천추전부인과 천추태후가 별개의 인물이라 한다면 같은 시대에, 같은 궁전에서 두 사람의 부인이 살았거나 천추전부인을 쫓아내고 헌애왕후가 천추전에 살았다고 볼 수밖에 없다. 그러나 그렇게 보는 것은 비합리적이다. 광종의 딸과 대종의 딸이 같이 살았다는 것도 있을 수 없고 또 뚜렷한 이유없이 광종의 딸인 천추전부인을 추방하고 자기가 그 궁전을 사용했다는 것도 논리에 맞지 않는다. 고려 왕실에는 많은 후비와 공주가 있었지만 동시대에 같은 궁전 이름을 붙인 2명의 부인은 없기 때문이다.

또 천추전부인이 일찍 죽어 헌애왕후가 천추전을 사용했을 가능성도 상정해 볼 수 있다. 그러나 천추전부인이 일찍 죽었다는 증거도 없다. 즉 『高麗史』 공주전에 보면 일찍 죽은 공주들은 그 기록이 명시되어 있다. 예를 들면 덕종의 殤懷公主는 일찍 죽었다고 기록되어 있으며 문종의 공주인 인예태후의 소생 2공주, 인숙현비 소생의 2공주, 인목덕비 소생의 1공주도 모두 일찍 죽었다고 기록하고 있는 것이다.12) 그러나

---

10) 『高麗史』 권88 후비전1 광종 대목왕후 황보씨 및 경종 헌숙왕후 김씨, 성종 문덕왕후 유씨조.
11) 『高麗史』 권88 후비전1 태조 신정왕태후 황보씨조.
12) 『高麗史』 권91 공주전 덕종 및 문종조.

천추전부인이 일찍 죽었다는 기록은 없다. 만약 일찍 죽었다 하더라도 권력을 좌지우지했던 천추태후가 죽은 인물이 살던 궁에 그대로 머물러 살았다는 것도 이상하다. 반드시 궁전의 이름을 개명했든지 아니면 새로 지었을 것이다. 따라서 천추전부인과 천추태후는 '천추전'이라는 곳에 살았던 동일인물로 보아야 할 것이다. 천추전부인은 자신의 아들인 목종이 즉위하자 천추태후가 된 것이다. 결국 천추전부인은 대목왕후 황보씨의 딸로 처음 천추전군에게 시집갔다가 일찍 과부가 되었는데 이후 경종과 결혼하여 헌애왕후가 되었다는 것이다. 다시 말해 천추태후는 천추전부인과 동일 인물로 경종의 누이 동생이라는 것이다.

그렇다면 경종과 나이 차이가 많지 않아야 한다. 이를 따져보자. 경종은 광종 6년에 태어났으니[13] 955년 생이다. 헌애왕후는 현종 20년(1029)에 66세의 나이로 죽었으니[14] 광종 14년(963) 생이다. 둘의 나이 차이가 8년인 셈이다. 앞의 사료 A-①에서 보는 바와 같이 경종의 동생으로 효화태자가 하나 더 있었으니 효화태자의 동생인 천추전부인과 경종이 여덟 살 차이라면 충분히 납득이 간다. 즉 경종과 천추전부인 둘 다 대목왕후의 소생일 가능성이 충분히 있는 것이다.

만약 헌애왕후가 성종의 친동생이라면 그들의 나이 차이도 어느 정도 들어맞아야 한다. 성종은 광종 11년(960)에 태어났으니 헌애왕후와 세 살 차이가 된다. 얼핏 보면 가능성이 충분히 있다고 보여진다. 그런데 성종의 동생으로 경장태자가 하나 더 있었으니 3년 동안에 3명의 아이가 태어났다고 보는 것은 무리가 아닌가 한다.

또 성종의 어머니 宣義王后 柳氏는 일찍 죽었다고 되어 있다.[15] 몇 살에 죽었는지 알 수 없다. 그러나 대종보다 먼저 죽었다고 보는 것이

---

13) 『高麗史』 권2 경종세가 서문.
14) 『高麗史』 권88 후비전 경종 헌애왕태후 황보씨조.
15) 『高麗史』 권88 후비전 태조 신정황태후 황보씨.

순리이다. 대종은 광종 20년(969)에 죽었는데[16] 일찍 죽었다는 표현이 없다. 대종은 광종의 아우였다.[17] 그런데 광종은 태조 8년(925)에 태어났으므로 광종 20년(969)에는 44세였다. 당연히 대종은 그보다 나이가 어렸으므로 40세 전후에 죽었다고 볼 수 있다. 그런데도 일찍 죽었다고 표현하지 않은 것을 보면 선의왕후는 대종보다 먼저 죽었음에 틀림없다. 그것은 성종이 직접 한 말에서도 증명이 된다. 즉 성종 8년(989) 12월 아버지 대종과 어머니 선의왕후의 제삿날에 불공을 드리도록 하면서 교서를 내렸는데 거기에 보면 "과인은 어려서 어머니를 여의고 자라서는 또 일찍 (아버지를 여의어) 고아가 되었다[寡人幼而卽閔 長又早孤]"[18]라고 하고 있는 것이다. 이로 미루어 선의왕후는 성종이 어렸을 때 죽었음을 알 수 있다.

성종의 아우로 경장태자가 있었던 것으로 보아 경장태자는 광종 14년(963)을 전후하여 태어났고 그가 태어난 직후 선의왕후가 죽은 것이 아닌가 한다. 그때는 성종이 세 살 내지 네 살쯤 되었으므로 어렸을 때 죽었다는 표현이 나온 것이다. 그런데 헌애왕후가 경장태자의 동생이라면 그녀는 광종 17년(966) 전후에 태어났다고 보아야 할 것이다. 그때까지 선의왕후가 살아 있었다고 보는 것은 무리인 것 같다. 헌애왕후의 동생인 헌정왕후도 경장태자의 동생으로 본다면 헌정왕후의 출생 연도가 광종 20년(969) 전후가 되어 헌정왕후의 어머니가 선의왕후일 가능성은 더욱 희박해지는 것이다. 결국 아지군→ 천추전부인→ 헌애왕후→ 천추태후의 순으로 동일 인물을 달리 부른 것이고 헌애왕후[천추태후]와 헌정왕후의 어머니는 선의왕후 류씨가 아닌 대목왕후 황보씨라 하겠다.

그렇다면 A-②의 보화궁부인은 자연스럽게 헌애왕후의 동생인 헌정왕

---

16) 『高麗史』 권2 광종세가 20년 11월조 및 권90 종실전 대종 욱조.
17) 『高麗史』 권2 광종세가 20년 11월조에는 "王弟 旭"이라 표현되어 있다.
18) 『高麗史』 권3 성종세가 8년 12월조.

후의 생존 시 명칭이라 하겠다. 그것은 그가 대목왕후의 소생이라고만 했을 뿐 누구에게 시집갔는지 밝히고 있지 않은 것에서도 알 수 있다. 그 이전 태조에서 정종에 이르기까지 그들의 딸들에 대해서는 동향을 다 밝히고 있기 때문이다. 그 기록을 보자.

C. 太祖는 딸이 9명이다. 大穆王后는 神靜王太后 皇甫氏의 소생이니 그의 사적은 후비전에 있다. 文惠王后는 貞德王后 柳氏의 소생이니 文元大王 貞에게 시집갔다. 宣義王后도 정덕왕후의 소생이니 戴宗 王旭에게 시집가서 成宗을 낳았다. 후가 죽으니 시호를 宣義라고 하였으며 대종 사당에 같이 모셨다. 목종 5년에 貞淑이라는 시호를 더 주었으며 현종 5년에 靜穆이라는 시호를 더 주었고 현종 18년에 匡懿라는 시호를 더 주었으며 고종 40년에 益慈라는 시호를 더 주었다. 공주는 史記에 그의 칭호를 전하지 않았으나 그도 정덕왕후의 소생이며 義城府院大君에게 시집갔다. 順安王大妃는 貞穆夫人 王氏의 소생이다. 공주는 史記에 그의 칭호를 전하지 않았다. 그는 興福院夫人 洪氏의 소생이니 태자 泰에게 시집갔다. 공주는 史記에 그의 칭호를 전하지 않았다. 聖茂夫人 朴氏의 소생인바 金傅에게 시집갔다. 安貞淑儀公主는 神明王太后 劉氏의 소생이니 신라 왕 金傅가 고려조에 투항하였으므로 공주를 그에게 시집 보내고 樂浪公主라고 불렀으며 또 神鸞宮夫人이라고도 불렀다. 興芳公主도 신명태후의 소생인바 元莊太子에게 시집갔다. 惠宗은 딸이 3명이다. 慶華宮夫人은 義和王后 林氏의 소생이니 그의 사적은 후비전에 있다. 貞憲公主와 明惠夫人은 궁녀 哀伊主의 소생이다.

定宗은 딸이 1명이다. 공주는 史記에 그 칭호를 전하지 않았다. 그는 文成王后 朴氏의 소생이며 孝成太子에게 시집갔다.(『高麗史』 권91 공주전)

여기서 보는 바와 같이 태조의 딸 순안왕대비와 혜종의 딸 정혜공주, 명혜부인만 누구에게 시집갔는지 밝히고 있지 않다. 이는 그들이 시집을 가지 않았거나 기록의 미비로 볼 수 있다. 특히 정헌공주는 누구의 소생인지도 밝히고 있지 않다. 그러나 『高麗史』 권88 후비전을 보면 정헌공주는 혜종과 의화왕후 林氏와의 사이에서 태어났음을 알 수 있다.[19] 이는 분명 기록의 미비임에 틀림없다. 이렇게 볼 때 보화궁부인에 대해서도 기록의 미비 때문에 밝히지 못하였다 할 수 있다. 그러나 광종의 딸인 천추전부인과 보화궁부인 둘 다 기록이 없었거나 행방을 몰랐기 때문이라 보기는 어렵다. 천추전부인도 천추군이 일찍 죽어 과부가 되었을 텐데 그 이후의 행방을 기록하지 않은 것을 보면 밝히기 어려운 측면도 있었지 않나 한다. 그 이유에 대해서는 후술하겠다.

헌정왕후가 보화궁부인임은 금석문을 통해서도 확인할 수 있다. 玄化寺碑文에 보면 헌정왕후 즉 孝肅仁惠王太后[20]가 大內의 寶華宮에서 죽은 것으로 되어 있다.[21] 그런데 이 기록을 잘못된 것으로 보는 견해도 있다. 즉 헌애왕후가 경종이 죽은 후 私第에서 살았다는 『高麗史』 표현을 들어 보화궁에서 죽었다는 이 기록은 잘못되었다는 것이다.[22] 그러나 합리적으로 해석하면 원래 보화궁에서 거주하여 보화궁 부인으로 불리워졌는데 경종이 죽으면서 私第에 거주하다 죽음에 이르러 원래 살던 궁으로 돌아온 것이라고 본다. 후비를 사제에서 장사할 수는 없기 때문이다. 그렇게 본다면 헌정왕후는 보화궁부인으로 광종과 대목왕후 황보씨의 소생이며

---

19) 『高麗史』 권88 후비전 혜종 의화왕후 임씨조.

20) 효숙인혜왕태후는 헌정왕후로 책봉된 후에 추가된 시호이다. 즉 현종이 즉위하자 그를 孝肅王后로 추존하였으며 현종 8년에 惠順이 더해졌는데 현종 12년에 혜순을 仁惠로 고쳤던 것이다.(『高麗史』 권88 후비전 경종 헌정왕후조)

21) 朝鮮總督府 編, 「玄化寺碑」 『朝鮮金石總覽(上)』, 亞細亞文化社, 1976, 243쪽. 寶和宮과 寶華宮이 같은 궁을 말하는 것임은 자명하다.

22) 김창현, 「고려시대 후비의 칭호와 궁」 『고려의 여성과 문화』, 신서원, 2007, 17쪽.

그 언니인 헌애왕후는 보화궁부인의 언니 천추전부인이라는 결론이 된다.

물론 玄化寺碑文을 판독한 어느 학자에 의하면 헌정왕후는 "成宗大王之次姉也"로 되어 있다고 하였다.[23] 즉 그의 어머니가 선의왕후 유씨인 것처럼 되어 있다. 이것이 정확한 판독이라면 이는 잘못된 사실이다. 그는 성종보다 늦게 태어났기 때문이다.[24] 또 성종의 동생으로 되어 있는 것도 후술하겠지만 경종과 헌정왕후의 男妹婚을 감추기 위한 것이라고 본다. 이 비문에는 사실과 다른 내용이 많이 있기 때문이다. 예를 들면 안종이 泗州[경남 사천]로 귀양간 것이 거란의 침입을 피하기 위해서라고 기술되어 있다든가 헌정왕후가 병이 들어 죽었다는 내용 등이 그것이다.

천추전부인이 헌애왕후 및 천추태후와 동일 인물이고 보화궁부인이 헌정왕후임은 그들의 호칭에서도 알 수 있다. 그들이 만약 경종의 후비가 되지 않았다면 그들은 단지 공주의 이름으로 되어 있었을 것이다. 태조 왕건의 딸 중에도 왕후가 되지 못한 경우에는 그 호칭이 "○○ 공주" 또는 "공주"로만 되어 있다. 예를 들면 태조와 신명왕태후 유씨 사이에서 난 딸은 "樂浪公主"와 "興芳公主"로 되어 있으며 興福院夫人 洪氏의 소생이나 聖茂夫人 朴氏의 소생은 그냥 "公主"로만 되어 있는 것이다. 또 혜종이나 정종의 딸도 "貞憲公主" "公主"로 되어 있다[25]

그러나 "○○宮夫人"이란 호칭은 왕의 부인인 후비에게만 쓰고 있다.[26]

---

23) 허흥식 편, 「開豊玄化寺碑」『韓國金石全文(中世 上)』, 아세아문화사, 1984.

24) 김창현은 이것이 "成宗大王之大妹也"의 오류일 것이라 하면서 원비문이 '次姉'였다면 이는 비문 찬자의 조작일 것이라 하였다.(김창현, 「고려시대 천추태후와 인예태후의 생애와 신앙」『한국인물사연구』 5, 2006, 85쪽 주3)

25) 『高麗史』 권91 공주전 태조 및 혜종, 정종조. 그러나 文宗 이후부터는 "○○公主"를 "○○宮主"라 표현하고 있다.

26) 이정란도 목종대 이전에는 庶妃의 칭호가 '거주하는 궁 이름'+宮夫人, '출신지 이름'+院夫人, '雅稱漢字'+夫人의 형태로 되어 있었음을 지적하고 있다.(「고려 후비의 칭호에 관한 고찰」『典農史論』 2, 1996)

예컨대 慶華宮夫人은 혜종과 義和王后 林氏 사이에서 낳은 딸로 광종의 후비였으며 延昌宮夫人 崔氏는 성종의 부인이었다.[27] 경종 원년에 明福宮大夫人에 책봉된 신정왕태후 황보씨는 태조 왕건의 부인이었다.[28] 다만 낙랑공주를 일명 神鸞宮夫人이라 했다 하여[29] 예외로 인정할 수 있다. 그러나 낙랑공주는 왕후나 다름없었다. 즉 신라의 경순왕 김부가 고려에 귀순해오자 태조 왕건은 그를 政丞으로 삼음과 동시에 낙랑공주를 그에게 시집보냈다. 그 후 神鸞宮을 지어주고 거기에 거처하게 하여[30] 붙여진 칭호였기 때문이다. 따라서 광종의 딸 보화궁부인도 어느 왕의 후비였음을 알 수 있다. 그는 다름 아닌 경종의 후비였던 것이다.

천추전부인이 살던 천추전도 적어도 성종 대에는 千秋宮이라고도 불리웠음을 기록을 통해 알 수 있다. 즉 성종 때에 김치양이 천추궁을 출입하면서 추문을 일으켰다는 기록이 있는 것이다.[31] 이는 성종 때의 일이지만 경종 대에도 왕비였기 때문에 천추궁이라 했으리라 생각한다. 그렇다면 그녀는 경종의 후비 자격으로 千秋宮夫人이라 불리워졌을 것이다. 결국 천추전부인은 경종 때에는 천추궁부인으로도 칭해지다 목종이 왕위에 오르면서 천추태후가 된 것이라 하겠다.

그렇다면 헌애왕후[천추태후]는 왜 皇甫氏가 되었을까. 천추전부인과 보화궁부인이 헌애왕후와 헌정왕후라면 그들은 皇甫氏인데 그들의 동생인 문덕왕후는 왜 劉氏일까 하는 것이다. 한 가지 가능성은 헌애왕후 및 헌정왕후가 성종과 같이 신정왕태후 황보씨의 품에서 자랐기 때문에 황보씨를 칭한 것은 아닌가 하는 것이다. 성종은 일찍이 어머니 선의태후를 여의고 신정왕태후 황보씨의 품에서 자랐다.[32] 이때 천추태후나 헌정

27) 『高麗史』 권88 후비전1 광종 경화궁부인 林氏조 및 성종 연창궁부인 최씨조.
28) 『高麗史』 권2 경종세가 원년 6월 및 권88 후비전 태조 신정왕태후 황보씨조.
29) 『高麗史』 권88 후비전1 태조 안정숙의공주조.
30) 『高麗史』 권2 태조세가 18년 12월조.
31) 『高麗史』 권127 김치양전.

왕후도 같이 그의 품에서 자란 것이 아닌가 하는 것이다. 그러나 그 가능성은 낮다고 본다. 다음의 사료가 그것을 말해 준다.

> D. 할아버지 태조가 병이 들어 세상을 떠나신 후 40여 년을 홀로 사시면서 여러 손자[諸孫]들을 길러 양육하였다. 그 이름은 景鍾에 새길 만하고 그 사적은 후비전에 빛나리로다.(『高麗史』 권88 후비전1 태조 신정왕태후 황보씨조)

이는 성종 2년(983) 신정왕태후가 돌아가시자 성종이 내린 조서의 일부이다. 그는 원래 明福宮大夫人으로 불렸는데 이때 그를 神靜大王太后에 봉하면서 조서를 내린 것이다. 여기서의 '諸孫'이 손녀까지 포함하는 것은 아니라 생각한다. 그런데 문종 10년 그에게 慈景이란 시호를 더하면서 내린 조서에 보면 그가 "안으로는 왕실을 돕는 수고로움을 펴서 자손들을 돕고 양육하였다[內伸彌贊之勞 翼子謀孫]"라고 되어 있다. 여기서도 딸을 제외하고 아들을 가리키는 것이라 보는 것이 합리적이다. 왜냐하면 대종과 선의왕후 사이에는 효덕태자, 성종, 경장태자 등 아들만 해도 셋이 있었는데[33] 이들과 헌애왕후, 헌정왕후 다섯을 그가 다 맡아 길렀다는 것은 무리한 추측이기 때문이다.

필자는 어떤 이유 때문에 헌애왕후와 헌정왕후 그녀 둘을 대종의 자식으로 해놓았기 때문이라 생각한다. 그런데 당시 왕들이 왕실에서 부인을 맞아올 경우 왕후들은 외성을 따르는 풍습이 있었다. 선의왕후가 어머니의 성씨를 따라 柳氏가 된 것이나 광종비 대목왕후가 어머니 신정왕태후 황보씨의 성을 따라 皇甫氏가 된 것이[34] 그 예다. 그러나 태조의

---

32) 『高麗史』 권88 후비전1 태조 신정왕태후 황보씨조.
33) 『高麗史』 권91 공주전 선의왕후조.
34) 『高麗史』 권88 후비전1 태조 신정왕태후 황보씨 및 광종 대목왕후 황보씨조.

손녀들은 보통 할머니 성을 따르는 것이 관례였다.[35] 이 때문에 그들은 황보씨가 된 것이다. 그러나 대목왕후의 또 다른 딸인 문덕왕후는 광종의 딸로 되어 있기 때문에 할머니의 성씨를 따라 劉氏가 되었다. 즉 같은 남매이지만 헌애왕후와 헌정왕후는 대종과 대목왕후 사이의 딸로 되어 있어 황보씨가 되었고 문덕왕후는 광종과 선의왕후 사이의 딸로 되어 있어 성씨가 유씨가 된 것이다. 결국 헌애왕후와 헌정왕후의 어머니는 선의왕후가 아니라는 것이다. 헌애왕후와 헌정왕후의 어머니는 실제로는 대목왕후 황보씨였으나 특별한 이유로 선의왕후로 해놓았기 때문에 황보씨가 된 것이다. 따라서 성종과는 명목상의 오빠 동생였을 뿐 피는 하나도 섞이지 않았다는 것이다.

<표 1> 고려초기 왕실 혼인관계표

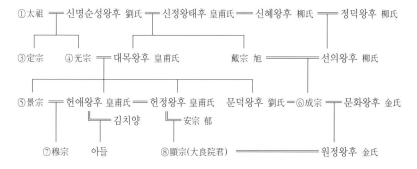

3. 경종과 천추태후

그렇다면 도대체 어떤 이유에서 헌애왕후와 헌정왕후를 대종의 딸로 해 놓은 것일까. 또 경종과 헌애왕후는 친남매 간인데 왜 이런 결혼이

35) 김갑동, 「고려전기 后妃의 稱外姓 문제」 『한국사학보』 37, 2009, 115~116쪽.

행해졌으며 언제 경종과 결혼했는가 하는 것이다.

景宗에게는 5명의 부인이 있었다. 제1비는 獻肅王后 金氏로 신라 경순왕의 딸이었다. 敬順王 金傅는 경종 3년(978)에 죽었으므로[36] 그녀와의 혼인은 그 이전에 이루어졌음에 틀림없다. 경종은 즉위한 지 4개월 만에 김부를 尙父에 봉하고 그에 관한 조서를 반포한 바 있다.[37] 이 무렵 헌숙왕후와의 혼인이 이루어진 것이 아닌가 한다.

경순왕 김부는 태조 18년에 나라를 들어 태조 왕건에게 귀순해왔다. 그러자 태조는 자신의 장녀인 樂浪公主를 김부의 아내로 삼게 했다.[38] 낙랑공주는 태조와 충주 출신 神明順成王太后 劉氏와의 사이에서 태어났다.[39] 이로써 충주 유씨는 고려 왕실은 물론 신라 왕실과도 혼인을 하게 되었다. 신명순성왕태후 劉氏의 아버지 유긍달에 있어 태조 왕건은 사위가 되었고 신라의 임금 경순왕은 외손녀 사위가 되었던 것이다.

이렇듯 막강한 배경을 가진 충주 유씨가 왕위를 포기하기는 어려웠다. 나주 출신인 장화왕후 오씨의 아들 혜종은 이러한 움직임을 알고 자신의 딸을 昭[후의 광종]에게 시집보냄으로써[40] 그들의 야심을 막아보려 하였다. 그러나 충주 유씨 세력인 堯[후의 定宗]와 昭는 포기하지 않았다. 그 때문에 혜종 대에 서경의 왕식렴과 손을 잡고 정변을 일으킨 것이다.[41] 정변에 성공한 낙랑공주의 오빠인 定宗[원래 이름은 堯]은 서경으로 수도를 옮기려 하였다. 왕식렴이 요와 소를 도와준 대가로 자신의 근거지였던 서경으로 수도를 옮길 것을 요구했기 때문이라고 본다. 그러나 실패하였

36) 『高麗史』 권2 경종세가 3년 4월조.
37) 『高麗史』 권2 경종세가 즉위년 10월조.
38) 『高麗史』 권2 태조세가 18년 11월 癸丑조 및 권91 공주전 태조 안정숙의공주조.
39) 『高麗史』 권88 후비전 태조 신명순성왕태후 유씨조.
40) 『高麗史』 권88 후비전 광종 경화궁부인 林氏조 및 권127 王規傳.
41) 정변 과정에 대해서는 김갑동, 「왕권의 확립 과정과 호족」, 『한국사』 12, 국사편찬위원회, 1993, 87~92쪽 참조.

다. 실패 원인은 여러 가지가 있겠으나 이미 개경에 자리잡고 있던 세력들이 수도를 더욱 먼 북쪽으로 옮기는 것을 반대했기 때문이 아닌가 한다. 여기에는 충주 유씨는 물론 고향이 남쪽인 정종의 외척 세력 즉 순천 박씨나 청주 김씨 세력도 포함되었을 것이라고 본다.[42] 요의 동생인 昭[후의 광종도 이를 달갑게 생각하지 않은 것 같다. 그 때문인지 모르지만 光宗은 즉위 후 개경을 皇都라 하며[43] 이전보다 더욱 중시하였다.

그러나 패강진을 중심으로 한 서경 세력들은 서경 천도 계획을 환영했을 것이다. 패강진은 통일신라 말기에 평산에 본진을 두고 있었으나 그 인근 지역도 세력 범위였다. 왕건은 이들 지역의 군사력을 이용한 대가로 후비들을 여러 명 맞아오기도 하였다. 예를 들면 黃州 출신 皇甫悌恭의 딸 神靜王太后, 平州 출신 庾黔弼의 딸 東陽院夫人, 洞州 출신 金行波의 딸 大·小西院夫人, 信州 출신 康起珠의 딸 信州院夫人, 黃州 출신 順行의 딸 小黃州院夫人, 平山 출신 朴智胤의 딸 聖茂夫人, 朴守卿의 딸 夢良院夫人, 朴守文의 딸 月鏡院夫人 등이 있었다.[44] 그러나 이들 중 황주 황보씨가 정비인 왕후가 되면서 황주 황보씨가 자연스럽게 서경 세력의 대표가 되었다. 황주가 서경과 매우 가까웠다는 것도 그 원인 중의 하나였다.[45] 이처럼 서경 세력의 대표였던 黃州 皇甫氏 세력은 이를 더욱 반겨 서경 천도 추진에 앞장섰을 가능성이 있다. 따라서 서경 천도에 실패하고 즉위한 광종에게는 이들을 달래는 한편 연합할 필요성을 갖고 있었을 것이다. 여기에서 이루어진 것이 광종과 대목왕후 황보씨와의 결혼이었다. 이로써 충주 유씨는 고려 왕실과 신라 왕실, 황주 황보씨 세력을

---

42) 정종의 왕비는 3명이 있었는데 제1비가 昇州[지금의 순천] 출신의 文恭王后 朴氏, 제2비 역시 승주 출신의 文成王后 朴氏, 제3비가 청주 출신의 淸州南院夫人 金氏였다.(『高麗史』 권88 후비전 정종조)
43) 『高麗史』 권2 광종세가 11년조.
44) 『高麗史』 권88 후비전 태조조.
45) 이태진, 「김치양난의 성격」『한국사연구』 17, 1977, 73~79쪽.

자신의 편으로 끌어들일 수 있었다.

광종의 아들인 景宗은 왕위에 오르자마자 경순왕 김부의 딸인 헌숙왕후를 아내로 맞이하였다. 그런데 태조 때 김부에게 시집갔던 낙랑공주는 광종의 친누이였으니 광종과 김부는 처남 매부 사이였다. 따라서 광종의 아들 경종은 김부에 있어 외사촌 조카였으며 김부의 딸인 헌숙왕후는 경종과 외사촌 남매였다. 그러나 헌숙왕후 김씨는 김부의 딸이었지만 어머니가 낙랑공주는 아니었던 것 같다. 김부에게는 또 다른 부인이 있었는데 그는 태조와 聖茂夫人 朴氏와의 사이에서 태어난 공주였다.[46] 성무부인 박씨는 平州 출신으로 朴智胤의 딸이었다.[47] 박지윤은 朴守文·朴守卿 형제의 아버지였다.[48] 박수경은 후삼국 통일 전쟁 시 많은 활약을 하였는데[49] 그와 그의 형 박수문 역시 태조에게 딸 하나씩을 바쳐 태조의 장인이 되었다. 月鏡院夫人 朴氏와 夢良院夫人 朴氏가 그들이다.[50] 김부와 성무부인 박씨의 딸 사이에서 태어난 공주가 바로 경종과 혼인한 헌숙왕후라 생각된다. 그렇다면 경종은 두 갈래의 세력과 연합하는 효과를 보았을 것이다. 신라에서 귀순한 경주 김씨 세력과 북쪽의 平山 朴氏를 후원세력으로 얻었다는 것이다. 결국 아버지 세력인 충주 유씨와 어머니 세력인 황주 황보씨는 물론 경주 김씨 세력, 평산 박씨 세력과의 연합 내지 후원을 받게 되었던 것이다. 헌숙왕후와의 결혼은 그러한 의미를 지니는 것이었다.

한편 이는 경종 측보다도 경순왕 김부 측에서 좀더 적극적으로 추진한 것이었다고도 볼 수 있다. 사실 김부와 낙랑공주의 결혼은 태조 왕건

---

46) 『高麗史』 권91 공주전 태조조.
47) 『高麗史』 권88 후비전 태조 성무부인 박씨조.
48) 『高麗史』 권92 박수경전.
49) 정청주, 「신라말·고려초 호족의 형성과 변화-패강진의 평산 박씨 가문의 실례 검토」 『신라말고려초 호족연구』, 일조각, 1996, 53~54쪽.
50) 『高麗史』 권88 후비전 태조 월경원부인 박씨 및 몽량원부인 박씨조.

측에서 자신이 신라 왕실의 인척으로 정통을 이어받았다는 것을 보여주기 위해 추진한 결혼이었다.[51] 그러나 후삼국 통일을 달성하고 혜종을 거쳐 정종, 광종 대에 이르러서는 경주 김씨 세력이 고려에서 별 영향력을 갖지 못하게 될 수도 있다는 불안감을 가지고 있었다. 실제로 경순왕이 고려로 올 때 왕족을 비롯한 신라 귀족들이 자신을 따라왔지만[52] 광종 대까지는 고려에서 현달한 인물이 별로 없었다. 따라서 세력을 회복하기 위해서는 고려 왕실과 다시 혼인을 하여 그 후손을 왕위에 오르게 하는 전략이 필요하다고 느꼈을 것이다. 이러한 전략의 결과가 경종과 헌숙왕후의 혼인으로 나타났다고 생각된다. 경순왕은 나름대로의 목적을 달성한 뒤 경종 3년 죽었다.[53]

그렇다면 제2비 獻懿王后 劉氏와의 혼인은 어떻게 이루어졌으며 어떤 의미를 갖고 있는 것일까. 경종과 헌의왕후 유씨와의 결혼은 헌숙왕후와의 결혼이 있은 후인 경종 2년 전후에 이루어진 것이 아닌가 한다. 그녀는 文元大王 貞의 딸이었다.[54] 문원대왕은 태조와 신명순성왕태후 劉氏와의 사이에서 태어난 아들로 광종의 동생이었다.[55] 따라서 헌의왕후 유씨는 경종의 사촌 여동생이었다. 사촌 남매간의 결혼이었던 것이다. 또 문원대왕 정의 아들은 태조와 정덕왕후 柳氏와의 사이에서 태어난 문혜왕후와 결혼하여 천추전군을 낳았는데 그는 아지군 즉 천추전부인과 결혼하였

---

51) 정용숙은 이 결혼이 혈연적 결합을 통하여 양 왕실과의 族的 結合을 굳건히 하려는 의도에서 이루어진 것이라 보았다.(『고려왕실 족내혼 연구』, 새문사, 1988, 73쪽)

52) 기록에서는 경순왕이 귀순할 때의 상황을 "羅王率百僚 發王都 士庶皆從之"라 표현하고 있다.(『고려사』권2 태조세가 18년 11월조) 이때 고려에 온 세력에 대해서는 김갑동, 「신라의 멸망과 경주세력의 동향」『신라문화』10·11, 1994 참조.

53) 『高麗史』권2 경종세가 즉위년 10월 및 3년 4월조.

54) 『高麗史』권88 후비전 경종 헌의왕후 유씨조.

55) 『高麗史』권88 후비전 태조 신명순성왕태후 유씨조.

다.56) 따라서 천추전부인과 천추전군의 결혼도 사촌 남매간의 결혼이었다. 이와 같이 중첩된 혼인은 태조와 혼인을 맺었던 각 세력들이 왕실과의 인척 관계를 지속하여 세력을 유지하고자 하였기 때문이라 생각한다.57) 나아가 그 후손들이 혹 왕위를 잇게 되지 않을까 하는 바람에서 비롯되었다 할 수 있다.

헌의왕후 유씨와의 결혼도 이런 목적에서 이루어졌다고 본다. 즉 광종의 외가인 충주 유씨 세력은 다행히 광종의 아들인 경종이 왕위에 올랐으나 헌숙왕후 김씨가 제1비가 되면서 그의 후사가 다음 왕위를 차지할지 모른다는 불안감에 휩싸였을 것이다. 헌숙왕후의 어머니가 자신들의 피가 섞인 낙랑공주가 아니었기 때문이다. 태조와 신명순성왕태후 유씨와의 사이에서 태어난 아들은 太子 泰와 定宗, 光宗, 文元大王 貞, 證通國師 등이었다. 그런데 태자 태에서는 후손이 없었다.58) 정종에게는 문성왕후 박씨와의 사이에서 딸이 하나 있었는데 그는 孝成太子와 결혼하였다.59) 효성태자는 태조와 천안부원부인 林氏와의 사이에서 태어났는데 정종의 딸과 결혼하였으나 후손이 없었다.60) 따라서 정종 계열의 여자와 경종과의 혼인은 생각할 수도 없었다. 광종의 딸에 대해서는 후술하겠고 증통국사는 승려였기 때문에 당연히 후사가 없었다. 이런 상황 속에서 문원대왕 정은 자신의 딸을 경종에게 시집보내 후사를 얻으려 하였다. 경종과 헌숙왕후 김씨와의 사이에 후사가 없었던 것도61) 결혼 추진의 한 사유였을 것이다. 그러나 헌의왕후 유씨도 후사를 보지 못하였다.62)

---

56) 『高麗史』 권90 종실전 문원대왕 정조 및 권91 공주전 태조 문혜왕후조.
57) 하현강, 「고려전기의 왕실혼인」, 『한국중세사 연구』, 일조각, 1988, 130쪽.
58) 『高麗史』 권90 종실전 태조 태자 태조.
59) 『高麗史』 권91 공주전 정종조.
60) 『高麗史』 권90 종실전 태조 효성태자조.
61) 『高麗史』 권88 후비전 경종 헌숙왕후조에 보면 그에게는 후손이 없는 것으로 기록되어 있다.
62) 『高麗史』 권88 후비전 경종 헌의왕후 유씨조.

그러자 마지막 남은 충주 유씨 계열 즉 광종 계열이 황주 황보씨 계열과 연합하여 추진한 것이 바로 헌애왕후와 헌정왕후와의 결혼이었다. 황주 황보씨 계열도 광종 대에 왕후를 배출했으나 광종의 견제로 큰 세력을 떨치지 못하였던 것 같다. 다음 사료가 그것을 말해 준다.

E. 광종 7년에 노비에 대한 심사를 시행하여 그 잘못이 어디 있었는가를 판정할 것을 명령한 바 있는데 당시 종으로서 주인을 배반한 자들이 많았으며 윗사람을 무시하는 기풍이 성행하였으므로 사람들이 모두 다 원망하였다. 그리하여 대목왕후가 간절히 왕에게 간하였으나 광종은 듣지 않았다.(『高麗史』 권88 후비전 광종 대목왕후 황보씨조)

위의 내용은 광종 7년 노비안검법의 폐단을 대목왕후가 간하였으나 듣지 않았다는 것이다. 이는 단순히 대목왕후 개인의 견해가 아니라 노비안검법으로 피해를 본 공신이나 호족들의 입장을 대변한 것이라 생각된다. 나아가 황주 황보씨의 이해관계를 대변한 것이라고도 볼 수 있다. 그러나 광종은 이를 무시하였다. 외척의 간섭을 배제하였던 것이다.

한편 광종은 광종 7년(956) 쌍기가 후주에서 온 이후로부터 문사들을 지나치게 중용하였다. 당시의 상황을 최승로는 다음과 같이 진술하고 있다.

F. 雙冀를 등용한 후로부터 文士를 존중하고 대우하는 것이 지나치게 풍성하였습니다. 이런 까닭에 재주 없는 자가 부당하게 등용되고 차례도 없이 벼슬을 뛰어 올라 1년이 못되어 문득 재상이 되곤 하였습니다. 낮에서부터 밤까지 사람들을 접견하고 혹은 연일 손님을 초대하곤 하였습니다. 이런 일을 즐기는 반면에 정사를 게을리 하여 軍國 대사가 막히기만 하고 열리지 못하였으며 먹고 마시는 잔치가 연속되

고 끊어지지 않았습니다. 이리하여 남북의 용렬한 자들이 서로 다투며 찾아 와서 의탁하였는데 그들의 지혜와 재능이 있고 없는 것을 논하지도 않고 일률적으로 특별한 은총과 대우를 하여 주었습니다. 때문에 後生들은 앞을 다투며 등용되었으나 덕망있고 노성한 신하들은 점점 쇠락되었습니다.(『高麗史』 권93 최승로전)

즉 쌍기를 등용한 후로부터 문사들을 지나치게 존중하였음을 말하고 있다. 그러나 신정왕태후 황보씨의 아버지이며 대목왕후의 외할아버지인 황보제공은 각종 전투에서 공을 세운 무인이었다. 즉 그는 태조 8년 曹物郡 전투에 참여하였으며 태조 13년에는 天安都督府使가 되었다.[63] 따라서 문사 우대 정책과 외척 배제 정책으로 그가 소외된 것은 당연한 일이었다 하겠다.

이는 서경 세력이라 할 수 있는 패강진 세력에 대한 공격으로 표출되기도 하였다. 광종은 동왕 11년(960)부터 공신과 호족 세력을 숙청하기 시작했는데 특히 서경 세력의 피해가 컸다.

　G-① 孝隱太子는 그 이름이 역사에 전하지 않았다. 혹은 그를 東陽君이라고도 불렀는데 성격이 음험하고 난폭하였으며 악당들과 사귀면서 슬며시 반역을 꾸미려는 뜻을 품고 있었으므로 광종이 사약을 주어 자결케 했다. 그의 아들은 琳과 禎인바 효은이 자결할 때에 림과 정은 어렸으므로 죽음을 면하였으며 도망쳐 민가로 다니며 겨우 생명을 보존하였다. 康兆가 권세를 잡자 임금에게 청하여 림과 정에게 노비와 전장을 주었으며 종실의 적에 등록하게 하였다.(『高麗史』 권90 종실전 효은태자조)

---

　63) 『高麗史』 권1 태조세가 8년, 13년 및 권92 박수경전.

② 광종 15년에 아들 佐丞 承位, 承景, 大相 承禮 등이 참소를 당하여 하옥되었으므로 朴守卿이 근심과 걱정으로 죽었다.(『高麗史』권92 박수경전)

G-①에서 보는 바와 같이 태조와 유금필의 딸 동양원부인 庾氏와의 사이에서 태어난[64] 효은태자가 광종에 의해 죽음을 당하였음을 알 수 있다. 효은태자의 아들인 림과 정은 민가로 숨어 겨우 목숨을 구하였음을 전하고 있다. 유금필은 태조에 있어 오른팔이나 다름없었던 인물로 태조의 妃父이며 배향공신이기도 했다.[65] 때문에 그도 서경 세력의 핵심 중 하나였다 할 수 있다. 그러나 그런 그의 외손자들도 죽음을 면치 못하였다. G-②에서도 태조의 妃父이며 三韓功臣이었던[66] 평산 출신 박수경도 크게 피해를 당했다. 아들 셋이 모두 투옥되자 화병으로 죽었던 것이다. 이처럼 서경 세력은 광종 후반기에 이르러 탄압을 받고 소외되었던 것이다.

대목왕후와 황주 황보씨도 이러한 시대적 상황에서 벗어날 수 없었다. 대목왕후의 아들 伷[후의 경종]까지 목숨을 잃을 뻔했던 것이다.[67] 그러나 다행히 목숨을 보존하여 왕위에 올랐으니 이후로는 더욱 탄탄한 세력을 구축하려 했음은 두말할 나위가 없다. 이러한 상황이 충주 유씨와의 연합을 더욱 절실하게 하였고 헌애왕후와 헌정왕후의 결혼 추진으로 이어졌던 것이다. 경종과는 친남매들이었지만 세력 결집을 위해 근친혼은 문제가 되지 않았다. 이들은 친가 쪽으로는 충주 유씨 계열에서 마지막

---

64) 『高麗史』권1 후비전 태조 동양원부인 유씨조.
65) 김갑동, 「고려의 후삼국 통일과 유금필」 『軍史』69, 2008, 61~63쪽.
66) 이난영 편, 「朴景山墓誌銘」 『韓國金石文追補』, 아세아문화사, 1979.
67) 세 아들이 하옥됨으로써 화병으로 죽은 박수경의 예도 황주 황보씨로 대표되는 서경 세력의 타격을 보여주는 것이라 하겠다.(이태진, 「김치양난의 성격」 『한국사연구』17, 1977, 87쪽)

남은 딸들이며 외가 쪽인 황주 황보씨의 세력 회복을 위해서도 필요한 존재였기 때문이다.

　景宗도 즉위하자마자 황주 황보씨에 대한 적극적인 관심을 표명하였다. 즉위 직후 그는 黃州院의 두 郞君에게 元服을 가하고 원호를 明福宮이라 하였다. 이 조치가 취해진 것은 경종 원년(976)이었다.[68] 원복을 가했다는 것은 16세가 된 남자에게 성인식을 했다는 뜻이다. 그렇다면 황주원의 두 낭군은 누구를 가리키는 것일까. 그들은 成宗과 경종의 동생 효화태자를 가리키는 것 같다. 성종의 원래 이름은 治였는데 광종 11년(960)에 태어났으니 경종 원년이 16세가 된 해이다. 또 경종은 광종 6년(955)에 태어났으니 그 동생인 孝和太子가 광종 11년(960)에 태어났을 가능성은 충분히 있다. 성종은 대종의 아들이었는데 대종은 태조와 신정왕후 황보 씨와의 사이에서 태어났다. 즉 성종의 아버지가 황주 황보씨 계열이었다. 또 효화태자는 어머니인 대목왕후가 태조와 신정왕후 황보씨의 사이에서 태어났다. 어머니가 황주 황보씨 계열이었다. 결국 성종과 효화태자는 이종 사촌 간이었는데 나이가 같았으며 황주 황보씨의 후손들이었다.

　원호를 명복궁이라 한 것은 어떤 의미일까. 이는 그들이 살던 곳을 황주원이라 했다가 명복궁으로 승격시킨 것을 의미한다. 또 王治[후의 성종]나 효화태자 중 하나를 다음 후계자로 삼겠다는 암시이기도 했다. 현종의 왕비 元城太后 金氏가 처음 현종의 아내가 되었을 때는 延慶院에 거주하였으므로 延慶院主라 하였다. 그러다가 현종 9년 7월에 王亨[후의 靖宗]을 낳자 연경원을 延慶宮으로 고치고 사절을 보내 예물을 주었기 때문이다.[69] 명복궁[이전의 황주원]에는 태조의 후비 신정왕태후 황보씨 가 거주하고 있었다. 그를 명복궁대부인이라 불렀다는 것에서 알 수 있다. 그는 어머니와 아버지를 일찍 잃은 성종을 키우고 있었다.[70] 그는

　68) 『高麗史』권2 경종세가 원년 6월조.
　69) 『高麗史』권88 후비전 현종 원성태후 김씨조.

손자인 성종과 함께 외손자인 효화태자도 명복궁에서 키웠음을 알 수 있다. 그 뿐 아니라 경종도 외할머니인 신정왕태후 황보씨 품에서 자랐던 것 같다. "경종은 깊은 궁궐안에서 출생하였고 부인의 손에서 장성하여 문 밖의 일은 보지도 알지도 못하였다"[71]는 기록에서 미루어 알 수 있다. 명복궁부인이라 불리기 전에는 황주원부인이라 칭해졌으리라 추측된다. 이처럼 경종의 관심과 서경 세력의 대표인 황주 황보씨 계열의 희망이 맞물려 헌애왕후와의 결혼이 이루어졌던 것이다.[72]

이즈음 천추전부인[헌애왕후]은 천추전군에게 시집갔으나 일찍 과부가 되어 있었다. 경종이 왕위에 오른 것은 975년으로 그의 나이 20이었다. 그는 6년간 왕위에 있다가 만 26세에 죽었다. 헌의왕후가 경종 2년 경에 경종과 결혼했다면 헌애왕후는 그 후인 경종 4년 전후에 결혼한 것 같다. 이렇게 과부였던 천추전부인[헌애왕후]이 경종과 결혼하여 목종을 낳은 것이 아닌가 한다. 목종은 경종 5년(980)에 태어났으니[73] 결혼한 시점과 딱 맞아떨어진다. 헌애왕후의 나이 17세 때였다. 결국 친남매끼리 결혼하여 목종을 낳은 것이다.

아마도 당시 왕실에서는 일찍 과부가 된 공주들은 다시 다른 종실과 결혼하는 것이 상례였는지도 알 수 없다. 성종비인 문덕왕후도 처음에는 종실인 홍덕원군 규에게 시집갔다가 다시 성종과 혼인하였던 것이다.[74] 홍덕원군이 일찍 죽었는지에 대해서는 기록이 없지만 그렇게 보는 것이

---

70) 『高麗史』 권88 후비전 태조 신정왕태후 황보씨조에 보면 어머니를 일찍 잃었다고 되어 있다. 성종이 어렸을 때 죽은 것 같다. 또 성종의 아버지 대종도 광종 20년(969)에 죽었으니(『高麗史』 권2 광종세가 20년 11월조) 성종의 나이 9세 때에 고아가 되었음을 알 수 있다.
71) 『高麗史』 권93 최승로전.
72) 정용숙도 광종의 왕권하에 잠복했던 皇甫氏系 왕족은 景宗 즉위 후에 두각을 나타내기 시작하였다고 보았다.(『高麗王室族內婚硏究』, 새문사, 1988, 103쪽)
73) 『高麗史』 권3 목종세가 서문.
74) 『高麗史』 권88 후비전 성종 문덕왕후 유씨조.

합리적일 것이다. 종실에게 시집간 후 남편이 죽지도 않았는데 다시 종실에게 시집갔다고 보기 어렵기 때문이다.

여기서 우리는 왜 기록에는 헌애왕후가 대종의 딸처럼 기록되어 있을까 하는 점이 궁금해지게 된다. 그것은 경종과 헌애왕후가 친남매간이라는 것을 감추기 위한 목적이었다고 본다. 그를 대종의 딸로 해놓으면 최소한 친남매 간에 결혼하였다는 비난은 피하게 된다. 즉 외사촌 남매끼리 결혼한 것이 되어 중국이나 백성들의 비난을 피하게 되는 것이다. 사촌 남매끼리 결혼한 예는 그 이전부터 있었기 때문이다. 예를 들면 광종의 경우 배다른 여동생인 대목왕후 황보씨와 결혼했으며 조카인 혜종의 딸 경화궁부인 林氏와도 결혼하였기 때문이다.[75] 따라서 경종이 사촌 여동생과 결혼했다 하여 욕될 것은 없는 것이다. 그런 목적에서 대종의 딸로 해놓은 것이다.

기록의 차이도 여기에서 비롯된 것이다. 즉 같은 『高麗史』의 기록이라 하더라도 후비전과 종실전, 공주전의 기록이 다 틀리므로 같은 후비전의 기록도 다를 수 있는 것이다. 앞의 기록 A-①·②·③에서도 그것을 확인할 수가 있다. A-①의 기록에서는 공주로만 표현된 광종의 딸이 A-②에서는 문덕왕후로 표기되어 있는 것이다. 또 A-②에서는 천추전군의 부인이 천추전부인이라 표기되어 있지만 A-③에서는 아지군이라 표현되어 있는 것이다. 이는 각기 다른 자료에 근거했기 때문에 나온 현상이라 하겠다. 따라서 같은 후비전에 실려 있지만 천추전부인[헌애왕후]의 아버지가 광종이었다는 기사[76]와 대종이었다는 기사[77]는 각기 다른 기록에 근거했기 때문에 초래된 상황이라는 것이다. 즉 전자는 경종과의 혼인이 이루어지기 전의 상황을 기록한 것이고 후자는 경종과 혼인한 이후 친남매

---

75) 『高麗史』 권88 후비전 광종 대목왕후 황보씨 및 경화궁부인 임씨조.
76) 『高麗史』 권88 후비전 광종 대목왕후 황보씨.
77) 『高麗史』 권88 후비전 경종 헌애왕후조

간임을 감추기 위한 기록에 근거한 것이라고 생각한다. 그것은 다른 예에서도 볼 수 있다. 다음 기록을 보자.

> H-① 광종의 대목왕후 황보씨는 태조의 딸이니 景宗과 孝和太子 및 千秋·寶和 두 부인과 公主 한 사람을 낳았다.(『高麗史』권88 후비전1 광종 대목왕후 황보씨조)
> ② 성종의 문덕왕후 유씨는 광종의 딸이니 처음에는 홍덕원군에게 시집갔다가 후에 성종의 배필이 되었다.(『高麗史』권88 후비전1 성종 문덕왕후 유씨조)

H-①의 공주와 H-②의 문덕왕후는 같은 인물임은 앞에서 살펴본 바 있다. 그런데 같은 후비전의 기록인데도 불구하고 광종비 대목왕후 조에 는 그의 딸이 공주로만 기록되어 있지만 성종 조에는 문덕왕후로 표현되어 있는 것이다. 이 역시 성종의 왕비가 되기 전과 그 후의 시점상의 차이에서 비롯된 것이다. 경종과 제4비인 헌정왕후 황보씨와의 결혼 역시 헌애왕후 와의 결혼과 같은 목적에서 이루어졌을 것이다. 그는 헌애왕후의 친동생 이며 보화궁부인이라 불리고 있었다. 이 역시 친여동생과의 결혼이었다.

그러자 대종의 부인인 동시에 경종의 숙모이며 성종의 어머니인 貞州 柳氏 선의왕후 계열에서 위기의식을 느꼈다. 왕위가 경종의 동생인 효화 태자에게 돌아갈 가능성이 있었기 때문이다. 이에 정주 류씨 계열의 여자를 후비로 들여 후사를 얻어보려 하였다. 이런 목적에서 추진된 것이 大明宮夫人 柳氏와 경종과의 혼인이었다. 대명궁부인은 종실인 元莊 太子의 딸이었다.[78] 원장태자는 태조와 정덕왕후 柳氏와의 사이에서 태어난 인물인데 興芳公主와 결혼하여 興芳宮大君과 대명궁부인을 낳았

---

78) 『高麗史』권88 후비전 경종 대명궁부인 류씨조

다.[79] 흥방공주는 태조와 신명순성왕태후 劉氏와의 사이에서 낳은 딸이었으므로[80] 광종의 동생이었다. 대명궁부인 역시 할머니 성씨를 따랐는데 경종은 사촌 여동생을 아내로 맞이하게 되었던 것이다.

4. 성종과 천추태후

이처럼 경종은 여러 이유에서 극도의 근친혼을 하였다. 그런데 成宗은 이러한 혼인 형태를 좋아하지 않았으며 정치적으로도 서경 세력의 발호를 싫어하였다. 물론 성종의 제1비 문덕왕후와의 결혼은 근친혼이었다. 그러나 이는 왕이 되기 위한 어쩔 수 없는 선택이었다고 생각된다. 성종은 광종 11년(960) 戴宗의 둘째 아들로 태어났다. 경종보다 다섯 살 아래였다. 그가 왕위에 오른 981년에는 나이가 21세였다. 그런데 그때는 이미 문덕왕후와 결혼한 후라고 생각한다. 광종의 아들이었던 경종이 죽기 전에 과부가 된 자신의 여동생을 성종과 맺어주었다고 보는 것이 합리적이기 때문이다. 서경 세력인 황주 황보씨의 적극적인 공작이 있었을 가능성도 없지 않다. 이렇게 하여 성종은 경종의 외사촌 동생이면서 매제가 되었다. 경종의 아들인 목종은 당시 두 살이었으므로 왕위를 물려줄 수 없었다. 또 자신의 동생인 효화태자가 있었지만 무능력한 존재였던 것 같다. 그는 "역사에 그 이름이 보이지 않으며 후사도 없었다"[81]라고 기록되어 있기 때문이다. 경종 후반기에 죽었는지도 모른다. 따라서 자신의 매제인 성종에게 왕위를 물려주었던 것이다. 물론 여기에는 황주 황보씨와 정주 유씨의 노력도 작용했을 것임은 짐작하기 어렵지 않다.

---

79) 『高麗史』 권90 종실전 원장태자 및 권91 공주전 흥방공주조.
80) 『高麗史』 권88 후비전 태조 신명순성 왕태후 유씨조.
81) 『高麗史』 권90 종실전 광종 효화태자조.

이처럼 성종은 당시 문덕왕후를 받아들일 수밖에 없었지만 즉위 후에는 근친혼을 기피하는 한편 서경 세력 쪽과의 혼인도 피하였다. 그 때문인지 모르지만 제2, 3비는 모두 종실에서 맞아오지 않았다. 두 번째 후비는 문화왕후 김씨로 侍中 金元崇의 딸이었다. 셋째 부인인 연창궁부인 최씨는 左僕射 崔行言의 딸이었다.[82] 문화왕후 김씨의 아버지 김원숭에 대해서는 그 기록을 찾을 수가 없다. 또 그들이 어떤 과정을 거쳐 결혼했는지도 알 수 없다. 다만 그가 善州[경북 선산] 출신이라는 것으로 미루어 金宣弓의 후예가 아닌가 한다. 김선궁은 태조가 후백제를 정벌하기 위해 선산에 이르러 군사를 모집하자 이에 응모한 인물이다. 그 후 그는 중앙 정계로 진출하였는데 그 長子는 고향으로 돌아와 鄕吏가 되었고 次子는 중앙에서 계속 관직 생활을 하였다. 그리하여 이 지역 출신의 士族과 吏族은 다 김선궁의 후예였다는 기록이 있는 것이다.[83]

연창궁부인의 아버지 최행언은 성종 2년(983) 과거에 장원급제한 인물이다.[84] 그가 어디 출신이며 정계에서 어떠한 활동을 하였는지에 대해서는 알 수가 없다. 그러나 崔彦撝의 아들 중에 行歸, 行宗이 있는 점으로[85] 미루어 경주 출신으로 추정된다. 성종은 근친혼을 배제했을 뿐 아니라 서경 세력에 대한 경계와 견제를 하였던 것이다.

이는 그의 정치적, 학문적 성향과도 깊은 관련이 있다고 본다. 그는 최승로를 등용하여 개혁 정치를 실시하였다. 그와 함께 최승로의 고향인 慶州를 東京으로 승격하였다.[86] 서경 중심의 정치를 지양하고 새로이 동경을 중심으로 한 유교 정치를 하려 하였다. 그리하여 그는 圓丘壇에서 풍년을 기원하고 籍田禮를 행하는 등 "堯舜의 유풍을 계승하고 周公과

---

82) 『高麗史』 권88 후비전 성종 문화왕후 김씨 및 연창군부인 최씨조.
83) 『新增東國輿地勝覽』 권29 경상도 선산도호부 인물조.
84) 『高麗史』 권3 성종세가 2년 5월 및 권72 선거지1 凡選場조.
85) 『高麗史』 권92 최언위전.
86) 『高麗史』 권57 지리지2 동경유수관 경주 및 『고려사절요』 권2 성종 6년조.

孔子의 도를 닦으며 나라의 憲章 제도를 설정하고 君臣 상하의 의례를 분간하고자'[87] 하였던 것이다. 성종은 이런 입장에서 헌애왕후와 헌정왕후를 극도로 경계하였다. 그들의 후손이 왕이 되는 것도 달갑지 않게 생각하였다. 따라서 이들의 행동을 불륜이라는 명목으로 엄단하였다. 다음 기록을 보자.

I- ① 金致陽은 洞州人으로 천추태후 황보씨의 外族이었다. 성격이 간교하여 몰래 능히 불교와 관련을 맺었다. 일찍이 거짓으로 머리를 깎고 중이 되어 千秋宮에 출입하였는데 자못 추한 소문이 있었다. 성종이 이를 알고 곤장을 쳐 먼 곳으로 유배하였는데 목종이 즉위하자 소환하여 閤門通事舍人을 제수하였다. 몇 년이 지나지 않아 귀함과 총애가 비길 데가 없었고 빠르게 관직이 승진되어 右僕射 兼 三司事에 이르렀다.(『高麗史』권127 김치양전)

② 헌정왕후 황보씨도 戴宗의 딸인데 경종이 죽자 대궐에서 나와서 王輪寺 남쪽에 있는 자기 집[私第]에서 살고 있었다. 어느 날 꿈에 그가 곡령에 올라가서 소변을 누었더니 소변이 흘러 온 나라에 넘쳤으며 그것이 모두 변하여 은빛 바다가 되었다. 이 꿈을 깨고 점을 치니 "아들을 낳으면 왕이 되어 한 나라를 가지게 되리라"라고 말하니 왕후가 말하기를 "나는 이미 과부가 되었는데 어찌 아들을 낳겠는가?" 하였다. 당시 安宗의 집과 왕후의 집이 서로 거리가 가까운 까닭에 자주 왕래하다가 간통하여 임신하게 되었으며 만삭이 되어도 사람들이 감히 발설하지 못하였다. 성종 11년(992) 7월에 왕후가 안종의 집에서 자고 있을 때 그 집 종[家人]들이 화목을 뜰에 쌓고 불을 지르니 불꽃이 올라서 마치 화재가 난 듯하여 백관들이 달려와서

---

87) 『高麗史』권3 성종세가11년 12월조.

불을 껐다. 그때 성종도 급히 위문하러 가서 본 즉 그 집 종들이
사실대로 고하였다. 그래서 안종을 귀양보냈는데 왕후는 부끄러워
울고 있다가 자기 집으로 돌아갔다. 그런데 문 어귀에 이르렀을
때 뱃속의 태아가 움직였다. 그래서 문 앞의 버드나무 가지를 부여잡
고 아들을 낳았으나 산모는 죽었다. 성종이 유모를 택하여 그 아이를
양육하라 명하였는데 장성한 후 왕위에 올랐으니 그가 바로 顯宗이
다.(『高麗史』권88 후비전 경종 헌정왕후 황보씨조)

　여기서 보는 바와 같이 헌애왕후[천추태후]와 헌정왕후가 불륜을 저질
렀는데 성종은 그 상대인 金致陽과 安宗 모두를 먼 곳으로 유배하였다.
김치양은 천추태후의 外族이었는데 외족과 혼인하는 것은 크게 문제될
것이 없었다. 또 안종 郁은 태조와 신성왕태후 김씨와의 사이에서 낳은
아들이었으니[88] 안종과 헌정왕후는 삼촌과 조카 사이였다. 이도 전례에
비추어 볼 때 크게 잘못된 일이 아니었다. 광종도 조카와 혼인한 예가
있기 때문이다. 그러나 성종은 서경 세력 특히 황주 황보씨의 등장을
경계하여 특단의 조치를 취했던 것이다.
　그런데 헌정왕후의 임신 사실을 종들이 불을 놓아 알렸다는 부분은
잘 이해가 되지 않는다. 사료 I-②에서는 그 집 종[家人]들이 독자적으로
한 일처럼 되어 있으나 이는 믿을 수 없다. 배후의 어떤 세력이 이들을
조종했다고 보는 것이 합리적이다. 배후 세력이란 누구일까. 그것은
문덕왕후 계열 즉 충주 유씨 세력과 황주 황보씨 세력이라 생각한다.[89]
문덕왕후에게서는 후사가 아직 없었으나 이미 경종과 헌애왕후 사이에
誦[후의 穆宗]이 있었기 때문이다.

---

88) 『高麗史』권88 후비전 태조 신성왕태후 김씨조.
89) 金塘澤은 이 사건이 천추태후 황보씨의 사주를 받아 일어난 일로 보고 있다.(「徐熙
　　와 成宗代의 지배세력」『徐熙와 高麗의 高句麗繼承意識』, 학연문화사, 1999, 93쪽)

이러한 상황 속에서 안종의 외가인 경주 김씨 계열에게 왕위를 넘겨줄
수는 없었다. 더욱이 경주 출신의 최승로가 성종의 총애를 받으면서
각종 정책을 주도하고 있어 이들의 불안은 더욱 심하였다. 최승로는
성종 원년 行選官御事로서 그 유명한 시무 28조를 올려 성종의 총애를
받기 시작하여 이듬해에는 門下侍郎平章事에 올랐고 성종 7년에는 門下守
侍中까지 올랐던 것이다.90) 그러나 성종 8년 최승로의 죽음은91) 경주
세력의 약화를 가져왔다. 이 틈을 타 안종의 불륜을 성종에게 알리고
그를 유배하게 하였다. 즉 그의 후사가 왕위를 잇는 불상사를 미리 막으려
한 의도였다고 생각한다. 성종 11년(992)의 시점이 바로 그러한 가능성을
잘 보여준다.

또 황주 황보씨 세력은 헌애왕후와 김치양 사이에 아이가 태어난다면
이도 역시 바라는 바가 아니었고 왕위계승에 혼란을 가져올 것임을
염려하였다. 그리하여 성종을 부추겨 김치양을 먼 곳으로 귀양보낸 것이
다. 이렇듯 성종은 여러 이유에서 서경 세력을 경계하였으며 외척의
발호를 억제하기 위해 헌애왕후와 헌정왕후의 불륜을 단호하게 처리하였
던 것이다.

5. 목종과 천추태후

그러나 황주 황보씨를 대표로 하는 서경 세력은 충주 유씨의 후원을
받아 穆宗 代에 재기하였다. 宣正王后 劉氏를 제1비로 들이게 되었던

---

90) 『高麗史』 권3 성종세가 원년·2년·7년 및 권93 최승로전.
91) 『高麗史』 권3 성종세가 8년 5월조. 성종 9년부터 성종이 서경에 대해 지대한
   관심을 보이는 것도 최승로의 죽음과 무관하지 않다.(하현강, 「고려시대의
   서경」 『한국중세사연구』, 일조각, 1988, 333쪽)

것이다. 그는 홍덕원군 규와 광종의 딸이었던 문덕왕후 사이에서 낳은 딸이었기 때문이다.[92] 그에 대한 배려로 목종은 선정왕후의 고향인 中原府[충주]에 직접 행차하기도 하였다. 즉 목종 4년 11월에 中原府에 행차하여 여러 신하들에게 연회를 베풀고 사면령을 내렸으며, 거쳐 간 州縣에 대해서는 1년 동안의 田稅를 덜어주고, 호종한 관리들과 거쳐 간 주현의 관리들은 官階를 1급씩 올리고 차등 있게 물품을 내려주었던 것이다.[93]

그러나 천추태후의 등장으로 충주 유씨 계열의 힘은 위축될 수밖에 없었다. 이러한 역사적 상황이 천추태후나 목종이 鎬京[서경]을 중심으로 정치를 할 수 있었던 배경이 되었던 것이다. 그에 대한 자료를 보자.

J- ① 癸未에 西京을 고쳐 鎬京으로 삼았다.(『高麗史』 권3 목종세가 원년 7월조)

② 겨울 10월 왕이 鎬京에 행차하여 祭禮를 지내고 사면령을 내렸으며, 지역의 耆老에게 안부를 묻고 물품을 하사하였다. 兩京의 각 鎭의 군사로 나이가 80세 이상이며 직위가 있는 자는 직급을 더하고, 직위가 없는 자에게는 陪戎校尉로 제수하였으며, 御駕를 扈從한 8품 이하의 관리와 군인들에게는 차등을 두어 물품을 하사하였다.(『高麗史』 권3 목종세가 2년 10월조)

③ 겨울 11월 甲寅에 왕이 鎬京에 가서 祭禮를 지냈으며, 杖刑 이하의 죄를 사면하고 耆老들을 대접하였으며, 그 지방의 山嶽과 州鎭의 神祗에게 勳號를 더하였다.(『高麗史』 권3 목종세가 7년 11월조)

④ 겨울 10월 戊申에 왕이 鎬京에 행차하여 祭禮를 지내고 流配刑 이하의 죄수를 사면하였으며, 국내의 神祗에게 勳號를 더하였다.(『高麗史』 권3 목종세가 10년 10월조)

---

92) 『高麗史』 권88 후비전 성종 문덕왕후 유씨조 및 목종 선정왕후 유씨조.
93) 『高麗史節要』 권2 목종 4년 11월조.

여기서 보는 것처럼 목종은 즉위한 지 얼마 안 되어 서경을 호경으로 삼았다. 호경은 周나라 무왕이 殷나라를 타도하고 새로운 왕조를 개창하면서 수도로 삼은 곳이었다. 따라서 목종도 이전과는 다른 새로운 개혁 정치를 해보고자 한 의도가 아니었나 한다. 천추태후 입장에서 본다면 唐나라의 則天武后를 모방했다고 볼 수 있다. 그녀는 690년 皇帝를 칭하고 국호를 '周'라 하여 주나라의 이상적인 정치를 재현하려 하였다. 천추태후도 서경을 호경으로 개칭하면서 측천무후가 행하려 했던 것처럼 고려의 부흥과 개혁을 꿈꾸었던 것이다.

그리하여 목종은 재위 기간 12년 동안 3차례나 호경에 행차하여 제사를 지내고 그 지역민들에게 은전을 베풀었다. 특히 목종 7년의 호경 행차 시에는 죄수들을 사면하고 노인들을 대접하였으며 그 지역의 山神에게 훈호를 더하였다. 뿐만 아니라 호경의 田租를 1년 동안 감면해 주고 지나온 州縣은 전조를 절반으로 감해주는 특혜를 베풀었다.[94] 그의 이러한 정책은 본인의 독단적인 행동이라기보다 어머니 천추태후의 의견에 따른 것이라고 보는 것이 합리적이다. 목종 2년에 도성의 남쪽에 천추태후의 願刹로 眞觀寺를 지은 것도[95] 어머니의 영향력 때문이었다고 생각한다.

반면 상대적으로 경주 세력은 약화되었다. 목종 10년(1007) 7월의 사건이 이 같은 상황을 보여준다. 즉 이때 慶州 사람 融大가 新羅 元聖王의 遠孫이라 칭하면서 양민 500여 명을 노비로 인정받아 宮人 金氏와 平章事 韓藺卿, 吏部侍郞 金諾에게 선물하여 그들을 후원자로 삼았다는 것이다. 궁인 김씨는 목종에게 사랑을 받아 혼인했던 인물로[96] 출신지는 나오지 않으나 경주 출신으로 추정된다. 융대가 노비를 바친 이유는 궁인 김씨와

---

94) 『高麗史』 권80 식화지3 賑恤조.
95) 『高麗史』 권3 목종세가 2년 7월조. 한편 목종은 자신의 원찰로 崇敎寺를 창건하기도 하였다.(『高麗史』 권3 목종세가 3년 10월조)
96) 『高麗史』 권88 후비전 목종 宮人 金氏조

같은 고향이고 같은 신라 왕족이었기 때문이 아닌가 한다. 이 사건으로 이들은 御史臺의 탄핵을 받아 한인경과 김낙은 유배를 갔으며 궁인 김씨는 銅 100근의 벌금을 물어야 했다.[97] 이는 단순한 뇌물 사건이라기보다 경주 세력의 부상과 책동을 견제한 데서 야기된 것이라 생각한다.

그러나 외교적인 면은 비교적 잘 수행하였던 것 같다. 거란과의 외교를 원만하게 수행하여 거란의 침입은 없었기 때문이다. 이에 대한 자료를 보자.

> K-① 11월 閤門使 王同穎을 契丹에 보내 왕위 계승을 통보하였다.(『高麗史』 권3 목종세가 즉위년 11월조)
>
> ② 이 달에 거란이 千牛衛大將軍 耶律迪烈을 보내 〈成宗의 생일인〉 千秋節을 축하하자, 왕이 그 命을 맞이하여 성종의 梓宮 앞에서 고하였다.(『高麗史』 권3 목종세가 즉위년 12월조)
>
> ③ 이 달에 거란은 前王이 죽었다는 이유로 勅命을 보내 전에 받았던 幣帛을 돌려주었다.(『高麗史』 권3 목종세가 원년 4월조)
>
> ④ 거란이 右常侍 劉績을 보내 왕에게 尙書令을 더하여 책봉하였다.(『高麗史』 권3 목종세가 2년 10월조)
>
> ⑤ 10년(1007) 봄 2월 거란이 耶律延貴를 보내 왕에게 守義保邦推誠奉聖功臣 開府儀同三司 守尙書令 兼 政事令 上柱國을 더하여 책봉하고, 食邑 7,000호와 食實封 700호를 더하였다.(『高麗史』 권3 목종세가 10년 2월조)

이처럼 목종은 즉위하자마자 거란에 사신을 보내 왕위 계승을 보고하였다. 그러자 거란에서도 곧바로 사신을 보내와 돌아가신 성종의 생일을

---

97) 『高麗史節要』 권2 목종 10년 7월조.

축하하였다. 아마도 이때는 성종의 죽음을 몰랐던 것 같다. 그 후 성종의 죽음을 알고는 성종이 보냈던 선물을 다시 돌려보내는 배려를 아끼지 않았다. 그리고는 다시 사신을 보내 목종에게 尙書令의 관직을 더해 주었다. 그렇다고 하여 목종이 宋과의 관계를 끊은 것은 아니었다. 목종 2년(999) 10월 宋에 吏部侍郎 朱仁紹를 보내어 고려인들이 중국의 문화[華風]를 사모하고 있으며 거란의 위협을 받고 있는 상황을 설명하였던 것이다.[98] 이른바 兩端外交 정책을 실행하였다 할 수 있다.

이후 거란과는 큰 사단없이 지나갔다. 그러다가 송과의 외교 단절을 유도하려 한 것인지 모르지만 거란이 목종에게 우호적인 사절을 보내왔다. 목종 10년(1007)에 耶律延貴를 보내와 守義保邦推誠奉聖功臣 開府儀同三司 守尙書令 兼 政事令 上柱國을 더하여 책봉하고, 食邑 7,000호와 食實封 700호를 더하였던 것이다. 이와 같은 외교 정책으로 거란과의 관계가 원만해져 거란의 침입이 없었던 것은 천추태후와 목종의 업적이라 할 수 있다.

그러나 목종 12년(1009) 康兆의 정변으로 목종은 충주로 귀양가는 도중 積城縣[경기도 파주군 적성면]에서 살해당하였다.[99] 이때 金致陽 父子도 살해당하였고 천추태후의 친척들은 섬으로 유배보내졌다. 천추태후는 고향인 黃州로 보내졌다가 후에 다시 개경으로 온 것 같다. 현종 20년(1029) 정월 66세로 崇德宮에서 죽었기 때문이다.[100]

98) 『高麗史』 권3 목종세가 2년 10월조.
99) 『高麗史節要』 권2 목종 12년 1월조.
100) 『高麗史』 권88 후비전 경종 헌애왕태후 황보씨조.

6. 맺음말

이상에서 살펴본 바를 요약해보면 다음과 같다. 천추태후의 본래 이름은 阿志君이었는데 千秋殿君에게 시집가면서 千秋殿夫人이라 하게 되었다. 그러나 천추전군이 일찍 죽고 과부가 되었는데 景宗과 결혼하면서 獻哀王后가 되었다. 그 후 경종과 헌애왕후의 아들인 穆宗이 왕위에 오르면서 千秋太后라 불리게 된 것이었다. 즉 아지군, 천추전부인, 헌애왕후, 천추태후는 모두 동일인에 대한 다른 호칭이었던 것이다. 또 그의 아버지는 戴宗이 아닌 光宗이고 어머니는 宣義王后 柳氏가 아닌 大穆王后 皇甫氏였다. 그런데 특별한 이유로 戴宗의 딸이라 했기 때문에 황보씨가 되었다.

千秋太后의 등장은 西京 勢力의 부침과 깊은 관련이 있었다. 서경 세력은 浿江鎭 지역을 중심으로 한 세력이었다. 이들은 고려의 건국과 후삼국 통일에 큰 역할을 하여 9명의 후비를 배출하기도 하였다. 서경 세력의 대표는 왕후를 배출한 黃州 皇甫氏였다. 이들은 定宗 때에는 서경 천도를 계획하기도 하였으나 실패하였다. 光宗 때에는 이들이 탄압받고 소외되는 과정에서 景宗이 등장하였다. 경종 대에는 각 지역의 세력들이 권력을 차지하기 위해 경종과의 혼인을 추진하였다. 먼저 경주 김씨 계열이 정종에서 광종 대의 열세를 만회하기 위해 결혼을 추진하였다. 이것이 경종과 敬順王 金傅의 딸 헌숙왕후 金氏와의 결혼이었다. 이에 위협을 느낀 忠州 劉氏 계열이 후사를 얻기 위해 추진한 것이 2비 헌의왕후 劉氏와의 혼인이었다. 그러나 광종 대에 소외되었던 黃州 皇甫氏가 다른 세력에게 권력을 빼앗길 수 없어 경종의 친동생들인 헌애왕후와 헌정왕후를 경종과 혼인시켰다. 물론 그것은 경종의 동의가 있었기에 가능한 일이었다. 그러나 이는 유교적인 윤리에 어긋나는 행위였으므로 이를 감추기 위해 이들을 戴宗의 딸로 둔갑시켰다. 그리하여 그들은 황보씨를 칭하게 되었다. 이러한 세력 다툼에 貞州 柳氏도 끼어들어 大明宮夫人

柳氏를 경종과 혼인하게 하였다.

成宗은 왕위에 오르자 서경 세력은 물론 외척 세력의 발호를 견제하였다. 제1비 문덕왕후 劉氏와의 혼인이야 경종의 주선으로 왕위에 오르기 전에 행해졌기 때문에 어쩔 수 없이 받아들여야 했다. 그것은 또 왕위에 오르기 위해 필요한 것이기도 했다. 그러나 제2비 문화왕후 金氏, 제3비 연창궁부인 崔氏는 종실에서 맞아오지 않았다. 서경 세력과 연계된 가문도 아니었다. 그러한 맥락에서 헌애왕후, 헌정왕후와 불륜을 맺은 金致陽과 安宗을 먼 곳으로 귀양보내는 극단의 조치가 취해졌다. 황주 황보씨의 등장을 달가워하지 않았던 것이다.

穆宗 대에 이르러 황주 황보씨 세력은 忠州 劉氏의 후원을 얻어 부활하였다. 그러나 천추태후의 등장으로 충주 유씨의 세력은 약화되었다. 경주 세력도 큰 힘을 쓰지 못했다. 천추태후가 鎬京[서경]을 중심으로 활약할 수 있었던 것도 이러한 역사적 배경에 말미암은 것이었다. 이 시기에 외교 정책은 원만히 수행하여 거란의 침략이 없었던 것은 천추태후와 목종의 업적 중 하나라 할 수 있다.

결국 황주 황보씨로 대표되는 서경 세력은 권력을 유지하기 위해 男妹婚이라는 극단적인 근친혼을 추진하였다. 이들 세력은 갖은 역경 끝에 穆宗 代에 이르러 결실을 맺어 천추태후의 등장과 함께 西京 중심의 개혁 정치를 행할 수 있었던 것이다.

Ⅱ. 현종의 즉위와 사천 지역

1. 머리말

고려의 문물과 제도는 성종 대에 이르러 일단의 정비를 보게 된다. 그리고 그 후 문종 대에 이르러 다시 한번 크게 정비되어 고려시대의 골격을 이루게 된다. 그러나 성종과 문종의 중간인 顯宗 대에도 일부 개혁과 정비가 이루어졌다. 특히 지방제도 면에서는 많은 정비가 이루어졌다. 고려의 主-屬縣 체제가 완비되는 것이다. 이에 대해서는 이미 어느 정도 연구가 되어 있다.[1]

그러나 제도사적 측면뿐 아니라 인간적인 측면에서도 고려 현종은 우리의 흥미를 끌기에 충분한 인물이다. 그는 불우한 어린 시절을 보내고 갖은 역경 끝에 왕위에 오른 인물이다. 특히 그는 어린 시절을 궁중이 아닌 외방에서 보내야 했다. 그 아버지가 귀양 가 있던 사수현[현 경남 사천]에서 몇 년 간 지내야 하는 비운을 겪었던 것이다. 따라서 우리는 그의 즉위 과정이나 정책이 사수현에서의 어린 시절과 어느 정도 관련이 있지는 않을까 하는 의구심을 품게 된다.

이에 본고에서는 현종과 사수현과의 관계를 중심으로 현종 당시의

---

1) 구산우, 「고려 현종대 향촌지배체제 개편의 배경과 성격」『한국중세사연구』 1, 1994 ; 김갑동, 「고려 현종대의 지방제도 개혁」『한국학보』 80, 1995.

정책적 방향을 살펴보고자 한다. 먼저 현종이 어떻게 하여 사수현에 내려와 살게 되었는가를 살펴보고 사수현의 성황신앙에 대해서도 탐구해 보고자 한다. 다음으로 현종이 어떤 과정을 거쳐 왕위에 즉위하였으며 그의 정책 속에서 사수현이 어떤 비중을 차지하고 있는가 하는 점도 추구해보고자 한다.

2. 현종의 어린 시절과 사수현

고려 제7대 임금 穆宗은 제5대 景宗의 아들이었다. 경종과 제3비 獻哀王后 皇甫氏[뒤의 千秋太后]와의 사이에서 경종 5년(980) 태어났다. 그러나 다음 해에 경종이 죽자 6대 임금 成宗이 궁중에서 그를 키웠다. 그리고 그가 성종의 사위 자격으로 제7대 임금 穆宗(997~1009)이 되었다.[2] 그러나 왕위에 오른 지 얼마 안 되어 후계자의 문제가 발생했다.

문제의 발단은 경종이 26세의 젊은 나이로 죽으면서 비롯되었다. 그에 게는 이미 4명의 후비와 1명의 부인이 있었다. 즉 신라 경순왕의 딸인 獻肅王后 金氏와 獻懿王后 忠州 劉氏, 그리고 黃州 皇甫氏인 獻哀王后·獻貞王后 및 大明宮夫人 柳氏가 있었다. 그런데 이들이 졸지에 과부가 되어버렸다. 그것이 문제였다.

경종의 뒤를 이어 즉위한 成宗代(981~997)에 金致陽이 헌애왕후[일명 千秋太后]와 사통하고, 또 태조의 아들인 安宗 郁이 헌정왕후와 통하여 大良院君[뒤의 현종]을 낳게 되면서 사태의 진전이 복잡하게 되었다.

---

2) 穆宗妃인 宣正王后 劉氏는 成宗妃인 文德王后 劉氏가 성종에게 오기 전에 혼인했던 弘德院君과의 사이에서 낳은 딸이었다. 따라서 성종은 그를 딸로서 인정할 수밖에 없었다. 그러므로 목종은 성종에게 사위뻘이 되는 사이였다.(『高麗史』 권88 후비전1 및 정용숙, 「왕실족내혼의 강화와 변질」 『고려왕실족내혼연구』, 새문사, 1988, 107쪽)

우선 대량원군의 탄생 과정을 보자. 경종의 제4비 憲貞王后 皇甫氏는 경종이 죽은 후 王輪寺의 남쪽 자기 집에서 살고 있었다. 얼마 후 곁에 살던 태조의 아들 安宗 郁이 그 집을 왕래하다 불륜의 관계를 맺어 급기야는 임신을 하게 되었다. 그리고 얼마 후 대량원군을 낳게 되었다. 그에 대한 기록을 보자.

A. 獻貞王后 皇甫씨는 戴宗의 딸인바 景宗이 죽자 대궐에서 나와서 王輪寺 남쪽에 있는 자기 집에서 살고 있었다. 어느 날 꿈에 그가 鵠嶺에 올라서 소변을 누었더니 소변이 흘러서 온 나라에 넘쳤으며 그것이 모두 변하여 은빛 바다가 되었다. 꿈을 깨고 나서 점을 치니 "아들을 낳으면 왕이 되어 한 나라를 가지게 되리라"고 하였다. 왕후가 "나는 이미 과부가 되었으니 어찌 아들을 낳겠는가?"라고 말하였다. 그런데 당시 安宗의 집과 왕후의 집이 서로 거리가 가까운 까닭에 자주 왕래하다가 간통하여 임신하게 되었으며 만삭이 되어도 사람들이 감히 발설하지 못하였다.

성종 11년(992) 7월에 왕후가 안종의 집에서 자고 있을 때 그 집 종들이 화목을 뜰에 쌓고 불을 지르니 불꽃이 올라서 마치 화재가 난 듯하여 백관들이 달려 와서 불을 껐다. 그때 성종도 급히 위문하러 가서 본즉 그 집 종들이 사실대로 고하였다. 그래서 안종을 귀양보냈는데 왕후는 부끄러워서 울고 있다가 자기 집으로 돌아갔는데 바야흐로 문 입구에 이르렀을 때 뱃속의 태아가 움직였다. 그래서 문 앞의 버드나무 가지를 붙잡고 아이를 낳았으나 산모는 죽었다. 成宗이 유모를 택하여 그 아이를 양육하라고 명령하였는데 장성한 후 왕위에 올랐으니 그가 바로 현종이다. 현종이 왕위에 오르자 孝肅王太后라고 추존하고 그의 무덤을 元陵이라고 하였다.(『高麗史』 권88 후비1 헌정 왕후 황보씨조)

여기서 보듯이 헌정왕후 황보씨가 자신의 소변이 온 나라에 넘쳐
은빛 바다로 변하는 꿈을 꾸고 나서 아들을 낳게 되었다는 것이다. 이
같은 설화는 이미 신라시대 때부터 있었다. 김유신의 여동생 寶姬가
西岳에 올라 소변을 보니 소변이 서라벌 안에 가득차는 꿈을 꾸었는데
동생인 文姬가 비단치마를 주고 그 꿈을 산 후에 김춘추와 결혼하게
되었다는 것이 그것이다.3) 또 고려 태조 왕건의 할아버지 作帝建을 낳을
때도 이 같은 설화가 배경이 되었다. 損乎述[寶育]의 딸 중 언니가 五冠山에
올라가 소변을 보니 천하에 가득차는 꿈을 꾸자 그 동생 辰義가 비단치마를
주고 꿈을 산 후 당나라 숙종과 혼인하게 되었다는 것이다.4) 이런 꿈을
꾸고 나서 낳은 자식은 다 귀하게 된다는 속설이 있었던 모양이다. 소변이
란 다름 아닌 자식을 뜻하는 것이다. 소변이 나오는 곳과 아이가 나오는
곳이 같았기 때문이다.

이렇게 하여 아이를 임신한 헌정왕후가 만삭이 되었을 때 그 집 종들의
기지로 성종에게 알려지게 되었다. 헌정왕후는 울며 집으로 돌아오다
집 문 앞에서 아이를 낳았다. 그러나 그 자신은 죽었다. 대량원군[뒤의
현종]은 어머니 얼굴도 모른 채 태어난 것이다. 그가 태어난 시기는
성종 11년(992) 7월 1일이었다.5)

한편 성종은 안종을 泗水縣[경남 사천]으로 귀양 보냈다. 성종은 안종
욱을 內侍 謁者 高玄에게 명령하여 사수현으로 압송하게 하였던 것이다.
고현이 돌아올 때가 되자 안종 욱은 그에게 시를 지어 주었는데 그
시는 다음과 같다.

---

3) 『三國遺事』 권1 기이1 태종 춘추공조.
4) 『高麗史』 태조세계.
5) 『高麗史』 권4 현종세가 序頭 및 『고려사절요』 권3 현종원문대왕조.

B. 그대와 더불어 같은 날에 황성을 떠났느니　　　　[與君同日出皇畿]

그대 이미 돌아갔는데 나만 홀로 못가누나!　　　　[君已先歸我未歸]

귀양가는 길에선 쇠줄에 매인 원숭이처럼 신세만 한탄하였고

　　　　　　　　　　　　　　　　　　　　　　　[旅檻自嗟猿似鏁]

이별의 정자에선 나는 듯이 가는 저 말이 도리어 부러웠어라!

　　　　　　　　　　　　　　　　　　　　　　　[離亭還羨馬如飛]

황성의 봄을 사랑하던 넋은 꿈인양 아득한데　　　[帝城春色魂交夢]

바닷가 풍경에 눈물이 옷깃을 적시었네!　　　　　[海國風光泪滿衣]

성상이 하신 말씀 응당 변함없으려니　　　　　　　[聖主一言應不改]

어촌 이곳에서 설마 여생을 늙으라 하시랴?　　　　[可能終使老漁磯]

(『高麗史』 권90 종실전1 安宗 郁조)

　여기서 "성상이 하신 말씀 변함없으려니"라는 구절이 주목된다. 아마 안종 욱을 떠나보내면서 조금만 참고 견디면 바로 소환하겠다는 뜻이었을 것이다. 기록에 의하면 성종은 안종 욱에게 "숙부가 대의를 범한 까닭에 귀양보내는 것이니 초조한 마음을 가지지 말도록 조심하오"라고[6] 하였다 한다. 안종 욱은 태조와 신성왕태후 김씨와의 사이에서 태어난 사람인데 신성왕태후는 신라 경순왕의 백부였던 金億廉의 딸이었다.[7] 따라서 안종 욱은 戴宗 旭의 아들이었던 성종에게는 숙부뻘이 된다. 따라서 성종은 안종 욱을 숙부라 불렀던 것이다.

　이리하여 대량원군은 아버지 얼굴도 거의 보지 못하고 보모에 의하여 고아처럼 길러졌다. 그러나 그가 두 살 될 무렵 사수현에 있던 아버지 곁으로 보내졌다. 사수현에서의 생활이 시작된 것이다. 그러나 아버지 안종 욱도 성종 15년(996) 죽음으로써 이듬해인 성종 16년(997) 서울로

---

6)『高麗史』 권90 종실전1 安宗 郁조.
7)『高麗史』 권88 후비전1 太祖 神成王太后 金氏조.

올라오게 되었다. 그 간의 사정이 『고려사』에는 다음과 같이 기록되어
있다.

C. 처음에 王郁을 귀양보내던 날에 황보씨가 아이를 낳고 죽었으므로
   성종이 보모를 선택하여 그 아이를 길렀다. 아이가 두 살 되었을
   때부터 보모는 항상 "아버지"라는 말을 가르쳐 주었다. 하루는 成宗이
   아이를 불러서 보는데 보모에게 안겨 들어간 아이는 성종을 우러러보
   더니 "아버지"라고 부르고 무릎위로 기어 올라가서 옷깃을 당기면서
   또 한번 "아버지"라고 불렀다. 성종이 가련히 여겨 눈물을 흘리면서
   "이 아이가 대단히 아버지를 그리워하는구나!" 하고 말하더니 드디어
   아이를 泗水縣으로 보내 왕욱에게 주었는 바 그가 바로 후일의 顯宗이
   다. …… 성종 15년에 왕욱이 귀양 간 곳에서 죽었다. …… 이듬해
   2월에 현종이 서울에 올라오게 되었다. 그가 왕위에 오르자 왕욱을
   孝穆大王이라고 추존하고 묘호를 安宗이라고 하였다. 8년 4월에 乾陵
   에 옮겨 장사하고 5월에 憲景이란 시호를 더 올렸으며 12년에 효목을
   孝懿로 고쳤다. 현종 18년에는 聖德이라는 시호를 더하였고 후에는
   武陵이라고 불렀다.(『高麗史』 권90 종실전1 安宗 郁조)

   그의 사수현 생활은 4년 만에 종말을 고하고 개경으로 올라왔다. 성종
12년부터 16년까지 4년 동안의 어린 시절을 사수현에서 보낸 셈이 된다.
대량원군이 사수현에서 지낸 곳은 어디일까. 기록에 의하면 사수현의
남쪽에 臥龍山이 있었는데 그곳에 있는 排房寺라는 절에서 자랐다 한다.[8]
   개경으로 올라온 후 대량원군은 大良院에서 자란 것 같다. 그가 大良院君
이라 칭해졌기 때문이다. 그러나 성종이 바로 죽고 목종이 즉위하면서

---

8) 『新增東國輿地勝覽』 권31 경상도 泗川縣 山川, 佛宇조 및 『大東地志』 권9 경상도
   사천 산수조.

그의 생활은 순탄치 않았다. 그것은 헌정왕후의 언니이며 대량원군의 큰 이모인 헌애왕후 때문이었다.

헌애왕후는 성종이 재위 16년 만에 죽고 목종이 즉위하자 전권을 장악하였다. 목종의 나이 이미 18세가 되었으나 그의 친정을 허락하지 않았다. 섭정을 하였던 것이다. 이때부터 그는 千秋太后라 불리면서 무소불위의 권한을 행사하였다. 자신의 힘에 의하여 목종이 왕위에 올랐기 때문이었다. 성종이 죽자 헌애왕후는 혹 동생의 아들인 대량원군이 왕위를 노리고 있는 것이 아닌가 의심하였다. 성종이 아들을 낳지 못하고 죽었기 때문이다. 대량원군도 어머니로 따지면 경종의 아들이었다. 때문에 그는 선수를 써 자신의 아들인 목종을 왕위에 앉힌 것이었다.

목종이 즉위한 후에도 대량원군은 천추태후에 있어서 눈에 가시 같은 존재였다. 특히 金致陽과의 사이에 아들을 하나 낳으면서 미움은 도를 더하였다. 김치양은 원래 천추태후의 외가쪽 친척이었다. 그는 중이 되어 성종 대부터 천추궁을 출입하게 되었고, 김치양과 천추태후는 결국 불륜의 관계가 되었다. 성종은 이 소문을 듣고 김치양을 먼 곳으로 귀양보냈다. 그러나 목종이 즉위하면서 천추태후는 그를 다시 개경으로 불러들였고, 불륜의 관계가 지속되었다. 마침내 아들을 하나 낳으니 천추태후는 그로 하여금 목종의 뒤를 잇게 하려고 했다.[9]

천추태후는 대량원군이 정치에 간여하지 못하도록 머리를 깎고 중이 되게 하였다. 처음에는 崇敎寺라는 절에 있게 하였다. 그때 그 절의 중이 꿈을 꾸었다. 그 내용은 큰 별이 절 마당에 떨어져 용으로 변하더니 다시 사람으로 변하였는데 그 사람이 바로 대량원군이었다는 것이다. 그리하여 사람들은 모두 대량원군을 신기하게 여겼다. 그 후 목종 9년(1006)에는 대량원군을 삼각산 신혈사에 거주토록 하였다.[10] 그리하여

---

9) 『高麗史』 권127 金致陽傳.
10) 『高麗史』 권4 현종세가 序文.

사람들은 그를 '神穴小君'이라 불렀다.

이런 와중에서 대량원군은 피신 생활은 하고 있었지만 나름대로의 포부를 키우며 생활하고 있었다. 당시 그가 썼다는 2편의 시를 통해 그 마음의 일단을 엿볼 수 있다.[11] 먼저 「시냇물[溪水]」이란 제목의 시를 보자.

> D. 백운봉에서 흘러내리는 한 줄기 시냇물   [一條流出白雲峯]
> 만경창파 먼 바다로 향하는구나   [萬里滄溟去路通]
> 졸졸 흘러 바위 밑에만 있다고 말하지 마라   [莫道潺湲巖下在]
> 용궁에 도달할 날 그리 멀지 않았으니   [不多時日到龍宮]
> (『高麗史』 권4 현종세가 序文)

자신의 인생을 비유하여 읊은 것이다. 지금은 한 줄기 시냇물이지만 바위 계곡을 돌아가다보면 언젠가는 넓은 바다에 도달할 것이다. 자신의 처지도 현재는 한 줄기 시냇물과 같이 역경을 겪고 있지만 이를 참고 견디면 언젠가는 용궁에 도달하여 임금이 될 것이라 읊고 있는 것이다. 「작은 뱀[小蛇]」이란 시도 있었다.

> E. 약초밑에 도사리고 앉아 있는 작고 작은 저 뱀   [小小蛇兒遶藥欄]
> 온 몸에 붉은 무늬 찬란히 번쩍이네   [滿身紅錦自斑爛]
> 언제나 꽃밭에만 있다고 말하지 말라   [莫言長在花林下]
> 하루아침에 용되기란 어렵지 않으리니   [一旦成龍也不難]
> (『高麗史』 권4 현종세가 序文)

---

11) 위와 같은 조항.

약초 밑에 도사리고 있는 작은 뱀도 언젠가 하루아침에 용이 될 수 있다 하고 있다. 언제나 꽃밭에서 놀고 있는 작은 뱀처럼 자신을 볼지 모르지만 조만간에 왕이 될 수도 있음을 밝히고 있는 것이다. 그의 인내심과 포부를 잘 표현해주고 있다.

그러나 김치양과 천추태후[헌애왕후 황보씨]는 마음이 놓이지 않아 여러 차례 사람을 보내 그를 죽이려 하였다. 여러 승려들의 도움으로 대량원군 제거 시도는 모두 실패하였다. 그러한 사정은 다음 사료가 잘 말해준다.

F. 獻哀王太后 皇甫氏는 戴宗의 딸이니 穆宗을 낳았다. 목종이 왕위에 오르자 그에게 應天啓聖靜德王太后라는 尊號를 올렸다. 목종의 나이 이미 18세나 되었으나 태후가 섭정하고 천추전에 거처하였으므로 세상에서 그를 千秋太后라고 불렀다. 그가 金致陽과 간통하여 아들을 낳고 그 아들을 왕위 계승자로 정하려고 하였다. 당시 顯宗은 大良院君으로 있었는데 태후가 그를 꺼리어 억지로 승려로 만들어 三角山 神穴寺에 나가 있게 하였다. 그래서 당시 사람들이 "神穴小君"이라고 불렀는데 태후는 누차 사람을 보내 그를 죽이려고 하였다. 하루는 궁녀[內侍]를 시켜 술과 떡을 보내면서 그 속에 모두 독약을 넣었다. 궁녀가 절에 가서 소군을 만나 친히 음식을 먹이려고 하였는데 절의 어떤 중이 갑자기 소군을 땅굴 속에 숨겨두고 거짓으로 "소군이 산으로 놀러 나갔으니 간 곳을 어찌 알겠느냐?"라고 속였다. 궁녀가 돌아간 후에 그 음식을 뜰에 버렸더니 까마귀와 참새들이 그것을 먹자 즉시 죽었다. 또 태후는 충신과 의로운 사람들을 더욱더 꺼렸으므로 죄없는 신하들을 많이 모함하였으나 목종은 금하지 못하였다. 12년 정월에 천추전에 화재가 나서 태후는 장생전으로 옮기어 거처했으며 후에 康兆가 김치양 부자를 죽이고 태후의 친척들을 섬에 귀양보

냈으며 또 사람을 시켜 목종을 죽였다. 그래서 태후는 黃州에 가서 21년간 있다가 현종 20년(1029) 정월에 숭덕궁에서 죽었다. 향년 66세였고 幽陵에 매장하였다.(『高麗史』 권88 후비전1 獻哀王太后 皇甫氏)

여기서 보는 것처럼 천추태후는 궁녀를 보내 떡 속에 독약을 넣어 대량원군[현종]을 살해하려 하였다. 그러나 스님들의 보호와 기지로 목숨을 보존할 수 있었다. 신혈사의 노승은 절 안에 있던 방의 한 가운데를 파서 지하실을 만들어 대량원군을 숨기고 그 위에 침상을 놓아 불의의 변고에 대비하기까지 하였다.[12]

그러는 와중에, 김치양은 천추태후를 등에 업고 권력을 전횡하였다. 천추태후의 힘에 의해 右僕射 兼 三司事(정2품)의 지위에까지 오른 그는 친척과 도당을 모두 요직에 배치하였다. 인사권을 장악하고 뇌물을 받았으며 300여 칸이나 되는 호화주택을 짓고 살았다. 자기 고향에는 星宿寺란 큰 절을 짓고 궁성의 서북쪽에도 十王寺란 절을 지었다.[13]

목종은 이러한 김치양을 외방으로 내치려 하였지만, 어머니 천추태후의 노여움을 사면 어떤 일이 벌어질지 몰랐다. 그렇다고 어머니라 하여 무슨 일이든 따를 수는 없었다. 즉위할 때는 18세의 나이였지만 이제는 20세를 훌쩍 넘긴 성인이 되었기 때문이다. 그는 정황을 살피면서 대량원군을 보호하려 애썼다. 불륜의 씨앗을 왕실의 후계자로 삼을 수는 없다고 생각한 것 같다. 그가 후계자가 되면 王氏 왕조는 끝이 나는 것이었다. 친아들이 없었던 목종은 태조의 친손자이며 웅지를 품고 있는 대량원군이 후계자로 적격이라고 판단하였다.

목종의 뜻대로 행운은 대량원군에게 서서히 돌아가고 있었다. 다음의

---

12) 『高麗史節要』 권2 목종 6년조
13) 『高麗史節要』 권2 목종 6년조

이야기가 이를 말해준다.

> G. 왕[대량원군]이 어느 날 닭 우는 소리와 다듬이 소리가 들려오는
> 꿈을 꾸고 術士에게 물었더니 술사가 속담으로 해몽하기를 "닭 울음은
> 꼬끼요[鷄鳴高貴位], 다듬이 소리는 어근당어근당[砧響御近當]하니 이
> 꿈은 왕위에 오를 징조입니다"라고 하였다. 목종 12년 2월 기축일에
> 여러 신하들이 대량원군을 모셔다가 延寵殿에서 즉위케 하니 이가
> 곧 현종이었다.(『高麗史』 권4 현종세가 序文)

닭 울음소리인 꼬끼요는 한자로 풀어쓰면 '高貴位'로 이는 '고귀한 지위'
즉 '왕'을 가리키는 말이다. 또 다듬이 소리인 '御近當'을 풀이하면 '오를
날이 가까이 당도하였다'가 된다. 결국 대량원군이 '왕위에 오를 날이
가까이 당도하였다'는 뜻이다. 술사도 이렇게 풀이했으리라 짐작된다.
그런 꿈을 꾼 지 얼마 안 되어 대량원군이 현종으로 즉위한 것이다.

3. 사수현의 성황 신앙

그런데 다음 사료에서 보듯이 현종이 어린 시절을 보냈던 사수현에
성황당의 존재가 보이고 있어 주목된다.

> H. 王郁은 글을 잘 지었고 또 地理에 정통하였는데 어느 날 가만히
> 현종에게 금 한 주머니를 주면서 하는 말이 "내가 죽거든 이 금을
> 地官에게 주고 나를 이 고을 城隍堂 남쪽 歸龍洞에 매장하게 하되
> 반드시 엎어서 묻게 하라"고 하였다. 성종 15년에 왕욱이 귀양간
> 곳에서 죽으니 현종이 그가 가르치던 대로 하였고 장차 매장할 때

시체를 엎어 묻어 달라고 청하니 지관이 "어찌 그렇게도 급하던가!"라
고 말하였다.(『高麗史』권90 종실전1 安宗 郁조)

여기서 보듯이 안종 욱은 죽기 전에 대량원군에게 부탁하기를 자신이
죽으면 성황당 남쪽 歸龍洞에 묻어달라 부탁했다 한다. 그것도 엎어
묻어달라고 했다고 한다. 그렇다면 그가 왜 그런 부탁을 했을까.
　우선 그에 관련된 사료를 보자.

　Ⅰ- ① 歸龍山(현의 남쪽 10리에 있다) 臥龍山(현의 남쪽 30리에 있다.
　　　또 晋州조에도 보인다) 城隍山(현의 남쪽에 있다)(『新增東國輿地勝覽』
　　　권31 慶尙道 泗川縣 山川조)
　　　② 歸龍寺(귀룡산에 있다) 積善寺·興寶寺(모두 와룡산에 있다) 排房寺
　　　(옛 이름은 蘆谷으로 와룡산에 있다. 고려 현종이 어렸을 때에 일찍이
　　　이 절에 寓居하였다)(동상 佛宇조)
　　　③ 城隍祠(산성 내에 있다)(동상 祠廟조)
　　　④ 陵華峯(와룡산에 있는데 고려 안종이 이 봉우리 아래에 매장되었다.
　　　지금에 이르러 그 마을을 陵華里라 한다) 城隍山城(석축으로 둘레가
　　　1941자인데 안에 샘 1개와 연못 1개가 있다)(동상 古跡조)
　　　⑤ 歸龍山(남쪽 10리에 있다) 臥龍山(고려 성종 11년 태조의 제8자
　　　郁을 사수현에 유배하였다. 현종 즉위후 그 아버지 욱을 추존하여
　　　安宗으로 하고 陵華峯 아래에 장사지냈다. 지금 칭하기를 능화리라
　　　한다. 8년에 梓宮을 개경으로 옮겨 乾陵이라 하였다. 현종이 일찍이
　　　이 산의 排房寺에 寓居하였다)(『大東地志』권9 慶尙道 泗川 山水조)

여기서 보는 바와 같이 어릴 적의 대량원군이 살았던 곳은 배방사라는
臥龍山에 있는 절이었다. 이때는 안종 욱도 대량원군과 함께 살았을

것이다. 그런데 와룡산은 말 그대로 풀이하면 '누워 있는 용같이 생긴 산'을 말하는 것이다. 용은 곧 왕을 뜻하는 것이니 아직 왕위에 오르지 못한 대량원군과 그 아버지가 살기에 적합한 곳이었다.

　이들은 여기서 왕이 되어 돌아가기를 학수고대 했을 것이다. 그러나 몇 년이 지났는데도 성종은 이들을 부르지 않았다. 따라서 빨리 돌아가기를 바라는 마음에서 대량원군에게 歸龍洞에 묻어달라고 부탁한 것이다. 귀룡동이란 뜻은 '돌아갈 용이 사는 동네'로 풀이된다. 자신은 살아서 못간다 하더라도 자신의 아들은 빨리 돌아가 왕이 되기를 바라는 마음에서 이러한 부탁을 한 것 같다. 엎어서 묻으면 눕혀서 묻는 것보다 더 빨리 일어날 수 있기 때문이 아닌가 한다. 그러자 이 말을 들은 술사는 때가 되면 돌아갈 것인데 왜 이리 급히 서두르냐고 말한 것이다. 그 때문인지 모르지만 안종 욱이 죽어 귀룡동에 묻힌 다음 해에 대량원군은 개경으로 돌아가게 되었다.

　그런데 얼핏 보면 귀룡동은 현의 남쪽 30리에 있다는 귀룡산 밑의 동네가 아니었겠는가 추측할 수 있다. 그러나 기록에는 안종의 무덤이 와룡산의 한 봉우리인 능화봉 밑에 있었다고 되어 있다. 능이 있었기 때문에 능화봉이라 한 것인지 원래 봉우리 이름이 능화봉이었기 때문에 안종이 여기에 무덤을 쓰라고 했는지 알 수 없다. 그러나 분명 어떤 연관관계가 있었음은 틀림없다. 그렇다면 능화봉 밑의 동네가 귀룡동이라는 이야기가 된다. 귀룡동이란 지명이 귀룡산이나 귀룡사와 연관이 있을 듯도 싶은데 능화봉 밑에 있다는 것은 이해하기 힘들다.

　그러나 기록을 자세히 보면 그 이유를 알 수 있을 것 같다. 즉 『대동지지』의 저자인 김정호는 어디에 근거한 것인지는 알 수 없지만 "현종 즉위 후" 안종을 능화봉 아래에 장사지냈다고 하고 있다. 이를 보면 원래부터 안종 욱의 무덤이 능화봉 아래에 있었던 것이 아님을 알 수 있다. 안종은 현종이 왕위에 오르기 13년 전인 성종 15년(997)에 죽었기 때문이다.

따라서 처음 안종의 무덤이 있었던 곳은 귀룡산 밑의 귀룡동이란 곳이었는데 현종이 즉위하면서 이를 와룡산 밑으로 이장하였다고 보아야 할 것이다. 그에 따라 그 뒤 봉우리를 능화봉이라 했고 그 마을을 능화리라 한 것이 아닌가 한다.

그런데 여기서 성황당의 존재는 어떤 의미가 있는 것일까. 『고려사』에 보이는 성황당은 조선 초기까지 존재했는데 높은 곳에 있기 때문에 烽火를 올리는 곳으로도 사용되었다. 『세종실록지리지』에는 성황당이 烽火處로 되어 있기 때문이다.[14] 또 고려시대의 성황당은 아마도 『신증동국여지승람』의 城隍祠와 같은 존재로 보인다. 성황사는 성황산성[15] 내에 있었고 성황산성은 성황산에 있는 것임에 틀림없기 때문이다. 성황산은 현의 남쪽에 있었다. 따라서 성황사와 안종 욱 및 대량원군이 살았던 배방사는 가까운 거리에 있었음이 틀림없다. 그렇다면 안종 욱은 평상시에 성황당 내지 성황사에 나아가 자신의 아들이 빨리 개경으로 돌아가 왕이 되게 해달라고 빌었으리라 추측된다.

城隍은 일종의 방어시설로 높게 만든 부분이 城이고 움푹 파인 부분이 隍이었다. 즉 城池와 같은 뜻이었다. 그러나 여기에도 신이 있다고 생각하여 성내에 사는 사람들이 자신들의 안녕과 고을 수호를 위해 제사한 것이 바로 성황신앙이었다.[16]

그런데 이 城隍堂 또는 城隍祠에 대한 제사는 그 지역의 지방세력들이 도맡아 하는 것이 상례였다. 그 지방세력이란 다름 아닌 그 지역의 土姓들

---

14) 『世宗實錄地理志』 경상도 사천현조. 『경상도지리지』 사천현조에는 아예 城隍堂烽火로 나와 있다.

15) 이 성황산성은 『세종실록지리지』에는 성황당석성이라 되어 있다. 이 城隍堂 石城은 "현의 남쪽 2里에 있는데 높고 험하며 주위가 588步이고 안에는 샘이 1, 연못이 2개가 있고 또 軍倉이 있다"라고 되어 있는 것이다.(『世宗實錄地理志』 경상도 사천현조)

16) 김갑동, 「고려시대의 성황신앙과 지방통치」 『한국사연구』 74, 1991, 1~9쪽.

이었다. 당시 사수현의 토성은 李·黃·吳·睦씨였다.[17] 이들은 왕족이었던 안종 욱과 대량원군이 내려오자 이들을 위해 성황사에서 제사를 지내주었을 가능성이 높다. 대량원군이 빨리 개경으로 돌아가 왕이 되기를 빌어주었을 것이다. 또 안종이 죽은 뒤에는 그를 성황신으로 봉안했을 가능성도 있다. 이를 통해 만약 현종이 왕위에 즉위했을 때를 대비했을 것이다. 즉 현종이 왕위에 오르면 그들을 잘 모신 대가로 중앙으로의 진출을 꾀했을 가능성이 있다.

그래서 그런지 모르지만 현종대 중앙 정계에서 활동한 사람들을 분석해 보면 이씨 성을 가진 인물들이 꽤 많이 나타난다. 李禮均(원년 10월 : 參知政事→ 5년 6월 : 門下侍郎平章事)·李靖(2년 4월 : 尙書左丞→ 2년 6월 : 殿中監)·李仁禮(2년 : 郎中)·李擇成(2년 8월 : 殿中侍御史)·李仁澤(2년 8월 : 監察御史→ 3년 5월 : 都部署→ 10년 8월 : 考功員外郎→ 15년 12월 : 侍御史)·李昉(2년 9월 : 西京副留守)·李守和(3년 6월 : 左拾遺→ 7년 정월 : 左補闕→ 11년 정월 : 起居郎)·李周憲(6년 윤6월 : 刑部尙書→ 7년 7월 : 尙書右僕射→ 7년 9월 : 西京留守→ 12년 10월 : 尙書右僕射 參知政事)·李作忠(7년 정월 : 左拾遺→ 11년 정월 : 右補闕→ 20년 11월 : 給事中)·李成功(7년 4월 : 殿中司憲)·李懷(7년 4월 : 監察司憲→ 18년 9월 : 左承宣)·李周佐(7년 4월 : 監察司憲→ 14년 10월 : 侍御史→ 18년 6월 : 起居舍人→ 21년 8월 : 御史中丞)·李端(8년 3월 : 司憲臺中丞→ 17년 정월 : 御史大夫→ 17년 5월 : 右常侍 知中樞使→ 18년 정월 : 中樞使→ 20년 11월 : 西京留守使→ 22년 4월 : 參知政事)·李龔(8년 5월 : 知中樞事→ 9년 5월 : 翰林學士承旨→ 9년 6월 : 左常侍→ 12년 9월 : 中樞使檢校司空→ 13년 2월 : 刑部尙書→ 14년 2월 : 西京留守→ 14년 12월 : 內史侍郎平章事 監修國史→ 15년 11월 : 尙書左僕射 同內史門下平章事

---

17) 『世宗實錄地理志』 경상도 사천현 土姓조 및 『新增東國輿地勝覽』 권31 慶尙道 泗川縣 姓氏조. 그러나 『경상도지리지』 사천현조에는 토성의 순위가 睦·李·黃·吳의 순으로 되어 있다.

→ 18년 정월 : 門下侍郎)·李元(8년 11월 : 龍虎軍上將軍兼戶部尙書→ 10년 7월 : 右僕射→ 14년 12월 : 檢校太子太保)·李玄載(11년 윤12월 : 殿中侍御司憲)·李可道(12년 5월 : 尙書左丞→ 13년 3월 : 同知中樞使→ 15년 11월 : 戶部尙書→ 20년 11월 : 檢校太尉 行吏部尙書 兼太子少師 參知政事→ 21년 8월 : 內史侍郎 判三司事)·李可遣(13년 10월 : 中樞使 國子祭酒)·李作仁(13년 10월 : 司憲大夫→ 21년 2월 : 參知政事)·李惟亮(18년 6월 : 殿中侍御史)·李膺年(18년 6월 : 監察御史) 등이 그들이다. 모두 21명에 이른다.

물론 이들 중에는 성관을 알 수 있는 자들이 있다. 李周佐는 慶州李氏이고 李周憲은 土山 李氏, 李端은 遂安 李氏, 李可道는 淸州 李氏임이 밝혀져 있는 것이다.[18] 그러나 나머지 17명은 姓貫이 어디인지 알 수 없다. 그들 중 일부는 사천 출신이 아닌가 추측해 본다. 어렸을 때의 현종을 잘 보필한 대가로 중앙에 올라가 관직생활을 했으리라 짐작되는 것이다.

4. 현종의 즉위와 사천

1) 현종의 즉위 과정

목종은 재위 기간 중 김치양을 제거하고자 했으나 뜻을 이루지 못하였다. 그러다가 의외의 사건이 발생하면서 최후를 맞이하고 현종이 즉위하게 되었다. 그 과정을 좀 더 자세히 보자.

목종 12년(1009) 왕이 연등회를 관람하던 중 大府의 기름 창고에 불이 나 千秋殿으로 번지면서 천추전이 불타 버렸다. 목종은 이를 슬퍼하고

---

18) 李樹健, 『韓國中世社會史硏究』, 一潮閣, 1984, 222쪽 〈표 5-3〉.

탄식하다가 병이 들어 몸져눕게 되었다.[19] 이 기회를 틈타 千秋太后와 김치양 일파는 자신의 아들을 왕위에 앉히려 하였다.

목종은 이를 두고 볼 수 없었다. 자신이 쫓겨나는 것은 좋았으나 100년 가까이 지켜온 왕실을 김치양에게 넘겨줄 수는 없었다. 그는 선수를 쳤다. 蔡忠順·崔沆 등과 상의하여 대량원군을 맞이하여 후사로 삼기로 하였다. 목종이 이렇게 결심하게 된 것은 두 통의 편지가 큰 역할을 하기도 했다. 한 통은 劉忠正이 올린 글이었고 한 통은 大良院君이 직접 올린 글이었다. 목종은 이를 채충순에게 보여주며 태조의 후손인 대량원 군을 후계자로 삼도록 하였다. 이에 채충순은 최항과 상의하고 皇甫兪義를 신혈사에 보내 대량원군을 맞이하여 오게 하였다.[20]

당시의 급박했던 상황은 다음 사료를 통해 자세히 알 수 있다.

J. (채충순은) 목종 때에 누차 승진하여 中樞院副使에 이르렀다. 이때에 왕이 병석에 누워 있었다. 채충순은 劉瑨, 崔沆과 함께 銀臺에서 당직하고 있었는데 어느 날 왕이 채충순을 침실로 불러다 놓고 측근자들을 피석시킨 후 말하기를 "나의 병은 점차 회복되어 가고 있다. 그런데 듣건대 외부에서 나의 자리를 엿보는 자가 있다 하는데 그대는 이것을 아는가?"라고 하였다. 그가 대답하기를 "저는 말을 들은 바는 있으나 그런 사실을 확인하지는 못하고 있습니다"라고 하였다. 왕이 베개 위에 있는 封書를 그에게 주었는데 그것은 劉忠正이 올린 글이었다. 그 글의 내용은 "우복야 김치양이 왕위를 엿보고 있으며 사람을 보내 선물을 주면서 심복을 널리 포치하고 저에게도 은근히 원조해달 라고 요구하므로 저는 그에게 알아듣도록 타이르고 거절하였습니다 마는 이 일은 감히 아뢰지 않을 수 없는 일입니다"라고 하였다.

19) 『高麗史』 권3 목종세가 12년 정월조.
20) 『高麗史』 권93 蔡忠順傳.

또 다른 편지 한 통을 보여주는데 이것은 大良院君 王詢이 올린 글이었고 편지 내용은 "악당들이 사람을 보내 저를 포위 핍박하며 술과 음식을 보냈는데 저는 독약을 넣었을까 의심하여 먹지 않고 까마귀와 참새들에게 주었더니 먹은 새들이 모두 죽었습니다. 그 음모의 위험이 이러하니 원컨대 전하께서는 저를 불쌍히 여기시고 구원하여 주시기를 바랍니다"라고 하였다.

채충순이 편지를 보고 나서 아뢰기를 "사세가 급박하니 빨리 손을 써야 하겠습니다"라고 하였다. 왕이 말하기를 "나의 병이 점차 위독하여 가니 조석간에 땅 속에 들어갈 것 같고 태조의 후손은 오직 대량원군뿐이다. 그대와 최항은 평소부터 충의로운 마음을 품고 있었으니 마땅히 성의를 다하여 그를 도와 사직이 他姓에게 속하지 않도록 하라"고 하니 채충순이 나와서 최항과 상의하였다. 최항은 말하기를 "나는 항상 이 일에 대하여 근심하고 있었는데 이제 주상의 뜻이 이러하시니 국가의 행복이다"라고 하였다.

劉忠正이 감찰어사 高英起를 보내 채충순과 최항에게 전달하기를 "지금 상왕께서 병석에 누워 계신데 악당들은 기회를 엿보고 있으므로 사직이 타성에 넘어갈 염려가 있으니 만약 병환이 위독하시거든 태조의 손자로 하여금 후계자로 삼아야 하겠습니다"라고 하였다. 채충순 등은 거짓 놀라면서 묻기를 "태조의 손자가 어디 계시오?"라고 하니 또 말하기를 "바로 대량원군입니다. 그만이 왕위 계승자가 될 수 있습니다"라고 하였다. 이에 채충순 등이 대답하기를 "우리들도 역시 이런 말을 들은 지 오래 되었습니다. 마땅히 하늘이 시키는대로 하겠습니다"라고 하였다. 충정은 또 다시 고영기를 보내 전하기를 "내가 친히 가서 의논하고 싶으나 추종하는 호위병이 많아서 다른 사람들의 의혹을 살까 두려우니 두 분이 왕림하여 주시오"라고 하였다. 채충순은 최항과 의논하기를 "이것은 개인의 일이 아니라 실로 국가의 대사이니 찾아가서 만나야 한다"라고 하였다. 이리하여 드디어 그를 방문하고 일을 결정하였다.(『高麗史』 권93 蔡忠順傳)

여기서 보는 바와 같이 목종이 채충순을 불러 후계자를 논의하였다. 그는 대량원군을 지목하고 최항과 상의하여 일을 도모할 것을 부탁하였다. 그들이 후계자로 대량원군을 지목한 주요한 이유는 대량원군이 태조의 손자였기 때문이었다. 그런데 그때 유충정이 감찰어사 고영기를 보내와 채충순과 최항에게 후계자 문제를 이야기하자 그들은 처음에는 모르는 척 하였다. 채충순과 최항은 유충정의 본심을 알 수 없었기 때문이었다. 유충정이 실제는 김치양 일파이면서도 목종의 동태를 떠보기 위해 편지를 올렸을 가능성을 배제할 수 없었기 때문이었다. 그러나 자신들과 유충정의 마음이 일치함을 알고 나서 대량원군 추대 계획에 그도 참여시킨 것이었다.

곧이어 그들은 구체적인 행동에 들어갔다. 다음 기록을 보자.

K. 당시 대량원군은 삼각산 神穴寺에 있었다. 蔡忠順이 궁중에 들어가서 이 사유를 왕에게 아뢰니 왕은 말하기를 "마땅히 문관, 무관을 각 한 명씩 선택하여 군교들을 거느리고 가서 영접하라"고 하므로 채충순과 최항 및 고영기 등이 의논하고 宣徽判官 皇甫俞義를 왕에게 천거하였다. 채충순 등이 또 의논한 후 왕에게 아뢰기를 "군교들이 많으면 행동이 반드시 지연되어 악당들이 먼저 손을 쓸 우려가 있으니 10여 명 정도를 파견하되 지름길로 가서 영접하는 것이 마땅합니다"라고 하였다. 왕도 그 의견이 옳다고 말하고 계속하여 말하기를 "내가 친히 왕위를 禪位하고 싶으니 빨리 사람들을 보내고 지체하지 말도록 하라. 만약 내 병이 회복되면 성종이 나를 책봉하던 옛일과 같이 하겠다. 명분을 일찍 정하면 틈을 엿보는 사람이 없어질 것이다.

내가 자식이 없고 계승자가 미정으로 있으므로 뭇사람의 마음이 동요되는데 이것은 나의 허물이다. 국가 대계로서 이보다 더 큰 일은 없으니 그대들은 각기 충심을 다하라"고 하면서 왕이 드디어 눈물을 흘리니 채충순도 울었다.

왕은 채충순에게 명령하여 대량원군에게 주는 글의 초안을 지으라고 하면서 친히 먹을 갈아주니 채충순이 사양하기를 "제가 스스로 갈아서 쓰겠사오니 청컨대 聖體를 수고롭게 하지 마십시오"라고 하였다. 왕이 대답하기를 "나의 마음이 심히 조급해지니 피로도 느껴지지 않는다"고 하였다. 채충순이 초안한 글은 다음과 같다. "옛날부터 국가 대사는 미리 결정하면 민심이 안정되는 법이라. 이제 내가 병석에 누워 있으니 간신들이 기회만 엿보고 있으며 명분을 정하여 두지 않기 때문에 더욱 엿보고 있다. 그대는 태조의 嫡孫이니 빨리 길을 떠나오라. 내가 죽기 전에 면대하여 종묘, 사직을 그대에게 맡기면 죽어도 한이 없겠고 만약 내가 더 살게 되면 그대는 동궁에 거처하여 여러 사람들의 마음을 안정시키도록 하라" 하였다. 왕이 또 이 편지 끝에 다음과 같이 첨가하게 하였다. "길이 험하여 악당이 잠복하였다가 불의의 변을 일으킬 수도 있을 터이니 경계하고 조심하여 오라."

당시 합문사인 庾行簡은 그를 맞아들여 세우는 것을 좋아 하지 않았으므로 왕은 일이 누설될까 염려하여 채충순에게 당부하기를 "유행간이 알지 못하게끔 하라"고 하고 편지를 황보유의 등에게 주어 신혈사로 가서 맞아 오게 하였다. 이리하여 왕위에 오르니 이가 顯宗이다.(『高麗史』 권93 蔡忠順傳)

이들은 함께 목종과 논의하여 대량원군을 궁궐로 모셔오기로 하였다. 그리고 선휘판관 황보유의를 이 거사에 참여시켰다. 그러나 목종은 이 일을 유행간에게는 알리지 말 것을 채충순에게 특별히 부탁하였다. 유행간은 용모가 미려하여 穆宗의 사랑을 받은 男色의 대상이었다. 벼슬이 閤門舍人으로 뛰어올라갔으며 매양 임금이 지시할 일이 있으면 먼저 유행간에게 문의한 다음에 명령하였다. 이에 그는 왕의 총애를 믿고 매우 오만하였으며 백관들을 경멸하였다. 이리하여 왕의 측근 신하들은 그를 왕과 다름없이 보았다. 목종이 병환이 났을 때도 대신들의 면회를 불허했던 인물이었다. 또 그는 大良院君을 맞아 세우려 하지 않았다.[21] 대량원군이 집권하면 자신의 지위에 오히려 해가 된다고 생각한 것 같다.

그런데 대량원군을 신혈사에서 직접 모셔올 인물로 특별히 황보유의를 추천한 것은 그의 가계와 연관이 있는 것이었다. 다음 기록을 보자.

L. 황보유의의 世系는 사료가 유실되어 알 수 없으며 목종 때에 벼슬이 여러 번 승차되어 宣徽判官이 되었다. 당시 목종이 병석에 눕게 되자 金致陽이 반란을 꾸미고 있는 것을 왕이 알고 문관, 무관 각 한 명씩 선발하여 그들에게 軍校를 인솔시켜 현종을 맞이하러 갈 것을 명령하였다. 이때 蔡忠順, 崔沆 등이 의논하기를 "황보유의는 애국자이고 또 그의 조상들도 국가에 공로가 있었은즉 그의 자손으로서 응당 가문의 명예를 훼손치 않기 위하여 전심전력을 다 바치어 사명을 완수할 것이니 이 사람을 어찌 보내지 않겠는가? 그리고 무관으로는 郎將 文演이 적당하다고 인정된다"고 아울러 추천하였다. 왕이 채충순에게 명령하여 현종에게 보낼 교서의 초안을 작성시켜서 황보유의와 문연에게 주고 그와 함께 別將 李成彦, 高積 등 열 명을 三角山 神穴寺로 보내 현종을 맞이해 오게 하였다. 한편 開城府參軍 金延慶에게 병사

21)『高麗史』권123 庚行簡傳.

1백 명을 영솔하고 교외까지 마중하게 하였다.

황보유의 등이 신혈사에 이르니 그 절의 중들이 姦黨들이 보낸 자가
아닌가 의심하여 현종을 숨기고 내놓지 않았다. 황보유의 등이 그
분을 왕으로 맞이하러 온 사유를 자세히 설명하고 마침내 그를 모시고
돌아왔다. 현종이 왕위에 오른 후 그를 殿中侍御史로 임명하였다가
吏部侍郎으로, 다시 內史舍人으로 임용하였다. 또 얼마 안 있어 中樞院
日直員으로 임명하였다.(『高麗史』권94 皇甫兪義傳)

이 기록에 의하면 황보유의의 가계는 사료가 없어 잘 알 수 없다고
하고 있다. 그러나 이는『고려사』편찬 당시의 상황을 말하는 것이다.
그런데 그는 애국자이고 그 조상들이 국가에 공로가 있었다는 부분을
유의해 볼 필요가 있다. 이로써 본다면 그는 태조의 부인 神靜王太后
黃州 皇甫氏의 아버지 皇甫悌恭의 후예가 아닌가 한다. 황보제공은 帝弓·弟
弓·悌弓 등으로도 나오는데 고려의 후삼국 통일에 많은 공로를 세운
인물이다. 즉 태조 8년에는 조물군 전투에 大相이란 관계를 가지고 참가하
였고[22] 태조 13년에는 天安都督府使를 지내기도 하였으며[23] 태조 18년에
는 나주를 경략할 인물로 유금필을 추천하는 역할을 하기도 하였다.[24]
광종의 후비 대목왕후 황보씨도[25] 그와 같은 성씨로 추정된다. 이렇듯
황보유의의 선대는 고려 왕실과 밀접한 관련을 갖고 있었다. 이러한
가계적 내력으로 인해 그가 대량원군을 모셔오게 된 것이다.

또 목종은 李周楨이 김치양에게 붙은 것을 알고 그를 西北面都巡檢副使로
삼아 외방으로 내쫓는 대신 西北面都巡檢使였던 康兆를 불러 개경에 들어

---

22)『高麗史』권1 태조세가 8년조.

23)『高麗史』권1 태조세가 13년 8월조.

24)『高麗史』권92 庾黔弼傳.

25)『高麗史』권88 후비전 光宗 大穆王后 皇甫氏조.

와 왕을 호위케 하였다. 강조는 개경을 향해 말을 휘몰아 달려 洞州의 龍川驛에 이르렀다. 그런데 목종에게 미움을 사 외직으로 쫓겨나 있던 魏從正·崔昌曾 등이 강조에게 거짓말을 하였다. 목종의 병이 위독한 틈을 타 천추태후와 김치양이 권력을 잡고 강조를 죽이기 위해 거짓 왕명으로 부른 것이라는 것이었다. 이 말을 듣고 강조는 지금쯤은 목종이 죽고 조정이 다 천추태후와 김치양의 세상이 되었을 것이라 생각했다. 그렇다면 개경에 들어가 봤자 소용없는 일이고 잘못하면 천추태후와 김치양 일파에게 죽음만 당할 뿐이라 생각하였다. 이에 본영으로 돌아갔다.

그러자 천추태후는 강조가 다시 오는 것을 꺼려하여 內臣을 보내 岊嶺을 막아 강조와의 연락을 봉쇄하였다. 그러나 강조의 아버지는 자신의 종을 스님으로 변장시켜 강조에게 가서 편지를 전하게 하였다. 그 편지의 내용은 목종이 죽었으니 급히 와 왕의 복수를 하고 국가를 보호하라는 것이었다. 강조는 다시 출동하여 平州[평안도 평산]에 이르렀다. 여기서 그는 충격적인 소식을 들었다. 죽은 줄 알았던 목종이 살아있다는 것이었다. 한편으로 안도의 한숨이 나오기도 했으나 군사를 다시 돌이킬 수는 없었다. 내친 김에 그는 정변을 단행하기로 했다. 그리하여 分司監察御史 金應仁을 보내어 군사를 거느리고 가서 대량원군을 맞이하게 하였다. 이리하여 목종이 보낸 황보유의와 강조가 보낸 김응인은 같이 신혈사에 가서 대량원군을 모시고 돌아왔다.[26] 이로써 대량원군이 왕위에 오르니 이가 곧 顯宗이었다. 당시 그의 나이는 18세였다.

이렇게 하여 정권을 잡은 강조는 우선적으로 김치양 부자와 유행간 등을 살해하였다. 목종은 폐위하여 충주로 내쳤다. 목종은 충주로 가는 도중 파주 적성현에 이르러 강조가 보낸 자에게 시해당하였다. 이 같은 강조의 정변으로 현종은 거란의 침입을 맞아 나주까지 피난을 가게

---

26) 『高麗史』 권127 叛逆 康兆傳.

되었다.

2) 현종의 정책과 사천

현종이 즉위 후에 주로 취한 정책의 방향은 어떠했을까. 그것은 그의 어린 시절 및 즉위과정과 관련이 있다. 즉 그는 주로 사원에서 성장했으며 목종이나 강조가 후계자로 대량원군을 선택한 이유는 그가 태조의 현손이 었기 때문이었다. 따라서 현종의 정책도 이와 관련이 깊다.

먼저 그가 즉위한 후 주로 취한 정책은 불교 숭배정책이었다. 그는 즉위하자마자 현종 원년(999) 2월 燃燈會를 복설하였다. 성종 때 번잡하고 불경스럽다 하여 폐지되었던 것을 이때에 와서 복구한 것이다.[27] 그 해 11월에는 八關會도 복설하였다.[28] 현종 2년 2월에는 거란을 피해 피난하던 중 청주행궁에서 연등회를 개최하기도 하였다. 이때부터 2월 15일에 연등회를 해마다 열게 되었다.[29] 현종 9년 윤4월에는 開國寺 탑을 수리하여 사리를 보관하고 戒壇을 설치하였으며 중 3,200여 명에게 度牒을 주기도 하였다.[30] 현종 11년 5월에는 궁정 안뜰에 獅子座 1백 개소를 설치하고 3일간 仁王經을 강의하였다.[31] 현종 12년 4월에도 毬庭에 서 3일간이나 인왕경을 강의하였다.[32]

이러한 불교 숭배정책에 대해 일부 신하들은 반대 의견을 표출하기도 하였다. 즉 현종 18년 왕이 慧日寺·重光寺를 창건하기 위해 인부와 工匠들 을 징발케 한 적이 있다. 그러자 당시 재상과 간관들은 모두 백성들이

---

27) 『高麗史』 권69 예지11 上元燃燈會儀.
28) 『高麗史』 권69 예지11 仲冬八關會儀.
29) 『高麗史』 권69 예지11 上元燃燈會儀.
30) 『高麗史』 권4 현종세가 현종 9년 윤4월조.
31) 『高麗史』 권4 현종세가 11년 5월조.
32) 『高麗史』 권4 현종세가 12년 4월조.

피폐한 이때에 공사를 시작해서는 안 된다고 반대하였다. 오직 좌승선 이회 만이 찬성하였다.[33]

그러나 그의 불교 숭배정책은 계속되었다. 그해 10월에 구정에서 다시 인왕경을 강론했는가 하면[34] 현종 20년 3월에는 藏經道場을 會慶殿에 설치하고 毬庭에서 1만 명의 중들에게 밥을 먹이는 행사를 가졌다.[35] 또 현종 20년 11월 重光寺 건축을 담당했던 造成都監의 관리들에게 벼슬을 한 등급씩 높여줬다.[36] 이로 미루어 신하들의 반대에도 불구하고 중광사 창건 공사가 진행되어 완공되었음을 알 수 있다.

이러한 분위기에 편승하여 지방에서의 불사도 많이 행해졌으리라 추측된다. 우선 현종 원년 현재 천안의 天興寺에 종을 만들어 봉안하였다. 이는 현종의 주관 하에 만들어진 것으로 추측된다. 종이 거대하고 문양이 아주 우수하기 때문이다. 즉 현종은 태조가 창건한 천흥사에 종을 만들어 봉안하여 태조의 유업을 계승하려 한 것이 아닌가 한다.[37] 현종 2년에는 경북 예천에 開心寺의 석탑이 조성되었다. 여기에는 光軍과 香徒들이 동원되었다.[38] 현종 8년(1017) 천안 지역에 아버지의 뜻을 받들어 弘慶寺를 창건하기도 하였다.[39] 이외에 다른 지방에서도 많은 불사가 있었을 것이나 기록의 미비로 잘 알 수가 없다.

玄化寺의 창건도 이러한 불교 숭배정책의 일환이었다. 즉 현종 9년 5월 왕은 돌아가신 부모의 명복을 빌기 위해 玄化寺를 창건하였던 것이다.[40] 이후에도 현화사에 대한 현종의 관심은 지대하였다. 현종 11년

---

33) 『高麗史』 권5 현종세가 18년 9월조.
34) 『高麗史』 권5 현종세가 18년 10월조.
35) 『高麗史』 권5 현종세가 20년 4월.
36) 『高麗史』 권5 현종세가 20년 11월조.
37) 김갑동, 「나말려초 천안부의 성립과 그 동향」, 『한국사연구』 117, 2002, 51~56쪽.
38) 이기백, 「고려 광군고」, 『역사학보』 27, 1965 ; 『고려병제사연구』, 일조각, 1968 참조.
39) 본서 4장 「Ⅲ. 홍경사의 창건과 그 동향」 참조.

(1020) 8월 왕이 安西道[황해도 해주]의 둔전 1천 2백 40결을 현화사에 施納하였다. 이에 대하여 兩省[中書省과 尙書省]에서 재삼 반대하였으나 왕은 이를 듣지 않고 강행하였다. 또 현종이 직접 현화사에 가서 친히 새로 주조한 종을 울린 다음 여러 신하들에게도 종을 치게 하고 그들에게 각각 의복과 비단을 나누어 주기도 했다.[41] 현종의 부모에 대한 사랑이 얼마나 애틋했는지를 보여주는 대목이다. 그해 10월에는 현화사의 승려 法鏡을 王師로 임명하였다.[42] 이듬해 8월에는 현화사 비문을 완성하였다. 한림학사 주저로 하여금 碑文을, 참지정사 채충순에게는 비 후면 글을 짓게 하는 동시에 글씨까지 쓰게 하였던 것이다. 그런가 하면 현종이 현화사에 가서 비면 액자를 친필로 쓰기도 했다.[43]

그의 불교 숭배정책은 大藏經 조판사업에서도 엿볼 수 있다. 즉 현종 2년(1011) 거란이 침략해오자 불력의 힘으로 이를 물리치고자 하여 대장경을 조판하기 시작하였다. 즉 기록에 의하면 "현종 2년 契丹主가 병사를 크게 일으켜 침략했을 때 현종은 피난하여 남쪽으로 가고 거란병은 松岳城에 주둔하여 물러가지 않자 드디어 여러 신하들과 더불어 無上大願을 발하여 大藏經板本을 刻成할 것을 맹세하였더니 그 후에 거란병이 스스로 물러갔다"[44]라고 되어 있는 것이다. 이 사업은 후계 왕들에게 이어져 宣宗 4년(1087)에 완성을 보게 되었다. 이 대장경은 대구 符仁寺에 보관되었다가 몽고의 침략으로 불타 없어졌다.

그러한 한편 그는 太祖나 先王들에 대한 지대한 관심을 보였다. 자신이 태조의 후손이었기 때문이었다. 우선 현종 4년 그는 선왕들을 위해 죽은 공신을 모셔놓은 功臣堂을 수리하였다.[45] 현종 7년 정월에는 태조의

---

40) 『高麗史』권4 현종세가 9년 5월.
41) 『高麗史』권4 현종세가 11년 8월조.
42) 『高麗史』권4 현종세가 11년 10월조.
43) 『高麗史』권4 현종세가 12년 8월조.
44) 『東國李相國集』大藏刻板君臣祈告文.

관을 모셔다가 다시 顯陵에 장사하였다. 현종 원년 거란의 침입 때 태조의 관을 負兒山 香林寺에 모셨었는데 이때에 이르러 다시 원래의 자리로 모셔온 것이었다.[46) 현종 8년 10월에는 현릉을 수선하였으며[47) 12월에는 현릉에 참배한 후 대사면령을 내렸다.[48) 현종 9년 정월에는 사신을 서경에 파견하여 聖容殿에서 태조를 제사하였다. 태조의 초상을 다시 만들었기 때문이었다.[49) 현종 9년 거란이 다시 고려를 침략하자 현종은 태조의 관을 다시 부아산 향림사로 옮겼다.[50) 그러나 이듬해인 현종 10년 11월 거란이 물러가자 태조의 관을 다시 현릉에 모셨고 그해 12월에는 현릉에 참배하였다.[51)

이와 함께 현종은 태조의 자손들에게 관직을 주기도 하였다. 즉 현종 3년 2월 종실을 부흥해야 한다는 강조의 건의에 따라 孝隱太子의 아들이며 태조의 庶孫이었던 禎과 琳에게 벼슬을 주었던 것이다.[52) 또 태조 대에 공을 세운 태조공신의 자손들에게도 관직을 주었다. 즉 현종 5년 12월 태조공신의 자손들 중 관직이 없는 자들을 錄用한 것이다.[53) 이러한 태조공신 우대책은 이후에도 계속된 것 같다. 그러자 이에 대한 부작용도 있었다. 현종 21년 11월 참지정사 李作仁이 거짓으로 자신을 태조공신의 후손이라 속이고 그 아들에게 음직을 주었으니 免官하라는 御史雜端 權延壽 의 탄핵이 있었음에서[54) 알 수 있다.

45) 『高麗史』 권4 현종세가 4년 10월조.
46) 『高麗史』 권4 현종세가 7년 정월조.
47) 『高麗史』 권4 현종세가 8년 10월조.
48) 『高麗史』 권4 현종세가 8년 12월조.
49) 『高麗史』 권4 현종 9년 정월조.
50) 『高麗史』 권4 현종세가 9년 12월조.
51) 『高麗史』 권4 현종세가 10년 11·12월조.
52) 『高麗史節要』 권3 현종 3년 2월조.
53) 『高麗史』 권75 選擧志3 凡敍功臣子孫조.
54) 『高麗史』 권5 현종세가 21년 11월조.

현종 18년 2월에는 선왕들을 모신 太廟를 수리하고 4월에는 태묘를 참배하여 왕과 왕후들의 존호를 높이고 배향공신들을 정하였다. 또 이때 流刑 이하의 죄수들을 석방하였다.[55] 이처럼 현종은 자신의 할아버지인 태조에 대해 지극한 배려를 아끼지 않았을 뿐 아니라 선왕들에 대해서도 정성을 다하여 모셨던 것이다. 아마 이들의 陰助를 받아 국가를 잘 다스리기를 빌었던 것이 아닌가 한다.

그러면 현종이 왕위에 즉위한 후 사천 지역은 어떻게 되었을까. 현종은 어린 시절 성장한 사수현을 잊지 못하였다. 자신에게 많은 도움을 베풀어 준 사수현의 지방세력과 백성들에게 은혜를 갚아야 했다. 그리하여 그는 즉위한 이듬해인 현종 2년(1011) 사수현을 泗州로 승격시키는 조치를 취하였다. 다음 사료를 보자.

> M-① 泗州는 원래 신라의 史勿縣인데 경덕왕은 泗水로 고쳐서 固城郡의
> 관할하에 현으로 만들었다. 고려 초에 본 牧에 소속시켰고 현종
> 2년에 지금 명칭으로 고쳤으며 명종 2년에 監務를 두었다.(『高麗史』
> 권57 지리지2 晋州牧 泗州조)
> ② 윤6월에 泗水縣을 승격시켜 泗州로 삼았다.(『高麗史節要』 권3 현종
> 6년조)

앞서 본 바와 같이 현종은 성종 12년부터 16년까지 4년 동안의 어린 시절을 사수현에서 보냈다. 그때 자의든 타의든 살아가면서 사수현 사람들의 도움을 받았을 것이다. 이러한 어렸을 때의 추억과 그 지역 사람들의 도움이 사주로 승격하는 요인이 되었을 것이다. 또 그 아버지 안종 욱의 무덤이 여기에 있었다는 것도 승격의 한 큰 요인이 되었으리라 생각한다.

---

55) 『高麗史』 권5 현종세가 18년 4월조.

비슷한 예로 神宗은 자신의 태를 묻었다는 이유로 樹州의 속현이었던 金浦縣에 외관을 파견함으로써 주현으로 승격시키기도 한 적이 있다.[56]

그런데 사주로의 승격 시기가 『고려사』와 『고려사절요』가 차이를 보이고 있다. 필자는 『고려사』의 기록이 맞다고 생각한다. 현종 2년에는 그 전해에 침략했던 거란족이 물러가고 그에 대한 뒤처리가 진행된 바 있다. 즉 삼례역에서 왕의 행궁을 놀라게 했던 趙容謙·柳僧虔·李載 등과 康兆의 黨與인 卓思政·朴昇·崔昌·魏從政 등을 유배보내는 한편 변경의 성을 용감하게 지키다 전사한 金叔興 등에게 포상을 하고 있다.[57] 이러한 정리와 더불어 자신의 어린 시절에 지냈던 사수현을 사주로 승격한 것이라 생각된다. 그것은 뒤에서 보듯이 이듬해인 현종 3년 사수현에서 도와준 사람들을 포상하고 있는 점에서도 알 수 있다. 우선 지역 전체를 승격한 후에 구체적인 사람들을 포상하였던 것이다. 이러한 포상을 한 후 3년이나 지난 뒤에 고을을 승격했다고 보는 것은 무리가 아닌가 한다. 현종 3년에 단행된 군현제 개편도 참고할 만하다. 현종 3년에 節度使를 폐지하고 5都護 75道 安撫使制를 실시했는데[58] 이전에 승격한 泗州나 陝州에 안무사를 파견했으리라 짐작된다.

한편 김정호는 泗州로의 승격 이유를 "대량원군이 현종으로 즉위하였고 또 皇妣 孝肅王后 李氏의 고향이었다"[59]라고 하여 효숙왕후의 성씨를 황보씨가 아닌 이씨로 적고 있다. 효숙왕후는 현종의 어머니 헌정왕후를 가리키는데 만약 효숙왕후가 이씨라면 『고려사』 지리지의 내용이 맞다고 할 수 있다. 그러나 효숙왕후가 이씨라는 근거는 어디에서도 찾을 수 없다. 아마도 합천이 효숙왕후의 고향이라는 『고려사』의 내용을 기정사

---

56) 『高麗史』 권56 지리지1 楊廣道 安南都護府 水州 金浦縣조.
57) 『高麗史節要』 권3 현종 2년 8월조.
58) 『高麗史節要』 권3 현종 3년 정월 및 본서 3장 「Ⅰ. 현종대의 지방제도 개혁」 참조.
59) 『大東地志』 권9 慶尙道 陝川 沿革조.

실로 받아들이면서도 합천의 토성 중에는 황보씨가 없기 때문에 성씨를 이씨로 고쳐 기재한 것이 아닌가 한다. 따라서 사주로의 승격 이유는 효숙왕후와는 관련이 없고 현종의 어린 시절 성장지라는 것과 안종 욱의 무덤이 거기에 있었기 때문이라 하겠다.

물론 이때 사주만 탄생한 것은 아니었다. 사주 이외에 陜州[현재의 경남 합천]도 새로이 州로 승격하였다.『고려사』지리지에 의하면 합주는 본래 신라의 大良州郡이었으나 경덕왕 때 江陽郡이 되었는데 大良院君이 현종으로 즉위하였고 또 孝肅王后의 고향이었으므로 합주로 승격하였다 고 되어있다.[60]

그런데 효숙왕후의 고향이 황주가 아닌 사주 혹은 합주로 기록하고 있어 문제가 된다. 그러나『고려사』지리지에 합천이 어머니 효숙왕후의 고향이었다는 기록이나『대동지지』의 효숙왕후 이씨설은 잘못된 것이라 하겠다.『三國遺事』나『高麗史節要』에는 효숙왕후가 아니라 안종 욱의 어머니 신성왕후 김씨가 합주출신 李正言의 딸로 되어 있기 때문이다.[61] 따라서 현종 즉위년 합주로의 승격 이유도 효숙왕후의 고향이기 때문이 아니라 현종의 祖母인 신성왕후 이씨의 고향이기 때문이라고 정정되어야 할 것이다.[62]

그러나 12개의 속현을 거느리게 된 합주는 물론이고 사수현도 사주로 승격하면서 속현의 지위에서 벗어나 주현이 되었을 것이다. 이와 함께 외관이 파견되었으리라 생각한다. 그렇다면 사주는 어떤 혜택을 받은 것일까. 실질적인 이익은 무엇이었을까.

고려시대에 있어 외관이 있는 주현은 중앙과 직접 통할 수 있어 중간에 서 향리들의 착취가 적었다. 그러나 속현은 중앙의 명령을 받아올 때는

---

60)『高麗史』권57 지리지2 慶尙道 陜州조.
61)『三國遺事』권2 기이2 金傅大王조 및『高麗史節要』권1 태조 18년 12월조.
62) 金甲童,「高麗 顯宗代의 地方制度 改革」『韓國學報』80, 1995, 251~258쪽.

물론이고 자기 현의 실정을 보고하거나 조세를 수취할 때도 주현을 거쳐야 했으므로 그 부담이나 고통이 훨씬 심하였다. 조선시대의 경우이긴 하지만 예컨대 경상도의 比屋縣은 주읍인 尙州와의 거리가 60여리였지만 그곳의 縣吏가 5일에 한번씩 상주에 나아가 명령을 들어야 했다. 그러나 조금이라도 완급이 있으면 상주의 향리가 현에 와서 현리를 욕하기도 하였다 한다.[63] 이러한 상황은 고려시대에도 마찬가지였으리라 생각된다. 그리하여 春州[강원도 춘천]의 경우 安邊府의 속현이었으나 안변에 이르는 도로가 험난하였기 때문에 최충헌에게 뇌물을 주어 安陽都護府로 승격되었다.[64] 즉 속현의 지위에서 벗어나기 위해 뇌물공세까지 벌였던 것이다. 따라서 합주나 사주도 이렇듯 속현의 지위에서 벗어나 주현으로서의 혜택을 누렸을 것이다.

이듬해인 현종 3년(1012)에는 자신이 사수현에 있을 때 정성껏 도와준 두 사람에게 토지를 사여하고 있다.

　　N. (현종 3년) 가을 7월 무인일에 왕이 다음과 같은 교서를 내렸다. "내가 지난번 泗水에 있을 때 彦孝, 孝質 두 사람은 항상 나의 좌우에 있으면서 주야를 가리지 않고 나를 도와주었으니 그들에게 좋은 땅을 주어 공로를 표창하라" 하였다.(『高麗史』 권4 현종세가 3년 7월조)

여기서 보듯이 자신을 도와준 언효, 효질 두 사람에게 좋은 땅을 주도록 하였다. 이 땅은 중앙에 있는 땅일까 아니면 사주에 있는 땅을 말하는 것일까. 아마도 사주에 있는 땅을 준 것이 아닌가 생각된다. 이들은 姓이 없는 것으로 미루어 사주의 土姓은 아닌 것 같다. 즉 향리급이 아닌 일반 백성들이었다고 생각된다. 그러기에 중앙으로 끌어올려 관직

---

63) 『新增東國輿地勝覽』 권25 慶尙道 比安縣 樓亭조.
64) 『高麗史』 권129 叛逆 崔忠獻傳 및 『高麗史』 권58 지리지3 交州道 春州조.

을 주지는 못하고 땅만을 주어 포상한 것이 아닌가 한다.

현종 8년(1017)에는 사주에 있는 아버지 안종 욱의 梓宮을 옮겨 오게 하였다.

> O. (현종 8년) 여름 4월에 문하평장사 崔沆과 중추부사 尹徵古를 泗州에 파견하여 安宗의 梓宮을 옮겨오게 하고 왕이 의식을 갖추어 東郊에서 맞이하였다.(『高麗史』권4 현종세가 8년 4월조)

여기서 재궁은 무엇을 말하는 것일까. 이는 가래나무로 만든 관을 말하는 것으로 특별히 천자와 같은 존귀한 사람의 관을 말하는 것이다. 그렇다면 그 때까지 안종 욱의 관이 존재하고 있었다는 뜻일까. 그렇지는 않을 것이다. 이미 무덤을 쓴 지 오래되었기 때문이다. 성종 15년(996) 안종 욱이 죽었으므로 이미 20여 년이 넘었던 것이다. 시신은 썩었을 테지만 뼈를 추려 가래나무로 만든 좋은 관에 다시 모셔 개경으로 옮겨온 것이었다. 그리고 다시 매장하여 그 무덤을 乾陵이라 하였다.[65] 이로써 아버지를 자신의 곁에 편안히 모시게 되었다.

현종 13년(1022)에는 왕실직속지에 속해 있던 泗州의 민전을 본 주인에게 돌려주는 조치도 취하였다. 기록을 보자.

> P. 현종 13년 2월에 戶部에서 보고하기를 "泗州는 豊沛의 땅인데 이전에 民田을 일부 축소시켜서 얻어낸 토지를 宮莊에 소속시킨 결과 남은 백성들이 세납 징수[征稅]를 감당하지 못하게 되었습니다. 사주 지경 내에서 公田을 조사해 보고 이전에 궁장에 소속시킨 토지의 액수만큼 돌려주십시오"라고 하니 왕이 이 제의를 좇았다.(『高麗史』권78 식화

---

65) 『高麗史節要』권3 현종 8년 4월조 및 『大東地誌』권9 慶尙道 泗川 山水조.

지1 田制 經理조)

여기서 豊沛之地란 漢 高祖 劉邦의 출생지로서 그 지방 백성들에게는 세금을 면제시켰다고 한다. 사주가 현종 이후의 역대 왕들에 있어서 이러한 지방으로 명명된 것은 현종이 거기서 어린 시절을 보냈고 또 그의 아버지 安宗이 사주에 귀양 가서 그곳에서 죽었기 때문이다. 그런데 위의 사료로 미루어 현종과 그의 아버지 안종이 사주에서 생활할 때 그들을 먹여 살리기 위해 백성들의 민전을 宮莊이라는 왕실직속지로 편입시켰음을 알 수 있다. 사주 백성의 민전이 궁장으로 편입됨으로써 세금 부담이 많아지게 되었던 것을 공전을 加給해줌으로써 보상해 주었던 것이다. 아마도 민전의 세액보다 궁장전의 세액이 훨씬 많았기 때문이 아닌가 한다.[66] 어린 시절 자랐던 사주의 백성이 다른 지역보다 고통스런 생활을 해서는 안된다는 생각 때문에 호부의 제의에 따른 것이었다.

그런데 이를 보면 현종이 어려서 사천에 있을 때 궁장으로 편입되었던 인근 지역의 민전이 현종 즉위 후에도 그대로 존속해 있었음을 알 수 있다. 그러나 왕위에 즉위한 지 13년이나 지난 뒤에 백성들의 불편을 해소해 준 것이다. 즉 왕위에 오른 후에도 사천 지역의 궁장으로부터 조세를 저장했다 漕運을 통해 개경으로 운반하였던 것이다.

고려 초부터 사천에는 通潮浦[이전에는 末潮浦]라는 포구에 12漕倉 중 하나인 通陽倉이 있었던 것이다. 이 창고에는 判官이란 관리가 있었다. 이 통양창에서는 인근 고을들의 租稅를 저장하였다가 이듬해 2월 배를 이용해 개경으로 실어 날랐다. 개경까지의 운반비는 거리에 따라 달랐는

---

66) 安秉佑, 『高麗前期의 財政構造』, 서울대학교출판부, 2002, 249쪽. 그러나 박종기는 백성들의 민전이 궁장으로 편입되었음에도 사주가 국가에 부담하는 조세액은 여전히 정액화되어 있었기 때문에 일반 백성들의 세금부담이 많아진 것이라 해석하였다.(『고려시대 부곡제연구』, 서울대출판부, 1990, 164쪽)

데 통양창은 5섬의 운반비가 한 섬인 곳이었다.[67] 이처럼 사천 지역은 고려 현종의 즉위 후에도 왕실 재정의 한 기반이 된 지역이었다.

5. 맺음말

지금까지 현종과 사천과의 관계를 중심으로 현종의 즉위과정과 그의 정책, 그리고 당시 사천의 성황신앙 등을 살펴보았다. 이를 요약하면 다음과 같다.

첫째 현종은 성종 11년(992) 경종비였던 헌정왕후 황보씨와 태조의 아들 안종 욱의 사이에서 태어났다. 그러나 그는 태어나자마자 어머니를 잃고 아버지는 사수현으로 귀양을 가 보모에게서 자랐다. 그러나 이를 불쌍히 여긴 성종의 배려로 성종 12년(993)에 사수현에 내려가 아버지 안종 욱과 같이 살게 되었다. 그러다가 성종 15년 안종 욱이 사수현에서 죽자 그 이듬해인 성종 16년(997) 개경으로 올라오게 되었다. 약 4년간 사수현에서 살았던 것이다.

둘째 당시 안종 욱과 현종이 살았던 곳은 臥龍山 근처의 排房寺라는 절이었다. 와룡산이란 명칭은 '누워 있는 용 같이 생긴 산'이란 뜻으로 곧 현종이 왕위에 오를 수 있을 것이라는 이름을 담고 있었다. 한편 사수현에는 성황당이 설치되어 있었다. 그리하여 안종 욱은 때때로 성황 당에 나아가 자신의 아들이 개경으로 돌아가 왕위에 오르기를 빌었을 것이다. 그가 죽을 때는 성황당 남쪽에 있는 歸龍洞에 엎어 묻어달라는 부탁까지 하였다. 귀룡동은 귀룡산 밑에 있었던 곳으로 '용이 되어 돌아가 는 동네'란 뜻이었다. 이 역시 자신의 아들이 빨리 돌아가 왕이 되었으면

---

67) 『高麗史』 권79 식화지2 漕運조.

하는 안종 욱의 희망이 담겨있는 지명이다. 이 지역의 지방세력들도 이들을 도와주는 한편 성황당의 제사를 주관하면서 현종이 왕이 되기를 빌어주었다. 이 대가로 사수현의 지방세력 즉 土姓 중 일부는 현종 즉위 이후 중앙정계에 진출하여 출세가도를 달렸다.

셋째 현종의 왕위 즉위는 순탄치 않았다. 목종 즉위 후 김치양과 천추태후[헌애왕후] 사이에서 아들이 태어나면서 그를 왕위에 앉히려는 책동이 있었던 것이다. 그리하여 천추태후는 현종을 강제로 중이 되게 하여 삼각산 신혈사에 거주케 했다. 그리고 몇 차례 그를 죽이려 했으나 여러 스님들의 도움으로 실패하였다. 그러던 중 목종 12년(1009) 천추전이 불타면서 목종이 병들게 되자 그는 재빨리 채충순·최항 등과 상의하여 신혈사의 대량원군을 모셔오게 했다. 직접 신혈사에 간 인물은 황보유의 등이었다. 이런 차에 목종의 명을 받고 개경으로 오던 西北面都巡檢使 康兆가 몇 번의 시행착오 끝에 정변을 단행하여 대량원군을 왕으로 옹립하고 목종을 살해하였다. 그러나 목종이나 강조가 다 같이 후계자로 생각한 것은 바로 대량원군이 태조의 손자였기 때문이었다. 그리하여 목종이 보낸 황보유의와 강조가 보낸 김응인이 같이 대량원군을 모시고 와 왕위에 옹립하였던 것이다.

넷째 현종이 왕위에 즉위하게 된 주 요인은 그가 태조의 후손이었기 때문이었다. 또 그는 왕위 즉위 전에 주로 사원에 살았으며 승려들의 많은 도움을 받았다. 그리하여 그는 불교 숭배정책을 실시하였고 태조 및 선왕들에 대한 정책적 배려도 잊지 않았다. 燃燈會·八關會를 복설하였으며 부모의 명복을 빌기 위해 玄化寺를 창건하였다. 또 大藏經 조판사업도 벌였다. 태조의 능인 顯陵과 선왕을 모신 太廟를 잘 수리하고 배향공신을 정하기도 하였다. 태조나 태조공신의 후예들에게 관직을 수여하기도 하였다. 그는 또한 사수현에서의 어린 시절을 잊지 못하여 사수현을 泗州로 승격시키고 어린 시절 자신을 도와준 사수현의 사람을 포상하기도 하였다. 안종의 능을 개경으로 모셔오는 한편 예전에 사수현의 宮莊에 포함되었던 땅에 대한 보상을 하기도 하였다.

이처럼 현종은 불우한 어린 시절을 보냈지만 한편으로는 사수현에서의 추억도 떨쳐버릴 수 없었다. 그리하여 즉위 후 사주에 대하여 여러 가지 정책을 아끼지 않았다. 그 때문에 사천은 '豐沛之地'로 불리게 되었다.

2장
후비의 칭외성 정책과 현종의 혼인

I. 현종과 后妃의 稱外姓 정책

1. 머리말

다른 시대와 마찬가지로 고려의 왕들도 여러 명의 后妃를 두었다. 그 중에는 귀족들의 가문에서 맞아온 후비들도 있었지만 종실에서 맞아오는 경우도 많았다. 近親婚이 성행했던 것이다. 이러한 왕실에서의 근친혼은 새삼스러운 것은 아니었다. 신라 때부터 왕실에서는 극도의 근친혼이 이루어졌음은 이미 밝혀진 바와 같다.

이러한 고려시대 왕실 혼인에 대해서는 근친혼에 주목하여 많은 연구가 있어 왔다.[1] 그런데 왕실 혼인에 있어 주목되는 것은 이들이 근친혼을 할 경우 外姓을 따랐다는 것이다. 외성을 따른 것은 고려 때가 유일하다. 신라에서도 근친혼을 하기는 했으나 외성을 칭하지는 않았다. 고려 때의 독특한 제도였던 것이다.

이에 대해서는 同姓婚을 은폐하기 위한 것이었다고 보는 견해가 있는가 하면[2] 고려 사회의 독특한 결혼제도 또는 혈연 의식과 같은 사회적

---

1) 尹庚子,「高麗 王室의 婚姻形態」『淑大史論』3, 1968 ; 河炫綱,「高麗 前期의 王室婚姻에 對하여」『梨大史苑』7, 1968 ; 정용숙,『高麗王室族內婚研究』, 새문사, 1988 ; 정용숙,『고려 시대의 后妃』, 민음사, 1992.

2) 李熙永,「高麗朝 歷代妃・嬪の姓の繼承に關する一試論-同姓不婚制の形成過程における一現像究明-」『民族學研究』31-1, 1966.

특질 때문이라거나[3] 호족과 왕실과의 유대감을 강화시켜주기 위한 방편이었다는 견해도 있다.[4] 또 그 요인을 고려의 독특한 친족제도인 兩側的 親屬關係에서 찾기도 하였다.[5] 일리 있는 견해라 할 수 있지만 아쉬운 것은 당시의 정치, 사회적 배경과의 관련성이 부족하다는 점이다.

따라서 필자는 고려의 후비들이 외성을 칭한 정치, 사회적 배경을 중점적으로 탐구해 보고자 한다. 즉 고려 전기를 대상으로 하여 외성을 칭한 현황을 분석해 보고 그 목적이나 원인이 무엇이었는가를 살펴보고자 한다. 고려 전기 만을 대상으로 한 것은 논문의 양과도 관련되는 문제이지만 고려 후기에 가면 근친혼과 稱外姓의 현상이 약해졌기 때문임을 밝혀둔다.

2. 后妃 姓氏의 현황

1) 태조~목종 후비의 성씨

고려의 후비들이 외성을 칭했음은 『高麗史』 찬자도 지적하고 있다. 그러면서 이를 비판하고 있다. 이에 대한 사료를 보자.

　A. 태조는 옛것을 본받아 풍속을 개변시킬 뜻은 가지고 있었으나 토착의
　　 풍습을 이어받아 자기 아들을 자기 딸에게 장가들이면서 딸은 이름을

---

3) 江原正昭,「高麗王族の成立-特に太祖の婚姻お中心として-」『朝鮮史研究會論文集』2, 1966, 64쪽.
4) 河炫綱,「高麗 前期의 王室婚姻에 對하여」『梨大史苑』7, 1968 ;『韓國中世史研究』, 一潮閣, 1988, 136쪽.
5) 盧明鎬,「高麗初期 王室出身의 '鄕里'勢力-麗初 親屬들의 政治勢力化 樣態-」『高麗史의 諸問題』, 三英社, 1986.

부르지 않고 外姓을 따르게 하였다[諱稱外姓]. 그 자손들도 이것을
家法이라고 생각하고 이상한 일로 여기지 않았으니 애석한 일이다.
대체로 夫婦란 人倫의 근본으로서 나라 일과 집안 일이 잘 되고
못 되는 것이 이에 기인되지 않음이 없으니 어찌 삼가하지 않으랴!
(『高麗史』 권88 후비전 서문)

이처럼 후비들이 외성을 칭하게 된 것은 태조 왕건 대에 시작되었다
하고 있다. 즉 자기 딸을 자기 아들과 결혼시키면서 자기 딸은 '이름을
부르지 않고 외성을 칭하게 했다[諱稱外姓][6]는 것이다. 그러면서 『고려사』
찬자는 이를 매우 괴이하고 애석한 일이라 논평하고 있다. 이 말 속에는
직접적으로 언급하지는 않았지만 외성을 칭한 것이 동성혼을 감추기
위해서라는 뜻이 내포되어 있다고 보여진다.

과연 이 말이 맞는 것일까. 이를 살피기 위해 태조 왕건의 혼인 현황과
자녀들을 살펴볼 필요가 있다. 고려 태조 왕건은 29명의 후비를 두었는
바 그들은 몇 명씩의 자녀를 두고 있었다. 후비들의 명단과 성씨, 자녀수,
그리고 그 아버지의 명단을 표로 만들어 보면 다음과 같다.

이에 의하면 태조의 부인들 중 자녀가 없는 사람도 있으나 적게는
하나, 많게는 7명의 자녀를 두고 있다. 그리하여 26명의 아들과 9명의
딸 등 총 35명의 자녀를 두었다.[7]

---

6) '諱'는 '꺼리다' '싫어하다' '두려워하다' '피하다'라는 일반적인 뜻이 있으나 여기서
는 '높은 이의 이름을 부르기를 피하다' 또는 '높은 이의 이름'이란 뜻으로 쓰인
것이다. 따라서 '避諱'라 할 때 '諱'의 뜻은 후자의 의미로 임금과 같이 높은
이의 이름을 일반인들이 쓰지 못하게 하는 것이다. 그러나 여기서는 전자의
의미로 쓰였다고 보아야 한다. 결국 '諱稱外姓'의 뜻을 정확하게 번역한다면
'이름을 부르지 않고 외성을 칭했다'라는 뜻으로 해석해야 할 것이다. 따라서
盧明鎬가 '諱稱外姓'의 뜻으로 사용하고 있는 '諱稱姓(앞의 논문, 1986)의 개념과는
다르다. 여기서는 外姓을 칭한 것만 연구의 대상으로 삼았으므로 '稱外姓'이라
할 것임을 밝혀 둔다.
7) 『高麗史』 권89 종실전1과 권91 공주전에 의하면 태조는 아들이 25명이고 딸이

	칭호	성씨	출신지(현지명)	아들(딸)	후비의 아버지	관계 또는 관직
1	神惠王后	柳氏	貞州(豊德)		天弓	三重大匡
2	莊和王后	吳氏	羅州	1	多憐君	
3	神明順成王后	劉氏	忠州	5(2)	兢達	太師 內史令
4	神靜王太后	皇甫氏	黃州	1(1)	悌恭	太尉 三重大匡
5	神成王太后	金氏	慶州	1	億廉	
6	貞德王后	柳氏	貞州(豊德)	4(3)	德英	侍中
7	獻穆大夫人	平氏	慶州	1	俊	佐尹
8	貞穆夫人	王氏	溟州(江陵)	(1)	景	三重大匡
9	東陽院夫人	庾氏	平州(平山)	2	黔弼	太師 三重大匡
10	肅穆夫人		鎭州(鎭川)	1	名必	大匡
11	天安府院夫人	林氏	慶州	2	彦	太守
12	興福院夫人	洪氏	洪州(洪城)	1(1)	規	三重大匡
13	大良院夫人	李氏	陜州(陜川)		元	大匡
14	大溟州院夫人	王氏	溟州(江陵)		乂	內史令
15	廣州院夫人	王氏	廣州		規	大匡
16	小廣州院夫人	王氏	廣州	1	規	大匡
17	東山院夫人	朴氏	昇州		英規	大匡
18	禮和夫人	王氏	春州(春川)		柔	大匡
19	大西院夫人	金氏	洞州(瑞興)		行波	大匡
20	小西院夫人	金氏	洞州(瑞興)		行波	大匡
21	西殿院夫人					
22	信州院夫人	康氏	信州(信川)	1	起珠	阿湌
23	月華院夫人				英章	大匡
24	小黃州院夫人				順行	元甫
25	聖茂夫人	朴氏	平州(平山)	4(1)	智胤	三重大匡
26	義城府院夫人	洪氏	義城府	1	儒	太師 三重大匡
27	月鏡院夫人	朴氏	平州(平山)		守文	太尉 三重大匡
28	夢良院夫人	朴氏	平州(平山)		守卿	太師 三重大匡
29	海良院夫人		海平		宣必	大匡

　그런데 여기서 보는 바와 같이 태조의 후비들은 모두 아버지의 성을 따르고 있다. 즉 태조의 후비들은 일반인들과 마찬가지로 아버지 성을

　9명이라 하였다. 이에 따라 박용운, 『고려시대사』, 일지사, 1985, 48쪽에는 태조가 25명의 왕자와 9명의 王女를 낳았다고 기술되어 있다. 그러나 원래는 아들이 26명이었다. 신주원부인도 아들이 하나 있었는데 일찍 죽었기 때문에 25명이라 한 것이다.

따르고 있는 것이다. 이 중 왕씨가 몇 명 있으나 이는 왕건의 일족이 아니라 賜姓이었다. 8비 정목부인 왕씨의 아버지 王景은 태조 11년 명주의 王順式이 태조에게 입조할 때 같이 왔다가 왕성을 하사받은 소장 官景이었다.[8] 그는 혜종 원년(944) 세워진 영월의 興寧寺澄曉大師寶印塔碑에도 王景 大丞으로 나오고 있다.[9]

14비 대명주원부인 왕씨의 아버지 王乂도 王姓을 하사받았다. 그는 태조 23년(940)에 세워진 地藏禪院郎圓大師悟眞塔碑에도 보이고 있는데 당시 그의 직책은 명주의 都슈이었다.[10] 都슈은 都領과 같은 존재인데 대체로 그 지역의 토착세력이었으나 후에는 그들이 兩界 지역 州鎭軍의 지휘관이 되었다.[11] 그의 본성은 김씨로 신라 하대 金敬信과의 왕위계승 다툼에서 패배하여 명주로 도망온 金周元의 후손이었다.[12] 그는 태조 왕건의 포섭에 의해 왕씨 성을 하사받은 것으로 보인다.

15비, 16비인 광주원부인과 소광주원부인의 아버지 王規도 賜姓이었다. 즉 그의 원래 성명은 咸規로 태조공신이었으며 광평시랑의 벼슬을 지냈고 경기도 광주의 속현 楊根縣 출신이었다.[13] 그러나 태조 20년에는 王規가 되어 後晉에 사신으로 다녀오기도 했다.[14] 예화부인 왕씨의 아버지 王柔도 원래는 朴儒였다.[15] 그는 經史에 능통했던 인물로 궁예 밑에 있다가

---

8) 『高麗史節要』 권1 태조 11년조.

9) 『韓國金石遺文』, 高麗興寧寺澄曉大師寶印塔碑陰.

10) 『韓國金石全文(中世 上)』, 地藏禪院郎圓大師悟眞塔碑.

11) 김남규, 「고려 양계의 도령에 대하여」『경남대논문집』 4, 1977 ;『고려 양계 지방사연구』, 새문사, 1989 ; 김갑동, 「고려시대의 도령」『한국중세사 연구』 3, 1996 ; 박옥걸, 「고려 '도령'에 관한 재검토」『사학연구』 58·59, 1999.

12) 김정숙, 「金周元世系의 成立과 그 變遷」『白山學報』 28, 1984, 164쪽 및 김갑동, 「명주세력」『나말려초의 호족과 사회변동 연구』, 고려대 민족문화연구소, 1990, 74~75쪽.

13) 『新增東國輿地勝覽』 권8 경기도 양근군 인물조.

14) 『高麗史』 권2 태조세가 20년조.

15) 王柔와 朴儒의 한자가 달라 다른 인물이라 볼 수 있으나 비슷한 발음을 다른

궁예의 폭정을 보고 산 속으로 피신했었다. 그러다가 왕건이 왕위에 즉위한 후 귀순한 인물이었다.16) 이처럼 태조의 후비 중에도 왕씨가 있었지만 外姓을 따르지 않았다. 본래 같은 일족이 아니었기 때문인지 아니면 중국에 대한 자신감 때문이었는지 알 수 없다.

그렇다면 언제부터 왕의 후비가 外姓을 칭하기 시작했는가. 이를 위해 2대 임금 혜종부터 7대 임금 목종까지 후비들의 성씨와 그 아버지를 표를 통해 살펴보자.

<표 2> 혜종~목종의 후비

왕명	후비 순서	칭호	성씨	출신지(현지명)	후비의 아버지
惠宗	1	義和王后	林氏	鎭州(진천)	曦
	2	後廣州院夫人	王氏	廣州	規
	3	淸州院夫人	金氏	淸州	兢律
	4	宮人 哀伊主		慶州	連乂
定宗	1	文恭王后	朴氏	昇州	英規
	2	文成王后	朴氏	昇州	英規
	3	淸州南院夫人	金氏	淸州	兢律
光宗	1	大穆王后	皇甫氏		太祖
	2	慶和宮夫人	林氏		惠宗
景宗	1	憲肅王后	金氏	慶州	敬順王
	2	憲懿王后	劉氏		文元大王 貞
	3	獻哀王太后	皇甫氏		戴宗
	4	獻貞王后	皇甫氏		戴宗
	5	大明宮夫人	柳氏		元莊太子
成宗	1	文德王后	劉氏		光宗
	2	文和王后	金氏	善州(선산)	元崇
	3	延昌宮夫人	崔氏		行言
穆宗	1	宣正王后	劉氏		弘德院君 圭
	2	邀石宅宮人	金氏		

원래 『高麗史』 후비전에는 아버지들의 성씨가 나와 있지 않다. 그러나

한자로 쓴 예는 많이 있다. 예를 들면 4비 신정왕태후 황보씨의 아버지 皇甫悌恭도 사료에 따라 帝弓, 弟弓, 悌弓 등으로 표현되어 있는 것이다.

16) 『高麗史』 권92 王儒傳.

惠宗의 妃父 중 성을 알 수 없는 것은 連乂 하나뿐이다. 의화왕후 임씨의 아버지 曦는 임희로 태조 원년에 兵部令을 지낸 인물이다.[17] 후광주원부인의 아버지 규는 앞서 살핀 바 있는 王規임에 틀림없다. 태조의 후비인 광주원부인, 소광주원부인의 아버지 규와 고향과 명칭이 동일하기 때문이다. 청주원부인 김씨의 아버지 兢律도 김씨였을 것이다. 당시 청주에서 가강 큰 호족은 김씨였기 때문이다. 청주 출신 金言規는 중앙에서 白書省卿에 임명된 바 있으며[18] 당시 청주에는 金芮宗·金希一·金釋希·金寬謙 등의 호족이 존재하였기 때문이다.[19] 이렇게 보면 혜종의 후비들도 외성이 아닌 아버지 성을 따르고 있다.

定宗의 경우도 마찬가지이다. 정종의 후비인 문공왕후와 문성왕후의 아버지 영규는 朴英規이다. 그는 후백제 견원의 사위로 견훤이 왕건에게 귀순하자 태조 19년 내응을 약속하고 고려의 후삼국 통일을 도와준 인물이다.[20] 청주남원부인의 아버지는 혜종의 비부였던 金兢律이다. 따라서 정종의 왕비도 모두 아버지 성을 따르고 있다.

그러나 光宗의 후비들은 아버지 성을 따르지 않고 어머니 성을 따르고 있다. 大穆王后 皇甫氏는 태조와 神靜王后 황보씨와의 사이에서 낳은 딸이기 때문이다.[21] 광종 또한 태조의 아들이었다. 태조와 신명왕태후 유씨와의 사이에서 낳은 셋째 아들이었다.[22] 따라서 태조의 아들과 태조의 딸이 혼인하면서 外姓을 칭하기 시작했다는 『高麗史』의 표현은 맞다. 그렇다면 이 결혼이 태조의 뜻에 따라 이루어진 것인가. 아니면 광종이 왕위에 오른 후 광종의 뜻에 의해 이루어진 것인가. 광종은 태조 8년(925)

---

17) 『高麗史』 권1 태조세가 원년 6월 辛酉조.
18) 위와 같은 조항.
19) 『朝鮮金石總覽(上)』, 龍頭寺幢竿記.
20) 『高麗史』 권92 朴英規傳.
21) 『高麗史』 권88 후비전1 태조 신정왕태후 황보씨조.
22) 『高麗史』 권90 종실전1 太祖조.

에 태어났다. 따라서 태조가 죽은 해인 태조 26년(943)에는 18세였다. 태조의 뜻에 의해 결혼이 이루어졌다면 18세 이전에 결혼했어야 한다. 그런데 광종과 대목왕후와의 사이에서 낳은 첫째 아들인 伷[후의 景宗]는 광종 6년(955)에 태어났다. 이때는 광종의 나이가 30세였다. 결국 광종과 대목왕후의 결혼이 태조 생전에 이루어졌다면 광종은 18세 이전에 결혼하였으며 둘 사이에 최소한 12년 이상 아이가 없었다는 말이 된다.

그런데 광종에게는 또 한 명의 부인이 있었다. 경화궁부인 임씨가 바로 그이다. 그녀는 혜종과 의화왕후 임씨와의 사이에서 낳은 딸이었다.[23] 이 혼인은 혜종 2년(945)에 이루어졌다. 즉 이 해에 왕규가 혜종의 이복형제인 堯[후의 定宗]와 昭[후의 光宗]가 다른 뜻이 있다고 밀고하자 혜종은 오히려 자신의 딸을 소에게 시집보내어 그 세력을 강하게 해주었다고 한다.[24] 이 경화궁부인도 外姓을 따르고 있다.

그렇다면 문제는 광종은 대목왕후와 먼저 결혼했는가 아니면 경화궁부인과 먼저 결혼했는가 하는 점이다. 역시 대목왕후와 먼저 결혼한 것으로 보는 것이 합리적이라 생각한다.[25] 혜종과 의화왕후 임씨의 결혼이 태조 4년(921) 태조의 의도에 의하여 이루어졌으며[26] 정종과 문공왕후, 문성왕후의 혼인도 박영규가 고려에 귀의한 후 태조에 의해 혼인이 추진되었기 때문이다. 따라서 정종보다 두 살 아래인 광종도 태조의 생전에 대목왕후

---

23) 『高麗史』 권88 후비전1 혜종 의화왕후 임씨조.
24) 『高麗史』 권88 후비전1 광종 경화궁부인 임씨조 및 권127 왕규전, 『高麗史節要』 권2 혜종 2년조.
25) 정용숙은 태조와 대목왕후와의 혼인이 신라 왕 金傅가 고려 태조에게 聖帝帶를 바친 해인 태조 20년(937) 경에 이루어졌을 것이라 추단하고 있다.(『고려왕실족 내혼연구』, 새문사, 1988, 81쪽 및 『고려시대의 后妃』, 민음사, 1992, 77쪽) 그러나 李泰鎭은 혜종의 딸과 소와의 혼인이 태조의 왕자와 왕녀 사이에 이루어진 첫 번째 혼인이라 하여 광종과 경화궁부인과의 혼인이 대목왕후보다 앞서는 것으로 추단하였다. 그 근거로 경종의 탄생 연도를 들고 있다.(「金致陽亂의 性格」 『한국사연구』 17, 1977)
26) 『高麗史』 권88 후비전1 혜종 의화왕후 임씨조.

와의 혼인이 이루어졌다고 보는 것이 타당할 것이다. 나이는 문제가
되지 않는다. 혜종과 의화왕후와의 혼인은 나이 9세 때에 이루어졌기
때문이다. 아이도 문제가 되지 않는다고 본다. 태조의 부인 중에도 아이가
없는 경우가 많으며 혜종 2년에 결혼한 경화궁부인과의 사이에도 아이가
없기 때문이다. 또 만약 경화궁부인과 먼저 결혼했다면 먼저 결혼한
경화궁부인은 제쳐두고 뒤에 결혼한 대목왕후를 왕후로 책봉했다는
것도 이해하기 어렵다. 그렇다면 대목왕후가 외성을 칭한 첫 사례가
되는 것이고 태조가 자기 딸에게 外姓을 칭하게 했다는『高麗史』의 서술도
맞는 것이라 하겠다. 이를 본받아 광종도 경화궁부인과 결혼하면서 외성
을 따르게 했던 것이다.

  景宗의 부인은 5명이었다. 신라 敬順王의 딸인 헌숙왕후만 아버지 성을
따르고 있을 뿐 나머지 4명은 모두 아버지 성을 따르고 있지 않다. 그런데
헌숙왕후의 어머니는 태조와 신명순성왕태후 劉氏와의 사이에서 낳은
樂浪公主인 것 같다.[27] 태조 18년 경순왕이 고려에 귀순해 오자 태조
왕건은 그에게 낙랑공주를 시집보냈기 때문이다.[28] 그렇다면 그는 태조
왕건의 외손녀가 되는 셈이다. 따라서 그가 외성을 따랐다면 그는 王氏가
되어야 한다. 그런데도 그는 경순왕의 성을 따라 김씨가 되었다.

  2비 헌의왕후의 아버지는 문원대왕 정이다. 그는 태조와 신명순성왕태
후 劉氏와의 사이에서 태어난 인물이다.[29] 따라서 헌숙왕후의 어머니
낙랑공주와는 친남매 간이었다. 그녀의 어머니는 태조와 정덕왕후 柳氏의
소생인 문혜왕후였다.[30] 그러나 그녀가 어머니 성을 따랐다면 柳氏가
되어야 한다. 그런데 劉氏로 표기된 것을 보면 어머니 성을 따른 것이

---

27)『高麗史』권88 후비전1 태조 신명순성왕태후 유씨조.
28)『高麗史』권2 태조세가 18년 11월 癸표조.
29)『高麗史』권88 후비전1 태조 신명순성왕태후 유씨조.
30)『高麗史』권91 종실2 공주 태조 문혜왕후조.

아니라 할머니의 성을 따른 것이라 하겠다.

3비 헌애왕후와 4비 헌정왕후는 자매간으로 모두 戴宗의 딸이었다. 대종은 태조와 신정왕태후 황보씨와의 사이에서 낳은 아들이었다.[31] 그런데 그 두 왕후의 어머니가 분명치 않다.[32] 성종도 대종의 아들이므로 그들과 친 남매 간이라면 그들의 어머니는 선의왕후 柳氏가 되어야 한다. 대종과 선의왕후 柳氏 사이에서 낳은 아들이 성종이기 때문이다.[33] 따라서 그들이 외성을 따랐다면 그들은 柳氏가 되어야 한다. 그런데 皇甫氏가 되어 있다. 한편 성종은 어머니 선의왕후를 일찍 여의고 친할머니인 신정왕태후에게서 자랐다.[34] 그렇다면 헌애왕후와 헌정왕후도 신정왕태후에게서 자랐기 때문에 황보씨를 칭한 것인가. 여기에는 의문의 여지가 있다. 필자는 그들의 어머니가 광종의 부인이었던 신정왕태후 황보씨라고 생각한다. 나아가 아버지도 광종이었다고 본다.[35] 그렇다면 헌애왕후나 헌정왕후도 외성을 따랐다고 볼 수 있다.

대명궁부인의 아버지는 원장태자인데 그는 태조와 정덕왕후 柳氏 사이에서 태어난 아들이다.[36] 그녀의 어머니는 興芳宮主였다.[37] 그녀는 태조와 신명순성왕태후 劉氏의 소생으로 그가 외성을 따랐다면 그는 劉氏였을 것이다. 그런데도 그는 劉氏가 아닌 柳氏였다. 친할머니이며 태조의 부인인 신명순성왕태후의 성을 따른 것이었다.

---

31) 『高麗史』 권88 후비전1 태조 신정왕태후 황보씨조.
32) 대부분의 연구자들은 헌애왕후와 헌정왕후의 어머니를 선의왕후 류씨로 보고 있다. 그러나, 金塘澤은 그의 어머니를 황보씨로 보고 있다.(「高麗 穆宗 12年의 政變에 대한 一考」 『韓國學報』 18, 1980, 표1) 따라서 이 문제는 좀 더 심도 있는 고찰이 필요하다고 생각한다..
33) 『高麗史』 권3 성종세가 서문.
34) 『高麗史』 권88 후비전1 태조 신정왕태후 황보씨조.
35) 본서 1장-Ⅰ. 천추태후의 실체와 서경세력 참조.
36) 『高麗史』 권88 후비전1 태조 정덕후 류씨조.
37) 『高麗史』 권91 종실2 공주 태조 흥방궁주조.

성종의 제1비 문덕왕후는 광종의 딸이었다. 광종과 대목왕후 황보씨 사이에서 낳은 딸이었다.[38] 그렇다면 그의 성씨인 劉氏는 어디에서 따온 것일까. 아버지의 성씨도 아니고 어머니의 성씨도 아니다. 또 친할아버지 나 외할아버지의 성씨도 아니다. 광종의 어머니, 즉 그 친할머니의 성씨를 따른 것이었다. 태조 왕건의 부인 신명순성왕태후 劉氏의 성을 따른 것이었다.

문화왕후는 善州[현재의 선산] 출신 원숭의 딸이었는데 그의 어머니는 왕씨였다.[39] 원숭의 성은 김씨였음에 틀림없다. 金宣弓의 후예로 생각된 다. 김선궁은 태조가 후백제를 정벌하기 위해 善山에 이르러 군사를 모집할 때 응모한 인물로 門下侍中에 추증되었으며 그 둘째 아들 奉術도 시중이 되었다 한다. 이 지역 출신의 士族 및 吏族은 다 그의 후예였다고 기술되어 있기 때문이다.[40] 따라서 그는 아버지의 성씨를 따른 것이다.

연창궁부인 최씨도 아버지 성을 따랐다. 行言은 최행언으로 성종 2년 5월 급제한 인물이었으며[41] 현종의 후비인 元和王后 최씨의 외조부이 기도 했다.[42] 따라서 문화왕후와 연창궁부인은 일반적인 관례에 따른 것이었다.

穆宗의 제1비 선정왕후 劉氏는 홍덕원군 규의 딸이었다. 선정왕후는 홍덕원군과 문덕왕후 劉氏와의 사이에서 낳은 딸이었다.[43] 따라서 그는 어머니 성을 따랐다고 할 수도 있고 외증조할머니의 성을 따랐다고도 할 수 있다. 궁인 김씨는 아버지와 어머니 성씨를 알 수 없으므로 논외로

38) 『高麗史』 권91 종실2 공주 광종 문덕왕후조.
39) 『高麗史』 권88 후비전1 성종 문화왕후조.
40) 『新增東國輿地勝覽』 권29 선산도호부 인물조.
41) 『高麗史』 권3 성종세가 2년 5월조.
42) 『高麗史』 권88 후비전1 현종 원화왕후조.
43) 문덕왕후 유씨는 홍덕원군에게 시집갔다가 후에 다시 성종과 혼인하였다.["文德 王后 劉氏 光宗之女 初適弘德院君 後配成宗"(『高麗史』 권88 후비전1 성종 문덕왕후 조)].

할 수밖에 없다.

지금까지 살핀 후비 중 대목왕후, 헌의왕후, 문덕왕후, 선정왕후의
성씨 현황을 표로 만들어 보면 다음과 같다.

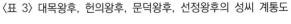

〈표 3〉 대목왕후, 헌의왕후, 문덕왕후, 선정왕후의 성씨 계통도

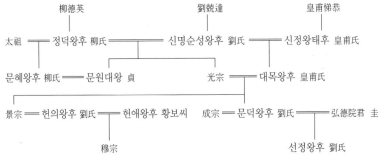

2) 현종~의종 후비의 성씨

그러나 顯宗 대 이후에는 왕의 후비들 중 종실에서 맞아오는 비율이
급격히 줄어든다. 현종에서 의종까지 후비들의 명단과 그 현황을 표로
보면 다음과 같다.

〈표 4〉 현종~의종의 후비

왕명	후비 순서	칭호	성씨	출신지(현지명)	후비의 아버지
顯宗	1	元貞王后	金氏		成宗
	2	元和王后	崔氏		成宗
	3	元城太后	金氏	安山	金殷傅
	4	元惠太后	金氏	安山	金殷傅
	5	元容王后	柳氏		敬章太子
	6	元穆王后	徐氏	利川	徐訥
	7	元平王后	金氏	安山	金殷傅
	8	元順淑妃	金氏		金因渭
	9	元質貴妃	王氏	淸州	王可道

	10	貴妃	庾氏		
	11	宮人	韓氏	楊州	韓蘭卿
	12	宮人	李氏		李彦述
	13	宮人	朴氏	全州	朴溫其
德宗	1	敬成王后	金氏		顯宗
	2	敬穆賢妃	王氏		王可道
	3	孝思王后	金氏		顯宗
	4		李氏	扶餘	李稟焉
	5		劉氏	忠州	劉寵居
靖宗	1	容信王后	韓氏	湍州	韓祚
	2	容懿王后	韓氏	湍州	韓祚
	3	容穆王后	李氏	扶餘	李稟焉
	4	容節德妃	金氏	慶州	金元冲
	5	延昌宮主	盧氏		
文宗	1	仁平王后	金氏		顯宗
	2	仁睿順德太后	李氏	仁州	李子淵
	3	仁敬賢妃	李氏	仁州	李子淵
	4	仁節賢妃	李氏	仁州	李子淵
	5	仁穆德妃	金氏		金元冲
順宗	1	貞懿王后	王氏		平壤公 基
	2	宣禧王后	金氏	慶州	金良儉
	3	長慶宮主	李氏	仁州	李顥
宣宗	1	貞信賢妃	李氏	仁州	李預
	2	思肅太后	李氏	仁州	李碩
	3	元信宮主	李氏	仁州	李頲
肅宗	1	明懿太后	柳氏	貞州	柳洪
睿宗	1	敬和王后	李氏		宣宗
	2	文敬太后	李氏	仁州	李資謙
	3	文貞王后			辰韓侯 愉
	4	淑妃	崔氏		崔湧
仁宗	1	廢妃	李氏	仁州	李資謙
	2	廢妃	李氏	仁州	李資謙
	3	恭睿太后	任氏		任元厚
	4	宣平王后	金氏		金璿
毅宗	1	莊敬王后	金氏		江陵公 溫
	2	莊宣王后	崔氏		崔端

　표에서 보듯이 현종의 후비 13명 중 10명은 귀족들의 딸이므로 당연히 그 아버지의 성을 따르고 있다. 나머지 3인만 종실에서 맞아온 후비들이

다. 즉 성종의 딸인 제1비 元貞王后 金氏와 제2비 元和王后 崔氏, 그리고 敬章太子의 딸인 제5비 元容王后 柳氏가 있을 뿐이다.[44]

원정왕후의 어머니는 성종비인 문화왕후 金氏이니[45] 어머니 성이나 외할아버지인 김원숭의 성을 따랐다고 할 수 있다. 2비 원화왕후는 성종과 연창궁부인 최씨와의 사이에서 낳은 딸이었다. 연창궁부인은 최행언의 딸이었으니[46] 원화왕후도 어머니나 외할아버지의 성을 따랐다. 5비 원용왕후도 아버지 성을 따르지는 않았다. 경장태자는 왕씨이기 때문이다. 경장태자는 戴宗 旭의 아들이며[47] 왕건의 손자이고 신정왕태후 황보씨의 외손자이다. 원용왕후의 어머니가 누구인지 확실히 알 수 없으나 어머니 쪽 성을 따른 것임에 틀림없다. 정덕왕후 柳氏와의 사이에서 낳은 문혜왕후의 딸이 그 어머니가 아닌가 추측된다.

德宗의 경우 5명의 후비 중 종실 출신은 2명이다. 즉 제1비 敬成王后 金氏와 제3비 孝思王后 金氏가 현종의 딸인 것이다.[48] 경성왕후 김씨는 현종과 元順淑妃 金氏와의 사이에서 낳은 딸이었다. 그런데 원순숙비의 아버지는 金因渭였다.[49] 김인위는 현종 12년 8월에 尙書左僕射로 致仕한 사람이다.[50] 그런데 다시 현종 15년 9월 尙書左僕射·參知政事로 치사했다는 기록으로[51] 미루어 그 이전에 이미 복직했던 경력이 있는 것으로 추측된다. 그러므로 그는 어머니 내지 외할아버지의 성을 따른 것이었다. 효사왕후 김씨는 현종과 원혜왕후 김씨와의 사이에서 태어났는데 그의

44) 『高麗史』 권88 후비전1 현종 원정왕후·김씨, 원화왕후 최씨 및 원용왕후 류씨조.
45) 『高麗史』 권88 후비전1 성종 문화왕후 김씨 및 권91 공주 성종 원정왕후조.
46) 『高麗史』 권88 후비전1 성종 연창궁부인 최씨 및 권91 성종 원화왕후조.
47) 『高麗史節要』 권3 현종 4년 5월조.
48) 『高麗史』 권88 후비전1 덕종 경성왕후 김씨 및 효사왕후 김씨조.
49) 『高麗史』 권88 후비전1 현종 원순숙비 김씨조 및 권91 종실2 공주 현종 경성왕후조.
50) 『高麗史』 권4 현종세가 12년 8월 辛亥조.
51) 『高麗史』 권4 현종세가 15년 9월 乙未조.

아버지는 안산 출신의 金殷傅였다.52) 김은부는 현종이 거란의 침략으로 남쪽으로 피난할 때 公州節度使로 있다가 御衣를 지어 바친 대가로 세 딸을 현종의 왕비로 들인 인물이다.53) 따라서 효사왕후도 어머니 내지는 외할아버지의 성을 따랐다.

靖宗은 종실에서 후비를 맞아오지 않았다. 文宗은 5명의 왕비 중 1명만을 종실에서 맞았다. 제1비 인평왕후 金氏가 그다. 그는 현종과 원성태후 김씨와의 사이에서 낳은 딸이었다.54) 원성왕후는 金殷傅의 딸이었으니 그도 어머니 내지 외할아버지의 성을 따른 것이다.

〈표 5〉원정왕후, 효사왕후, 인평왕후 성씨 계통도

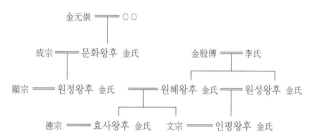

順宗은 3명의 후비 중 제1비인 貞懿王后 王氏만 종실에서 맞아왔다. 그는 종실 平壤公 基의 딸인데55) 평양공 기는 현종과 김은부의 딸 원혜왕후 사이에서 낳은 아들이다.56) 그의 어머니는 잘 알 수 없는데 아버지의 성을 따른 것은 아닌 것 같다. 아마 사성 받은 왕씨의 딸이 어머니가 아닌가 한다. 그렇다면 그도 아버지의 성을 따른 것은 아니라 생각한다.

宣宗과 肅宗은 종실에서 후비를 맞지 않았다. 睿宗은 4명의 후비 중

---

52) 『高麗史』 권88 후비전1 현종 원혜왕후 김씨 및 권91 종실2 공주 현종 효사왕후조.
53) 『高麗史』 권94 김은부전.
54) 『高麗史』 권88 후비전1 현종 원성왕태후 김씨조.
55) 『高麗史』 권88 후비전1 순종 정의왕후 왕씨조.
56) 『高麗史』 권91 종실1 공주 현종 원혜왕후 김씨조.

제1비인 敬和王后 李氏 만을 종실에서 맞았다. 그는 선종의 딸로 어머니는 정신현비 이씨였다.[57] 정신현비 이씨는 인주 이씨인 李預의 딸이었다.[58] 따라서 그 역시 어머니 내지 외할아버지의 성을 따른 것에 불과하다.

仁宗은 4명의 후비를 모두 종실에서 맞지 않았다. 毅宗은 2명의 왕비 중 하나인 莊敬王后 金氏가 종실 江陵公 溫의 딸이었다.[59] 그 어머니는 누구인지 추적하기 어렵지만 아버지의 성을 따른 것은 아님은 틀림없다.

이상에서 살핀 바와 같이 太祖의 后妃는 모두 아버지 성을 따랐고 그 이후에도 왕들이 왕실에서 왕비를 맞아오지 않는 경우 모두 아버지 성을 따랐다. 그러나 光宗의 왕비인 大穆王后 皇甫氏가 처음으로 外姓을 따랐다. 그렇다고 하여 그 이후에도 계속 외성을 따른 것은 아니었다. 어떤 경우에는 어머니가 아니고 할머니의 성을 따르기도 하였다. 景宗妃 헌의왕후 劉氏와 文宗妃 문덕왕후 劉氏가 그들이었다. 이를 추적해 보면 왕실에서 후비를 맞아올 경우 穆宗 대까지는 후비들의 성씨가 모두 태조 왕건의 부인과 맞닿아 있었다. 그러나 현종 이후부터는 후비들을 종실에서 맞아올 경우 철저하게 어머니 내지 外祖의 성을 따르고 있다. 따라서 『高麗史』 후비전 찬자가 종실의 딸들이 外姓을 따랐다 한 것은 현종 이후에나 맞는 현상이라 하겠다.

3. 稱外姓의 배경

그렇다면 혜종에서 목종 대까지 근친혼을 한 왕의 후비들이 왜 왕건 부인의 성을 따라 썼을까. 이에 대해서는 왕이 근친혼을 했다는 것을

---

57) 『高麗史』 권91 종실1 공주 선종 경화왕후조.
58) 『高麗史』 권88 후비전1 선종 정신현비 이씨조.
59) 『高麗史』 권88 후비전1 의종 장경왕후 김씨조.

숨기기 위해 그랬다는 설이 있다. 즉 중국과의 외교 관계를 무시할 수 없는 상황에서 같은 姓氏끼리 결혼했다는 비판을 피하기 위해 그랬다는 것이다.[60] 다음 기록은 이 같은 견해를 잘 보여주고 있다.

> B. 聖人이 禮를 정함에 同姓과 혼인하지 못하게 한 것은 그 구별을 두터이 함이라. …… 고려의 家法은 다만 堂叔姪·從姉妹뿐 아니라 姉妹 또한 피하지 않았으며 …… 모두 外家에 假託하여 姓을 칭함으로써 이를 아랫사람에게 보이고 上國[중국]에 알렸으며 宗廟社稷의 제사를 모셨으니 옳다 하겠는가.(『東國通鑑』 권18 宣宗 3년 史論)

즉 근친혼을 하면서도 부인은 外姓을 칭하여 他姓끼리 결혼한 것처럼 하였으며 이를 아랫사람들에게 보이고 중국에 알렸다 하고 있다. 조선시대 유교와 사대주의의 입장에서 고려 왕실의 근친혼과 稱外姓을 비판하고 있는 것이다.

그러나 이러한 설은 문제가 없지 않다. 왜냐하면 태조 왕건이 자식들을 근친혼 시키면서 이를 숨기기 위해 왕성이 아닌 타성을 쓰도록 했다면 본인부터 왕씨 성의 부인은 피했어야 한다. 그러나 앞서 본 바와 같이 비록 賜姓이긴 하지만 왕씨 성을 가진 부인이 5명이나 있는 것이다. 이를 어떻게 설명해야 할까.

따라서 우리는 당시의 상황을 고려하여 후비들의 성씨를 논의해 봐야 할 것이다. 즉 당시는 호족들의 힘이 강대하여 태조 왕건 입장에서는 그들의 요구를 무시할 수 없는 상황이었다. 태조 왕건의 입장에서도 통일을 달성하기 위해 이들의 힘이 필요하였다. 다 그런 것은 아니지만 혼인도 태조의 후삼국 통일 정책과 밀접한 관련이 있었다.[61] 따라서

---

(60) 李熙永, 주2의 논문.
(61) 정용숙, 「고려초기 왕실혼인과 異姓后妃」『고려시대의 후비』, 민음사, 1992.

태조 왕건의 후비들이 아들을 낳을 경우는 아버지 성을 따라 왕씨가 되었지만 딸을 낳아 왕과 결혼할 경우는 어머니, 엄격히 말하면 어머니의 아버지인 외할아버지 성을 따를 것을 요구했을 가능성이 있다. 태조 왕건도 이들의 요구를 들어주었고 그 후대 왕들도 혈통이 태조 왕건의 妃父와 관련될 경우 그의 성을 따르게 하였던 것이 아닌가 한다. 다시 말해 穆宗 대까지는 태조 비부들의 영향력을 무시할 수 없었던 것이 아닌가 한다.[62]

그들의 위상은 그들이 지니고 있던 官階를 통해서도 엿볼 수 있다. 당시에도 태조의 비부들은 대개 고려식 관계 중 大匡 이상의 관계를 지니고 있었다. 앞의 〈표 1〉에서 보듯이 29명의 후비 중 19명이 大匡이나 三重大匡의 관계를 지니고 있었다. 물론 대광은 살아 있는 사람에게 준 최고위 관계로[63] 그들의 정치적 위상을 잘 설명해 주고 있다.

참고로 당시 관계의 명칭과 순위를 보면 〈표 6〉과 같다.

그런데 태조 당시 대광 이상의 관계를 받은 인물을 찾아보면 龔直, 庾黔弼, 朴述熙, 王順式, 金宣平, 裴玄慶, 皇甫悌恭, 萬歲 등이 찾아진다.[64] 공직은 일찍이 견훤의 심복이 되었지만 태조 15년 왕건에게 귀순해 온 인물이다. 죽을 당시에는 佐丞의 관계에 있었는데 죽은 후에 삼중대광

河炫綱은 이외에도 왕건의 가세가 크게 떨치지 못하였으므로 많은 자녀를 가질 필요성 때문에 많은 부인을 얻었다고 하였다.(「高麗 前期의 王室婚姻에 對하여」 『梨大史苑』 7, 1968 ; 『韓國中世史研究』, 一潮閣, 1988, 128쪽)

62) 그런 의미에서 고려 왕실에서는 公主를 어머니 측, 즉 外家의 자손으로 간주하였고 豪族들은 공주에게 外孫이 아닌 親孫이라는 친밀감을 가지게 되어 高麗王室에 대해서 더욱 友好的인 태도를 취하게 하기 위한 것이었다는 견해는(河炫綱, 「高麗 前期의 王室婚姻에 對하여」 『梨大史苑』 7, 1968 ; 1988, 『韓國中世史研究』, 一潮閣, 136쪽) 시사하는 바가 크다.

63) 살아 있는 사람에게 실제 수여한 최고위 관계는 大匡이었다 할 수 있다. 살아 있는 사람에게 대광 이상의 관계를 준 기록이 찾아지지 않기 때문이다. 따라서 三重大匡은 그들이 죽은 후 받은 贈職일 가능성이 많다.

64) 김갑동, 「고려초의 관계와 향직」 『국사관론총』 78, 1997, 184쪽 〈표 2〉 참조.

이란 관계를 수여하였다.[65] 유금필은 태조를 섬겨 馬軍將軍으로 시작하여 각종 통일 전쟁에서 맹활약을 한 인물이다. 특히 북쪽 오랑캐를 평정하고 燕山鎭을 격파하였으며 조물군 전투, 고창군 전투, 운주 전투 등에서 눈부신 활약을 하였다.[66] 그 대가로 태조 15년 征南大將軍이 되었고 그때 이미 大匡이란 관계를 띠고 있었다.[67] 그러나 이는 후대의 관

<표 6> 고려초기의 官階

品	번호	관계
1品	1	삼중대광(三重大匡)
	2	중대광(重大匡)
2品	3	대광(大匡)
	4	정광(正匡)
3品	5	대승(大丞)
	6	좌승(佐丞)
4品	7	대상(大相)
	8	원보(元甫)
5品	9	정보(正甫)
6品	10	원윤(元尹)
	11	좌윤(佐尹)
7品	12	정조(正朝)
	13	정위(正位)
8品	14	보윤(甫尹)
9品	15	군윤(軍尹)
	16	중윤(中尹)

계를 갖다 붙인 것 같다. 태조 19년 일리천 전투 당시 유금필은 大相이란 관계를 갖고 있었기 때문이다.[68] 박술희는 궁예의 衛士가 되었다가 태조를 섬겨 여러 번 군공을 세웠고[69] 태조 26년(943) 태조의 임종시 훈요 10조를 받을 때 大匡의 지위에 올라 있었다.[70]

왕순식은 원래 溟州將軍 金順式으로 왕건에게 오랫동안 불복하였으나 아버지 許越의 권유로 왕건에게 귀순해온 인물이다.[71] 즉 태조 11년(928) 그가 무리를 거느리고 와서 조회하자 王氏 성을 내려주고 大匡으로 임명했던 것이다.[72] 김선평은 古昌郡[안동]의 城主였는데 태조 13년(930) 고창군

---

65) 『高麗史』권92 공직전.
66) 김갑동, 「고려의 후삼국 통일과 유금필」 『軍史』69, 2008, 40~58쪽.
67) 『高麗史』권92 유금필전.
68) 『高麗史』권2 태조세가 19년 9월조 및 『高麗史節要』권1 태조 19년 9월조.
69) 『高麗史』권92 박술희전.
70) 『高麗史』권2 태조세가 26년 4월조.
71) 『高麗史』권92 왕순식전.

전투에서 왕건을 도와 전투를 승리로 이끌게 한 인물이다. 이 공으로 그는 大匡에 임명되었다.[73] 이 전투의 승리로 왕건에게 후삼국 통일의 전기를 가져다 주었으니 얼마나 중요한 전투였는지 가히 알 수 있다.[74]

배현경은 태조를 왕위에 앉힌 인물로 개국 1등 공신이었다. 이후에도 그는 "태조가 사방을 征討함에 현경의 공이 가장 많았다"고 기술될 정도로 공을 쌓았다.[75] 그러다가 태조 19년(936) 죽었는데 그때 그의 관계가 大匡이었다.[76] 황보제공도 태조 18년에 이미 대광의 지위에 있었다.[77] 이는 뒤에서 보는 바와 같다. 만세는 태조 15년 견훤이 大牛島를 침략하자 출동하여 이를 구하였는데[78] 이때 그는 벌써 大匡의 지위에 올라 있었다. 그는 태조 18년 견훤이 태조에게 귀순할 때 유금필과 같이 출동하여 맞이하기도 하였다.[79] 따라서 사실상 태조 대에 대광에 오른 인물은 왕순식(태조 11년), 김선평(태조 13년), 만세(태조 15년), 황보제공(태조 18년), 배현경(태조 19년), 박술희(태조 26년) 등이었다. 이들의 활약과 공로로 볼 때 大匡 이상의 지위는 국가에 큰 공로를 세우지 않고는 얻을 수 없는 관계였다.

이를 구체적으로 보여주는 것이 외성을 칭한 첫 사례로 보이는 대목왕후 황보씨의 아버지 皇甫悌恭의 예이다. 황보제공은 기록에 따라 帝弓·弟弓·悌弓 등으로도 표현되어 있는데 이는 동일인에 대한 다른 표기에 틀림없다. 그는 우선 태조 8년 조물군 전투에 참여하여 활약하였다. 즉 조물군

---

72) 『高麗史節要』 권1 태조 11년 정월조.
73) 『高麗史節要』 권1 태조 13년 정월조.
74) 고창군 전투에 대해서는 류영철, 「古昌戰鬪 전후의 양국 관계」 『高麗의 後三國統一過程 硏究』, 경인문화사, 2005, 125~180쪽.
75) 『高麗史』 권92 홍유 附 배현경전.
76) 『高麗史』 권2 태조세가 19년 12월 및 『高麗史節要』 권1 태조 19년 12월조.
77) 『高麗史』 권92 유금필전 태조 18년조.
78) 『高麗史』 권2 태조세가 15년조.
79) 『高麗史』 권2 태조세가 18년조.

전투시 태조가 군대를 3분하여 上軍, 中軍, 下軍으로 나누었는데 그는 大相이란 관계를 가지고 상군의 총책임자가 되었다.[80] 태조 13년 古昌郡 [지금의 안동] 전투에서 승리한 후 태조 왕건은 최남단 군사기지로 천안에 都督府를 설치하였는데[81] 이때 그는 이 지역의 책임자인 都督府使가 되었다. 이때 그의 관계는 大丞이었다.[82] 이러한 활약 끝에 황보제공은 태조 18년에 大匡의 지위에 올랐다. 즉 나주 인근 지역을 후백제에 빼앗겨 6년 간이나 海路가 불통함을 걱정하자 그는 유금필을 추천하여 다시 탈환케 하였다. 당시 그의 관계가 바로 大匡이었다.[83] 平州 출신의 유금필에 대한 천거는 황보제공이 이 시기에 이르러서는 서경세력을 주도하는 위치에 있었음을 보여준다. 즉 서경 경영을 통한 세력 확대를 꾀한 결과로 볼 수 있는 것이다.[84] 이처럼 태조의 妃父들이 大匡이나 三重大匡의 관계를 띠고 있는 것은 그들의 역할과 지위를 가히 짐작케 한다.

태조의 비부들 나머지 11명 중 서전원부인의 아버지는 기록이 누락되어 있고 헌목부인 평준이 佐尹(6품), 소황주원부인의 아버지 순행이 元輔(4품)라는 조금 낮은 관계를 갖고 있었다. 이 외에 신주원부인의 아버지 강기주는 阿湌이란 신라식 위계를 갖고 있었고 신명순성왕후의 아버지 유긍달은 太師 內史令의 직위에 있었으며 대명주원부인 왕예도 內史令의 직위에 있었다. 정덕왕후의 아버지 유덕영은 侍中의 벼슬에 있었고 천안부원부인의 아버지 임언은 太守의 직위에 있었다. 신성왕태후의 아버지 김억렴은 신라 경순왕의 伯父였다. 그러나 이들의 지위도 무시할 수

---

80) 『高麗史』 권92 박수경전.

81) 천안도독부의 설치에 대해서는 김갑동, 「나말려초 천안부의 성립과 그 동향」 『한국사연구』117, 2002 ; 김명진, 「태조 왕건의 천안부 설치와 그 운영」『한국중세사연구』 22, 2007 참조.

82) 『高麗史』 권1 태조 13년 8월 己亥조.

83) 『高麗史』 권92 유금필전 태조 18년조.

84) 李泰鎭, 「金致陽亂의 性格」『한국사연구』 17, 1977, 80쪽.

없는 존재였다. 따라서 왕건은 이들의 요구를 들어 그들의 후손이 왕실과
혼인할 때는 태조 妃父의 성을 따르도록 한 것이 아닌가 한다.

반면 왕씨 성을 하사받은 妃父들은 거기에 만족해야 했다. 그러기에
왕건은 그들에게 딸이 있다 하더라도 왕실의 자제와 혼인시키지 않았다.
즉 태조의 딸 9명 중 8명은 모두 왕실의 남자와 결혼하였다. 그러나
정목부인 왕씨의 딸 順安王大妃 만은 여기에서 제외하였던 것이다.[85]
즉 태조 왕건은 妃父들에 대하여 王氏 賜姓과 稱外姓의 두 정책을 사용하였
던 것이다.

이렇게 하여 여자가 아버지의 성을 따르지 않고 어머니 내지 외할아버
지의 성을 따른 최초의 관례가 탄생한 것이다. 물론 통일신라 시대에도
同姓이었던 왕비의 성씨를 다른 성씨로 바꾼 것 같은 기록은 보인다.
즉 昭聖王의 부인과 어머니는 모두 金氏였는데 중국에서 이들을 책봉할
때 어머니는 申氏, 부인은 叔氏라 하였다는 것이다. 이에 대해 김부식은
신씨는 金神述의 딸인데 神字와 동음인 申을 성씨라 한 것은 잘못이라고
하고 있다.[86] 부인을 叔氏라 한 것은 소성왕의 왕비 桂花夫人 金氏가
金叔明의 딸이었으므로[87] 이름의 일부인 叔을 성씨로 삼은 것이라 여겨진
다.[88] 이것이 사실이라 하더라도 이는 아버지 이름의 일부를 성씨로
삼은 것으로 외성을 따른 예는 아니다. 외성을 따른 것은 역시 고려
왕조의 사례가 처음인 것이다.

그러다가 顯宗 代에 와서 다시 한번 太祖의 유풍을 계승하여 후비가
외성을 따르도록 하는 관례가 정착된 것 같다. 다 아는 바와 같이 현종은
태조의 손자로 태조를 아주 많이 흠모한 인물이다. 그는 太祖에 대한

85) 신명순성왕태후 유씨의 딸 安貞淑儀公主는 신라 왕이었던 경순왕 金傅와 결혼하
　　였다.(『高麗史』 권91 公主傳)
86) 『三國史記』 권10 哀莊王 9년 2월조.
87) 『三國史記』 권10 昭聖王조.
88) 권순형, 『고려의 혼인제와 여성의 삶』, 혜안, 2006, 41쪽.

지대한 관심을 보였다. 우선 그는 즉위하자마자 현종 원년(999) 2월 燃燈會를 복설하였다. 성종 때 번잡하고 불경스럽다 하여 폐지되었던 것을 이때에 와서 복구한 것이다.[89] 그 해 11월에는 八關會도 복설하였다.[90] 이는 태조의 유훈을 잘 지키기 위함이기도 했다. 태조는 일찍이 죽으면서 남긴 훈요 10조에서 연등회, 팔관회에 대한 가감을 금지토록 하였다. 태조 왕건 자신도 이날에는 國忌를 범하지 않고 임금과 신하가 함께 즐겼으니 삼가 이에 의하여 행할 것임을 부탁한 바 있다.[91] 현종은 이를 충실히 지키려 하였던 것이다.

거란의 침입으로 나주로 피난가던 현종은 礪陽縣에 이르러 장수들과 군사들에게 中尹이란 관계를 주기도 하였다. 이는 지채문의 건의에 의한 것이었다. 즉 智蔡文은 "聖祖[태조]께서 후삼국을 통합할 때에 공이 있는 자는 그것이 비록 적더라도 반드시 상을 주셨는데 하물며 지금 험난한 지경을 겪고 있으니 여러 사람의 마음을 얻어야 할 것입니다. 마땅히 먼저 상을 내려 권장하소서"라 하였고[92] 이에 따라 포상의 조치가 있었던 것이다. 태조의 정책을 본받은 것이다.

그는 또 할아버지 태조 왕건에 대해 지대한 관심을 보였다. 먼저 그는 현종 7년 정월에 太祖의 관을 모셔다가 다시 顯陵에 장사하였다. 현종 원년 거란의 침입 때 태조의 관을 負兒山 香林寺에 모셨었는데 이때에 이르러 다시 원래의 자리로 모셔온 것이었다.[93] 현종 8년 10월에는 현릉을 수선하였으며[94] 12월에는 현릉에 참배한 후 대사면령을 내렸다.[95] 현종

---

89) 『高麗史』 권69 예지11 上元燃燈會儀.
90) 『高麗史』 권69 예지11 仲冬八關會儀.
91) 『高麗史』 권2 태조세가 26년 4월조 및 『高麗史節要』 권1 태조 26년 4월조.
92) 『高麗史節要』 권3 현종 2년 1월조.
93) 『高麗史』 권4 현종세가 7년 정월조.
94) 『高麗史』 권4 현종세가 8년 10월조.
95) 『高麗史』 권4 현종세가 8년 12월조.

9년 정월에는 사신을 서경에 파견하여 聖容殿에서 태조를 제사하였다. 태조의 초상을 다시 만들었기 때문이었다.[96] 현종 9년 거란이 다시 고려를 침략하자 현종은 태조의 관을 다시 부아산 향림사로 옮겼다.[97] 그러나 이듬해인 현종 10년 11월 거란이 물러가자 태조의 관을 다시 현릉에 모셨고 그해 12월에는 현릉에 참배하였다.[98] 이처럼 그는 태조의 무덤인 현릉에 많은 관심을 보였다. 이와 함께 현종은 태조의 자손들은 물론 태조 공신의 자손들에게도 관직을 주었다.[99]

이렇게 태조를 흠모하고 그 정책을 모방했다는 근거는 그가 태조 이래의 여러 왕들 중에서 가장 많은 후비를 갖고 있음에서도 알 수 있다. 앞의 〈표 4〉에서 보듯이 다른 왕들은 6명 이상의 후비를 거느린 예가 없으나 현종은 13명의 후비를 가졌던 것이다. 여기서 낳은 자식도 5명의 아들과 8명의 딸이 있었다.[100] 왜 이렇게 많은 후비를 거느렸던 것일까. 이 역시 태조의 혼인 정책과 무관하지 않다고 생각한다. 태조는 직계 자손을 제외한 그 밖의 친족 세력은 미미하였다. 따라서 많은 부인을 얻어 유력한 호족이나 세력가의 딸들과의 혼인을 통해 유대관계를 강화하여 정치적 안정을 도모하고 나아가 통일을 위한 군사적 지지 기반을 확보하고자 하였다. 또 그 자신이 많은 자손을 두어 왕가의 기반을 다지고 왕실의 번영을 꾀하고자 하였다.[101]

태조 왕건과 같이 자신의 지지 세력이 크지 않았던 현종은 결혼을 통한 외척 세력을 형성하여 자신의 지지 세력으로 삼으려 한 것이 아닌가 한다. 그것은 그의 성장 과정에서 알 수 있다. 그는 어머니의 얼굴도

96) 『高麗史』 권4 현종 9년 정월조.
97) 『高麗史』 권4 현종세가 9년 12월조.
98) 『高麗史』 권4 현종세가 10년 11·12월조.
99) 『高麗史節要』 권3 현종 3년 2월 및 『高麗史』 권75 선거지3 凡敍功臣子孫조.
100) 『高麗史』 권90 종실전1 현종조 및 권91 공주전 현종조.
101) 河炫綱, 「高麗 前期의 王室婚姻에 對하여」 『梨大史苑』 7, 1968.

보지 못한 채 태어나 보모에게 길러지다가 경남 泗川에 유배가 있던 아버지와 같이 그곳에서 어린 시절 4년을 보냈다. 그러나 아버지 安宗 郁이 죽으면서 다시 개경으로 올라왔지만 천추태후의 미움을 받아 절에서 자라다가 모진 역경 끝에 왕위에 올랐다.[102] 때문에 그에게 동정 세력은 있었지만 진정한 지지 세력은 미약했다고 할 수 있다. 이에 왕위에 오른 후 혼인 정책을 통해 자신의 지지 세력을 확보하는 한편 왕실에서 부인을 맞아올 경우에는 外姓을 따르도록 배려한 것이다.

이렇듯 顯宗은 할아버지 太祖를 극진히 위하였으며 태조가 시행했던 여러 정책들을 본받기도 했다. 그리하여 모진 역경을 헤치고 왕위에 오른 현종은 할아버지의 정책을 이어받아 왕실에서 맞아온 자신의 후비는 外姓을 따르도록 하였다.

4. 맺음말

이상에서 살핀 바와 같이 太祖의 后妃는 모두 아버지 성을 따랐고 그 이후에도 왕들이 왕실에서 왕비를 맞아오지 않는 경우 모두 아버지 성을 따랐다. 그러나 光宗의 왕비인 大穆王后가 처음으로 外姓을 따랐다. 그렇다고 하여 그 이후에도 계속 외성을 따른 것은 아니었다. 어떤 경우에는 어머니가 아니고 할머니의 성을 따르기도 하였다. 景宗 妃 헌의왕후 劉氏와 문종비 문덕왕후 劉氏가 그들이었다. 이를 추적해 보면 왕실에서 후비를 맞아올 경우 穆宗 대까지는 후비들의 성씨가 모두 태조 왕건의 부인과 맞닿아 있었다. 그러나 현종 이후부터는 후비들을 종실에서 맞아

---

102) 현종과 사천 지역의 관계, 그리고 그의 즉위 과정에 대해서는 김갑동,「고려 현종과 사천 지역」『한국중세사연구』20, 2006 참조.

올 경우 철저하게 어머니 내지 外祖의 성을 따르고 있다. 따라서 『高麗史』 후비전 찬자가 종실의 딸들이 外姓을 따랐다 한 것은 현종 이후에나 맞는 현상이었다.

太祖 王建 당시는 豪族들의 힘이 강대하여 태조 왕건의 입장에서도 통일을 달성하기 위해 이들의 힘이 필요하였다. 다 그런 것은 아니지만 婚姻도 태조의 후삼국 통일 정책과 밀접한 관련이 있었다. 따라서 태조 왕건과 후비들이 아들을 낳을 경우는 아버지 성을 따라 王氏가 되었지만 딸을 낳아 왕과 혼인할 경우는 어머니, 엄격히 말하면 어머니의 아버지인 외할아버지 성을 따를 것을 妃父들이 요구했을 가능성이 있다. 태조 왕건도 이들의 요구를 들어주었고 그 후대 왕들도 혈통이 태조 왕건의 妃父와 관련될 경우 그의 성을 따르게 하였던 것이다. 그러나 왕씨 성을 하사받은 비부들은 그것으로 만족해야 했다. 따라서 왕건은 그들에게 딸이 있다 하더라도 왕실의 자제와 혼인시키지 않았다. 즉 태조 왕건은 妃父들에 대하여 王氏 賜姓과 稱外姓의 두 정책을 사용하였다. 결국 穆宗 대까지는 태조의 妃父들의 영향력을 무시할 수 없었던 것이다.

한편 顯宗 대에 와서 다시 종실 출신의 后妃들이 外姓을 따르는 풍토가 생겼다. 이는 현종의 출신이나 왕위 즉위 과정과 밀접한 관련이 있는 것이었다. 즉 지지 세력이 미약했던 현종은 할아버지 太祖를 극진히 위하였으며 태조가 시행했던 여러 정책들을 본받기도 했다. 그리하여 모진 역경을 헤치고 왕위에 오른 현종은 할아버지의 정책을 이어받아 왕실에서 맞아온 자신의 후비는 外姓을 따르도록 하였던 것이다. 이렇게 하여 지지 세력을 확보하고 왕실을 강화하려 하였던 것이다.

이러한 역사적 배경으로 어머니 성을 따르는 稱外姓의 제도가 고려에 이르러 성립되었다. 이것은 한국 역사상 유일하고 독특한 관습이었다.

II. 현종의 혼인과 거란의 침입

1. 머리말

고려의 제8대 임금 顯宗(1009~1031)은 모진 고난을 겪으면서 왕위에 오른 인물이다. 즉 그는 어린 시절을 아버지 安宗 郁과 같이 현재의 경남 사천 지역인 泗州에서 자랐다. 개경으로 올라온 후에는 천추태후의 미움을 받아 사원에서 살기도 하였다. 왕위에 오른 직후에는 거란의 침략을 받아 나주까지 피난을 가야 하는 고초를 겪기도 했다.

그 과정에서 그는 여러 지방을 두루 여행하였으며 공주와의 인연도 거란의 침입으로 인한 피난 당시에 이루어지게 되었다. 특히 공주절도사였던 김은부의 도움을 받아 몽진 생활에서의 어려움을 잊기도 하였다. 그 은혜에 대한 보답으로 현종은 김은부의 세 딸을 아내로 맞이하였다. 이는 파격적인 조치로 그 때까지 한 사람에게서 3명의 딸을 후비로 책봉한 예는 없었다. 이 외에도 그는 총 13명의 후비를 맞아 많은 외척을 갖게 되었다.

이 같은 현종의 혼인에 대해서는 일찍이 왕실족내혼의 입장에서 검토된 바 있으나[1] 이후 상세한 검토가 없는 실정이다. 그러나 왕실의 혼인은

---

[1] 정용숙,『고려왕실족내혼연구』, 새문사, 1988, 109~111쪽 ; 정용숙,『고려시대의 后妃』, 민음사, 1992, 96~100쪽.

대개 정치적 목적에 의해 이루어진 경우가 많다. 또한 외척 세력이 정계에 등장하여 정치를 좌우하는 경우가 종종 있어 혼인을 통한 정치세력의 분석은 유용하며 필요한 작업이다.

그런데 그의 혼인 중 특이한 것은 김은부의 세 딸을 아내로 맞이한 것이었다. 이는 매우 독특한 사례인데 거란의 침입과 관련된 것이었다. 이에 본고에서는 현종의 혼인 상황을 전반적으로 살펴보고 그 특징이 무엇인가를 추출해 보고자 한다. 또 어떤 과정을 거쳐 김은부의 세 딸을 후비로 맞이하게 되었는가 하는 점을 거란의 침입과 관련하여 살펴볼 것이다. 마지막으로 김은부와 현종의 밀착이 고려 사회에서 어떤 의미를 갖게 되었는가 하는 점을 인주 이씨와 관련하여 탐구해 보고자 한다. 이는 고려 전기의 정치와 사회를 이해하는 데 일정한 기여를 할 것으로 생각한다.

2. 현종의 혼인 상황과 그 특징

顯宗은 13명의 후비와 결혼을 하였다. 그 상황을 표로 나타내보면 다음과 같다.

〈표 1〉 현종~정종의 후비 현황

왕명	후비 순서	칭호	성씨	출신지(현지명)	후비의 아버지
顯宗	1	元貞王后	金氏		成宗
	2	元和王后	崔氏		成宗
	3	元城太后	金氏	安山	金殷傅
	4	元惠太后	金氏	安山	金殷傅
	5	元容王后	柳氏		敬章太子
	6	元穆王后	徐氏	利川	徐訥
	7	元平王后	金氏	安山	金殷傅
	8	元順淑妃	金氏		金因渭

	9	元質貴妃	王氏	淸州	王可道
	10	貴妃	庾氏		
	11	宮人	韓氏	楊州	韓藺卿
	12	宮人	李氏		李彦述
	13	宮人	朴氏	全州	朴溫其
德宗	1	敬成王后	金氏		顯宗
	2	敬穆賢妃	王氏		王可道
	3	孝思王后	金氏		顯宗
	4		李氏	扶餘	李稟焉
	5		劉氏	忠州	劉寵居
靖宗	1	容信王后	韓氏	湍州	韓祚
	2	容懿王后	韓氏	湍州	韓祚
	3	容穆王后	李氏	扶餘	李稟焉
	4	容節德妃	金氏	慶州	金元冲
	5	延昌宮主	盧氏		

여기서 보는 바와 같이 13명의 현종 후비 중 종실에서 맞아온 후비가
3명, 일반 귀족의 딸이 10명이었다. 먼저 종실에서 맞아온 제1비 元貞王后
金氏와 제2비 元和王后 崔氏, 그리고 제5비 元容王后 柳氏에 대해 살펴
보자.

1비 원정왕후 김씨는 성종의 딸로 현종 즉위 직후 혼인하여 거란병을
피하여 나주로 갈 때 동행한 바 있다.[2] 그는 성종과 善州[경북 선산]
출신 金元崇의 딸 문화왕후 김씨와의 사이에서 낳은 딸이었다.[3] 그녀는
어머니의 성씨를 따라 김씨가 되었다. 문화왕후 김씨의 아버지 김원숭에
대해서는 그 기록을 찾을 수가 없다. 또 그들이 어떤 과정을 거쳐 결혼했는
지도 알 수 없다. 다만 그가 善州 출신이라는 것으로 미루어 金宣弓의
후예가 아닌가 한다. 김선궁은 태조가 후백제를 정벌하기 위해 선산에
이르러 군사를 모집하자 이에 응모한 인물이다. 그 후 그는 중앙 정계로
진출하였는데 그 長子는 고향으로 돌아와 鄕吏가 되었지만 次子는 중앙에

---

2) 『高麗史』 권88 후비전1 현종 원정왕후 김씨조.
3) 『高麗史』 권88 후비전1 성종 문화왕후 김씨조.

서 계속 관직 생활을 하였다. 그리하여 이 지역 출신의 士族과 吏族은 다 선궁의 후예였다는 기록이 있기 때문이다.[4] 현종은 제일 먼저 종실의 딸과 결혼하여 자신의 지지세력을 구축하려 하였다.

제2비 원화왕후 최씨도 성종의 딸이었다. 그도 현종이 남행할 때 동행하였으니[5] 혼인 시기는 제1비 원정왕후와 비슷하였다고 본다. 그는 성종과 원창궁부인 최씨와의 사이에서 낳은 딸이었다. 따라서 그는 어머니의 성씨를 따라 최씨가 되었다. 연창궁부인의 아버지이며 원화왕후의 외조부는 崔行言이었다.[6] 최행언은 성종 2년(983) 과거에 장원급제한 인물이다.[7] 그가 어디 출신이며 정계에서 어떠한 활동을 하였는지에 대해서는 알 수가 없다. 그러나 崔彦撝의 아들 중에 行歸, 行宗이 있는 점으로[8] 미루어 경주 출신으로 추정된다. 그렇다면 그의 후손이 이자연의 어머니이며 이한의 처인 최씨 부인일 가능성도 배제할 수 없다.

다음으로 제5비 원용왕후 柳氏는 종실 敬章太子의 딸이었다. 현종 4년 5월에 맞이하였다.[9] 경장태자는 戴宗 旭의 아들이었으니[10] 그는 왕건의 손자이고 신정왕태후 황보씨의 외손자였다. 따라서 현종의 어머니 헌정왕후도 황보씨였으니 같은 黃州 皇甫氏의 피가 흐르는 인물이었다. 또한 경장태자는 성종과 형제간이었으니 원용왕후는 성종의 조카였다. 경장태자의 성씨는 당연히 왕씨였을 것이 분명한데 그렇다면 원용왕후는 어머니의 성씨를 따라 柳氏가 되었을 것이다. 이렇게 보면 현종이 종실에서 맞아온 3명의 후비는 모두 성종과 관련이 깊은 인물이었다.

---

4) 『新增東國輿地勝覽』권29 경상도 선산도호부 인물조.
5) 『高麗史』권88 후비전1 현종 원화왕후 최씨조.
6) 『高麗史』권88 후비전1 성종 연창궁부인 최씨조.
7) 『高麗史』권3 성종세가 2년 5월 및 권72 선거지1 凡選場조.
8) 『高麗史』권92 최언위전.
9) 『高麗史』권88 후비전1 현종 원용왕후 류씨조.
10) 『高麗史節要』권3 현종 4년 5월조.

다 아는 바와 같이 현종은 온갖 역경을 딛고 왕위에 오른 사람이다. 어려서 어머니, 아버지를 모두 잃고 유모의 품에서 고아로 자란 인물이다. 또 천추태후의 미움을 사 강제로 승려가 되었고 여러 번 죽을 고비를 넘기기도 하였다.[11] 그러나 성종은 그를 잘 돌보아주었다. 비록 아버지 안종 욱을 귀양보내기는 했으나 보모를 택하여 어린 현종을 보살펴주었다. 두 살 때 성종을 보고 '아버지!'라고 부르자 가련한 마음이 들어 사수현[경남 사천]에 귀양가 있던 안종 욱에게 보내 같이 살 수 있게 해 주었다. 그러다가 성종 15년 안종 욱이 귀양지에서 죽자 그 이듬해 현종을 개경에 올라와 살게 하였다.[12] 많은 배려를 해 준 것이었다. 그 후 그는 12세 때인 목종 6년(1003)에 大良院君에 책봉되었다.[13] 그러나 그해에 천추태후 황보씨와 김치양 사이에 아들이 태어나자 대량원군을 강제로 스님이 되게 하였다.[14] 그러다가 목종의 배려로 어렵게 왕위에 오르게 되었다. 목종에게는 정비 1인이 있었으나 그에게서는 후손이 없었다. 따라서 그는 종실, 특히 성종의 인척에서 3명의 후비를 맞아 종실의 후원을 얻으려 하였던 것 같다.

3비 원성왕후 김씨, 4비 원혜왕후 김씨, 7비 원평왕후 김씨는 모두 安山人 金殷傅의 딸이었다. 이들에 대해서는 다음 장에서 상세히 다루도록 하겠다.

제6비 元穆王后 徐氏는 徐訥의 딸로 현종 13년에 혼인하였다. 서눌은 서희의 아들로 성종 15년 과거에 급제한 인물이었다. 그 후 현종 대에도 관직 생활을 계속하여 현종 13년 당시에는 國子祭酒(종 3품)·知吏部事의 지위에 있었다.[15] 그해 8월 딸을 현종에게 바친 후 中樞使(종 2품)·右散騎常

---

11) 김갑동, 「고려 현종과 사천 지역」『한국중세사연구』20, 2006, 198~206쪽.
12) 『高麗史』권90 종실전1 安宗 郁조.
13) 『高麗史』권4 현종세가 서문.
14) 『高麗史』권3 목종세가 1년조.
15) 『高麗史』권94 徐熙 附 徐訥傳.

侍[현종 13년 10월], 參知政事[현종 14년], 內史侍郎[현종 18년], 判西京留守事·尚書左僕射[현종 20년], 門下侍郎同平章事·判尚書吏部事[현종 21년]을 거쳐 덕종이 왕위에 오른 직후 門下侍中의 지위에까지 올랐다.[16] 명문 가문의 딸을 아내로 맞이하였던 것이다.

제8비 元順淑妃 金氏는 金因渭의 딸이었다. 김인위는 현종 12년 8월에 尙書左僕射로 致仕한 사람이다.[17] 그런데 다시 현종 15년 9월 尙書左僕射·參知政事로 치사했다는 기록으로[18] 미루어 그 이전에 이미 복직했던 경력이 있는 것으로 추측된다. 이로 미루어 그녀는 현종 15년 직전에 현종과 혼인한 것이 아닌가 한다. 한편 김인위의 또 다른 딸은 이자연과 혼인하였다. 李子淵의 처이며 李頲의 어머니가 경주 출신 金因謂의 딸로 나오기 때문이다.[19] 그렇다면 현종은 자신의 할머니인 김억렴의 딸 신성왕후 김씨와 같은 가문에서 후비를 맞아온 것이라 하겠다. 이는 또한 현종의 등극으로 경주 김씨가 새롭게 등장했다는 의미로 해석할 수도 있다. 이정의 어머니는 文宗의 후비 仁睿王后·仁敬賢妃·仁節賢妃의 어머니이기도 했다. 문종 이후의 왕들은 모두 문종의 후손이었으니 김인위 가문도 나름대로 영화를 누렸음에 틀림없다.

제9비 元質貴妃 王氏는 淸州 출신 王可道의 딸이었다. 왕가도의 원래 이름은 李可道였다. 그는 성종 때 장원으로 과거에 급제하여 서경의 掌書記 벼슬을 지냈다. 그러던 중 현종 5년 金訓·崔質 등이 반란을 일으켜 이들이 문관의 자리까지 차지하면서 조정의 기강이 문란해졌다. 당시 이가도는 和州防禦使로 있다 임기가 만료되어 개경의 자택에 있었다.

---

16) 『高麗史』 권4 현종세가 13년, 권5 현종 14년·18년·20년·21년 및 덕종 즉위년 10월조.

17) 『高麗史』 권4 현종세가 12년 8월 辛亥조.

18) 『高麗史』 권4 현종세가 15년 9월 乙未조.

19) 김용선 편, 「李頲 墓誌銘」 『역주 고려묘지명집성(상)』, 한림대출판부, 2001, 30쪽. 金因謂와 원순숙비의 아버지 金因渭와 동일 인물임에 틀림없다.

그러나 나랏일이 잘못되는 것을 보고 金猛을 통해 그 방책을 아뢰었다. 그에 따라 그는 왕명을 받고 다시 西京留守判官이 되어 서경에서 만반의 준비를 하였다가 이듬해 현종이 서경에 행차하여 김훈 일당을 일망타진하는데 크게 기여하였다. 이 공으로 이가도는 尙書右丞, 同知中樞事, 戶部尙書 등의 관직을 역임하고 致盛功臣號를 받았다. 현종 20년에는 개경에 羅城 쌓는 일에 매진한 공으로 檢校太尉·行吏部上書 兼 太子少師·參知政事·上柱國·開城縣開國伯·食邑七千戶로 승진하고 輸忠創闕功臣號를 더하였으며 더불어 '王'姓과 개성현의 庄田을 하사받았다.[20] 그의 이러한 행적으로 볼 때 이가도는 현종의 매우 총애하는 신하였음에 틀림없다. 따라서 그의 딸을 후비로 맞이한 것은 어쩌면 당연한 일이었다 할 수 있다.

제10비 貴妃 庾氏는 기록의 미비로 누구의 딸이었는지 알 수 없다. 처음에는 궁인으로 있었는데 현종 16년에 귀비로 책봉된 인물이다. 현종 13년에 門下侍郎平章事로 있다가 현종 16년 判尙書兵部事가 된[21] 庾方의 딸이 아닌가 생각된다.

제11비 宮人 한씨는 楊州 출신으로 韓藺卿의 딸이었다. 한인경은 광종 25년 과거에 급제한 인물인데[22] 성종 8년 侍郎의 벼슬로 兵部郎中 魏德柔와 함께 宋나라에 다녀온 바 있다.[23] 목종 10년에는 무슨 일인지 알 수 없으나 楊州에 유배를 당하고 있다.[24] 본관지에 유배된 것으로 미루어 歸鄕刑에 처해진 것으로 보인다. 그 후 그에 대한 기록은 보이지 않는다.

제12비 宮人 李氏는 給事中 李彦述의 딸이었고 제13비 宮人 朴氏는 內給事同正 朴溫其의 딸이었다. 그러나 급사중은 중서문하성의 종4품 관직에 불과하고[25] 내급사동정은 이보다도 하위 관직이었다. 그 때문인지 모르

---

20) 『高麗史』 권94 王可道傳.
21) 『高麗史』 권4 현종세가 13년 6월 및 권5 현종 16년 정월조.
22) 『高麗史』 권2 광종세가 25년 3월조.
23) 『高麗史』 권3 성종세가 8년조.
24) 『高麗史』 권3 목종세가 10년 7월조.

지만 이들 妃父들의 이름은 史書에서 찾을 수 없다.

이상에서 현종의 혼인 현황을 알아본 결과 몇 가지 특징을 발견할수 있었다. 첫 번째는 태조 왕건을 제외하고 역대 왕들 중에 가장 많은 13명의 후비와 혼인하였다는 점이다. 그것은 그가 다른 어떤 왕보다왕위 계승 과정에서 어려움을 겪었다는 점과 관련이 있기 때문으로보인다. 즉 그는 혼인에 의한 지지세력 확보를 통해 자신의 어려운 처지를극복하려 한 것 같다.

두 번째 특징은 종실에서 비교적 많은 후비를 맞아왔다는 것이다.종실에서 맞아온 후비는 모두 3명으로 4명인 경종 다음으로 많다. 특히성종의 딸이나 조카를 후비로 맞음으로써 종실의 후원을 얻으려 하였다는것이다.

세 번째 종실에서 맞아온 후비의 성씨는 모두 어머니 성을 따랐다는것이다. 제1비 元貞王后 金氏와 제2비 元和王后 崔氏는 어머니 성을 따른것이 확실하고 敬章太子의 딸인 제5비 元容王后 柳氏도 어머니 성을 따랐음에 틀림없다. 경장태자는 왕씨였기 때문이다. 원용왕후의 어머니가 누구인지 확실히 알 수 없으나 태조와 정덕왕후 柳氏와의 사이에서 낳은문혜왕후의 딸이 그 어머니가 아닌가 추측된다.

네 번째 특징은 경주 출신을 비롯한 신라 계열이 재등장하고 있다는것이다. 원화왕후 최씨나 원순숙비가 경주 출신이며 원정왕후도 경북선산 출신으로 신라 계열의 후비가 3명에 이르는 것이다. 그것은 현종의아버지 安宗 郁이나 할머니 신성왕후 김씨가 신라 왕족인 김씨 계열이었기때문에 나타난 현상이 아닌가 한다. 대신 황주 황보씨 계열의 서경 세력은1명을 제외하고는 없다.[26] 신라 계열의 부상과 대조를 이루고 있다.

---

25) 『高麗史』 권76 백관지1 門下府 급사중조.
26) 정용숙도 현종 혼인의 특징으로 忠州 劉氏 및 黃州 皇甫氏와의 결별 현상이
   나타나고 있는 점을 들고 있다.(『고려왕실족내혼연구』, 새문사, 1988, 111쪽)

다섯 번째는 후비 중 3명이 모두 김은부의 딸이라는 점이다. 왜 이러한 현상이 나타났는가에 대해서는 다음 장에서 자세히 살펴보도록 하겠다.

요컨대 현종의 혼인 상황을 살펴볼 때 종실에서 3명의 후비를 맞아 종실의 후원을 얻으려 하였다. 이들 후비들은 모두 어머니 성 즉 外姓을 따랐다. 김은부의 딸도 3명이나 후비로 책봉되었다. 후비들의 출신지로 볼 때 서경 세력에 속하는 후비는 1명에 불과하고 대부분은 경주나 중부 내지 중서부 지역 세력이 주축을 이루고 있다. 즉 慶州 2인, 善山 1인, 安山 3인, 利川 1인, 淸州 1인, 楊州 1인, 貞州(黃州) 1인, 불명 3인이었 다.[27] 서경 세력으로 분류될 수 있는 후비는 1인에 불과했던 것이다. 이것은 천추태후의 몰락과 함께 서경 세력이 후퇴하고 경주 세력이 등장함을 의미하며 또 김은부의 부상을 보여주고 있다 하겠다.

3. 거란의 침입과 현종의 혼인

1) 거란의 침입

그렇다면 현종은 왜 김은부의 세 딸을 후비로 맞이하였을까. 이는 거란의 침입과 밀접한 관련이 있었다. 우선 거란의 침입에 대해 간단히 살펴보자.

거란은 원래 遼河 유역에 살던 유목민족으로 퉁구스와 몽고와의 혼혈 민족이었다. 이들은 여러 부족으로 흩어져 있었는데 耶律阿保機가 부족을 통합하여 916년에 契丹을 세웠다. 강성해진 거란은 물산이 풍부한 중원

---

27) 김창현은 현종의 후비 중 경상도 여인은 경주 출신 1인 뿐이라 하였다.(「고려 천추태후와 인예태후의 생애와 신앙」 『고려의 여성과 문화』, 신서원, 2007, 91쪽) 그러나 성종의 딸이었던 원화왕후 최씨도 경주 계열로 보아야 할 것이다.

진출의 꿈을 안고 926년에 배후에 있던 발해를 멸망시켰다. 태조의 뒤를 이은 太宗은 후진의 건국을 도운 대가로 연운 16주를 할양받고, 947년에는 국호를 遼로 바꾸었다. 960년에 후주에 이어 宋이 통일 왕조를 세움으로써 동아시아는 송-거란-고려의 삼각 구도가 성립되었다.[28]

거란과 고려의 외교 관계는 태조 5년(922)에 처음 성립되었다. 야율아보기가 고려에 낙타와 말을 보냈던 것이다. 아마도 고려에서는 이를 우호적으로 판단한 것 같다. 그러나 거란이 갑자기 발해를 멸망시키자 고려 태조 왕건은 거란을 적대시하였다. 942년에 거란이 다시 사절과 낙타를 보내오자 사신들은 섬으로 유배 보내고, 50필의 낙타는 만부교 아래에서 굶어죽게 방치하였다.[29]

거란은 이에 대해 불쾌한 감정을 갖게 되었고 영토 확장 정책을 계속하였다. 우선 거란은 압록강 여진과 정안국을 경략하여 여진과 송과의 통교를 끊어버림으로써 고려와 국경을 마주하는 상태가 되었다. 991년경에 거란은 송의 공격을 받았으나 오히려 송을 대파하였다. 자신감을 얻은 거란은 고려와 송과의 관계를 끊어 송을 고립시키고자 하였다. 이것이 993년(성종 12)에 일어난 거란의 1차 침입 배경이었다. 거란의 聖宗은 蕭遜寧[이름은 恒德]을 장수로 삼아 고려 침략을 단행하였다. 이에 고려 成宗은 侍中 朴良柔를 上軍使로 삼아 북계로 나아가게 하였고, 성종 자신도 서경으로 행차하였다. 거란군은 안융진 전투에서 강력한 저항을 받게 되자 전략을 바꾸어 싸움을 보류하고 고려에 군신의 항복을 요구해 왔다. 이에 조정에서는 항복론과 더불어 서경 이북을 떼어주자는 할지론까지 등장하였다. 그러자 徐熙는 이에 반대하였다. 당시의 상황을 보자.

---

28) 고려와 거란의 전반적인 관계에 대해서는 김재만, 『거란·고려 관계사 연구』, 국학자료원, 1999 ; 이미지, 『태평한 변방, 고려의 對거란 외교와 그 소산』, 경인문화사, 2018 참조.

29) 『高麗史』 권2 태조세가 25년 10월.

A. 이몽전이 돌아오자, 성종이 여러 신하들을 모아 이에 대해 의논하였다. 어떤 사람이 말하기를 왕[車駕]은 개경으로 환궁하고, 重臣으로 하여금 군사를 이끌고 항복을 간청하자고 하였다. 또 어떤 사람은 말하기를 서경 이북의 땅을 분할하여 그들에게 주고, 黃州에서 岊嶺까지를 국경[封疆]으로 구획하자고 하였다. 성종은 땅을 분할해 주자는 의견을 따르고자 하여 서경 창고의 쌀을 개방하여 백성들이 마음대로 가져가게 하였는데 여전히 남은 곡식이 많으니, 성종은 〈이것이〉적의 군량미로 사용될까 우려하여 대동강에 던져버리라고 명령하였다. 서희가 아뢰어 이르기를, "식량이 넉넉하면 성을 지킬 수 있으며, 전투에도 이길 수 있습니다. 전쟁에서의 승패는 강하고 약한 데 있는 것이 아니라, 적의 틈을 잘 살펴 움직여야 합니다. 어찌 갑자기 식량을 버리라고 하십니까? 하물며 식량은 백성의 생명이니, 차라리 적의 군량이 될지라도 헛되이 강에다 버리겠습니까? 그것은 하늘의 뜻에도 맞지 않을 것입니다."라고 하였다. 성종이 옳은 말이라 여기고 중지하였다. 서희가 또 아뢰며 이르기를, "거란의 東京으로부터 우리 安北府까지 수백 리 땅은 모두 生女眞이 살던 곳인데, 光宗이 그것을 빼앗아 嘉州·松城 등의 성을 쌓았습니다. 지금 거란이 왔으니, 그 뜻은 이 두 성을 차지하려는 것에 불과한데, 그들이 고구려의 옛 땅을 차지하겠다고 떠벌리는 것은 실제로 우리를 두려워하는 것입니다. 지금 그들의 군세가 강성한 것만을 보고 급히 서경 이북 땅을 떼어 그들에게 주는 것은 나쁜 계책입니다. 게다가 三角山 이북도 고구려의 옛 땅인데, 저들이 한없는 욕심[谿壑之慾]을 부려 요구하는 것이 끝이 없다면 〈우리 국토를〉 다 줄 수 있겠습니까? 하물며 땅을 떼어 적에게 주는 것은, 萬世의 치욕이오니, 원하옵건대 주상께서는 도성으로 돌아가시고, 신들에게 한 번 그들과 싸워보게 한 뒤에 다시 의논하는 것도 늦지 않습니다."라고 하였다.(『高麗史』 권94 徐熙傳)

여기서 보는 바와 같이 일부 관리들은 중신으로 하여금 군사를 이끌고 가 항복하는 것이 좋다 하였고 또 다른 이들은 서경 이북을 떼어주고 黃州에서 岊嶺까지를 국경으로 삼자고 하였다. 그러자 성종은 割地論을 따르고자 하여 창고의 곡식을 백성에게 나누어 주고 남은 것은 대동강에 버리려고 하였다. 서희는 이에 반대하면서 식량은 백성의 생명이니 이를 함부로 버리는 것은 하늘의 뜻을 저버리는 행위라 하였다. 그리고 한번 싸워보지도 않고 땅을 함부로 떼어주는 것은 만세의 치욕이라 반대하였다. 또 거란의 침입 목적은 가주나 송성의 두성을 차지하려는 것이지 고구려의 옛땅을 차지하겠다고 하는 것은 우리를 두려워하는 것이라 하였다.

서희가 적의 침입 목적을 간파하고 할지론에 반대한 것은 그가 동아시아의 정세를 잘 알고 있었기 때문이었다. 그는 이미 광종 23년에 宋나라에 사신으로 갔다 온 경험이 있었다. 그때 그의 행동이 절도 있고 예법에 적합했으므로 송 태조가 그에게 檢校兵部尙書란 관직을 주기까지 하였다.[30] 이 당시 그는 송에 가서 송의 내부사정과 영토 문제에 대해 듣고 보고 했을 것임에 틀림없다. 당시 송은 燕雲 16州 문제 때문에 골치를 앓고 있었다. 연운 16주는 唐末 五代 시기에 後晉을 세운 석경당이 자신이 황제에 오르는데 도움을 준 거란에게 떼어준 화북 지방의 땅이었다. 그러나 통일왕조를 이룩한 宋에 와서도 수복을 하지 못하고 있는 형편이었다. 이러한 상황을 잘 알고 있던 서희는 함부로 영토를 떼어 주는 것이 얼마나 어리석은 일인가를 알았기에 이를 '만세의 치욕'이라 표현하였던 것이다.

소손녕은 이몽전이 돌아간 뒤에도 오랫동안 회답이 없자, 마침내 安戎鎭을 공격하였다. 그리고 사람을 보내어 항복을 재촉하였다. 이에 성종은

---

30) 『高麗史』 권2 광종세가 23년조.

和通使로 閤門舍人 張瑩을 시켜 거란 진영에 가게 하였으나 대신이 아니라는 이유로 거절하였다. 그러자 서희가 자진하여 거란 군영으로 갔다. 그리고 소손녕과 담판을 시도하였다. 기록을 보자.

B. 서희가 國書를 받들고 소손녕의 군영에 갔다. …… 소손녕이 서희에게 말하기를, "너희 나라는 신라 땅에서 일어났고, 고구려 땅은 우리 소유인데, 너희들이 침범해 왔다. 그리고 우리와 국경을 접하고 있는데도 바다를 넘어 宋을 섬기기 때문에, 오늘의 출병이 있게 된 것이다. 만약 땅을 분할해 바치고 朝聘에 힘쓴다면, 무사할 수 있을 것이다."라고 하였다. 〈이에〉 서희가 말하기를, "그렇지 않다. 우리나라가 바로 고구려의 옛 땅이기 때문에, 국호를 高麗라 하고 平壤에 도읍하였다. 만일 국경 문제를 논한다면, 遼의 東京도 모조리 우리 땅에 있는데, 어찌 〈우리가〉 침범해 왔다고 말하는가? 게다가 鴨綠江 안팎 또한 우리 땅인데, 지금 女眞이 그 땅을 훔쳐 살면서 완악하고 교활하게 거짓말을 하면서 길을 막고 있으니, 〈遼로 가는 것은〉 바다를 건너는 것보다 더 어렵다. 조빙이 통하지 않는 것은 여진 때문이니, 만약 여진을 쫓아내고 우리의 옛 영토를 돌려주어 성과 보루를 쌓고 도로를 통하게 해준다면, 어찌 감히 조빙을 잘하지 않겠는가? 장군께서 만일 나의 말을 천자께 전달해 준다면, 어찌 〈천자께서〉 애절하게 여겨 받아들이지 않겠는가?"라고 하였다. 그 말투가 강개하여 소손녕도 강제할 수 없음을 알고, 마침내 그대로 보고하였다. 거란의 황제가 이르기를, "고려가 이미 강화를 요청해왔으니, 마땅히 군사 행동을 중지하라."라고 하였다. 소손녕이 잔치를 베풀고 〈노고를〉 위로하고자 하니, 서희가 말하기를, "본국이 비록 잘못한 일은 없다고 하더라도 요가 수고롭게 군대를 내어 멀리 오게 되었으니, 상하 모두가 당황하여 무기를 들은 채로 여러 날을 들판에서 지새웠으므로 어찌 차마

잔치를 열고 즐기겠는가?"라고 하였다. 소손녕이 말하기를, "두 나라
의 대신이 서로 만났는데, 어찌 歡好의 예가 없겠는가?"라고 하며
굳이 요청하자, 마침내 〈서희가〉 수락하고 즐겁게 놀다가 파하였다.
서희가 거란 진영에 7일을 머물고 돌아가니 소손녕이 낙타 10마리,
말 100필, 양 1000마리, 비단 500필을 선물로 주었다.(『高麗史』 권94
徐熙傳)

여기서 보는 것처럼 소손녕은 고려가 신라 땅에서 일어났는데 왜
자기들 소유인 고구려 영역을 침범하였는가 추궁하였다. 그러자 서희는
고려는 고구려를 계승한 국가라서 도읍도 평양에 하였다고 반박하였다.
그렇게 본다면 오히려 거란의 동경도 우리 땅에 있는 셈인데 어찌 침범했
다고 하는가 반박하였다. 또 거란과 통교하지 않은 것은 중간에 여진이
우리 영토를 점유하고 방해를 하기 때문이라 하였다. 수도를 평양에
정했다 한 것은 과장이나 소손녕은 역사에 문외한이었던 모양이다. 이에
설득을 당하여 강화 협상이 이루어졌고 고려가 거란의 正朔을 받드는
대신 여진을 몰아내고 압록강 동쪽의 강동 6주를 획득하였다.[31] 이른바
강동 6주는 흥화진·용주·철주·통주·곽주·귀주 등이었다. 고려에서는
이들 지역에 성을 쌓고 鴨江渡勾當使를 두어 거란의 來遠城과 마주하여
渡江 업무를 담당하게 하였다.[32] 이때 고려는 거란에 사절을 보내 성종과
의 혼인을 요청했고, 이에 거란측에서는 소손녕의 딸과 결혼할 것을
약속했다 한다. 그러나 이 혼사가 이루어지지는 않았다. 이것이 성종
12년(993)에 있었던 거란의 1차 침략이었다.

---

31) 당시 서희의 활약에 대해서는 고구려연구회, 『서희와 고려의 고구려 계승의식』,
1999 ; 신복룡·박현모 외, 『고려 실용외교의 중심, 서희』, 서해문집, 2010 참조.
32) 강동 6주에 대해서는 이정신, 「강동 6주와 윤관의 9성을 통해 본 고려의 대외정책」
『군사』 48, 2003 ; 『고려시대의 정치 변동과 대외 정책』, 경인문화사, 2004 참조.

이후 고려는 거란의 연호를 쓰고 사절을 교환하는 등 우호적인 관계를 지속했다. 그러나 한편으로는 송에 사신을 몰래 파견하여 원병을 요청하고, 거란을 협공하자는 제의를 하였다. 그러나 송이 이를 거절함으로써 더 이상의 진전은 보지 못하였다.

성종의 뒤를 이어 즉위한 穆宗 때에도 사절의 상호 교류를 통해 아무런 사단 없이 평화 관계가 계속되었다. 이 시기에 고려와 거란의 국경 지대인 保州[지금의 義州]에는 権場도 설치되었다. 각장은 互市의 일종으로 양국 간의 특산물을 교환하고 구매하는 장소였다. 이 각장은 목종 8년(1005)에 설치되어 경제 교류의 활성화에 기여하였으나, 거란이 다시 침략해 오는 1010년에는 폐지되었다.

거란은 고려의 송에 대한 비밀 외교에 불만을 갖고 있었고 강동 6주에 대한 탈환을 계획하고 있었다. 그러던 중 거란 내부에서는 27년 간 섭정하였던 蕭太后가 죽고 聖宗이 친정을 하게 되면서 강력한 대외팽창 정책을 실시하였다. 그런 상황에서 고려에서는 康兆의 정변이 일어났다. 목종의 어머니 천추태후가 김치양과 사통해서 낳은 아들을 왕위에 앉히려 하자 서북면도순검사 강조가 군사를 몰고 와 목종을 폐위했다가 시해하고 현종을 옹립하였던 것이다.

顯宗은 즉위 직후 사신을 파견하여 목종의 서거와 자신의 즉위 사실을 알리고 소태후의 생일을 축하하는 사절을 보내기도 하였다. 거란과의 평화를 지속하기 위함이었다. 그러나 거란 聖宗은 강조의 죄를 묻는다는 명분으로 다시 고려를 침략하였다. 현종 원년(1010)에 성종은 친히 40만 대군을 이끌고 쳐들어왔다. 그러나 興化鎭을 지키던 순검사 楊規의 강력한 저항을 받고 이를 방치한 채 通州로 남진하여 강조의 30만 군과 대적하였다. 여기에서 강조는 거란에게 패하여 포로가 되었다가 살해당하였다. 다음 기록을 보자.

C. (현종 원년 11월) 거란의 군주가 친히 기병과 보병 40만을 거느리고 義軍天兵이라 부르면서 압록강을 건너 興化鎭을 포위하였다. 康兆가 병력을 이끌고 通州城 남녘으로 나가서 전군을 나누어 세 부대로 삼아 (거란군과) 강을 사이에 두고 진을 쳤다. 하나는 통주 서방에 군영을 갖추게 하였는데 강조는 세 갈래의 물이 모여드는 곳에 의거하여 지키고 있었다. 또 하나는 통주와 가까운 산에 군영을 갖추었고, 다른 하나는 통주성에 부속시켜 군영을 갖추었다. 강조가 劍車를 진에 배치하여 거란병이 들어오면 검차들이 합공하니 초목이 쓰러지듯 엎어지지 않는 적병이 없었다. 거란병이 여러 번 퇴각하자 강조는 마침내 적을 경시하는 마음이 생겨 다른 사람과 바둑을 두었다. 거란의 선봉 耶律盆奴가 詳穩, 耶律敵魯를 거느리고 삼수의 방어선[三水砦]을 격파하였다. 鎭主가 거란병이 이르렀음을 보고했으나 강조는 곧이듣지 않고 말하기를, "입안의 음식처럼 적으면 입맛에 맞지 않으니 많이 들어오게 하라"라고 하였다. 또 다시 보고하기를, "거란병이 이미 많이 들어왔습니다"라고 하였다. 강조가 놀라 일어나면서 "정말이냐?"라고 하는데 아찔하더니 그 뒤에 목종이 나타나서 꾸짖기를 "네 놈도 끝장이구나. 어찌 천벌을 피할 수 있겠느냐?"라고 하는 것 같았다. 강조는 즉시 투구를 벗고 무릎을 꿇고 말하기를, "사죄드립니다. 사죄드립니다."라고 하였는데 말이 채 끝나기도 전에 거란병이 들이닥쳐 강조를 결박하여 氈[모포]으로 싸서 메고 갔으며, 李鉉雲도 포로가 되었다. 거란의 君主가 강조의 포박을 풀어주고 묻기를 "너는 나의 신하가 되겠느냐?"라고 하니 대답하기를 "나는 고려 사람인데 어찌 다시 너의 신하가 되겠느냐"라고 하였다. 또다시 물어도 그 대답이 처음과 같았고, 또 칼로 살을 베어 내면서 물어도 대답은 역시 처음과 같았다. (거란주가) 이현운에게 물으니 답하기를 "두 눈으로 이미 새 일월을 우러러보았으니[兩眼已瞻新日月], 한 마음으로

어찌 옛 산천을 생각하겠습니까—心何憶舊山川"라고 하니 강조가
분노하여 이현운을 걷어차면서 "너는 고려 사람인데 어째서 이런
말을 하느냐?"라고 하였다. 거란이 드디어 강조를 죽였다.(『高麗史』
권127 康兆傳)

여기서 보는 바와 같이 강조는 처음 거란과의 전투에서 승리하자
자만심에 빠져 방심하고 있었다. 그리하여 거란이 재차 쳐들어오자 방어
의 시기를 놓치고 포로가 되고 말았다. 그러나 그는 끝까지 고려 장수로서
의 긍지와 자존심을 지키려다 죽었음을 알 수 있다.

현종 2년(1011) 거란 성종은 다시 남진하여 개경까지 함락하였다.
이에 고려 현종은 나주까지 피신하였다. 그러나 楊規, 金叔興 등의 활약으
로 거란은 막대한 타격을 입었다. 다음 자료를 보자.

D. 이듬해에 契丹 임금이 개경으로 침입하여 궁궐을 불사르고 퇴각하였
  다. 龜州別將 金叔興이 中郎將 保良과 함께 거란군을 습격하여 10,000여
  명을 베었다. 楊規는 거란군을 無老代에서 습격하여 2,000여 급을
  베었으며, 포로가 되었던 남녀 3,000여 명을 되찾았다. 다시 梨樹에서
  전투를 벌이고 추격하여 石嶺까지 가서 2,500여 명을 베었고, 포로가
  되었던 1,000여 명을 되찾았다. 3일 후에는 다시 余里站에서 싸워
  1,000여 명을 베었고, 포로가 되었던 1,000여 명을 되찾았다. 이 날
  세 번 싸워 모두 이겼고, 다시 그들 선봉을 艾田에서 맞아 싸워 1,000여
  명을 베었다. 얼마 뒤에 거란 임금의 대군이 갑자기 진군해오자
  楊規와 金叔興이 종일 힘써 싸웠지만, 병사들이 죽고 화살도 다 떨어져
  모두 진중에서 전사하였다. 거란군은 여러 장수들의 鈔擊을 받았고,
  또 큰 비로 인하여 말과 낙타가 쇠잔해졌으며, 갑옷과 무기를 잃어버
  려 鴨綠江을 건너 퇴각하였다. 鄭成이 그들을 추격하여 적군이 강을

반쯤 건널 때 후미에서 공격하니, 거란 군사들이 물에 빠져 죽은 자들이 심히 많았다. 항복했던 여러 성을 모두 수복하였다. 양규는 고립된 군사들과 한 달 동안 모두 일곱 번 싸워 죽인 적군이 매우 많았고, 포로가 되었던 30,000여 명을 되찾았으며, 노획한 낙타·말·병장기는 이루 다 헤아릴 수 없었다.(『高麗史』 권94 楊規傳)

여기서 보는 바와 같이 귀주별장이었던 김숙흥이 거란군을 습격하여 1만여 명을 죽였고 양규는 각지의 전투에서 승리하여 6,500여 명 이상의 거란군을 죽였다. 뿐만 아니라 5,000여 명 이상의 아군 포로를 되찾아오는 활약을 벌였다. 그들은 결국 전투에서 장렬하게 전사했지만 그 덕분에 거란은 물러가게 되었다. 이에 거란은 현종의 친조를 조건으로 고려 측의 정전 제의를 받아들였다. 병참선이 차단되어 고립될 것이 두려웠기 때문이었다. 이것이 현종 원년(1010)에 있었던 거란의 2차 침략이었다.

이후 고려는 사신을 거란에 파견하여 평화체제를 구축하려 했지만 국왕의 친조에 대해서는 미온적이었다. 한편으로 거란의 재침에도 대비하였다. 개경의 송악성을 중수하고 서경의 皇城도 새로 쌓았다.[33] 兵部尙書 庾方을 參知政事·西京留守·兼西北面行營都兵馬使로 삼아 서북면 방어를 책임지게 하였다.[34] 1012년에 고려가 국왕의 친조 거부를 공식 선언하자, 거란은 강동 6주의 탈환을 위해 1014년, 군사행동에 들어갔다. 蕭敵烈을 보내 통주와 흥화진을 공격하였다. 이것이 실패하자 1015년과 1017년에도 고려의 국경을 침략해 왔다. 그러나 번번이 별 소득 없이 돌아갔다.

그러자 거란은 현종 9년(1018)에 대규모의 침입을 시도하였다. 국왕의 친조뿐 아니라 강동 6주의 반환도 침략의 주요 목적이었다. 蕭排押이 10만 군사를 이끌고 침략해오자 고려는 姜邯贊을 상원수로 삼아 맞서게

---

33) 『高麗史』 권4 현종세가 2년 8월조.
34) 『高麗史』 권4 현종세가 2년 10월조.

하였다. 당시 강감찬의 활약에 대해서는 다음 자료가 참고된다.

E. 契丹의 蕭遜寧이 침입하니, 병사가 100,000명이라 하였다. 당시 姜邯贊은 西北面行營都統使가 되었는데, 왕은 그를 上元帥로 임명하였고 대장군 姜民瞻을 副元帥로 하였으며, 內史舍人 朴從儉과 兵部郎中 柳參을 判官으로 삼아 군사 208,300명을 거느리고 寧州에 주둔하게 하였다. 興化鎭에 이르러 기병 12,000명을 뽑아 산골짜기에 매복시킨 후에, 큰 동아줄을 소가죽에 꿰어서 성 동쪽의 큰 냇물을 막고 그들을 기다렸다. 적들이 오자 막아 놓았던 물줄기를 터놓고 복병을 돌격시켜 크게 패배시켰다. 소손녕이 군사를 이끌고 바로 개경으로 진격하자, 강민첨은 慈州의 來口山까지 쫓아가서 다시 크게 패배시켰다. 侍郎 趙元은 또 馬灘에서 공격하여 목 벤 것이 10,000여 級이었다.

이듬해 정월, 강감찬은 거란군이 개경 가까이 오자 兵馬判官 金宗鉉으로 하여금 병사 10,000명을 거느려 급히 〈개경으로〉 들어가 수비하게 하고, 東北面兵馬使 역시 군사 3,300명을 원군으로 보냈다. 이에 거란이 군사를 돌려서 漣州·渭州에 이르자, 강감찬 등이 기습하여 500여 급을 목 베었다. 2월에는 거란군이 龜州를 통과하자 강감찬 등이 동쪽 교외에서 맞아 싸우니, 양쪽 군사들이 서로 대치하며 승패를 결정짓지 못하였다. 김종현이 군사를 인솔해 그곳에 이르니, 갑자기 비바람이 남쪽에서 불어와서 깃발이 북쪽을 가리켰다. 아군이 그 기세를 타고 용기백배하여 격렬히 공격하니, 거란 군사들이 북으로 도망치기 시작하였다. 아군이 그들을 추격하여 石川을 건너 盤嶺에 이르렀는데, 시체가 들을 덮었고 사로잡은 포로, 노획한 말과 낙타, 갑옷, 병장기를 다 셀 수 없을 지경이었다. 살아서 돌아간 자가 겨우 수천 명이었으니, 거란의 패배가 이토록 심한 적은 없었다. 거란의 왕이 패전 소식을 듣고 대노하여, 사자를 소손녕에게 보내어 말하기를, "네가 적을 얕잡아보고 적국 깊이 들어가 이런 지경이 되었으니, 무슨 면목으로 나를 보려는가? 짐은 너의 얼굴 가죽을 벗기고, 그런 후에 죽일 것이다."라고 하였다.(『高麗史』권94 姜邯贊傳)

여기서 10만 군사를 거느리고 침략한 것은 소손녕이 아니고 蕭排押이었다. 기록의 오류일 것이다.[35] 강감찬은 이때 상원수가 되어 먼저 흥화진에서 수공작전을 펼쳐 이들을 패퇴시켰다. 그러나 소배압은 고려 군사의 공격을 받아 패배를 거듭하면서도 개경 가까이까지 진격해 왔다. 그러나 개경 일대의 경비가 철통같고 계속되는 패전에 사기를 잃은 거란군은 철수를 결정하였다. 퇴각하는 도중 龜州에서 강감찬의 공격을 받아 대패하였다. 기록에서 보는 바와 같이 살아서 돌아간 자들이 겨우 수천 명에 불과하였다 한다. 이를 '龜州大捷'이라 한다.[36] 이것이 현종 9년(1018)에 있었던 거란의 3차 침략이었다.

2) 거란의 2차 침입과 김은부

이처럼 현종 대에는 거란의 침략을 두 번이나 겪게 되었다.[37] 그런데 현종이 김은부의 세 딸을 맞이하게 된 것은 현종 원년 거란의 2차 침입과 밀접한 관련이 있었다. 이에는 다음 기록이 참고된다.

F-① 金殷傅는 水州 安山縣 사람이니 성품이 부지런하고 검박하였다. 成宗 때에 甄官丞으로 임명되었다가 穆宗 때에 御廚使가 되었고 顯宗

---

35) 『遼史』에는 蕭排押으로 기록되어 있기 때문이다.
36) 3차에 걸친 고려와 거란과의 자세한 전쟁 과정에 대해서는 안주섭, 『고려 거란 전쟁』, 경인문화사, 2003 참조.
37) 구산우, 「고려 현종대의 대거란전쟁과 그 정치·외교적 성격」, 『역사와 경계』 74, 2010 참조.

초년에 公州節度使가 되었다. 왕이 거란군의 침공으로 인하여 남쪽으로 피난가던 도중 공주에서 머물렀더니 김은부가 예의를 갖추고 교외까지 마중 나와 말하기를 "聖上께서 험한 산천을 지나시며 찬서리 눈바람을 무릅쓰고 이곳까지 오실 줄이야 어찌 뜻하였으리까?"라는 위로의 인사를 드리고 옷과 허리띠, 지방 특산물을 바쳤다. 왕이 드디어 옷을 갈아입고 호종 관리들에게 물건을 나누어 주었다. 왕이 巴山驛에 이르니 역의 아전들이 모두 도망가고 식사조차 드리지 못하게 되었는데 김은부가 또 반찬을 장만하여 조석으로 왕에게 식사를 바쳤다. 그 후 거란군이 철수하고 왕이 國都로 돌아오는 길에 또다시 공주에서 유숙하였는데 김은부가 맏딸을 시켜 왕의 의복을 지어 바쳤다. 이것이 인연으로 되어 그의 딸이 궁으로 들어가게 되었으니 그가 바로 元成王后이다. 元惠, 元平 두 왕후도 역시 그의 딸이었다. (『高麗史』권94 김은부전)

② 元成太后 金氏는 安山 사람이니 侍中 金殷傅의 딸이다. 德宗, 靖宗, 仁平王后, 景肅公主를 낳았다. 처음에 현종이 남녘으로 피난갔다가 거란 침략군이 퇴각한 후 돌아오는 도중에 公州에 이르렀을 때 김은부는 節度使로 있었다. 김은부가 그의 딸을 시켜 왕의 의복을 지어 드리게 하였더니 이로 인하여 그를 맞아들여 延慶院主라고 불렀다. 그가 현종 9년 7월에 靖宗을 낳으니 왕이 연경원을 연경궁으로 고치고 사절을 보내 예물을 주었다. 현종 13년 9월에 김은부에게 推忠守節昌國功臣 開府儀同三司 守司空 上柱國 安山郡 開國侯 食邑一千戶를 주었으며 죽은 모친에게는 安山郡 大夫人을 추증하였다. 또 이내 后를 왕비로 책봉하였다. 靖宗 15년에는 또 조부 金肯弼에게 尙書右僕射 上柱國 安山縣開國侯 食邑一千五百戶를 추증하였으며 죽은 조모에게 安山郡 大夫人을 추증하였다. 외조부 李許謙에게 尙書右僕射 上柱國 邵城縣開國侯 食邑一千五百戶를 주었다. 정종 18년 9월에 왕후가 살던 옛집의

택호를 長慶宮이라고 하였다. 그가 정종 19년(1028) 7월에 죽으니 시호를 원성왕후라고 하였으며 明陵에 매장하였고 현종의 사당에 祔祀하였다. 덕종이 왕위에 오르자 왕태후로 추존하고 후에 容懿恭惠라는 시호를 추가하였다. 문종 10년 10월에 英穆이라는 시호를 주고 후에 또 良德信節順聖이라는 시호를 추가하였다. 인종 18년 4월에는 慈聖이라는 시호를, 고종 10년 10월에는 廣宣이라는 시호를 추가하였다.(『高麗史』 권88 후비전1 현종 원성왕후 김씨조)

여기서 보는 것처럼 현종이 거란의 2차 침략을 받아 남쪽으로 피난갈 때와 돌아올 때 잘 보필한 대가로 그의 딸이 후비가 되었음을 알 수 있다. 현종은 원래 목종의 옹립으로 왕이 되었다 할 수 있으나 그 과정에서 康兆의 도움도 많이 받았다. 그러자 앞서 본 것처럼 거란은 강조의 정변과 목종 시해의 책임을 묻는다는 구실로 침략을 하여 왔다. 현종은 강조로 하여금 이를 막게 하였으나 패하자 이듬해인 현종 2년(1011) 남쪽으로 피난을 가게 되었다. 현종이 피난간 목적지는 전라도 羅州였다. 현종은 개경을 출발하여 楊州→ 廣州→ 鼻腦驛→ 蛇山縣[충남 직산]→ 參禮驛[전북 삼례]→ 長谷驛→ 仁義驛[전북 태인]→ 水多驛을 거쳐 蘆嶺을 넘어 羅州로 들어갔다.[38] 이 과정에서 현종은 많은 고초를 겪었다. 경기도 광주에 있을 때 講和를 청하러 간 사신 하공진 일행이 거란 병영에 구금되었다는 말을 듣고 侍郞 忠肅, 張延祐, 蔡忠順, 周佇, 柳宗, 金應仁 등을 제외한 여러 신하들이 놀라고 겁이 나서 왕을 버리고 뿔뿔이 도망하는 사태가 벌어졌다.[39]

장곡역에 유숙할 때에는 전주절도사 조용겸 무리의 공격을 받기도 하였다. 당시의 상황을 기록을 통해 보자.

---

38) 『高麗史』 권4 현종세가 원년 및 2년 및 권94 智蔡文傳.
39) 『高麗史』 권4 현종세가 2년 정월조.

G. 參禮驛에 이르니 全州節度使 趙容謙이 평복을 입고 왕의 행차를 맞았다. 朴暹이 말하기를 "전주는 百濟의 옛 땅일 뿐만 아니라 聖祖께서도 역시 이를 미워하셨으니 청컨대 전하께서는 이곳에 행차하지 마십시오."라고 하였다. 왕이 "그렇다" 하고 長谷驛에서 유숙하였는데 조용겸이 왕을 그곳에 머물게 하고 왕을 끼고 호령하려는 야심을 품었다. 이에 轉運使 李載와 巡檢使 崔楫, 殿中少監 柳僧虔 등과 공모하고 갓에다 흰 깃발을 표식으로 꽂고 북을 치고 함성을 지르면서 다가왔다. 지채문이 사람을 시켜 문을 닫고 단단히 지키니 적들이 감히 들어오지 못하였다. 왕과 왕후는 말을 탄 채로 驛의 廳舍에 있었고 지채문은 지붕으로 올라가서 묻기를 "너희들이 왜 이러느냐? 유승건이 거기 있느냐?"고 외치니 적들이 "왔다"고 대답하였다. 계속하여 "너는 누구냐?"고 다시 물으니 적도 "너야말로 누구냐?"고 반문하는 것을 지채문이 다른 음성으로 꾸며서 대답하였으나 적이 알아차리고 "智將軍이구나."라고 지껄였다. 지채문이 그의 음성을 듣더니 "너는 親從馬 韓兆로구나!"하고 지목한 다음에 이어 왕의 명령으로 유승건을 불렀다. 유승건이 말하기를 "그대가 나오기 전에는 내가 들어갈 수 없다"고 대답하므로 지채문이 문 밖으로 나가 유승건을 데리고 왕의 앞으로 갔다. 유승건이 울면서 말하기를 "오늘의 일은 조용겸이 꾸민 것이요, 저는 알지 못합니다. 청컨대 왕명을 받들고 조용겸을 불러오겠습니다"라고 하므로 왕이 이를 허락하였다. 유승건이 밖으로 나가서 그만 도망쳤다. 왕이 양협을 시켜 조용겸과 이재를 불렀는데 그가 오자 장병들이 모두 죽이려 하는 것을 지채문이 소리쳐서 제지하고 그 두 사람을 시켜 대명왕후가 탄 말을 몰고 가게 하다가 얼마 후에 전주로 돌려보냈다.(『高麗史』 권94 智蔡文傳)

여기서 보는 바와 같이 전라도 三禮驛[현재의 전북 완주군 삼례읍]에 이르자 전주절도사 趙容謙이 전주에 들를 것을 청하였다. 그러자 곁에 있던 朴暹이 만류하면서 말하였다. "전주는 백제의 옛 땅이라 聖祖께서도 역시 이를 미워했습니다. 그러하니 청컨대 왕께서는 이 곳에 행차하지 마십시오." 여기서 성조는 태조 왕건을 말하고 백제는 후백제를 말하는 것이다. 전주는 후삼국 시대에 후백제의 수도로 끝까지 고려에 항거한 지역이었다. 때문에 박섬의 말은 일리가 있는 것이었다. 그러자 현종은 이 말에 따라 전주로 가지 않고 長谷驛에 유숙하였다. 이에 앙심을 품은 조용겸은 무리들을 모아 왕의 행궁을 습격하였던 것이다.

이러한 고초를 겪으면서 현종이 공주에 도착하였다. 현종은 웅진 나루를 건너 공주로 들어왔다. 당시 상황을 다음 자료에서도 엿볼 수 있다.

> H. 熊津渡는 州의 서쪽 7리에 있으며 적등진의 하류이다. 고려 현종이 거란을 피하여 남쪽으로 달아나니 절도사 金殷傅 등이 이 나루에서 맞았다. 현종이 시를 짓기를 "일찍이 남쪽 땅에 공주가 있다고 들었더니 仙境이 玲瓏하여 길이 있었구나. 이러한 마음 즐거운 곳에 이르러, 群臣과 함께 모여 일천 시름 놓아본다." 하였다. 宋史에 이르기를 "거란이 강조를 잡아 죽이니 王詢이 平州로 달아났다." 한 것이 바로 이것이다.(『新增東國輿地勝覽』권17 충청도 공주목 산천조)

김은부가 웅진 나루에서 현종을 맞이하자 현종은 시를 읊어 잠시 시름을 잊었던 것이다. 여기서 『宋史』에 현종이 피난간 곳을 平州라 하였으나 이는 羅州의 誤記이다. 한편 현종이 공주에 들어오자 김은부는 정성을 다하여 새로운 옷과 허리띠, 그리고 지역 특산물을 바쳤다. 巴山驛에 이르렀을 때도 고을 아전들이 다 도망하여 식사를 하지 못하게 되자 김은부가 나서 식사 준비를 하여 들게 하였다.

돌아올 때에도 현종은 공주에 들렀다. 나주를 출발한 현종은 伏龍驛→

古阜郡→ 金溝縣→ 全州→ 礪陽縣[충남 여산]을 거쳐 공주에 오게 되었다. 현종은 편안한 마음으로 公州에서 6일 동안이나 머물렀다.[40] 이때에 김은부가 그의 맏딸을 시켜 御衣를 새로 지어 바쳤다. 이후 현종은 淸州를 거쳐 개경으로 돌아왔다. 그러나 현종은 김은부의 배려에 대한 보답으로 그 맏딸을 아내로 맞이하였으니 그가 바로 원성왕후 김씨였다. 그 후 2명의 딸을 더 후비로 들이었다.

그렇다면 현종이 김은부의 세 딸을 후비로 맞은 것이 오로지 피난시의 厚意 때문이었을까. 우리는 여기서 당시 김은부의 직책이 公州節度使였다는 점에 주목할 필요가 있다.

원래 절도사는 중국에 있었던 관직명이다. 중국의 삼국시대에 吳나라의 孫權이 군량의 운반과 총괄을 담당하는 관으로써 설치한 것이 그 시초이다. 그 후 唐나라 睿宗 때인 685년 변경에 설치하였으며 얼마 안가 전국의 道와 몇 개의 州에 이 관직을 설치하였는데 일명 藩鎭이라고도 하였다. 절도사는 그 휘하에 節度副使·行軍司馬·判官 등의 僚屬을 두고 관내의 軍政과 民政을 총괄하였다. 그러나 宋代에 이르러 虛官이 되었고 元代에 폐지되었다.[41] 결국 당나라 때의 절도사는 군정과 민정을 총괄하고 있어 지방의 실질적인 지배자였다. 이를 이용해 당말에 安祿山·史思明이 반란을 일으킨 것은 다 아는 사실이다.

한국에서는 羅末麗初인 신라 경명왕 8년(924) 康州[현 경남 진주]의 세력가였던 王逢規가 泉州節度使를 칭한 예가 있지만[42] 이것이 공식적인 지방관명으로 채택된 것은 고려 성종 14년(995)이었다. 이때 전국을 10도로 나누고 12개 지역에 절도사를 설치하였다. 구체적인 지역을 보면 關內道의 楊州·海州·廣州·黃州에 각각 左神策軍·右神策軍·奉國軍·天德軍節

---

40) 『高麗史』 권4 현종세가 2년 2월조.
41) 日中民族科學硏究所 編, 『中國歷代職官辭典』, 國書刊行會, 1980, 203쪽.
42) 『三國史記』 권12 신라본기 경명왕 8년 정월조.

度使를, 中原道의 忠州·淸州에 昌化軍·全節軍節度使를, 河南道의 公州에 安節軍節度使, 江南道의 全州에 順義軍節度使, 嶺南道의 尙州에 歸德軍節度使, 山南道의 晉州에 定海軍節度使, 海陽道의 羅州·昇州에 鎭海軍·兗海州節度使를 두었다.[43]

성종 14년에는 이외에도 전국의 여러 州에 都團練使·團練使·防禦使·刺史 등의 외관도 파견되었다. 그러나 이들은 목종 8년 폐지되고[44] 절도사만 남게 되었다. 이들 절도사는 당의 그것과 마찬가지로 군정과 민정을 총괄한 것 같다. 그것은 성종 14년의 외관 파견이 성종 12년 거란의 침입 이후 전국을 군사적인 편제로 구성하기 위한 것이었기 때문이다.[45]

또 앞서 본 바와 같이 전주절도사였던 조용겸이 자신의 군사를 동원하여 현종의 행궁을 습격하고 있는 예에서도 알 수 있다. 사료 G에서 보듯이 轉運使 李載와 巡檢使 崔楫, 殿中少監 柳僧虔 등이 조용겸에게 합세한 것도 조용겸의 위세에 따른 결과였다고 생각한다. 또 조용겸이 무리들을 동원한 목적은 "왕을 전주에 머물게 하고 왕을 끼고 호령하려는 야심을 품었기" 때문이었다. 만약 그렇지 않고 왕을 시해하고 정권을 잡을 목적이었다면 더 많은 군사를 동원했을 것이다.

따라서 공주절도사였던 김은부도 나름의 군사력을 가지고 있었고 이를 이용하고자 현종이 김은부의 딸과 결혼했다고도 볼 수 있다. 그러나 나주에서 개경으로 다시 돌아온 현종은 자신의 행궁을 범한 조용겸을 귀양보내고[46] 절도사제를 폐지하였다. 절도사의 병권에 대한 우려 때문이었다. 현종 3년 정월에 절도사제를 폐지하고[47] 5都護 75道 安撫使제를

---

43) 『高麗史』 권56·57·56 지리지1·2·3 해당 지역조.
44) 『高麗史』 권77 백관지2 외직조.
45) 김갑동, 『나말려초의 호족과 사회변동 연구』, 고려대학교 민족문화연구원, 1990, 170~171쪽.
46) 『高麗史』 권4 현종세가 2년 8월조.
47) 『高麗史』 권56 지리지 서문에는 이것이 '顯宗初'라고 기술되어 있으나 절도사가

실시하였던 것이다.[48]

김은부는 成宗 때에 甄官丞(종6품~정9품)이라는 낮은 관직에 있었고 穆宗 때에는 御廚使로 있었다.[49] 어주사라는 관직이 정확히 어떤 일을 관장했는지 알 수 없으나 그 명칭으로 보건대 왕이 드시는 음식을 관장한 직책으로 생각된다. 왕의 측근에 있었음에 틀림없다. 경종 원년 御廚의 일을 맡았던 韋壽餘가 近臣이라 표현되어 있는 예에서 알 수 있다.[50] 따라서 그는 목종의 뜻을 받들어 현종을 옹립할 때 일정한 역할을 했을 것으로 추측된다. 이 공으로 그는 공주절도사에 임명된 것으로 보인다.

공주절도사로 있을 때 현종을 도와준 대가로 그 딸이 후비가 되어 그도 출세가도를 달리게 되었다. 개경으로 돌아온 직후 현종은 그를 중앙으로 불러 刑部侍郎(정4품)에 임명하였다. 그리고 그해 11월 현종은 거란 임금의 생일을 축하하기 위한 사절로 그를 거란에 파견하였다.[51] 그러나 돌아오는 도중 來遠城에서 거란의 사주를 받은 여진에게 붙잡혀 갔다 몇 년 후에 돌아왔다.[52] 거란과의 관계가 아주 중요한 시점에 그를 사신으로 파견한 것은 현종에 대한 충성심과 더불어 그의 해박한 군사지식 이나 국제정세 때문이 아니었나 한다. 그것은 현종 6년 5월 그가 知中樞事 (종2품)에 임명된 점에서도 알 수 있다.[53] 지중추사가 속한 中樞院은 왕명출납과 더불어 왕을 호위하는 宿衛 업무, 그리고 군사상의 중요 업무인 軍機 업무를 맡아 보았다.[54] 이로 미루어 지중추사는 왕의 신임과

설치되었던 각 지역의 항목을 보면 그것이 현종 3년이었음을 확인할 수 있다.
48) 『高麗史節要』 권3 현종 3년 정월조.
49) 『高麗史』 권94 김은부전 및 『高麗史節要』 권3 현종 2년 11월조.
50) 『高麗史節要』 권2 경종 원년 11월조.
51) 『高麗史』 권4 현종세가 2년 11월조
52) 『高麗史』 권94 김은부전.
53) 『高麗史』 권4 현종세가 6년 5월조.
54) 『高麗史』 권76 백관지1 密直司조

군사에 정통한 사람이 맡을 수 있는 관직이었던 것이다. 현종 7년에는 戶部尙書(정3품)가 되었으며[55] 그해 6월에는 中樞使(종2품) 上護軍이 되었다.[56] 그러다가 그는 현종 8년(1017) 4월에 죽었다.

그러나 김은부 가문의 영화는 당대에 끝나지 않았다. 그의 외손자가 계속 왕위를 계승했기 때문이다. 즉 김은부의 딸 원성태후 김씨와 현종 사이에서 낳은 아들이 현종의 뒤를 이어 德宗과 靖宗이 되었다.[57] 또 원혜태후 김씨의 아들이 정종의 뒤를 이어 文宗이 되었던 것이다.[58] 그들은 또 근친혼을 통하여 더욱 공고해진 세력을 과시하였다. 덕종은 제3비로 孝思王后 金氏를 맞이하였는데 그녀는 현종과 원혜왕후 김씨와의 사이에서 태어난 인물이었다.[59] 따라서 이는 배다른 남매간의 결혼이었다. 문종은 또 제1비로 현종과 원성태후 김씨와의 사이에서 낳은 인평왕후 金氏를 맞이하였다.[60] 이 역시 이복 남매 간의 결혼이었다. 順宗도 김은부의 후손과 결혼하였다. 즉 제1비인 貞懿王后 王氏가 平壤公 基의 딸이었는데[61] 평양공 기는 현종과 김은부의 딸 원혜왕후 사이에서 낳은 아들이었다.[62] 순종은 문종의 아들로 김은부에게는 외증손자였고 인평왕후 역시 외손녀였으니 이 또한 사촌 남매간의 혼인이었다. 순종의 뒤를 이은 宣宗과 肅宗도 문종의 아들이었으니 따지고 보면 김은부의 외종손자들이었다. 김은부에게는 아들도 있었는데 큰아들은 金忠贊으로 中樞使 兵部尙書를 지냈으며 작은 아들은 출가하여 景德國師가 되었다.[63]

---

55)『高麗史』권4 현종세가 7년 정월조.
56)『高麗史』권4 현종세가 7년 6월조.
57)『高麗史』권88 후비전1 현종 원성태후조.
58)『高麗史』권88 후비전1 현종 원혜태후조.
59)『高麗史』권88 후비전1 현종 원혜왕후 김씨 및 권91 종실2 공주 현종 효사왕후조.
60)『高麗史』권88 후비전1 문종 인평왕후 김씨조.
61)『高麗史』권88 후비전1 순종 정의왕후 왕씨조.
62)『高麗史』권91 종실1 공주 현종 원혜왕후 김씨조.
63) 김용선 편,「金爛圓墓誌銘」『역주 고려묘지명집성(상)』, 한림대출판부, 2001,

이 같은 현황을 표로 나타내보면 다음과 같다.

<표 2> 김은부 후손의 혼인계통도

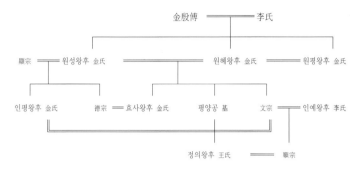

한편 이러한 김은부의 등장은 고려 사회의 전개에 있어 나름대로의 의미를 갖고 있었다. 그것은 태조 왕건과는 전혀 관계가 없는 새로운 외척 세력의 등장이었다. 목종 대까지만 해도 태조 왕건의 후비 가문이 근친혼을 통해 세력을 잡고 있었다. 특히 光宗 代부터 穆宗 代까지 서경 세력인 黃州 皇甫氏 계열이 정계를 좌우하였다.[64] 그러나 이제는 고려의 통일이나 왕건과는 전혀 관련이 없는 김은부의 安山 金氏가 새로운 외척으로 등장하여 일시적으로나마 세력을 떨칠 수 있었다.

요컨대 현종은 13명의 후비 중 3명을 김은부의 딸로 맞이하였다. 그것은 현종이 거란의 2차 침입을 피해 나주로 가고 올 때 김은부가 도와준 대가였다. 또 공주절도사로 병권을 가지고 있었던 김은부의 군사력에 의지하고자 한 측면도 있었다. 이 때문에 개경으로 돌아온 후 김은부를 개경으로 불러들이고 절도사제는 폐지하였다. 개경으로 돌아온 김은부는 형부시랑으로 거란에 사신으로 가기도 했으나 여진에게 붙잡혀 몇 년간

24쪽.
64) 김갑동, 「千秋太后의 실체와 西京勢力」 『역사학연구』 38, 2010 참조.

고초를 겪기도 하였다. 그러나 中樞使(종2품)의 지위에까지 올랐다. 한편 그 가문의 세력은 적어도 문종 대까지는 지속되었다. 그의 외손자들이 현종의 뒤를 이어 德宗, 靖宗, 文宗으로 왕위에 올랐기 때문이다. 그들은 또 근친혼으로 세력의 결집을 꾀하기도 하였다. 이는 태조 왕건과는 아무 관계가 없는 새로운 외척 세력의 등장이라는 의미를 갖고 있었다.

4. 김은부와 인주 이씨

현종과 김은부와의 밀착은 고려 사회에 또 다른 변화를 가져왔다. 그것은 김은부와 함께 부상한 仁州 李氏 가문의 등장이었다. 김은부의 부인이 바로 仁州 李氏로 李許謙의 딸이었던 것이다. 다음 기록을 보자.

I- ① 김은부는 水州 安山縣 사람이니 성품이 부지런하고 검박하였다. 成宗 때에 甄官丞으로 임명되었다가 穆宗 때에 御廚使가 되었고 顯宗 초년에 公州節度使가 되었다. …… 현종 8년(1017)에 죽었는데 왕후들의 부친이라 하여 推忠守節昌國功臣 開府儀同三司 守司空 上柱國 安山郡開國侯 食邑一千戶를 주었으며 그의 妻는 安山郡大夫人을 봉하고 또 그의 아버지에게는 尙書左僕射 上柱國 安山縣開國侯 食邑一千五百戶를 주었으며 어머니에게 安山郡大夫人을 추증하였고 妻父 李許謙에게도 尙書左僕射 上柱國 邵城縣開國侯 食邑一千五百戶를 추증하였다.(『高麗史』권94 김은부전)

② 元成太后 金氏는 안산 사람이니 시중 金殷傅의 딸이다. 德宗, 靖宗, 仁平王后, 景肅公主를 낳았다. …… 현종 13년 9월에 김은부에게 推忠守節昌國功臣 開府儀同三司 守司空 上柱國 安山郡開國侯 食邑一千戶를 주었으며 죽은 모친에게는 安山郡大夫人을 추증하였다. 또 이내 后를

왕비로 책봉하였다. 정종 15년에는 또 조부 肯弼에게 尙書左僕射
上柱國 安山縣開國侯 食邑一千五百戶를 주었으며 죽은 조모에게 安山郡
大夫人을 추증하였고 외조부 李許謙에게 尙書左僕射 上柱國 邵城縣開國
侯 食邑一千五百戶가 추증되었다.(『高麗史』권88 후비전1 현종 원성왕
후 김씨조)

여기서 보는 것처럼 이허겸은 김은부에게는 妻父 즉 장인이었지만
원성왕후에게는 외조부가 되었음을 알 수 있다. 그리고 현종 13년에는
원성왕후의 아버지인 김은부와 어머니에게만 관작과 훈위가 주어졌지만
정종 15년에 와서는 조부와 조모, 외조부까지 관작이 추증되었다. 외조부
인 이허겸에게는 尙書左僕射·上柱國·邵城縣開國侯가 추증되었던 것이다.
이로 미루어 생존 당시 이허겸은 邵城縣에 머물러 있었던 것 같다.
소성현에 대해서는 다음 기록이 참고된다.

J. 仁州는 원래 고구려의 買召忽縣[彌趨忽이라고도 한다.]이라고 하였는
데 신라 경덕왕이 邵城縣으로 고쳐서 栗津郡의 관할 하의 현으로
하였다. 현종 9년 樹州 관하에 소속시켰는데 숙종 때에 어머니 仁睿太后
李氏의 內鄕이라는 이유로 慶源郡으로 승격시켰으며 인종 때에 어머니
順德王后 李氏의 內鄕이라는 이유로 仁州로 고쳐서 知州事를 두었다.
공양왕 2년에 慶源府로 승격시켰다.(『高麗史』권56 지리지1 양광도
仁州조)

소성현은 원래 고구려의 買召忽縣이었는데 신라가 삼국을 통일한 후
이를 접수하여 소성현으로 고치고 율진군 관할 하에 두었다. 이는 『삼국사
기』에서도 확인이 된다.[65] 율진군은 현재의 果川을 말한다. 그러다가
고려 현종 9년에 와서 樹州 管下로 이속시켰다. 수주는 지금의 인천광역시

富平區를 말한다. 현종 대까지도 현의 지위에 머물러 있으면서 다른 지역의 관할을 받는 속현이었던 것이다. 이것은 아직 소성현의 인물인 이허겸의 지위가 높지 않았음을 보여주는 것이다. 이후 숙종 대에 경원군으로 승격하였고 인종 대에 인주로 승격하여 현 인천시의 모태가 되었다. 따라서 이허겸은 원래 소성현 사람이지만 그의 본관은 승격한 후의 지명을 따서 경원 이씨, 또는 인주 이씨라 부르게 된 것이다.

그러다가 이허겸의 아들인 李翰이 개경에 돌아와 관직 생활을 하면서 세력을 구축하기 시작하였다. 다음 기록을 보자.

K-① 공의 이름은 子淵이고 자는 若沖이며 그 선조는 邵城사람이다. 고조, 증조와 조부가 모두 귀한 □을 거쳤으므로 이름이 온 나라에 떨치고 왕가의 후손을 잇게 하였다. 작고한 中樞副使 吏部侍郎이자 거듭 추증되어 司空이 된 翰과 樂浪郡大夫人 崔氏가 아버지와 어머니이다. 부친의 큰 누이는 安孝國大夫人인데 바로 □ 덕종·정종 두 임금과 지금 임금(문종)의 외조모이니, 그 집안이 더욱 번성하여 실로 사직의 근원이 되었다.(김용선 편, 「李子淵 墓誌銘」『역주 고려묘지명집성』, 한림대출판부, 2001, 18쪽)

② 李子淵은 仁州 사람이다. 그의 조상은 신라의 大官으로서 唐나라에 사신 갔다가 천자에게 잘 보이어 李氏라는 姓을 받았다. 그 후 그의 자손이 邵城縣 즉 仁州로 이주하였다. 李許謙 대에 와서 邵城伯의 봉작을 받았으며 그의 아들이 尙書右僕射 李翰이요 이한의 아들이 子淵, 子祥인바 이자상은 죽은 뒤에 尙書右僕射 벼슬을 추증받았다. 이자연은 과거에 장원 급제하여 靖宗 초년에 給事中으로 등용되었으며 여러 번 승진되어 中樞院副使가 되고 문종 때에는 吏部尙書 參知政事

65) 『三國史記』 권35 지리지2 漢州 栗津郡조.

로 임명되었다가 內史侍郞平章事로 올라갔다. 왕이 이자연의 딸을 맞이하여 妃로 삼게 되자 그에게 守太尉를 주고 그의 처 樂浪郡君 金氏를 大夫人으로 삼고 아들 顗는 軍器主簿로 顥와 顤은 9품 관직으로 임명하였다. 이자연은 후에 門下侍郞平章事 守太傅로 되고 부인 김씨는 鷄林國大夫人으로 봉하고 옷감을 주었다. 이자연이 門下侍中 判尙書吏 部事로 승진되었다. …… 왕이 이자연의 공로가 크고 직책이 중함을 생각하여 또 옷감, 은그릇, 안마, 곡식, 비단 등을 주고 式目都監使로 임명하였다. …… 후에 推誠佐世保社功臣 칭호를 내리고 開府儀同三司 守太師兼中書令監修國史 上柱國 慶源郡開國公 食邑三千戶에 봉하였다. 그가 죽으니 조정에서 章和란 시호를 주고 文宗 廟廷에 配享하였다. 아들 顥는 慶源伯으로 추봉하였고 顗은 門下侍中으로 있다가 죽은 후 시호를 貞憲이라고 하였다. 또 아들 顥와 顤은 모두 재상이 되었고 딸 3형제는 모두 문종에게 출가해서 왕비로 되었는데 맏딸은 仁睿太后 요 둘째 딸은 仁慶賢妃, 막내 딸은 仁節賢妃가 되었다. 顗의 아들은 資謙, 資諒 인바 이자겸은 따로 전기가 있다. 顥의 아들은 資仁과 資義인 바 이자의도 따로 전기가 있으며 이자연의 증손은 奕斅이다. 顤은 資玄과 資德 두 아들을 두었다. 子祥의 아들은 預와 頟가 있었다.(『高麗 史』 권95 李子淵전)

여기서 보는 것처럼 인주 이씨의 조상은 원래 新羅의 大官으로서 唐나라 에 사신 갔다가 天子에게 잘 보여 李氏라는 성을 하사받았으며 그 후 그의 자손이 邵城縣 즉 仁州로 이주하여 살았다 한다.[66] 그러다가 이허겸 대에 와서 김은부에게 딸을 주었고 김은부가 중앙에 올라와 관직 생활을 하게 되자 이허겸의 아들인 李翰도 중앙관직을 역임하게 된 것으로 추측된

---

66) 『高麗史』 권95 이자연전.

다. 물론 그것은 김은부의 딸이며 이허겸의 외손녀가 현종의 후비가 되었기 때문이었다. 원성왕후 입장에서는 이한이 외삼촌이었기 때문이었다. 물론 K-①의 中樞副使와 吏部侍郎, 司空이나 K-②의 尙書右僕射는 贈職일 가능성이 크다.[67] 그러나 이한의 기록상 관직이 추증일지라도 생전에 개경에 올라와 관직 생활을 한 것은 사실이라 생각한다. 다만 『高麗史』에 보이지 않는 것은 그의 관직이 그리 높지 않았기 때문일 것이다. 그의 아들 이자연이 과거에 급제한 것도 개경에서의 생활과 경험에 힘입은 바가 있었기 때문이라 보는 것이 순리이다. 그러나 이한의 아들이며 원성왕후의 조카인 李子淵 때에 와서 정계에 두각을 나타내기 시작하였다.

이자연은 현종 15년 3월 과거에 급제하면서 정계에 등장하였다.[68] 良醞令(정9품)이라는 말직에서 관직생활을 시작하여 靖宗 대에는 起居注·給事中·知吏部事·中樞副使·中樞使를 거쳐 文宗 대에는 吏部尙書·參知政事가 되었다.[69] 문종 4년에는 內史侍郎平章事(정2품)가 되어[70] 社稷壇을 신축하는 일을 맡아 문종 6년 완공함으로써[71] 문종의 신임을 얻었다. 그리하여 그 해에 이자연은 開府儀同三司에 올랐고 이자연의 딸 延德宮主가 后妃로 책봉되었다.[72] 그가 곧 仁睿王后였는데 이후 문종은 이자연의

---

67) 李樹健, 『韓國中世社會史硏究』, 一潮閣, 1984, 154쪽.

68) 『高麗史』 권5 현종세가 15년 3월 ; 『高麗史』 권73 선거지1 과목 현종 15년 3월조. 그리고 김용선 편, 「李子淵 墓誌銘」 『역주 고려묘지명집성(상)』, 한림대출판부, 2001, 19쪽.

69) 김용선 편, 「李子淵 墓誌銘」 『역주 고려묘지명집성(상)』, 한림대출판부, 2001, 19~20쪽.

70) 『高麗史』 권7 문종세가 4년 정월조.

71) 『高麗史』 권7 문종세가 6년 2월 辛巳조. 당시 皇城 안 서쪽에 社稷壇을 신축하고 왕이 친히 사직단에 가서 제사를 지낸 다음 이 제사를 집행한 관원과 아전들에게는 관작을 한 급씩 주고 왕을 수행한 군사들에게는 물품을 차등 있게 주었다. 사직단 구축 공사를 감독한 관원과 아전들에게도 벼슬을 한 급씩 주었다.

72) 『高麗史』 권88 후비전1 문종 인예순덕태후 이씨조 및 『高麗史』 권7 문종세가 6년 2월, 그리고 김용선 편, 「李子淵 墓誌銘」 『역주 고려묘지명집성(상)』, 한림대출판부, 2001, 21쪽.

두 딸을 더 후비로 맞이하였다. 仁敬賢妃, 仁節賢妃가 그들이다. 문종은 이미 이 이전에 현종의 딸이며 이복 남매인 인평왕후와 혼인한 바 있다. 연덕궁주도 문종과는 외사촌 남매간이었다. 따라서 5명의 후비 중 金元冲의 딸인 인목덕비를 제외한 나머지 4명은 모두 문종의 가까운 인척이었다. 모두 김은부와 그 아내인 인주 이씨의 후손들이었던 것이다.

참고로 문종의 혼인 현황을 도표로 보면 다음과 같다.

〈표 3〉 문종의 혼인 상황

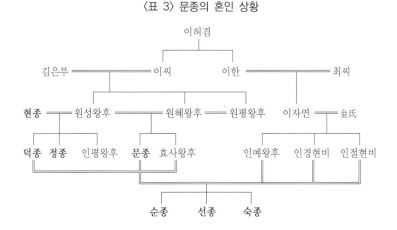

이자연은 죽은 후 文宗의 配享功臣이 되었으며 그의 후손들이 계속 왕비가 되어 외척으로 세력을 떨쳤다. 문종에서 인종에 이르기까지 여러 명의 왕비를 인주 이씨 가문에서 배출하고 있는 것이다. 문종 이후 왕들의 혼인 상황을 보면 다음 표와 같다.

〈표 4〉 문종 이후 왕들의 혼인 상황

왕명	순서	칭 호	성씨	출신지	후비의 아버지
文宗	1	仁平王后	金氏		顯宗
	2	仁睿順德太后	李氏	仁州	李子淵
	3	仁敬賢妃	李氏	仁州	李子淵

	4	仁節賢妃	李氏	仁州	李子淵
	5	仁穆德妃	金氏		金元冲
順宗	1	貞懿王后	王氏		平壤公 基
	2	宣禧王后	金氏	慶州	金良儉
	3	長慶宮主	李氏	仁州	李顥
宣宗	1	貞信賢妃	李氏	仁州	李預
	2	思肅太后	李氏	仁州	李碩
	3	元信宮主	李氏	仁州	李頲
肅宗	1	明懿太后	柳氏	貞州	柳洪
睿宗	1	敬和王后	李氏		宣宗
	2	文敬太后	李氏	仁州	李資謙
	3	文貞王后			辰韓侯 愉
	4	淑妃	崔氏		崔湧
仁宗	1	廢妃	李氏	仁州	李資謙
	2	廢妃	李氏	仁州	李資謙
	3	恭睿太后	任氏		任元厚
	4	宣平王后	金氏		金璿

표에서 보는 것처럼 이자연의 아들인 李顥의 딸은 順宗妃가 되었으며[73]
이호의 아들 이자겸은 睿宗에게 한 딸, 仁宗에게 두 딸을 들여[74] 막강한
권세를 부렸음은 다 아는 바와 같다. 이자연의 또 다른 아들 李碩과
李頲의 딸도 각각 1명씩 宣宗妃가 되었다.[75] 또 이자연의 동생이 李子祥인
데 그 아들 李預도 딸 1명을 宣宗妃로 들이었다.[76]

이처럼 이들 인주 이씨가 외척으로써 권세를 누릴 수 있었던 계기는
바로 김은부의 활약에 말미암은 것이었다. 따라서 김은부의 활약과 그
대가로 세 딸이 현종비가 안산 김씨 김은부 가문은 물론 인주 이씨가
성장할 수 있는 발판이 되었던 것이다.

---

73) 『高麗史』 권88 후비전1 順宗 長慶宮主 李氏조.
74) 『高麗史』 권88 후비전1 睿宗 文敬太后 李氏 및 仁宗 廢妃 李氏조.
75) 『高麗史』 권88 후비전1 宣宗 思肅太后 李氏 및 元信宮主 李氏조.
76) 『高麗史』 권88 후비전1 宣宗 貞信賢妃 李氏조.

5. 맺음말

현종은 13명의 후비를 맞이하였다. 이는 태조 왕건을 제외하고 가장 많은 후비 수이다. 이는 자신의 지지 세력이 미약하였던 현종이 외척으로 자신의 지지 세력을 확보하고자 한 것이었다. 특히 성종의 인척을 종실에서 3인이나 후비로 들이었으며 김은부의 딸 3인을 후비로 맞은 것도 독특하다. 이는 전례없는 일이었다. 후비들의 지역적 분포를 볼 때 서경 세력에 속하는 후비는 1명에 불과하고 대부분은 경주나 중부 내지 중서부 지역 세력이 주축을 이루고 있다. 즉 慶州 3인, 安山 3인, 利川 1인, 淸州 1인, 楊州 1인, 貞州(黃州) 1인, 불명 3인이었다. 서경 세력으로 분류될 수 있는 후비는 1인에 불과하였다. 이것은 천추태후의 몰락과 함께 서경 세력이 후퇴하고 경주 세력이 등장함을 의미하며 또 김은부의 부상을 보여주고 있다 하겠다.

현종은 13명의 후비 중 金殷傅의 딸을 3명이나 맞이하였다. 그것은 거란의 침입과 밀접한 관련이 있었다. 거란은 송과 고려의 외교 관계를 단절하기 위해 고려를 침략하였다. 성종 12년(993)을 필두로 하여 현종 원년(1010)과 현종 9년(1018)의 세 차례에 걸쳐 대규모의 침략을 감행하였다. 그러나 그때마다 서희, 양규, 강감찬 등과 같은 인물이 등장하여 국난을 극복하였다. 현종이 김은부와 인연을 맺은 것은 거란의 2차 침입 때였다. 현종 2년(1011) 거란을 피해 나주로 가고 올 때 김은부가 도와준 대가였다. 또 公州節度使로 병권을 가지고 있었던 김은부의 군사력에 의지하고자 한 측면도 있었다. 이 때문에 현종은 개경으로 돌아온 후 김은부를 개경으로 불러들이고 절도사제는 폐지하였다. 개경에 올라온 김은부는 刑部侍郞으로 거란에 사신으로 갔다가 거란의 사주를 받은 여진에게 붙잡혀 몇 년간 고초를 겪기도 하였다. 그러나 中樞使(종2품)의 지위에까지 올랐다. 김은부의 등장은 고려의 후삼국 통일이나 태조 왕건과는 관계가 없는 새로운 외척 세력의 등장이라는 의미를 갖고 있었다. 한편 그 가문의 세력은 적어도 文宗 대까지는 지속되었다. 그의 외손자들이 현종의 뒤를 이어 德宗, 靖宗, 文宗으로 왕위에 올랐기 때문이다. 그들은 또 근친혼으로 세력의 결집을 꾀하기도 하였다.

그러나 문종 대에 와서는 김은부의 처가인 仁州 李氏가 새롭게 등장하였다. 김은부의 처남 李翰의 아들 李子淵이 문종에게 3인의 딸을 納妃함으로써 오히려 김은부 가문보다 더 위세를 떨치게 되었다. 그런데 외척으로써 권세를 누릴 수 있었던 계기는 바로 김은부의 활약에 말미암은 것이었다. 따라서 김은부의 활약과 그 대가로 세 딸이 현종비가 된 것은 안산 김씨 김은부 가문은 물론 인주 이씨가 성장할 수 있는 발판이 되었던 것이다.

그런 면에서 볼 때 현종 대 김은부의 부상은 결국 인주 이씨의 등장을 가져왔고 고려 전기 귀족 사회로서의 특징을 표출하게 된 의미있는 사건이라 하겠다.

3장
현종의 지방제도 개혁과 전라도

Ⅰ. 顯宗 代의 지방제도 개혁

1. 머리말

고려시대의 지방제도는 통일신라의 그것을 근간으로 하고 있으면서도 이미 후삼국 시기부터 많은 변화를 겪기 시작했다. 고려 태조 때부터 지명 개정과[1] 더불어 州로 승격하는 군, 현이 많아졌는가 하면[2] 군현의 主-屬 관계가 형성되기도 했다.[3] 이러한 고려 초의 지방제도 변혁은 각 지방세력들의 향배와 밀접한 관련이 있는 것이었다. 그것은 중앙에서도 지방세력들을 무시할 수 없었던 당시의 현실에 기인하는 것이었다.

그러다가 성종 무렵에 오면 왕권이 어느 정도 안정을 찾게 되어 전반적인 지방제도의 개혁이 이루어졌다. 즉 최승로의 건의에 따라 성종 2년 12州牧을 설치하고 각 군, 현에 公廨田을 지급하였는가 하면 향리직의 개명을 통하여 지방세력의 약화를 꾀하였다. 또 성종 14년에는 10도의 제정과 함께 州縣制를 실시하였고 절도사, 도단련사, 단련사, 자사 등의

---

1) 朴宗基,「高麗 太祖 23年 郡縣改編에 관한 硏究」『韓國史論』19, 서울대, 1988.
2) 金甲童,「'高麗初'의 州에 대한 考察」『高麗史의 諸問題』, 知識産業社, 1986 ;『羅末麗初의 豪族과 社會變動硏究』, 고려대 민족문화연구소, 1990.
3) 金甲童,「高麗 太祖代 郡縣의 來屬關係 形成」『韓國學報』52, 1988 ;『羅末麗初의 豪族과 社會變動硏究』, 고려대 민족문화연구소, 1990 ; 金甲童,「高麗王朝의 成立과 郡縣制의 變化」『國史館論叢』35, 1992.

외관을 파견하였다.[4]

그러다가 목종 대에 약간의 변화를 거쳐 현종 대에 이르러 대대적인 개혁이 이루어짐으로써 고려의 지방제도는 골격이 갖추어지게 되는 것이다.[5] 그런데 이 현종 대의 지방제도 개혁에 대해서는 부분적으로만 검토되고 있을 뿐[6] 전반적인 검토는 거의 없는 실정이다.[7] 특히 이 현종 대에는 고려 지방제도의 큰 특징 중의 하나인 주속 관계가 대폭적으로 정리되기도 하였다. 그러므로 현종 대의 지방제도 개혁의 검토는 고려의 지방제도를 이해하는 근간으로써 꼭 필요하다 하겠다.

따라서 필자는 현종 대 지방제도 개혁의 실상을 시대 순으로 살펴보고자 한다. 우선 현종 3년 이전 현종 초에 개정된 몇몇 군현의 배경을 살펴보고 다음으로 현종 3년 실시된 안무사제의 내용을 검토해 볼 것이다. 그리고 현종 9년 실시된 군현의 주-속 관계의 조정 등을 중점적으로 다루어 보고자 한다.

---

4) 이에 대한 전반적인 검토는 金甲童, 「成宗代의 地方制度 改革」『羅末麗初의 豪族과 社會變動 研究』, 고려대 민족문화연구소, 1990, 149~176쪽 참조.

5) 고려의 지방제도 전반에 대한 연구로는 박종기, 『고려의 지방사회』, 푸른역사, 2002 ; 구산우, 『고려전기 향촌지배체제 연구』, 혜안, 2003 ; 박종진, 『고려시기 지방제도 연구』, 서울대학교출판문화원, 2017 등이 있다.

6) 邊太燮, 「高麗時代 京畿의 統治制」『高麗政治制度史研究』, 一潮閣, 1971 ; 河炫綱, 「高麗初期의 地方 統治」『韓國中世史研究』, 一潮閣, 1988.

7) 다만 거란 침공, 토목공사의 남설로 말미암은 소농민의 가중한 賦稅 부담에서 현종 대의 군현제 개편이 비롯되었다는 논고가 있을 뿐이다.(具山祐, 「高麗 顯宗代 鄕村支配體制 개편의 배경과 성격」『한국중세사연구』창간호, 1994)

2. 현종 초의 지방제도 개혁

현종은 왕위에 즉위한 후 제도적인 개혁에도 관심을 기울였다. 중앙 정치제도에 대해서는 약간의 일시적이고 부분적인 변화가 있을 뿐이었다. 즉 강조가 현종을 옹립한 직후에 銀臺와 中樞南院·中樞北院을 혁파하고 中臺省을 설치하여 세 기관의 업무를 모두 귀속시켰다.[8] 이는 현종의 의지와는 무관한 것이었다. 강조가 현종을 옹립하고 나서 관부를 개편하고 자신이 중대성의 장관인 中臺使에 올랐기 때문이다.[9] 그러기에 강조가 거란에 잡혀 죽자 바로 中臺省을 혁파하고 다시 中樞院을 설치하였다.[10]

그 후 현종 5년에 이르러서는 御史臺를 혁파하고 金吾臺를 설치하였고 三司를 혁파하고 都正署를 설치하였다.[11] 이 또한 현종의 자의에 의한 것이 아니었다. 그 이전에 반란을 일으킨 金訓과 崔質의 요청에 의한 것이었다. 즉 거란의 침략으로 군사가 늘어나 백관의 녹봉이 부족해지자 황보유의 등이 건의하여 京軍의 永業田을 거두어 녹봉에 충당하고자 하였다. 그러자 上將軍 金訓과 崔質 등이 여러 衛의 군사들을 거느리고 반란을 일으켜 中樞院使 張延祐와 日直 皇甫兪義를 유배보내고 난 후 요청한 결과였던 것이다. 그러나 이들은 현종 6년 3월 모두 제거되었다.[12] 그에 따라 다시 금오대를 폐지하고 司憲臺로 고쳤다가 현종 14년에 다시 어사대로 복귀하였다.[13] 또 도정사도 현종 14년에 다시 삼사로 환원되었다.[14] 이외에 현종 2년에는 尙書 6部의 하부조직인 屬司가 폐지되

---

8) 『高麗史節要』 권2 목종 12년 2월조. 그러나 『高麗史』에는 당시에 중추원 및 은대남원, 은대북원을 합하여 중대성을 만들었다고 되어 있다.(『高麗史』 권76 백관지1 密直司조)
9) 김보광, 「고려 초 康兆의 政變과 中臺省의 등장」 『사학연구』 109, 2013 참조.
10) 『高麗史節要』 권3 현종 2년 1월조.
11) 『高麗史節要』 권3 현종 5년 11월조.
12) 『高麗史節要』 권3 현종 6년 3월조.
13) 『高麗史』 권76 백관지1 司憲府조.

기도 하였다.[15]

이처럼 중앙정치 제도의 개혁은 거의 이루어지지 않았다. 그러나 그가 가장 신경을 쓴 것은 지방제도의 개혁이었다. 우선 현종 3년 이전 고려 지방제도 변화의 내용을 보자. 이 당시의 변화는 크게 일어나지 않았다. 다만 陝州[현재의 경남 합천], 泗州[현재의 경남 사천], 鳳州[현재의 황해도 봉산], 信州[현재의 황해도 신천], 洞州[현재의 황해도 서흥], 鹽州[황해도 연안], 安州[평안남도 안주군] 등지에서 변화가 있었을 뿐이다. 우선 합주의 경우를 보면 본래는 신라의 大良州郡이었으나 경덕왕 때에 江陽郡이 되었다. 그러다가 현종 때에 大良院君이 즉위하였고 또 孝肅王后의 고향이 었으므로 합주로 승격된 것이었다.[16] 여기서 대량원군은 현종이 왕위에 즉위하기 전의 명칭이고 효숙왕후는 현종의 어머니이며 경종의 왕비였던 헌정왕후 황보씨를 가리키는 것이다.[17] 사주는 본래 신라의 史勿縣이었으나 경덕왕 때에 泗水縣으로 고쳤고 고려 초에 진주에 來屬되었다가 현종 2년에 사주로 승격하였다.[18]

봉주는 본래 고구려의 鵂巖郡이었으나 경덕왕 때에 栖巖郡으로 개명되었고 고려 초에 봉주로 승격되어 성종 14년에 방어사가 설치되었다. 그러나 '현종 초'에 방어사가 폐지되고 黃州牧에 내속된 연혁을 갖고 있다.[19] 신주도 본래는 고구려의 升山이었으나 고려 초에 신주로 승격되어 성종 14년에 방어사가 설치되었다가 '현종 초'에 방어사가 폐지되고 역시 황주목에 내속되었다.[20] 동주도 원래는 고구려의 五谷郡이었으나

---

14) 『高麗史』 권76 백관지1 三司조.
15) 이정훈, 『고려전기 정치제도 연구』, 혜안, 2007, 172~181쪽 참조.
16) 『高麗史』 권57 지리지2 慶尙道 陝州조.
17) 『高麗史』 권88 후비전1 景宗 獻貞王后 皇甫氏조.
18) 『高麗史』 권57 지리지2 慶尙道 晉州牧 泗州조.
19) 『高麗史』 권58 지리지3 西海道 黃州牧 鳳州조.
20) 위의 책, 信州조.

경덕왕때에 五關郡이 되었고 고려 초에 동주가 되었다가 성종 14년 방어사가 설치되었다. 그러다가 '현종 초'에 방어사가 폐지되고 平州[현재의 평남 평산]에 내속되었다.[21] 염주, 안주도 성종 14년 방어사가 설치되었다가 '현종 초'에 이것이 폐지되면서 海州에 내속된 지역이다. 여기서 '현종 초'는 현종 2년경으로 추정된다. 그것은 뒤에서 살피듯이 그 개편 배경을 보면 알 수 있다.

그런데 이들 5개의 군현은 위의 합주, 사주와는 달리 외관이 폐지되고 속군·현이 되고 있다. 즉 주현에서 속현이 되었다는 뜻인데 이것은 곧 일종의 강등조치라 할 수 있다. 외관이 있는 지역은 중앙과 직접 통할 수 있어 중간에서 향리들의 착취가 적었으나 속현은 중앙의 명령을 받아올 때는 물론이고 자기 현의 실정을 보고하거나 조세를 수취할 때도 주현을 거쳐야 했으므로 그 부담이나 고통이 훨씬 심하였다. 조선시대의 경우이긴 하지만 예컨대 경상도의 比屋縣은 주읍인 尙州와의 거리가 60여리였지만 그곳의 縣吏가 5일에 한번씩 상주에 나아가 명령을 들어야 했다. 그러나 조금이라도 완급이 있으면 상주의 향리가 현에 와서 현리를 욕하기도 하였다 한다.[22] 이러한 상황은 고려시대에도 마찬가지였으리라 생각된다. 그리하여 春州[강원도 춘천]의 경우 安邊府의 속현이었으나 안변에 이르는 도로가 험난하였기 때문에 최충헌에게 뇌물을 주어 安陽都護府로 승격되었다.[23] 즉 속현의 지위에서 벗어나기 위해 뇌물 공세까지 벌였던 것이다.

그렇다면 이들 군현의 개편 배경은 무엇일까. 그것은 강조의 정변을 비롯한 현종의 즉위 과정과 밀접한 관련이 있다. 원래 고려를 창업한 태조 왕건에게는 29명의 후비가 있었다. 그리고 거기에서 얻은 자녀들만

---

21) 위의 책, 平州 洞州조.
22) 『新增東國輿地勝覽』 권25 慶尙道 比安縣 樓亭조.
23) 『高麗史』 권129 반역 崔忠獻傳 및 『高麗史』 권58 지리지3 交州道 春州조.

해도 25명의 왕자와 9명의 왕녀가 있었다. 따라서 태조 이후의 왕위 계승에 있어서는 이들끼리의 알력과 경쟁이 계속되어 상당히 복잡한 결과를 가져오기도 하였다. 현종의 왕위 즉위 과정도 이러한 왕실 내부에서의 갈등과 대립이 큰 원인이 되었음은 물론이다. 현종은 많은 우여곡절 끝에 왕위에 올랐던 것이다.

문제의 발단은 경종이 재위 6년 만에 27세의 젊은 나이로 죽으면서 시작된다. 경종에게는 5명의 왕후가 있었는데 제1비가 헌숙왕후 김씨이고 제2비 헌의왕후 유씨, 제3비 헌애왕후 皇甫씨, 제4비 헌정왕후 皇甫씨, 제5비 대명군부인 류씨 등이었다. 이 중 제4비 헌정왕후 황보씨는 戴宗 旭의 딸로서 경종이 죽자 왕궁에서 나가 王輪寺의 남쪽에서 과부로 살고 있었다. 그런데 어느 날 밤 꿈에 鵠嶺[개성의 송악산]에 올라가 소변을 보는데 그것이 나라 안에 가득 차 은빛바다가 되는 것이었다. 이상히 여긴 헌정왕후는 꿈이 깨고 난 후 점을 쳐 보니 아들을 얻어 그가 왕위에 오를 것이라는 것이었다. 이때 그의 집 옆에는 安宗 郁이 살고 있었는데 이 둘이 사통하여 결국은 아들을 임신하게 되었다. 이 사실을 안 성종은 안종 욱을 유배하였고 헌정왕후는 애통해하다가 아들을 낳고 곧 죽었다. 이 아들이 바로 대량원군이며 후일의 현종이었다.[24] 이때가 성종 11년 (992) 임진년 7월이었다.

이렇게 현종은 아버지가 귀양가고 어머니는 죽음으로써 성종이 간택한 유모에게서 자랐다. 그런데 아이가 두 살 되었을 때에 성종이 아이를 불러보자 자신을 아버지로 착각하는 것을 보고 마음이 아파 아버지가 귀양가 있는 泗水縣으로 돌려보냈다. 이후 현종은 아버지와 같이 지내다가 성종 15년 안종 욱이 사수현에서 죽자 이듬해 서울에 올라오게 되었다.[25] 안종 욱은 태조와 신성왕태후 김씨와의 사이에서 태어난 사람인데 신성왕

24) 『高麗史』 권88 후비전 景宗 獻貞王后 皇甫氏조.
25) 『高麗史』 권90 종실전1 安宗郁조.

태후는 신라 경순왕의 백부였던 金億廉의 딸이었다.[26] 따라서 안종 욱은 대종 욱의 아들이었던 성종에게는 숙부뻘이 된다.

어쨌든 현종은 성종 12년부터 16년까지 4년 동안의 어린 시절을 사수현에서 보낸 셈이 된다. 그렇다면 현종이 아버지 곁으로 내려갈 때 유모와 같이 갔는지 자세히 알 수 없지만 자의든 타의든 살아가면서 사수현 사람들의 도움을 받았을 것이다. 이러한 어렸을 때의 추억과 그 지역 사람들의 도움이 후일 사주로 승격하는 요인이 되었을 것이다. 또 그 아버지의 무덤이 여기에 있었다는 것도 승격의 한 큰 요인이 되었으리라 생각한다. 안종은 文辭에 능했을 뿐만 아니라 풍수지리에도 능하였다. 그리하여 그는 자신이 죽으면 사수현의 성황당 남쪽 귀룡동에 엎어 묻어달라는 부탁을 현종에게 하였다. 이에 따라 현종은 아버지의 무덤을 사수현에 썼던 것이다.[27] 비슷한 예로 神宗은 자신의 태를 묻었다는 이유로 樹州의 속현이었던 金浦縣에 외관을 파견함으로써 주현으로 승격시키기도 한 적이 있다.[28]

한편 현종은 어느 정도 자라면서 大良院君이라 불리게 되었다. 그러나 그가 사수현에 있을 때에는 그렇게 칭해지지는 않은 것 같다. 수도인 개경에서 멀리 떨어져 살았던 시기에는 아무래도 관심을 받지 못하였을 것이기 때문이다. 따라서 그가 대량원군에 봉해진 것은 목종 대의 일이었다. 현종이 성종 16년 2월에 개경에 올라왔고 곧 이어 9월에 성종은 병이 나서 10월에 죽었기 때문이다. 목종은 경종과 그의 제3비 헌애왕후 황보씨와의 사이에서 난 아들이다. 따라서 현종은 목종에게 이종사촌 동생이 된다. 그러기에 목종은 현종에게 일정한 대우를 해줄 수밖에 없어 그를 대량원군에 봉하게 된 것이라 생각한다.

---

26) 『高麗史』 권88 후비전1 太祖 神成王太后 金氏조.
27) 『高麗史』 권90 종실전1 安宗 郁조.
28) 『高麗史』 권56 지리지1 楊廣道 安南都護府 水州 金浦縣조.

그런데 왜 목종은 현종에게 대량원군이란 칭호를 붙였을까 하는 점이 궁금하다. 大良은 앞서 보았듯이 경남 합천의 신라시대 지명이다.『고려사』 지리지의 기록에 따르면 현종의 어머니인 孝肅王后[29]의 고향이기 때문이라 생각할 수 있다. 그러나 효숙왕후[헌정왕후]는 戴宗의 딸이고[30] 대종은 태조의 비인 神靜王太后 皇甫氏의 아들이다. 또 이 신정황태후 황보씨는 황주 출신의 皇甫悌恭의 딸이었다.[31] 이렇게 본다면 효숙왕후의 고향은 황주라고 생각할 수밖에 없으며 고향이 현재의 합천이라는 내용은 잘 이해가 가지 않는다.

이 때문인지 모르지만 김정호는 泗州로의 승격 이유를 "현종이 대량원군으로 즉위하였고 또 皇姫 효숙왕후 이씨의 고향이었다"[32]라고 하여 효숙왕후의 성씨를 황보씨가 아닌 이씨로 적고 있다. 만약 효숙왕후가 이씨라면『고려사』지리지의 내용이 맞다고 할 수 있다. 그러나 효숙왕후가 이씨라는 근거는 어디에서도 찾을 수 없다. 아마도 합천이 효숙왕후의 고향이라는『고려사』의 내용을 기정사실로 받아들이면서도 합천의 토성 중에는 황보씨가 없기 때문에 성씨를 이씨로 고쳐 기재한 것이 아닌가 한다.

그가 왜 하필 합천 이씨로 했는가 하는 것은 이미 그 이전 태조의 왕비 중에 합천 이씨가 있었고 이씨를 김씨로 고친 것 같은 내용을 보았기 때문이라 생각한다. 즉 태조의 후비 중에 합천 출신 李元의 딸로 後大良院夫人이 있고[33] 신성왕후 김씨가 이씨라는 설이 있는 것이다. 다음의 기록을 보자.

---

29) 이는 현종이 즉위한 뒤에 자신의 어머니였던 獻貞王后를 높이어 효숙왕태후라 추존한 데서 비롯된 호칭이다.(『高麗史』권88 후비전1 獻貞王后 皇甫氏조)
30) 물론 그녀는 광종의 딸일 가능성도 있다.
31)『高麗史』권88 후비전1 신정왕태후 황보씨조.
32)『大東地志』권9 慶尙道 陜川 沿革조.
33)『高麗史』권88 후비전1 太祖 後大良院夫人조.

A - ① 처음 신라가 항복해옴에 태조가 심히 기뻐하여 이미 후한 예로서
대접하였는데 사신을 보내 고하기를 "지금 왕이 나라를 과인에게
주니 그 준 것이 크도다. 원컨대 종실과 결혼하여 영원히 사위와
장인의 좋은 관계를 갖고자 한다"라고 하니 답하여 가로되 "나의
백부 億廉 迊干 知大耶郡事에게 딸이 있는데 덕과 용모가 다 아름다우니
이가 아니면 內政을 갖출 수가 없다" 하였다. 태조가 드디어 이를
취하여 아들을 낳았다. 이가 현종의 아버지인데 추봉하여 安宗이
되었다.(『三國史記』 권12 신라본기 경순왕 9년 12월조)

② 신성왕태후 김씨는 신라인이니 잡간 金億廉의 딸이다. 신라왕
김부가 사신을 고려에 보내어 항복의 뜻을 표현하였더니 태조가
후한 예로써 사신을 대접하여 보냈다. 그 사신이 돌아가서 태조의
말을 전하기를 "지금 왕이 나라를 과인에게 주니 그 준 것이 크도다.
원컨대 종실과 결혼하여 영원히 사위와 장인의 좋은 관계를 갖고자
한다" 하니 회답하기를 "나의 백부 억렴의 딸이 있는데 덕과 용모가
다 아름다우니 이가 아니면 내정을 갖출 수가 없다" 하였다. 태조가
드디어 이를 취하여 안종을 낳았다. 현종이 왕위에 오르자 신성왕태후
라 추증하였다.(『高麗史』 권88 후비전1)

B - ① 우리 왕조 登仕郞 金寬毅가 지은 『王代宗錄』에 이르기를 "신성왕후
李氏는 본래 경주 大尉 李正言이 俠州守로 있을 때 태조가 그 고을에
갔다가 그를 왕비로 맞았다. 고로 혹 俠州君이라 했다. 그의 원당은
玄化寺이며 3월 25일이 기일로 貞陵에 장사지냈다. 아들 하나를 낳으
니 安宗이다"라 했다. 이외에 25妃主 가운데 김씨의 일은 실려 있지
않으니 자세히 알 수 없다. 그러나 史臣의 論을 보아도 역시 안종을
신라의 외손이라 했다. 그러니 마땅히 史傳을 옳다고 해야 할 것이다.
(『三國遺事』 권2 紀異2 金傳大王조).

② 이제현이 말하기를 "김부식의 論에 이르기를 '신라의 경순왕이 천명을 우리 태조에게 돌린 것은 비록 부득이한 일이었으나 역시 가히 잘한 일이다. …… 우리 태조에게 妃嬪이 많고 자손이 번성하였으나 현종이 신라의 외손으로 즉위하여 이후로 왕통을 계승한 자는 다 그 자손이니 어찌 음덕의 보답이 아니겠는가' 하였다. 그러나 金寬毅, 任景肅, 閔漬 3家의 書에는 다 大良院夫人 이씨는 大尉 正言의 딸로 안종을 낳았다고 되어 있으니 어디에 근거한 것인지 알 수 없다"고 하였다.(『高麗史節要』 권1 태조 18년 12월조)

위에서 보는 바와 같이 『삼국사기』 찬자인 김부식은 신성왕태후가 신라의 종실인 김억렴의 딸로 김씨라고 기록하였다. 『고려사』 찬자도 이를 의심없이 받아들이고 있다. 그리고 일연은 신성왕후가 이씨라는 설이 있음을 소개하면서도 김씨설을 지지하고 있다. 반면 이제현은 이씨설을 지지하는 듯하면서도 그 근거에 대해서는 자못 궁금함을 표하고 있다.

그렇다면 어느 설이 맞는 것인가. 결론부터 얘기하면 필자는 원칙적으로 이씨 설이 맞다고 생각한다. 그 이유는 첫째 陜州人 李元의 딸이 '後大良院夫人'이라는 점이다. 합주 출신의 후비가 그 하나였다면 굳이 '후'자를 붙일 이유가 없다. '후'자가 붙어 있다는 것은 또 하나의 합주 출신 후비가 있었다는 말이 된다. 당시 동일 지역 출신으로 둘 이상이 동시에 후비가 되었을 경우에는 '대'·'소'로 구분하기도 하고 동생에게만 '소'자를 붙이기도 하였다. 예컨대 洞州 출신 김행파의 두 딸이 태조의 후비가 되자 그들을 '대서원부인'·'소서원부인'이라 칭하였으며 경기도 廣州 출신인 왕규의 두 딸은 '광주원부인'·'소광주원부인'이라 칭하였다.[34] 그런가

---

34) 『高麗史』 권88 후비전1 太祖 廣州院夫人·小廣州院夫人 및 大西院夫人·小西院夫人조.

하면 뒤의 후비에게 '후'자를 붙여 구분하기도 하였다. 왕규는 태조뿐 아니라 혜종에게도 한 딸을 들이었는데 혜종의 후비를 '후광주원부인'이라 하였던 것이다.35) 따라서 '대량원부인'이라 칭하였던 또 다른 후비가 있었을 것이라는 것은 충분히 추측할 수 있다.

그러나 무엇보다 이러한 가능성을 뒷받침해 주는 것이 B-②의 기록이다. 거기에 보면 김관의, 임경숙, 민지의 책에는 '대량원부인'이 있었으며 그 성씨는 '이씨'였음을 밝히고 있는 것이다. 그것은 대량원부인 이씨가 분명히 있었음을 증명해 주는 것이다.

따라서 '대량원부인 이씨'는 다름 아닌 『고려사』에 나와 있는 '신성왕후 김씨'로 추정할 수 있다. 만약 그가 아니라면 현종이 '대량원군'이라 호칭될 이유를 전혀 찾을 수 없기 때문이다. 즉 현종은 개경에 올라온 후 자신의 할머니가 거주하던 '대량원'에서 일정 기간 자랐기 때문에 '대량원군'이라 칭해진 것이고 자신이 왕위에 즉위한 뒤에 할머니의 고향인 강양군을 陝州로 승격한 것이라 생각한다. '광주원'에서 자란 왕규의 외손을 '광주원군'이라 칭한 데서도 알 수 있다.36) 또 현종이 '대량원군'으로 불리다가 천추태후[헌애왕후]의 미움을 받아 삼각산 신혈사에 거주하자 그를 '神穴小君'이라 했다는 데에서도37) 자신이 거주하던 곳의 이름을 따서 호칭을 붙였음을 알 수 있다. 따라서 『고려사』 지리지에 합천이 어머니 효숙왕후의 고향이었다는 기록이나 『대동지지』의 효숙왕후 이씨설은 잘못된 것이라 하겠다. 즉 현종 즉위년 합주로의 승격 이유는 효숙왕후의 고향이기 때문이 아니라 현종의 祖母인 신성왕후 이씨의 고향이기 때문이라고 정정되어야 할 것이다.

그러면 왜 대량원부인 이씨가 김씨로 기록되어 있을까. 그것은 신라의

---

35) 『高麗史』 권88 후비전1 惠宗 後廣州院夫人조.
36) 『高麗史』 권88 후비전1 太祖 後廣州院夫人 및 권127 반역1 王規傳.
37) 『高麗史』 권88 후비전1 景宗 獻哀王后조.

경주 김씨인 김부식이 고려 왕실이 현종 이후에는 신라 왕실의 피가 섞였음을 강조하고자 변조한 것이 아닌가 한다. 즉 고려 왕실이 신라 왕실의 외손이었음을 주장하여 자신을 비롯한 신라계 세력의 위상을 높여보고자 부회한 것이라는 것이다.[38] 그것은 김부식의 論贊에 있는 "우리 태조에게 妃嬪이 많았고 자손 역시 번성하였으나 현종이 신라의 외손으로 왕위에 올라 이후로 왕통을 계승한 자는 다 그 자손이었으니 어찌 음덕의 보답함이 아니겠는가"[39]라는 기록에서 엿볼 수 있다.

또 다른 가능성은 신성왕후가 원래는 이정언의 딸이었으나 김억렴의 양녀가 됨으로써 김씨가 된 것으로 볼 수도 있다. 왜냐하면 A-①에서 보는 것처럼 김억렴이 知大耶郡事라는 직책에 있었음을 알 수 있다. 大耶郡은 합천의 옛 이름이다. 즉 합천은 본래 신라의 大良州郡 또는 大耶州郡이라 불렸다.[40] 따라서 신라가 항복해 올 무렵 김억렴이 합천의 지방관이었음을 알 수 있다. 결국 김억렴이 합천의 지방관으로 있을 때 그곳의 토착 세력인 이정언의 딸을 양녀로 들인 것이 아닌가 한다. 그러다가 고려 태조 왕건이 그 지역을 방문했을 때 하룻밤 인연을 맺게 되었고 이를 알고 있던 경순왕은 김억렴의 딸[실제는 이정언의 딸]을 태조 왕건의 정식 부인으로 들인 것이 아닌가 한다. 그것은 B-①의 기록이 뒷받침해 준다. 그리하여 신성왕후의 성씨가 어디에는 이씨로 기록되었고 또 다른 곳에는 김씨로 기록된 것이 아닌가 한다.

이렇게 일시적으로 '대량원'에서 자라던 현종은 김치양과 천추태후[헌

---

38) 荻山秀雄도 김부식이 신성왕후 이씨를 김씨로 곡필하였으며 『고려사』 편찬자는 이 김부식의 곡필을 그대로 전재하였다고 보았다.(「三國記 新羅紀 結末の疑義」 『東洋學報』 10-1, 1920) 그러나 河炫綱은 합주가 현종 즉위 후의 지명이며 妃를 俠州君이라 했다는 점을 들어 이씨설의 신빙성을 부인하고 있다.(「高麗時代의 歷史繼承意識」『梨花史學研究』8, 1976 ; 『韓國中世史 研究』, 一潮閣, 1988, 384~386쪽)
39) 『三國史記』 권12 新羅本紀 末尾.
40) 『三國史記』 권34 지리지1 江陽郡조 및 『高麗史』 권57 지리지2 경상도 陜州조.

애왕후] 사이에서 아들이 태어나자 고초를 겪기 시작했다. 김치양은 천추태후[헌애왕후] 황보씨의 외족으로 성격이 간교하고 성욕이 강했다. 그는 일찍이 중이 되었으나 천추궁을 출입하면서 추문이 있었으므로 성종 때에 귀양을 가기도 하였다.[41] 그러다가 목종이 18세의 어린 나이로 왕위에 즉위하자 그 모후인 천추태후가 섭정을 하게 되면서 김치양은 소환되어 전권을 장악하게 되었다. 그리하여 "백관의 임명, 출척이 모두 그의 손에서 나왔으며 친척과 도당이 요직에 배치되어 세력이 중외를 기울일만 했으며 뇌물이 공공연히 행해지게"[42] 되었다.

특히 목종 6년 천추태후와의 사이에서 아들을 얻게 되면서 대량원군을 핍박하여 강제로 중이 되게 하였다. 그리하여 대량원군은 崇敎寺에 기거하다가 목종 9년에는 삼각산 神穴寺에서 지내게 되었다. 이후에도 김치양과 천추태후는 대량원군을 제거하기 위한 시도를 여러 차례 하였으나 스님의 도움으로 대량원군은 무사하였다.[43] 그후 목종이 병이 들자 김치양이 변란을 일으켜 자신의 소생을 왕위에 앉히려 하였다. 그러나 목종이 먼저 皇甫兪義를 시켜 대량원군을 맞아오게 하고 서북면도순문사 康兆를 입위케 함으로써 김치양은 살해당하였다.[44] 이때 살해된 자는 김치양 父子 및 庾行簡 등 7인이었고 그 黨 및 천추태후의 親屬 李周禎 등 30여 인은 유배당하였다.[45] 이렇게 하여 결국 대량원군이 현종으로 즉위하게 되었다.

그러나 강조는 이어 목종까지도 살해하여 자신의 세력을 구축하려

---

41) 『高麗史』 권127 반역1 金致陽傳.
42) 위와 같은 조항.
43) 『高麗史』 권4 현종세가 序頭.
44) 이러한 김치양란의 과정과 성격에 대해서는 李泰鎭, 「金致陽亂의 性格-高麗初 西京勢力의 政治的 推移와 관련하여-」 『韓國史硏究』 17, 1977 ; 金塘澤, 「高麗穆宗 12年의 政變에 대한 一考-穆宗代의 寫經跋文과 관련하여-」 『韓國學報』 18, 1980 참조.
45) 『高麗史』 권127 반역1 康兆傳.

하였다. 이것을 우리는 '강조의 정변'이라 하는데 이로 말미암아 고려는 거란의 침입을 맞게 되었고 강조는 거란에게 잡혀 살해당하였다. 거란이 물러간 뒤에는 강조의 잔당이었던 卓思政, 朴升, 崔昌, 魏從政, 康隱 등도 섬으로 유배되었다.[46]

이렇게 대량원군을 해치려 했던 김치양의 고향이 바로 洞州였다. 동주에는 일찍이 태조에게 두 딸을 바친 金行波라는 호족이 있었는데[47] 김치양도 그의 후손이거나 일족이 아닌가 한다. 그리하여 그는 개경에서 생활하면서도 자신의 출신지와 밀접한 연고를 맺고 있었다. 즉 그는 농민들을 부역하여 洞州에 星宿寺란 사당을 세우기도 했던 것이다.[48] 이러한 동주에 대해 현종이 왕위에 즉위한 후 응당한 조치를 취했을 것임은 추측하기 어렵지 않다. 그 조치가 바로 방어사를 폐지하고 平州의 속현으로 만드는 조치로 나타난 것이라는 것이다.

또 목종을 살해하고 자신의 세력을 구축하려 했던 康兆는 信州 출신으로 추정된다. 『고려사』 강조전에는 그의 출신이 기록되어 있지 않다. 그러나 『세종실록지리지』 土姓條를 보면 강씨의 분포지역이 황해도에 집중되어 있고[49] 신주 강씨는 고려 초부터 세력이 있었던 집안이므로 강조도 그 지역 출신이라 생각한다. 즉 태조의 후비였던 信州院夫人 康氏의 아버지 康起珠[50]의 후예가 아닌가 한다. 이 때문에 신주도 평주의 속현이 된 것 같다. 安州, 鹽州, 鳳州의 경우는 확실한 근거를 찾을 수 없지만 김치양이나 강조의 당에 가담하였기 때문이 아닌가 한다. 이들 지역이 동주나 신주에 가까운 지역이기 때문이다. 그리하여 동주, 신주와 비슷한 조치가 취해진 것이라고 본다.

---

46) 『高麗史節要』 권3 현종 2년 8월조.
47) 『高麗史』 권88 후비전1 太祖 大·小西院夫人 金氏조.
48) 『高麗史』 권127 반역1 金致陽傳.
49) 李樹健, 『韓國中世社會史 研究』, 一潮閣, 1984, 171~172쪽.
50) 『高麗史』 권88 후비전1 太祖 信州院夫人 康氏조.

특히 이들 군현이 來屬하게 된 黃州는 현종의 어머니 고향이었을 뿐아니라 현종을 신혈사에서 모시고 온 皇甫兪義의 고향으로 추정된다.[51] 그의 열전에는 "史失其世系"로 표현되어 있지만 그의 "뜻이 종사에 있고 또 그 父祖가 나라에 훈로함이 있었다"[52]라는 말에서 미루어 알 수 있다. 이렇게 하여 황주는 그 이전보다 더 많은 속현을 갖게 되었던 것이다. 따라서 『고려사』 지리지에 표현된 '현종 초'는 현종 2년경을 말하는 것이라 하겠다.

요컨대 현종 초년에 단행된 陜州, 泗州, 洞州, 鳳州, 信州, 鹽州, 安州 등 지역의 개정 배경은 현종의 성장 및 즉위과정과 밀접한 관련을 갖고 있었다. 즉 현종이 어렸을 때 그의 아버지 안종 욱과 같이 지내던 곳이 泗水縣이었으며 거기에 안종의 무덤이 있었다. 또 그가 개경에 올라온 뒤 일시적으로 자란 곳이 합천 출신 대량원부인 이씨의 거처였으며 江陽郡은 현종의 할머니 이씨의 고향이었다. 따라서 그는 대량원군에 봉해졌으며 그가 즉위한 뒤 이들 지역을 각각 泗州, 陜州로 승격시켰던 것이다. 반면 자신의 소생을 왕위에 앉히기 위하여 현종을 해치려 했던 김치양과 목종을 살해하고 자신의 세력을 구축하려 했던 강조의 고향인 동주, 신주를 비롯한 봉주, 안주, 염주 등지는 방어사를 폐지함으로써 속현화시켰던 것이다.

3. 현종 3년의 지방제도 개혁

현종 3년은 김치양 난이나 강조의 정변, 그리고 그로 말미암은 거란의 침입이 끝나고 어느 정도의 안정이 이룩된 시기였다. 그 때문인지 모르지

---

51) 李泰鎭, 앞의 논문, 104쪽.
52) 『高麗史節要』 권2 목종 12년조.

만 현종은 군현제의 개편을 시도하였다. 이때 東京이 慶州로 강등되었다. 이에 따라 東京留守가 혁파되고 慶州防禦使가 파견되었다.[53]

그러나 이때 단행된 지방제도 개혁의 핵심은 기존의 12節度使制를 혁파하고 5都護 75道安撫使를 설치한 것이었다.[54] 그런데 이 기록에 대해서는 견해가 엇갈리고 있다. 하나는 이 기록은 믿을 수 없는 것이고 75道安撫使는 7州安撫使의 誤記라는 주장이다. 그 이유는 실제 『고려사』 지리지의 기록을 보면 안무사가 설치된 지역이 7개밖에 없기 때문이라는 것이다.[55] 그러나 『고려사』 지리지 자체가 완전한 기록이 아니며 道가 주현군의 도와 관련이 있다는 면에서 이 기록은 믿어도 좋다는 의견도 있다.[56] 그렇다면 어느 설이 옳은 것인가.

우선 5인의 도호가 설치된 지역에 대해 알아보자. 우선 성종 2년에 설치된 안북도호부 寧州[安州]를 비롯하여 안남도호부 朗州[영암], 안변도호부 和州가 있다.[57] 후 2자는 다 성종 14년에 도호부가 되었다. 또 이때에 豊州에도 도호부가 설치되었는데 그 명칭은 나와 있지 않다.[58] 그러나 풍주의 위치로 보건대 안서도호부라 명명했을 것임은 의심의 여지가 없다. 안남도호부의 경우는 태조 대에 전주에 설치되었으나 광종 2년에는 古阜로 옮겼다가 성종 대에 와서 다시 영암으로 이치하였다.

---

53) 그러나 이후에는 경주 출신 후비의 등장과 경주 세력의 부상으로 현종 5년에 安東大都護府가 되었다가 현종 21년(1030)에 다시 東京으로 승격하였다.(『高麗史』 권57 지리지2 東京留守官 慶州조)

54) 『高麗史』 권56 지리지 序文 및 권77 백관지2 外職 安撫使 ; 『高麗史節要』 권3 현종 3년 정월.

55) 河炫綱, 「高麗 地方制度의 一研究(上)」 『史學研究』 13, 1963 ; 『韓國中世史 研究』, 一潮閣, 1988, 202쪽 ; 邊太燮, 「高麗前期의 外官制」 『韓國史研究』 2, 1968 ; 『高麗政治制度史研究』, 一潮閣, 1971, 128~129쪽.

56) 李基白, 「高麗 地方制度의 整備와 州縣軍의 成立」 『趙明基博士華甲紀念佛教史學論叢』, 1965 ; 『高麗兵制史研究』, 一潮閣, 1968, 197~199쪽.

57) 『高麗史』 권56·57·58 지리지1·2·3 해당군현조.

58) 『高麗史』 권58 지리지3 西海道 豊州조.

여기에 현종 3년 새로이 상주에 안동대도호부가 설치되어[59] 5개의 도호부가 된 것이다. 한편 현종 원년까지 寧州에 안북도호부가 있었으나 거란 침입 시 이곳의 도호부사였던 朴暹이 성을 버리고 도망하였으므로[60] 이때는 폐지한 것 같다.

都護는 도호부의 장관으로 일찍이 중국에 있었던 지방관이었다. 즉 漢代에 이미 西域都護라는 지방관이 있었고 남북조시대에는 중앙에 參軍都護, 東曹都護 등과 지방의 廣州에 西江都護, 南江都護 등이 있었다. 또 唐代에 이르러서는 안동, 안서, 안남, 안북의 대도호부와 單于北庭都護府의 5개의 도호부가 있었다. 이 도호부에 각각 도호 1인씩이 배치되었는데 그들의 임무는 蕃人들을 위무하고 때로는 征討하여 그들을 안집하고 상벌을 행하며 勳功을 포상하는 것이었다.[61] 이 도호는 통일신라시대에 패강진 지역에도 설치되어 있었다. 즉 금석문에 보면 패강진도호로 金堅其, 咸雄 등의 이름이 보이고 있는 것이다.[62] 이 패강진 지역은 신라가 발해, 말갈족의 침입을 방어하기 위하여 북방에 설치한 일종의 군단이었으므로[63] 도호의 임무도 대체로 당의 그것과 비슷했으리라 생각한다. 또 성종 대나 현종 대의 도호 내지 도호부도 중국이나 신라의 것과 동일했으리라 짐작된다.

다음으로 安撫使도 원래 중국에 있었던 지방관명이었다. 즉 안무사의 명칭은 隋 文帝 때에 楊素로서 幷州道行軍總管 河北道安撫大使를 삼은 데서

---

59) 『高麗史』 권57 지리지2 慶尙道 尙州牧조. 원래 안동도호부는 성종 14년 金州(김해)에 설치되었으나 현종 3년 폐지되고 상주로 옮겨졌던 것이다.

60) 『高麗史節要』 권3 현종 원년 12월조.

61) 『文獻通考』 권61 직관15 都護조 및 日中民族科學硏究所 編, 『中國歷代職官辭典』, 國書刊行會, 1980, 295쪽.

62) 『朝鮮金石總覽(上)』 聖住寺朗慧和尙白月保光塔碑. 『韓國金石遺文』 黃龍寺九層木塔利柱本記.

63) 李基東, 「新羅 下代의 浿江鎭」 『韓國學報』 4, 1976 ; 『新羅骨品制社會와 花郎道』, 韓國硏究院, 1980, 221쪽.

비롯된 것으로 唐 貞觀 초에 안무대사 13인을 파견하여 천하를 살피게 하였다. 각 지방에 수해나 한재가 있으면 안무사, 存撫使 등을 파견하여 순찰케 하였고 때로는 절도사가 이 관직을 겸임하기도 했던 것이다.64) 이러한 당의 제도를 모방하여 성종 12년 전주에 承化節度安撫使가 설치되기도 하였다.65) 결국 이 안무사는 백성들을 安集하고 외관을 감찰하는 직책이었던 것이다. 고려에서도 그 성격은 비슷했다고 할 수 있다. 즉 이 안무사는 현종 3년에 설치했고 동왕 9년에 폐지했다가 예종 2년에 다시 설치했는데 그 임무는 백성들의 疾苦를 묻고 수령들의 殿最를 살피는 것이었다.66)

그러면 과연 이 안무사가 75도에 설치되었다는 기록은 믿을 만한 것인가. 본래 고려의 외관은 성종 2년부터 본격적으로 설치되기 시작하여 성종 14년에 대거 파견되었다. 즉 절도사, 도단련사, 단련사, 자사, 방어사 등의 외관이 각지에 파견되었던 것이다. 이때 새롭게 외관이 파견된 지역이 66개 지역이었고 그 이전부터 있었던 외관과 합하면 74개 지역이나 된다.67) 이중 광종 2년 고부군에 설치되었던 안남도호부사가 성종 14년에 영암으로 옮겨져 없어졌다고 한다면 73개 지역이라 할 수 있다. 그러나 이러한 외관은 목종 대에 이르러 많이 혁파되고 있다. 즉 목종 8년 12절도사, 4도호, 동서북계방어진사, 현령, 진장은 남겨두고 나머지 관찰사, 도단련사, 단련사, 자사 등은 다 폐지하였던 것이다.68) 그러다가 현종 대에 이르러 12절도사마저 폐지하고 5도호 75도안무사제를 실시하였던 것이다.

---

64) 『文獻通考』권61 職官15 安撫使조 및 『中國歷代職官辭典』, 國書刊行會, 1980, 2쪽.
65) 『高麗史』권57 지리지2 全羅道 全州牧조.
66) 『高麗史』권77 백관지2 外職 安撫使조.
67) 金甲童, 「成宗代의 地方制度 改革」 『羅末麗初의 豪族과 社會變動 硏究』, 고려대민족문화연구소, 1990, 168쪽.
68) 『高麗史節要』권2 목종 8년 3월조.

그런데 실제『고려사』지리지를 살펴보면 안무사가 설치된 지역은 7개에 불과하다. 楊州, 廣州, 忠州, 淸州, 晉州, 吉州, 黃州 등이 그것이다. 따라서 일단 안무사가 설치된 지역은 7개 지역이라고 말할 수 있다. 그렇다면 75道에 안무사가 설치되었다는 기록은 잘못된 것인가. 그렇지는 않다고 생각한다.

고려시대 道의 용례는 여러 가지로 쓰이고 있다. 즉 지방행정단위로서의 道 외에 구체적인 방면이나 막연한 방향을 나타내는 경우도 있고 교통로로써 사용되는 경우도 있었다.[69] 특히 교통로로써 사용된 도의 용례로『고려사』권82 병지2 驛站조에 보면 22개의 도가 나와 있다. 또 주현군이 배치된 44개 지역을 道라는 용어로 명명하기도 하였다.[70] 따라서 75개의 도가 존재할 수 있을 가능성은 충분히 있다. 그렇다고 이 표현이 75명의 안무사를 설치했다는 뜻은 아니다. 그것은 다음의 기록을 보면 알 수 있다.

C. (文宗 10년)9월 甲申일에 制하기를 "…… 이제 兼侍御史 刑部員外郞 李攸績을 山東南忠·慶·尙州三道撫問使로 삼고 兼御史雜端 兵部郞中 金若珍, 禮部郞中 崔尙을 아울러 山南晉·羅·全·淸·廣·公·洪州七道撫問使로 삼고 兼監察御史 侍殿中內給事 安民甫를 關西·北·關內三道撫問使로 삼고 監察御史 閔昌壽로 關內東道撫問使로 삼아 길을 나누어 파견하되 혹 지체하지 말라" 하였다.(『高麗史』권7 문종세가)

이것은 관리들이 지방토호들과 결탁하여 백성들을 침탈하고 있는 실정을 개탄하면서 문종이 무문사를 파견하여 수령과 향리들의 정치성적 및 淸濁과 백성들의 실정을 알아보게 한 조치다. 여기서의 道는 구체적인

---

69) 河炫綱,「後期道制에의 轉成過程」『韓國中世史 硏究』, 一潮閣, 1988, 227~236쪽.
70)『高麗史』권83 병지3 州縣軍조.

방면을 가리키는 것이다. 그런데 3도무문사, 7도무문사 등의 용어에만 집착하다 보면 총 14道가 되어 마치 14명의 무문사가 파견된 것처럼 생각하기 쉽다. 그러나 실제는 5명의 무문사가 파견되었다. 즉 1道에 1인의 무문사가 파견되는 것은 아니라는 것이다. 똑 같은 논리로 75도 안무사가 설치되었다 하여 75인의 안무사가 있었던 것은 아니다. 즉 1명의 안무사가 몇 개의 道를 순찰하면서 백성들의 실정을 살피고 관리들의 공과를 감찰할 수 있다는 것이다. 그것은 위의 C기록에서도 알 수 있다. 결국 안무사를 설치한 것은 7개 지역에 7인이었지만 그들이 감찰한 지역이 75개 지역이라는 뜻이라 생각한다.

이 75道의 道가 구체적인 방면을 말하는 것인지 아니면 軍事道를 말하는 것인지 확언할 수 없지만 주로 외관이 설치되어 있거나 설치된 경력이 있는 지역이었지 않나 한다. 성종 14년 외관이 설치될 때 5개의 도호부를 제외하더라도 기록상에 나타나는 외관설치 지역은 69개다. 또 후술하겠지만 현종 9년 군현제 개혁을 할 때 북방 지역의 鎭을 제외하고도 牧使, 知州郡事나 縣令이 있었던 지역이 84개 지역이나 된다. 따라서 안무사가 감찰할 지역이 75개였을 가능성은 충분히 있다. 즉 75도 안무사가 설치되었다는 기록은 잘못된 것은 아니라 하겠다. 한편 절도사를 폐지하고 안무사를 설치한 것은 軍政的 체제에서 民政的 체제로의 전환을 의미하는 것이라 해석할 수 있다.[71]

그러면 왜 이러한 조치가 취해진 것일까. 이 조치는 崔士威가 張延祐, 皇甫兪義 등과 더불어 한 건의에 의하여 단행된 것이었다.[72] 이들이 그러한 건의를 한 배경은 어디에 있었을까. 이들 중 최사위와 장연우는 거란과의 전쟁에 직접 참여했던 인물이다. 즉 거란이 침입하자 고려

---

71) 河炫綱, 앞의 논문, 1988, 238쪽.
72) "後(崔士威)與張延祐皇甫兪義獻議 罷東京留守 置慶州防禦使 又廢十二州節度使 置五
    都護 七十五道安撫使."(『高麗史』 권94 崔士威傳)

조정에서는 강조를 行營都統使로 삼아 적을 방어케 하였는데, 이때 최사위는 統軍使로 참여하였다. 그리하여 군사를 거느리고 龜州의 북쪽 惡頓, 湯井, 曙星 등 세 길로 나아가 거란과 싸웠으나 패배한 적이 있었다.[73] 또 강조가 거란에게 잡히자 최사위가 西北面行營都統使가 되고 장연우는 이때 채충순과 같이 中樞使가 되기도 하였다.[74] 그 후 최사위는 參知政事로서 西京留守가 되었다가[75] 吏部尙書가 되어 이 건의를 하게 된 것이다.

이러한 그의 경력으로 미루어 볼 때 그는 전쟁 때문에 많은 백성들이 고통스러워함을 보았을 것이고 당시 늘어난 군사력이 절도사에 집중되는 것을 좋아하지 않았으리라 생각한다. 그것은 그들이 중앙의 관리였고 문신이었기 때문이라 생각한다. 즉 당시 왕권이 확립되지 않은 상황에서 지방의 절도사들에게 군사력이 집중되면 자신들의 지위도 보장받을 수 없었기 때문이다. 2년 뒤인 현종 4년 당시 中樞院日直員이었던 황보유의가 중추원사 장연우와 같이 군액의 증대로 백관의 녹봉이 부족하다는 이유로 경군의 영업전을 회수한 것도[76] 이러한 맥락에서 이해할 수 있다.

현종도 자신의 지위가 확고하지 못한 상태에서 지방의 절도사들에게 군사력이 집중되는 것을 싫어했을 것이다. 특히 그는 전쟁 때문에 피난을 가는 과정에서 공주절도사 金殷傅의 도움을 받기도 했지만 고통을 겪기도 하였다. 즉 현종이 參禮驛에 이르자 전주절도사였던 趙容謙이 평복을 입고 맞이했는가 하면 왕의 처소를 습격하기도 했다.[77] 그러자 현종 2년 피난에서 돌아온 현종은 지배세력의 명단에서 조용겸을 제명하였

---

73)『高麗史節要』권3 현종 원년 10월 丙午·壬辰조 및 『高麗史』권94 崔士威傳.
74)『高麗史節要』권3 현종 2년 7월조.
75)『高麗史』권3 현종세가 2년 8월조.
76)『高麗史』권94 皇甫兪義傳.
77)『高麗史』권94 智蔡文傳.

다.78) 이 때문에 현종은 최사위 등의 건의를 받아들여 절도사제를 폐지하고 백성들을 안집시키기 위하여 민정적 성격이 강한 외관인 안무사를 파견하였던 것이다.

또 이러한 조치와 더불어 東京이 慶州로 강등되면서 防禦使가 설치되었다. 물론 이것도 최사위 등의 건의에 따른 것이었다. 이곳은 원래 신라의 서울이었으나 태조 18년 경순왕이 귀순하면서 경주가 되었고 태조 23년 大都督府가 되었다. 그러다가 성종 6년 동경이 되었고 이때에 와서 다시 경주로 강등된 것이다.79) 이것은 서경이 목종 대에 鎬京으로 불리면서80) 부상하는 것과 묘한 대조를 이룬다. 호경은 周 무왕이 처음 도읍을 정한 곳으로 고려도 그만큼 서경을 중시했다는 말이 된다. 그 때문인지 모르지만 목종은 서경을 자주 행차하였다. 이러한 서경 우대정책은 현종 대에도 계속되어 서경의 木覓, 橋淵, 道知巖, 東明王 등의 신에게 勳號를 가하고 여기에 성을 쌓았는데 이를 '皇城'이라 하기도 했던 것이다.81)

그런데 이 조치는 건의를 한 최사위가 서경유수를 지냈다는 관력 때문이기도 하겠지만 출신지와도 관련되는 문제가 아닌가 한다. 최사위는 水州人이었고82) 장연우는 瀛州尙質縣[古阜]人이었으며83) 황보유의는 黃州 皇甫氏로 추정된다.84) 따라서 이들은 모두 近畿지역 출신으로 경주세력을 약화시키기 위한 조치가 아니었나 한다. 당시 현종 대의 재추 41인의 출신지를 분석해 보아도 경주 출신은 金因渭, 崔沆, 崔齊顔 3인 뿐이었다.85)

<hr>

78) 『高麗史節要』 권3 현종 2년 8월조.

79) 『高麗史』 권57 지리지2 東京留守官 慶州조.

80) 『高麗史』 권3 목종 원년 7월 癸未조.

81) 『高麗史節要』 권3 현종 2년 5월 및 8월조.

82) 『韓國金石全文』 中世 上, 亞細亞文化社, 1984, 502쪽의 崔士威廟誌.

83) 『高麗史』 권94 皇甫兪義 附 張延祐傳.

84) 李樹健, 『韓國中世社會史 硏究』, 一潮閣, 1984, 161쪽.

85) 金泰旭, 「高麗 顯宗代 宰樞의 사회적 기반」 『李基白先生古稀紀念韓國史學論叢』 上, 一潮閣, 1994, 595~607쪽.

게다가 현종의 옹립에 공을 세운 사람 중 경주 출신은 崔沆 하나 뿐이었음에서도 알 수 있다. 이것은 최승로의 사후 경주세력의 쇠퇴를 반영하는 것이었다. 그러나 이것은 일시적인 조처였고 현종 5년에는 다시 경주에 安東大都護府가 설치되었다.

또 75도 안무사제가 실시된 것은 성종 14년 실시된 주현제의 실패와도 관련이 있는 듯 하다. 즉 성종 14년에는 군 단위를 없애고 州와 縣·鎭만 존재하였는데 외관이 파견된 곳은 모두 주였다.[86] 그런데 이의 실패로 주가 다시 군 단위로 환원되고 있었다. 그에 따라 여기에 파견된 외관도 폐지할 수밖에 없었다. 예컨대 성종 14년 龍州에는 자사가 파견되었고 許州에는 도단련사가 파견되었으나 현종 3년 이들 군현이 각각 龍宮郡, 含陽郡으로 강등되면서 외관도 없어졌던 것이다.[87]

요컨대 현종은 그 집권초기부터 권력 기반이 취약하였다. 그리하여 현종은 왕권을 강화하는 중앙집권책을 쓰지 않을 수 없었다. 게다가 거란과의 전쟁은 군사력의 증강을 가져오는 한편으로 백성들이 고통에 시달리게 되었다. 이리하여 중앙관료이면서 문신인 최사위, 황보유의, 장연우 등이 절도사의 폐지를 주장하였고 현종도 이를 흔쾌히 받아들였다. 대신 안무사라는 7인의 순찰관을 두어 75개 지역의 외관 및 지방세력을 감시하고 백성들을 안집하였다. 또 경주세력의 일시적인 후퇴로 동경이 경주로 강등되기도 하였다. 또 이러한 조치는 성종 14년 실시했던 주현제의 붕괴를 부채질하게 되었다.

---

86) 金甲童, 앞의 책, 164~167쪽, 표 참조.
87) 『高麗史』 권57 지리지2 慶尙道 咸陽縣 및 龍宮郡조.

4. 현종 9년의 지방제도 개혁

이 현종 대의 지방제도는 왕권이 어느 정도 안정되고 여러 제도적
장치가 정비된 현종 9년에 와서 대대적인 정비가 이루어진다. 우선 현종
3년의 안무사제가 폐지되고 많은 외관이 파견되었다. 이에 따라 전국에는
4都護, 8牧, 56知州郡事, 28鎭將, 20縣令이 설치되었다.[88] 그리고 각 수령들
이 거느릴 수 있는 衙從들의 숫자가 정해졌고[89] 외관들이 지켜야 할
6개의 조항이 만들어졌다.[90] 또 향리들에 대한 정책적 조처가 마련되었
다. 즉 丁의 다소를 기준으로 하여 주·부·군·현·진에 향리들의 정원이
정해졌으며[91] 향리들의 서열에 따라 그들이 입을 수 있는 公服제도가
제정되었던 것이다.[92] 이 밖에도 수도인 개성부에 대한 개편이 이루어지
기도 했다.[93]

위와 같은 개혁에 대해서는 다음 기회에 자세히 검토하기로 하겠다.
그리고 여기서는 외관의 설치와 짝하여 정비된 主·屬 郡縣制에 대해 살펴보
기로 하자. 主郡·縣은 외관이 파견된 지역을 가리킨다. 그 주군·현이
구체적으로 어디 어디인지 살펴보자.

4都護는 安南大都護府 全州, 安西都護府 海州, 安邊都護府 登州, 安北都護府
寧州를 말한다. 『고려사』 지리지에 의하면 이들은 대개 현종 9년에 새로이
설치된 것으로 되어 있다. 즉 안북도호부는 이동 없이 예전의 지역에
그대로 설치되었지만 안남도호부는 영암에서 이동해온 것이고 안서도호

---

88) 『高麗史節要』 권3 현종 9년 2월조.
89) 『高麗史』 권72 여복지2 鹵簿 外官衙從조 및 具山祐, 앞의 논문, 108~112쪽.
90) 『高麗史』 권75 선거지3 凡用守令조.
91) 『高麗史』 권75 선거지3 銓注 鄕職조.
92) 『高麗史』 권72 여복지 冠服 長吏公服조.
93) 『高麗史』 권56 지리지1 王京開城府조 및 邊太燮, 「高麗時代 京畿의 統治制」『高麗政治
制度史硏究』, 一潮閣, 1971, 244~250쪽 참조.

부는 豊州[풍산]에서 이동해왔다. 그리고 안변도호부도 和州에서 옮겨진 것이었다. 그런데 여기에 현종 5년에 설치된 안동대도호부 경주가 현종 9년까지 그대로 존치되고 있는 듯하여 실제 현종 9년 도호부는 5개였다고 하겠다. 물론 얼마 후인 현종 13년 안남도호부가 다시 전주로 환원됨으로써 이때에 비로소 4도호부가 된 것이다. 그 후 현종 21년에는 안동대도호부마저 다시 동경이 됨으로써 3도호부만 남게 되었다.

8牧도 실제 『고려사』 지리지에 등재되어 있는 목의 수와 차이를 보이고 있다. 『고려사』 지리지에 현종 9년 당시 목이 설치되었다고 나오는 곳은 廣州牧, 忠州牧, 淸州牧, 晉州牧, 尙州牧, 羅州牧, 黃州牧 등 7개 지역에 불과하다. 나머지 1개 지역은 사실상 현종 13년에 목이 된 것 같다. 즉 『고려사』 지리지에 의하면 전주목은 현종 9년 안남도호부가 되었다가 현종 13년 "又名全州"라 하여 마치 단순히 전주로만 개명된 것처럼 나와 있다. 그러나 그 이후에 전주목이 된 기록이 없으므로 이때 목이 된 것으로 해석할 수밖에 없는 것이다. 그렇다면 8목도 결국에는 현종 13년에 이르러서야 제대로 갖추어졌다고 할 수 있다.

그런데 왜 『고려사』 지리지나 『고려사절요』에는 현종 9년에 4도호 8목이 설치된 것처럼 나와 있을까. 아마도 그것은 이때에 정해진 원칙이 그러했고 이것을 시행하는 과정에서 문제가 생겼거나 시간이 걸려 현종 13년에 와서 완성을 보게 된 것이 아닌가 한다.

다음 56知州郡事에 대해서는 『고려사』 지리지의 실제 기록과 더욱 큰 차이를 보이고 있다. 즉 이때 지주사가 설치되었다고 나오는 군현은 楊州, 樹州, 水州, 原州, 公州, 吉州, 東州, 平州 등 8곳이고 谷州의 경우는 군을 칭한 적이 없는데 지군사가 설치되었다고 나와 있다. 아마 지주사의 잘못이라 생각된다. 그렇다면 9개 지역이 된다. 지군사가 설치된 지역은 密城郡 1곳뿐이다. 지부사도 지주사와 동격인데 지부사 설치 지역은 天安府, 京山府 2곳이다. 방어사도 지주사, 지군사와 동격이므로[94] 방어사가 설치된 지역도 여기에 포함되리라 생각한다. 방어사가 설치된 지역은 蔚州, 禮州, 梁州, 交州, 豊州, 和州, 長州, 龜州, 麟州, 郭州, 鐵州, 靈州, 成州, 朔州 등 14곳이다. 이를 총 합하면 26개 지역에 불과하다. 그러나 그 이전에 주나 군으로 외관이 파견되었던 곳도 혁파된 기록이 없으면 여기에 포함시킬 수 있다. 洪州, 陝州, 金州, 昇州, 春州, 寶城郡 등 6곳이 여기에 해당되고 靈光郡, 南原府도 主郡이었던 점으로 미루어 지군사가 파견되었다고 보여진다. 金城郡도 현종 9년 郡으로 승격했다는 표현으로 보아 지군사 설치지역이라 할 수 있다. 현종 9년 郡으로 강등된 靈岩郡이나 현종 10년 군으로 강등된 古阜郡도 주군으로 되어 있는 점으로 보아 지군사 설치 지역이라 할 수 있다. 또 현종 9년 이전에 방어사가 설치되었 다가 폐지되지 않은 高州, 宜州, 文州, 龍州, 雲州, 延州, 博州, 嘉州, 德州, 撫州, 順州, 渭州, 泰州, 殷州, 肅州, 慈州 등 16개 지역도 있다. 현종 10년 방어사가 설치된 猛州도 여기에 포함시킬 수 있다. '고려초'에 安化郡에서 승격한 通州도 기록은 없지만 현종 9년이나 그 이전에 방어사가 설치되었 다고 보는 것이 순리이다. 여기에는 마치 현종 21년에 처음 방어사가 설치된 것처럼 나와 있으나 그것은 처음 방어사가 설치되었다는 뜻이 아니라 그 지역의 명칭이 통주에서 宣州로 바뀌었기 때문에 특별히 기록한 것이라 할 수 있다. 溟州도 성종 14년 단련사가 설치되었다가 '後'에 방어사로 개명되었다 했는데 이 '後'는 목종 8년 아니면 현종 3년, 현종 9년일 것이므로 이곳도 방어사 파견지역임이 분명하다. 이렇게 계산하면 지주군사 설치지역이 꼭 56개가 된다.

28명의 鎭將이 있었던 곳은 어디였을까. 명확히 진장이 설치되었다고 나오는 지역은 白翎鎭 1개 지역에 불과하다. 그러나 현종 대나 그 이전에 築城했거나 고려에 편입된 鎭에는 진장이 있었다고 보는 것이 합리적이다.

---

94) "知州郡員吏 品秩同防禦鎭 後只置知事判官 或只置知事."(『高麗史』 권77 백관지2 外職 조)

그러한 지역으로는 동계의 寧仁鎭(현종 22), 耀德鎭(현종 3), 長平鎭(광종 20), 龍津鎭(목종 9), 靜邊鎭(현종 22), 雲林鎭(현종 6), 永豊鎭(목종 4), 隘守鎭(성종 2) 등 8곳이고, 북계의 威遠鎭(현종 20), 定戎鎭(현종 20), 寧朔鎭(고려), 安義鎭(현종 9), 陽岩鎭(태조 21), 樹德鎭(성종 2), 安戎鎭(광종 25) 등 7곳이 있다. 후에는 현령이 설치되었으나 태조 17년에 축성되었던 通海縣이나 定水縣, 일찍이 牙善城, 黃龍城이라 불렸던 咸從縣, 龍岡縣 등도 진장이 설치되었던 지역이 아닌가 한다. 그러면 20개 지역이 되는 셈인데 이 밖에 다른 지역은 추측하기가 어렵다.

이제 20현령이 설치된 지역은 어디인가를 살펴보자. 『고려사』지리지에 현종 9년 현령이 설치된 것으로 나오는 지역은 開城縣, 長湍縣, 江華縣, 嘉林縣, 南海縣, 巨濟縣, 瓮津縣, 鎭溟縣, 翼嶺縣, 三陟縣 등 10곳이다. 이 밖에 막연하게 '後'에 현령이 설치되었다고 나오는 珍島縣, 遂安縣, 海陽縣 등도 여기에 포함시킬 수 있다. 그리고 '고려'·'고려초'의 시기에 현령이 설치된 것으로 나오는 臨陂縣, 進禮縣, 金壤縣, 高城縣, 杆城縣, 蔚珍縣 등도 이 범주에 들 가능성이 있다. 그렇다면 19개 지역이 된다. 나머지 1개 지역은 자세히 알 수 없다.

지금까지 살펴본 바와 같이 현종 9년에 4도호, 8목, 56지주군사, 28진장, 20현령 등이 설치되었다는 기록은 대체적으로 믿을 만하다는 결론을 내려도 좋다고 생각한다. 실제 『고려사』지리지에 나와 있는 외관 설치 지역과 정확하게 일치하지 않는 것은 지리지가 완벽하지 못하다는 데에 일차적인 책임이 있을 것이다. 또 아마 그 해에 그러한 원칙을 정해놓고 꾸준히 정책을 수행해 나갔기 때문에 정확하게 일치하지 않을 수도 있다고 생각한다.

어쨌든 이렇게 하여 외관이 파견된 주군·현이 정해지면서 여기에 속하게 될 속군·현도 대폭 정리되었다. 원래 통일신라시대만 하더라도 거의 모든 군현에 외관이 파견되어 있었다. 즉 주에는 都督, 군에는

太守, 현에는 縣令이 설치되어 있었던 것이다. 『삼국사기』에 의하면 전국에 도독은 9인, 태수는 115인, 그리고 少守 85인, 현령 201인이 있었음을 알 수 있다.[95] 그리하여 주 밑에 몇 개의 군이 있었고 군 밑에 몇 개의 현이 領屬되어 있었다. 즉 도독이 그 휘하의 태수를 통솔하고 태수가 그 휘하의 현령을 통솔함으로써, 외관과 외관과의 관계로 지방통치체제가 짜여 있었던 것이다. 『삼국사기』에서는 이를 '領縣'이라 표현하고 있다. 『고려사』 지리지에서도 외관과 외관과의 領屬관계는 '領都護府'·'領郡'·'領縣' 등으로 표현하고 있는 것이다.

그러나 신라 하대에 들어오면서 정치기강의 해이와 농민봉기에 의하여 외관을 파견하지 못하는 경우가 생겨나게 되었다. 그리하여 이러한 군현이 외관이 파견된 지역의 통제를 받게 되면서 屬郡·縣이 발생하였다. 즉 외관이 속군·현의 향리들을 통제하는 형태가 되기 시작하였다. 이를 『고려사』에서는 '屬郡'·'屬縣'이라 표현하고 있다. 이 속군·현의 발생과 정리는 고려 태조 대에 많이 진행되었으나[96] 왕권이 불안정하고 지방세력이 강했던 당시에는 이를 다 정리할 수 없었다. 그리하여 현종 9년에 와서 이를 정리할 수 있었던 것이다.

예컨대 양광도 楊州의 경우 고려 초에는 하나의 속현도 갖고 있지 못하다가 현종 9년에 이르러 견주, 포주, 행주, 봉성현, 고봉현, 심악현, 풍양현, 사천현 등 8개의 속군현을 갖게 됨으로써 막강한 읍세를 자랑하게 되었다. 경상도 안동부의 경우는 이보다 훨씬 규모가 컸다. 즉 현종 9년 여기에 임하군, 예안군, 의흥군, 일직현, 은풍현, 감천현, 봉화현, 안덕현, 풍산현, 기주현, 흥주, 순안현, 의성현, 기양현 등 무려 14개의

---

95) 『三國史記』 권40 職官志下 外官조. 여기서 少守는 현의 또 다른 장관이었다. 그것은 원성왕 5년 子玉이 楊根縣 少守에 임명된 것에서 알 수 있다.(『三國史記』 권10 신라본기 元聖王 5년조)

96) 이에 대해서는 金甲童, 「高麗 太祖代 郡·縣의 來屬關係 形成」『韓國學報』 52, 1988 ; 앞의 책, 고려대 민족문화연구소, 1990, 123~148쪽 참조.

군현이 來屬되었던 것이다. 당시 속군현의 상황을 표로 나타내면 〈표 1〉과 같다.

〈표 1〉 顯宗 代에 정리된 屬郡, 縣

地域	主郡·縣名	屬郡·縣名(表現)
王京開城府 (총 10개)	開城縣	貞州, 德水縣, 江陰縣(이상 屬縣)
	長湍縣	臨江縣, 兎山縣, 臨津縣, 松林縣, 麻田縣, 積城縣, 波平縣(이상 屬縣)
楊廣道 (총 74개)	楊 州	交河郡, 見州, 抱州, 幸州, 峯城縣, 高峯縣, 深嶽縣, 沙川縣(이상 來屬), 豊壤縣(仍屬之)
	樹 州	衿州, 孔岩縣(이상 來屬), 金浦縣(仍屬), 邵城縣(任內), 唐城郡(屬郡)
	水 州	安山縣, 永新縣, 雙阜縣, 龍城縣, 貞宋縣(이상 來屬) 陽城縣(현종 5년 來屬), 安城縣(屬)
	廣州牧	竹州, 果州, 砥平縣, 楊根縣(이상 來屬), 龍駒縣(仍屬)
	忠州牧	槐州, 長延縣, 長豊縣, 陰竹縣, 淸豊縣(이상 來屬)
	原 州	寧越郡, 丹山縣, 酒泉縣, 黃驪縣(이상 來屬)
	淸州牧	鎭州, 道安縣, 燕岐縣, 懷仁縣(이상 來屬)
	公 州	德恩郡, 懷德郡, 扶餘郡, 連山郡, 市津縣, 德津縣, 鎭岑縣, 石城縣, 定山縣, 尼山縣(이상 來屬)
	洪 州	彗城郡, 大興郡, 結成郡, 高丘縣, 保寧縣, 興陽縣, 新平縣, 德豊縣, 伊山縣, 唐津縣, 餘美縣, 驪陽縣, 貞海縣(이상 來屬) 蘇泰縣(屬)
	天安府	溫水郡, 牙州, 新昌縣, 豊歲縣, 禮山縣, 稷山縣(이상 來屬), 靑陽縣(任內)
	嘉林縣	西林郡, 庇仁縣, 藍浦縣(이상 來屬), 鴻山縣(仍屬)
慶尙道 (총 100개)	東京留守官	興海郡, 章山郡, 壽城郡, 永州, 安康縣, 新寧縣, 慈仁縣, 河陽縣
	慶 州	淸河縣, 延日縣, 解安縣, 神光縣, 杞溪縣(이상 來屬)
	蔚 州	東萊縣, 巘陽縣(이상 來屬)
	禮 州	甫城府, 英陽縣, 盈德郡, 松生縣(이상 來屬), 平海郡(顯宗朝來屬)
	金 州	義安郡, 咸安郡, 漆園縣, 熊神縣, 合浦縣(이상 來屬)
	梁 州	東平縣(來屬), 機張縣(後 移屬)
	密城郡	昌寧郡, 玄豊縣, 桂城縣, 豊角縣(이상 來屬)
	晉州牧	江城郡, 河東郡, 岳陽縣, 永善縣, 鎭海縣, 昆明縣, 班城縣, 宜寧縣(이상 來屬)
	陜 州	嘉樹縣, 三岐縣, 山陰縣, 丹溪縣, 加祚縣, 感陰縣, 利安縣, 新繁縣, 冶爐縣, 居昌縣(이상 來屬), 草溪縣(仍屬), 咸陽郡(顯宗 3년 來屬)
	巨濟縣	固城縣(屬)
	尙州牧	聞慶郡, 開寧郡, 報令郡, 咸昌郡, 永同郡, 海平郡, 山陽縣, 功城縣,

		單密縣, 比屋縣, 安定縣, 中牟縣, 虎溪縣, 禦侮縣, 加恩縣, 一善縣, 軍威縣, 孝靈縣, 岳溪縣(이상 來屬), 靑理縣(仍屬), 化寧郡(後爲縣 來屬)
	京山府	仁同縣, 知禮縣, 加利縣, 八莒縣, 金山縣, 黃澗縣, 管城縣, 安邑縣, 陽山縣, 利山縣, 大丘縣, 花園縣, 河濱縣(이상 來屬)
	安東府	臨河郡, 禮安郡, 義興郡, 一直縣, 殷豊縣, 甘泉縣, 奉化縣, 安德縣, 豊山縣, 基州縣, 興州, 順安縣, 義城縣, 基陽縣(이상 來屬)
全羅道 (총 6개)	全州牧	礪陽縣(來屬), 高山縣(仍屬)
	羅州牧	潭陽郡, 谷城郡(後 來屬)
	靈光郡	壓海郡(後 來屬)
	寶城郡	荳原縣(後 來屬)
交州道 (총 14개)	交 州	通溝縣(來屬), 嵐谷縣(仍屬)
	春 州	嘉平郡, 朝宗縣, 文登縣(이상 來屬), 洪川縣(仍屬)
	東 州	金化郡, 朔寧縣, 平康縣, 伊川縣, 安峽縣, 洞陰縣(이상 來屬), 獐州縣, 僧嶺縣(仍屬)
西海道 (총 18개)	安西都護府 海 州	鹽州, 安州(이상 顯宗初 來屬)
	豊 州	安岳郡, 儒州, 殷栗縣, 靑松縣, 嘉禾縣, 永寧縣(이상 來屬)
	瓮津縣	長淵縣, 永康縣(이상 來屬)
	黃州牧	土山縣(來屬), 鳳州, 信州(이상 顯宗初 來屬)
	平 州	牛峰郡(屬縣), 白州(屬), 洞州(顯宗初 來屬)
	谷 州	俠溪縣, 新恩縣(이상 來屬)
東界 (총 11개)	安邊都護府 登 州	衛山縣, 派川縣, 鶴浦縣(이상來屬), 瑞谷縣, 汶山縣, 霜陰縣(이상 仍屬)
	溟 州	羽溪縣(來屬), 旌善縣, 連谷縣(이상 仍屬)
	高城縣	安昌縣(來屬)
	翼嶺縣	洞山縣(來屬)

여기서 '屬水州'·'屬白州' 등과 같은 표현은 '來屬'과 같은 의미이고 '任內'라는 표현도 같은 뜻이다. 그런데 '仍屬'이란 표현은 신라시대 때부터 領郡·縣이었다가 이때에도 여전히 통제를 받는 속군·현이 되었다는 뜻으로 쓰이고 있다. 예컨대 廣州牧의 속현인 龍駒縣은 신라시대에 巨黍縣으로서 광주의 옛 이름인 漢州의 영현으로 있었다. 마찬가지로 交州의 속현인 嵐谷縣은 신라시대에는 丹松縣으로 교주의 전신인 連城郡의 영현으로 존재하고 있었던 것이다.[97]

그런데 이들 군현이 현종 대에 이르러서 來屬 내지 仍屬되었다면 그 이전에는 어떠한 상태로 존재하고 있었을까. 확실한 근거를 제시할 수는 없지만 대체로 독립적인 지위를 유지하고 있었다고 생각된다. 즉 이들 지역은 그 지역의 향리나 토착 세력이 자체적으로 통제하면서 중앙과 일정한 관계를 유지하였다는 것이다. 그러다가 현종 대에 이르러 속군·현이 됨으로써 주군·현의 수령이나 향리들의 통제를 받게 된 것이라 하겠다.

한편 현종 대에 형성된 속군·현의 분포를 보면 경상도가 총 100개로 가장 많은 비중을 차지하고 있다. 다음으로 양광도가 74개, 그리고 서해도, 교주도의 순으로 되어 있다. 반면 '後'라는 막연한 표현을 현종 9년으로 추정한다 하더라도 전라도 지역에는 총 6개의 속군·현만이 정리되고 있다. 이것은 대체로 고려 태조 대로 추측되는 '高麗'·'至高麗'·'高麗初'의 시기에 발생한 속군·현의 분포도와 묘한 대조를 이룬다. 즉 이 시기에 발생한 속군·현은 전라도에 가장 많이 분포하고 있는 반면 경상도에는 거의 없는 것으로 나타나고 있는 것이다.[98]

이것은 무엇을 보여주는 것인가. 전라도 지역은 다 아는 바와 같이 후백제의 영역에 속하였다가 무력에 의하여 태조 19년(936) 정복된 지역이다. 그리하여 왕건은 후삼국을 통일한 직후 전주에 安南都護府를 설치하고 고부에는 瀛州觀察使를 설치하였다.[99] 또 일찍부터 태조의 근거지였던 나주지역에는 중앙군을 주둔시켰다.[100] 그리고 이들 지역을 중심으로 하여 인근 군·현을 來屬시켜 통제하였던 것이다. 그러나 경상도나 충청도 지역은 상황이 달랐다. 이 지역은 왕건에게 귀순하거나 항복한 지방세력이 많아 이들에게 일정한 대우를 해주지 않을 수 없었다. 그리하여 이들 지역은 기존의 세력관계를 대체로 온존시켜 주었다. 때문에 고려 초에는

---

97) 『三國史記』 권35 地理志2 漢州 및 朔州 連城郡조.
98) 金甲童, 「高麗 太祖代 郡縣의 來屬關係形成」 『韓國學報』 52, 1988 ; 앞의 책, 고려대민족문화연구소, 1990, 127~128쪽.
99) 『高麗史』 권57 지리지2 全羅道 全州牧 및 古阜郡조.
100) 그리하여 이 지역은 羅府라 불리기도 하였다.(『三國史記』 권50 弓裔傳)

이들 군현이 큰 변화를 겪지 않다가 현종 9년에 이르러서야 개편을 보게 된 것이다. 그것은 광종, 성종대의 꾸준한 왕권 강화 노력이 밑바탕이 된 것이라 하겠다.

이렇게 하여 고려 군현제의 큰 특징 중의 하나인 主-屬 郡縣制는 자리를 잡게 되었다. 즉 신라시대의 領屬 郡縣制에서 상부구조는 領屬관계, 하부구조는 主屬관계로 되어 있는 고려 군현제가 마련되었던 것이다. 이와 같은 고려 군현제는 지방세력들이 고려왕조의 건국, 통일에 지대한 역할을 하여 그들의 자치를 도모하려던 의도와 이 지방세력들을 이용하여 큰 무리 없이 효과적인 지방통치를 꾀하려 했던 중앙의 입장이 결합되어 이룩된 것이었다. 이후 이러한 고려의 군현제는 약간의 변동이 있기는 했지만 큰 변화 없이 고려 말까지 지속되었다. 이것을 알기 쉽게 표로 나타내보면 앞의 표와 같다.

그런데 이 현종 9년을 전후한 시기에 속군·현으로 등장하는 지명은 신라시대부터 존재하던 군현이 대부분이지만 일부 군현은 신라 경덕왕대의 군·현에 포함되어 있지 않다가 새롭게 속군·현으로 등장한 것들도 있다. 이러한 군현은 전국적으로 37개나 된다. 여기에 고려 초에 내속된 군현 중 경덕왕 대의 군현에 포함되지 않은 군현 4개를 합하면 41개가 된다. 우선 고려 초의 군현을 보면 청주목의 속현으로 되어 있는 淸川縣과 靑塘縣, 천안부의 속현인 平澤縣, 春州의 속현인 基麟縣 등 4곳이다. 현종대의 것으로는 상주목의 해평군·용궁군·악계현, 안동부의 의흥군·감천현·기주현, 경주의 하양현, 밀성군의 계성현·풍각현, 진주목의 진해현·곤명현·반성현, 경산부의 인동현, 홍주의 흥양현·정해현, 廣州牧의 장연현·장풍현, 양주의 심악현, 水州의 재양현·영신현·쌍부현·정송현, 옹진현의 장연현·영강현, 곡주의 신은현, 풍주의 안악군·유주·은율현·청송현·가화현·영령현, 황주목의 신주, 등주의 위산현, 고성현의 안창현, 예주의 영양군·평해군·송생현 등이다.

『고려사』 지리지를 중심으로 하여 이들의 행방을 찾아보면 우선 본래 군·현이었으나 경덕왕 대에는 포함되지 않았다가 현종 대에 이르러 다시 속군·현으로 등장한 것들이 있다. 安陽縣→ 재양현, 上芼縣→ 장연현, 薩買縣→ 청천현, 河八縣→ 평택현, 古隱縣→ 영양군, 上火村縣→ 풍각현, 基知郡→ 기린현, 楊岳郡→ 안악군, 莫伊縣→ 안창현 등 9개 지역이 그것이다. 또 본래는 鄕, 部曲, 浦, 軍이었다가 이때에 군·현으로 승격한 것들도 있다. 여기에는 寶新鄕→ 심악현, 六浦→ 쌍부현, 名遠軍→ 흥양현, 大井部曲→ 공성현 등 4곳이 포함된다. 이 밖에 군·현이 아니었다가 군·현이 된 것들도 있다. 그것은 竺山→ 평해군, 闕口→ 유주, 栗口→ 은율현, 痲耕伊→ 청송현, 板痲串→ 가화현, 熊閑伊→ 영령현, 地新羅→ 장연현, 付珍伊→ 영강현, 升山→ 신주 등 9곳이다. 그리고 나머지는 "新羅時 稱號未詳"으로 되어 있거나 아예 아무런 기록이 없다. 다만 인동현의 경우만 본문에는 아무것도 기재하지 않았으나 細註에 경덕왕 대의 壽同縣에서 개명된 것 같다는 견해를 적어놓고 있다.[101]

요컨대 현종 9년에는 군현제에 많은 변동과 정리가 단행되었다. 특히 군현의 主-屬관계가 대폭 정리되었다. 이전까지 대체로 독립적인 지위를 유지하던 많은 군·현이 속현으로 편입되었는가 하면 경덕왕 대에 없어졌던 군·현이 다시 부활되어 속현이 되기도 하였다. 또 이전에 鄕, 部曲, 浦, 軍 지역이 승격하여 편입되었는가 하면 단순한 지명에 불과하던 지역이 속현으로 등장하기도 하였다. 그리고 이때 정리된 속군·현의 분포를 보면 주로 현재의 경기, 충청, 경상도 지역에 집중되어 있었다. 그것은 이 지역의 지방세력들이 고려의 건국과 통일에 많은 역할을 하여 그들의 자치를 인정하다가 이때에 이르러서야 이들을 통제할 수

---

101) "三國史記云 星山郡領內壽同縣 本新羅斯同火縣 景德王改名 今未詳 今以境土考之 疑壽同改爲仁同也."(『高麗史』 권57 지리지2 慶尙道 仁同縣조) 『世宗實錄地理志』 경상도 인동현조에도 똑같은 기록이 나와 있다.

있었던 상황에서 비롯된 것이었다. 이로써 약간의 변동은 있었지만 고려 군현제의 큰 특징인 主-屬 郡縣制는 자리를 잡게 되었던 것이다.

5. 맺음말

지금까지 우리는 현종 대에 행해진 고려 지방제도의 변화상을 살펴보았다. 그 결과 다음과 같은 몇 가지 사실을 알게 되었다. 그것을 요약해 보면 다음과 같다.

첫째 현종 3년 이전 '현종초'에 행해진 일부 군현제의 개편은 현종의 성장과 즉위과정에서 비롯된 것이었다. 현종은 일찍이 어머니를 잃고 2세 때부터 아버지 安宗 郁이 귀양가 있던 泗水縣에서 자랐다. 그리고 안종이 성종 15년 죽자 무덤을 거기에 썼다. 그 후 개경으로 올라온 현종은 할머니가 살았던 大良院에서 잠깐 자랐다. 그리하여 大良院君이라 불리게 되었다. 이 때문에 대량원군이 현종으로 왕위에 즉위한 후 사수현을 泗州로, 그리고 할머니의 고향이었던 江陽郡을 陜州로 승격시켰던 것이다. 한편 현종은 金致陽과 千秋太后와의 사이에서 아들이 태어나자 많은 핍박과 위협을 받았다. 그럼에도 불구하고 현종은 목종의 배려로 왕위에 올랐다. 그러나 西北面都巡檢使 康兆가 목종을 살해하고 현종의 옹립을 도와줬다는 구실로 전횡을 하다가 거란의 침입을 맞게 되었다. 이러한 이유 때문에 김치양과 강조의 출신지인 洞州, 信州는 방어사가 폐지되면서 각각 平州와 黃州牧의 속현이 되었다. 이 외에 김치양이나 강조세력에 가담하였던 鳳州, 安州, 鹽州도 속현화되었던 것이다.

둘째 현종 3년 節度使의 혁파와 5都護 75道安撫使의 설치는 권력기반이 미약하였던 현종이 문신들의 건의를 받아들여 행한 일종의 왕권 강화 조처였다. 즉 거란과의 전쟁을 통하여 증대된 군사력이 지방의 절도사들에게 집중되는 것을 막기 위한 것이었다. 절도사의 군권을 박탈하면서 성종 14년 이래의 軍政的 체제에서 民政的 체제로의 전환을 꾀한 것이었다. 그리하여 7개의 州에 안무사를 설치하였고 이들로 하여금 75개의 주요 지역을 監察하게 하였던 것이다. 그러는 한편으로 東京을 慶州로 강등시켜 防禦使를 파견하였다. 이 조치는 近畿지방세력이 慶州勢力의 약화를 틈타 건의한 조치에 의해 이루어졌다.

셋째 현종 9년에는 향리들에 대한 각종 통제를 비롯하여 여러 방면의 군현제 개편이 단행되었다. 특히 主·屬 군현의 대폭적인 정리가 단행되었다. 그런데 이때 정리된 속군·현의 분포를 보면 전라도 지역에는 거의 없고 현재의 경상도, 충청도, 경기도 지역에 집중되어 있다. 그것은 그때까지 이 지역의 지방세력이 고려의 건국과 후삼국 통일에 많은 역할을 하여 그들을 무시하고 군현제를 개편할 수 없었기 때문이었다. 이때 속현화된 군현은 신라 경덕왕 때의 군현이 대부분이었다. 그러나 거기에 포함되어 있지 않은 군현도 있었다. 즉 본래는 군·현이었지만 경덕왕 대에는 보이지 않던 것이 재등장하여 속현이 되었는가 하면 鄕, 部曲, 浦, 軍 등이 승격하여 속현화된 것도 있었다. 또 단순한 지명에 불과하던 곳이 속현으로 등장하기도 하였고 그 이전의 연혁을 전혀 알 수 없는 속군·현도 있었다.

이러한 현종 대, 특히 현종 9년의 지방제도 개혁으로 인하여 고려의 군현제는 신라와는 자못 다른 틀을 갖추게 되었다. 신라의 군현제는 외관이 외관을 통하여 통제하는 領屬 郡縣制였지만 고려는 領屬 관계와 主屬 관계가 병존하는 군현제로 변모했다. 즉 상부구조는 외관과 외관과의 관계로 통제되는 領屬 관계였지만 하부구조는 외관이 향리들을 통하여 군현을 통제하는 主屬 관계였던 것이다. 이러한 특징을 가지게 된 배경에는 고려의 지방세력의 힘이 다른 어느 시대보다도 컸던 데에 기인하는 것이었다. 이후 이러한 고려의 군현제는 이후 큰 변동 없이 고려 말까지

지속되었던 것이다. 이러한 제도적 정비로 현종은 崔冲에 의하여 '中興之
主'라 일컬어졌던 것이다.

II. 전라도의 탄생과 그 의의

1. 머리말

道는 현재 우리나라의 지방행정구역 명칭이다. 이것이 행정구역 명칭으로 완전히 정착된 것은 조선시대이다. 그러나 이미 고려시대 때부터 행정구역 명칭으로 쓰여지기 시작했다. 5道 兩界 체제가 성립되었던 것이다. 楊廣道, 交州道, 西海道, 慶尙道, 全羅道가 5도였으며 북계, 동계라는 북쪽 변경 지대의 양계가 있었던 것이다.

그런데 5도 중 기록상으로 제일 먼저 쓰이기 시작한 것은 全羅道였다. 전라도라는 명칭은 고려 현종 9년(1018)에 처음으로 생겨났던 것이다. 지금으로부터 1,000여 년 전의 일이었다. 그런데 전라도라는 명칭은 다 알고 있듯이 전주와 나주가 중심이 된 도라는 뜻이다. 마찬가지로 충청도는 충주와 청주, 경상도는 경주와 상주가 중심이 된 도라는 뜻이다.

그렇다면 전라도라는 명칭은 어떻게 해서 생겨난 것일까. 어떤 과정을 거쳐 그러한 명칭이 생겨난 것일까. 왜 통일신라시대 9주 중의 하나였던 武州[현재의 광주]가 배제되고 나주라는 작은 고을이 전라도 명칭에 들어갔을까. 궁금하지 않을 수 없다.

이에 본고에서는 전라도 명칭의 배경이 되었던 전주와 나주의 현황에 대해 알아보고 전라도 탄생의 과정과 그 의미를 탐구해 보고자 한다.

이를 통해 전라도가 차지하는 역사상의 의의와 성격도 자연스럽게 드러나
리라 생각한다.

2. 후백제와 전주

우선 전라도의 첫 글자가 되었던 全州에 대해 알아보자. 전주의 연혁에
대한 기록을 보면 다음과 같다.

> A-① 全州는 원래 백제의 完山인데 진흥왕 16년에 州가 되었고 26년에
> 주가 폐지되었다가 신문왕 5년에 다시 完山州를 설치하였으며 경덕왕
> 16년에 전주로 개칭한 것이다. 지금도 그대로 부른다.(『三國史記』
> 권36 지리지3 전주)
> ② 全州牧은 원래 백제의 完山比斯伐 또는 比自火라고도 한다으로서
> 威德王 원년(554)에 完山州로 하였다가 11년에 주를 폐지하였다. 의자
> 왕 19년에 신라가 당나라 장군 소정방 부대와 연합하여 백제를 멸망시
> 키고 마침내 그 지역을 차지하게 되었다. 진흥왕 16년에 현재의
> 이름으로 고쳤다가 26년에 주를 폐지하였다. 신문왕 4년에는 다시
> 완산주를 설치하였다. 경덕왕 15년에는 또 全州로 고쳤고 후에 견훤이
> 이곳을 수도로 정하였는바 고려 태조가 이를 멸망시키고 安南都護府
> 로 고쳤다가 23년에 다시 全州로 하였다. 성종 12년에 承化節度安撫使
> 라고 불렀고 14년에 전국에 12州 節度使를 두면서 順義軍이라고 불러
> 江南道에 소속시켰다. 현종 9년에 安南大都護府로 승격시켰고 13년에
> 다시 전주로 고쳤으며 공민왕 4년에 이곳 사람들이 원나라 사신
> 야사불화를 잡아 가두었다는 이유로 낮추어서 部曲으로 하였다가
> 5년에 다시 完山府로 고쳤다.(『高麗史』 권57 지리지2 전주목)

③ 全州府는 본래 백제의 完山(比斯伐 또는 比自火라고도 한다)으로서
신라 진흥왕 16년에 완산주를 설치하였다가 26년에 주를 폐지하였는
데 신문왕 4년에 다시 완산주를 설치하였다. 경덕왕 15년에 현재의
이름으로 고쳐 9주를 정비하였다. 孝恭王 때에 견훤이 여기에 도읍을
하고 후백제를 칭하였다. 고려 태조 19년에 신검을 토벌하여 평정하고
安南都護府로 고쳤다가 23년에 다시 전주로 하였다. 성종 12년에
承化節度安撫使라 칭하였고 14년에 전국에 12주 절도사를 두면서
順義軍이라고 불러 江南道에 소속시켰다. 현종 9년에 安南大都護府로
승격시켰고 후에 다시 전주로 고쳤으며 공민왕 4년에 이곳 사람들이
원나라 사신 야사불화를 잡아 가두었다는 이유로 낮추어서 部曲으로
하였다가 5년에 다시 完山府로 고쳤다. 本朝 태조 원년에 御鄕이었기
때문에 승격하여 完山留守府로 하였고 태종 3년에 현재의 이름으로
고쳤다. 세조 때에 鎭을 설치하였다.(『新增東國輿地勝覽』권33 전라도
전주부)

이상의 기록에서 보는 바와 같이 全州는 본래 백제의 完山이었다.
그런데 A-①·③은 진흥왕 16년에 처음으로 완산주가 설치된 것처럼 되어
있으나 A-②는 백제 위덕왕 때에 완산주가 설치되었음을 전하고 있다.
신라 진흥왕 16년은 백제 위덕왕 2년인데 여기서는 원년으로 표기하고
있다. 이때는 백제 멸망 이전으로 신라가 백제 땅에 완산주를 설치했을
리가 없다. 따라서 전주가 원래 백제 땅이었다면 완산주의 설치도 A-②의
기록처럼 백제 위덕왕 때로 표기해야 옳을 것이다. 마찬가지 논리로
주의 폐지도 위덕왕 대로 표기해야 맞다. 그런데 A-②는 진흥왕 대를
위덕왕 대로 바로잡아 놓고도 자신이 없었는지 백제 멸망 후에 A-①의
기록을 첨부하고 있다. 두 가지 기록을 보고 둘 다 기록한 결과라고
추측할 수 밖에 없을 것 같다. 백제 멸망 후 신문왕 5년에 다시 完山州를

설치하였다. 그 후 경덕왕 16년에 全州로 개명하여 지금에 이르고 있다.[1] 그러나 A-②·③의 기록에는 전주로의 개명 시기가 경덕왕 15년으로 되어 있다. 이는 『삼국사기』가 卽位年稱元法을 쓴 것에 비해 『고려사』는 즉위년이 아니고 다음 해를 원년으로 하는 踰年稱元法을 쓴 것에 기인하는 것으로 실제로는 같은 해이다. 따라서 전주라는 명칭이 처음으로 생긴 것은 경덕왕 16년(757)이었다. 이후 안남도호부, 안남대도호부, 완산부 등으로 불리다 조선 태종 3년 전주부가 되어 현재에 이르고 있는 것이다.

이로 미루어 볼 때 전주는 삼국시대는 물론 통일신라시대에 이르러서도 지방 통치체제의 근간이 되었다. 신라 영역 내의 지방 통치제도인 9주의 하나가 된 것이다. 9주는 원래의 신라 땅에 설치한 良州·康州·尙州, 옛 고구려 지역에 설치한 漢州·朔州·溟州, 그리고 옛 백제 지역에 설치한 熊州·全州·武州가 그것이다.

그러다가 전주는 후삼국 시기에 와서 더욱 각광을 받기 시작하였다. 그것은 전주가 견훤이 세운 후백제의 수도가 되었기 때문이다. 후백제를 세운 견훤은[2] 尙州 加恩縣[지금의 문경군 가은면]에서 태어났다. 그가 光州 북촌의 어느 마을에서 지렁이의 아들로 태어났다는 『삼국유사』의 기록은[3] 그가 무진주[광주]를 점령한 이후 만들어낸 설화가 아닌가 한다. 그는 장성하면서 체격이 크고 웅대한 뜻이 있어 신라의 군대에 입대하였다. 서남해 방면에 파견되어 복무하던 그는 진성여왕 대의 혼란

---

1) 『三國史記』 권9 신라본기 경덕왕 16년조에도 9주의 이름을 고치고 관할 군현을 명기한 기록이 보인다. 이때 完山州를 全州로 고치고 1州 1小京 10郡 31縣을 거느리게 하였던 것이다.
2) 견훤과 그 정권에 대한 종합적인 연구는 다음 저서가 크게 참고된다. 신호철, 『후백제 견훤정권 연구』, 일조각, 1993 ; 백제연구소 편, 『후백제와 견훤』, 서경문화사, 2000 ; 전북전통문화연구소, 『후백제 견훤정권과 전주』, 주류성, 2001.
3) 『三國遺事』 권2 奇異 후백제 견훤조.

을 틈타 점차 세력을 넓혀 무진주까지 점령하였다. 그 후 그는 다시 북상하여 전주를 점령하고 후백제를 건국하였던 것이다. 그에 대한 사료를 보자.

B. 甄萱은 은근히 叛心을 품고 무리를 모아 서울 서남쪽의 州縣들을 공격하니, 가는 곳마다 호응하여 그 무리가 달포 사이에 5,000여 명에 달하였다. 드디어 武珍州를 습격하여 스스로 왕이 되었지만 감히 공공연히 王을 일컫지 않고 自署하여 '新羅西面都統指揮兵馬·制置持節都督·全武公等州軍事·行全州刺史·兼御史中丞·上柱國·漢南郡開國公食邑二千戶'라고 하였다. 이때 북원의 도적 良吉이 강성하자 궁예가 스스로 투항하여 그 휘하가 되었는데 견훤이 그 말을 듣고 멀리 양길에게 관직을 주어 裨將으로 하였다. 견훤이 서쪽으로 순행하여 完山州에 이르니 州民들이 맞이하여 환영하였다. 견훤이 인심을 얻은 것을 기뻐하여 좌우에게 이르기를 "내가 삼국의 기원을 상고해 보면, 馬韓이 먼저 일어나고 후에 赫居世가 勃興하였으므로 辰韓·卞韓이 따라 일어났다. 이에 백제는 金馬山에서 개국하여 600여 년이 지났는데, 摠章 年間에 唐 高宗이 신라의 청원을 받아들여 장군 蘇定方을 보내어 船兵 13만 명으로써 바다를 건너게 하고, 신라의 金庾信도 黃山을 거쳐 泗沘에 이르기까지 휩쓸어 唐軍과 합세하고 백제를 공격하여 멸하였다. 지금 내가 도읍을 完山에 정하였으니, 어찌 감히 義慈王의 원한을 씻지 아니하랴" 하고, 드디어 後百濟王이라 자칭하였다. 官府를 설치하여 職責을 나누니, 이것이 唐의 光化 3년(900)이요, 신라 孝恭王 4년이었다.(『三國史記』 권50 견훤전)

그런데 그가 칭한 관직은 全·武·公等州軍事였다. 이는 전주·무주·공주 등의 군사권을 장악했다는 의미이다. 이것이 사실인지 아닌지에 대해서는 확언할 수 없다. 그러나 아무런 근거없이 견훤이 이들 지역을 거론했을 리는 없다. 적어도 전주나 공주의 都督이나 세력가들과 접촉이 있었기 때문이라고 생각한다.

그런데 이들 지역은 묘하게도 다 옛 백제지역이다. 따라서 견훤은 일찍부터 옛 백제지역 유민들의 동향을 알고 이들을 이용하고자 했던 것 같다. 즉 이 지역에 팽배한 反신라감정을 이용하여 자신의 세력을 확고히 하려 했던 것이다. 이미 헌덕왕 14년(822) 김헌창이 熊川州都督으로 있을 때 이 지역민들의 反신라감정을 이용하여 난을 일으킨 적이 있었다.[4] 이때 반란의 중심세력도 웅천주를 비롯하여 무진주·완산주였다. 옛 백제 지역이 중심이 된 것이었다.[5] 그런데 이때에 이르러 예전의 상황이 되풀이 된 것이었다.

견훤이 큰 저항없이 완산주에 무혈입성한 것도 이러한 옛 백제 지역의 민심과 무관한 것이 아니었다. 사료에서 보는 바와 같이 그는 전주에 도착하자마자 자신이 의자왕의 원한을 풀어줄 것이라 호언장담하고 있다. 물론 백제가 금마산에서 일어났다고 한 것은 잘못된 것이다. 그러나 그가 역사를 몰라서 그런 것은 아닐 것이다. 완산주에 도읍을 정하고 한때 천도 후보지역, 또는 別都였던 익산지역의 민심을 수렴하기 위한 방책이었으리라 생각한다. 금마산은 현재의 익산시 금마면에 있는 미륵 산을 말하는 것이기 때문이다.

이처럼 후백제가 발흥하게 된 것은 신라가 당나라를 끌어들여 백제를 멸망시켰다는 시대적 배경이 있었다. 무력으로 백제가 정복되기는 했지 만 백제인의 후예들은 언젠가는 다시 백제를 부흥시키겠다는 마음을 갖고 있었다. 따라서 국호도 백제의 후예국이란 뜻에서 후백제라 하였던

---

4) 『三國史記』 권10 신라본기 헌덕왕 14년조.
5) 김갑동, 「백제유민의 동향과 나말여초의 공주」 『역사와 역사교육』 3·4합집, 1999, 311~317쪽 ; 『고려의 후삼국 통일과 후백제』, 서경문화사, 2010.

것이다.[6]

이후 전주는 고려 태조 19년(936) 후백제가 멸망할 때까지 36년간이나 후백제의 수도로 존속하였다. 따라서 후삼국 시대에도 그 중요성을 그대로 유지하였던 것이다. 고려 태조가 후백제를 멸망시킨 후에는 여기에 安南都護府를 설치하였으나 태조 23년(940)에 다시 全州라 하였다. 성종 12년에 承化節度安撫使라고 불렀고 성종 14년에 전국에 12주 절도사를 두면서 順義軍이라고 불러 江南道에 소속시켰다.[7]

전주가 다시 한번 역사의 무대에 등장한 것은 현종 때였다. 현종은 원래 목종의 옹립으로 왕이 되었다 할 수 있으나 그 과정에서 康兆의 도움도 많이 받았다. 그러자 거란은 강조의 정변과 목종 시해의 책임을 묻는다는 구실로 침략을 하여 왔다. 현종은 강조로 하여금 이를 막게 하였으나 강조가 패하자 남쪽으로 피난을 가게 되었다. 현종은 개경을 출발하여 楊州→ 廣州→ 鼻腦驛→ 蛇山縣[충남 직산]→ 參禮驛→ 長谷驛→ 仁義驛[전북 태인]→ 水多驛을 거쳐 蘆嶺을 넘어 羅州로 들어갔다.[8] 이 과정에서 현종은 많은 고초를 겪었다. 특히 장곡역에 유숙할 때에는 전주절도사 조용겸 무리의 공격을 받기도 하였다. 당시의 상황을 기록을 통해 보자.

> C. 參禮驛에 이르니 全州節度使 趙容謙이 평복을 입고 왕의 행차를 맞았다. 朴暹이 말하기를 "전주는 百濟의 옛 땅일 뿐만 아니라 聖祖께서도 역시 이를 미워하셨으니 청컨대 전하께서는 이곳에 행차하지 마십시오."라고 하였다. 왕이 "그렇다" 하고 長谷驛에서 유숙하였는데 조용겸

6) 실제 국호는 '백제'였으나 삼국시대의 백제와 구별하기 위해 후세의 역사학자들이 '후백제'라 칭한 것이다.
7) 『高麗史』 권57 지리지2 전라도 전주조.
8) 『高麗史』 권4 현종세가 원년 및 2년 및 권94 智蔡文傳.

이 왕을 그곳에 머물게 하고 왕을 끼고 호령하려는 야심을 품었다. 이에 轉運使 李載와 巡檢使 崔楫, 殿中少監 柳僧虔 등과 공모하고 갓에다 흰 깃발을 표식으로 꽂고 북을 치고 함성을 지르면서 다가왔다. 지채문이 사람을 시켜 문을 닫고 단단히 지키니 적들이 감히 들어오지 못하였다. 왕과 왕후는 말을 탄 채로 驛의 廳舍에 있었고 지채문은 지붕으로 올라가서 묻기를 "너희들이 왜 이러느냐? 유승건이 거기 있느냐?"고 외치니 적들이 "왔다"고 대답하였다. 계속하여 "너는 누구냐?"고 다시 물으니 적도 "너야말로 누구냐?"고 반문하는 것을 지채문이 다른 음성으로 꾸며서 대답하였으나 적이 알아차리고 "智將軍이구나."라고 말하였다. 지채문이 그의 음성을 듣더니 "너는 親從馬 韓兆로구나!"하고 지목한 다음에 이어 왕의 명령으로 유승건을 불렀다. 유승건이 말하기를 "그대가 나오기 전에는 내가 들어갈 수 없다"고 대답하므로 지채문이 문 밖으로 나가 유승건을 데리고 왕의 앞으로 갔다. 유승건이 울면서 말하기를 "오늘의 일은 조용겸이 꾸민 것이요, 저는 알지 못합니다. 청컨대 왕명을 받들고 조용겸을 불러 오겠습니다"라고 하므로 왕이 이를 허락하였다. 유승건이 밖으로 나가서 그만 도망쳤다. 왕이 양협을 시켜 조용겸과 이재를 불렀는데 그가 오자 장병들이 모두 죽이려 하는 것을 지채문이 소리쳐서 제지하고 그 두 사람을 시켜 대명왕후가 탄 말을 몰고 가게 하다가 얼마 후에 전주로 돌려보냈다.(『高麗史』 권94 智蔡文傳)

여기서 보는 바와 같이 전라도 삼례역[현재의 전북 완주군 삼례읍]에 이르자 전주절도사 조용겸이 전주에 들를 것을 청하였다. 그러자 곁에 있던 박섬이 만류하면서 말하였다. "전주는 백제의 옛 땅이라 聖祖께서도 역시 이를 미워했습니다. 그러하니 청컨대 왕께서는 이곳에 행차하지 마십시오." 여기서 성조는 태조 왕건을 말하고 백제는 후백제를 말하는 것이다. 전주는 후삼국 시대에 후백제의 수도로 끝까지 고려에 항거한 지역이었다. 때문에 박섬의 말은 일리가 있는 것이었다. 그러자 현종은 이 말에 따라 전주로 가지 않고 長谷驛에 유숙하였다. 이에 앙심을 품은 조용겸은 무리들을 모아 왕의 행궁을 습격하였던 것이다. 이러한 고초를 겪으면서 현종은 공주에서 김은부의 도움을 받기도 하였다.9)

그러나 돌아올 때는 전주에 들렀다. 이에 대한 자료를 보자.

> D. 을미일에 왕이 돌아오는 길에 伏龍驛에서 묵었다. 무술일에는 古阜郡에서, 기해일에는 金溝縣에서 묵었고 경자일에는 全州에 도착하여 7일간 머물렀다.(『高麗史』 권4 현종세가 2년 정월조)

나주를 출발한 현종은 伏龍驛→ 古阜郡→ 金溝縣→ 全州→ 礪陽縣[충남 여산]→ 公州를 거쳐 개경으로 돌아왔다.10) 그런데 여기서 보는 바와 같이 현종은 전주에서 7일간이나 머물렀다. 아마도 전주인들을 회유함과 동시에 민심을 무마하기 위한 조치가 아니었나 한다. 한편 전주 사람들도 장래를 생각하여 현종을 극진히 모셨을 것이다. 전주에 머무르고 있는 동안 현종은 中臺省을 폐지하고 다시 中樞院을 설치하였다. 또한 채충순을 秘書監으로, 박섬을 司宰卿으로, 주저를 禮部侍郎·中樞院直學士로 삼는 인사조치도 단행하였다.11) 그 때문일까. 현종은 동왕 9년(1018) 전주를 安南大都護府로 승격시켰고 나주와 아울러 全羅道라 하였던 것이다.12)

---

9) 돌아올 때에도 김은부는 딸을 시켜 御衣를 지어 바쳤는데 그에 대한 보답으로 현종은 김은부의 세 딸을 아내로 맞이하기도 하였다. 이에 대해서는 김갑동, 「고려 현종의 혼인과 김은부」『한국인물사연구』15, 2011 참조.
10) 『高麗史』 권4 현종세가 2년 정월 및 2월조.
11) 『高麗史節要』 권3 현종 2년 정월 庚子日조.
12) 『高麗史』 권57 지리지2 전라도조.

3. 나주의 등장

1) 태조 왕건과 나주

이제 羅州에 대해 살펴보자. 나주는 본래 백제 땅이었다. 그러다가 통일신라에 복속되었는데 신라 말에는 후백제 땅이 되었다. 그러다가 왕건의 활약으로 궁예에게 넘어온 지역이었다. 이러한 나주의 연혁에 대해서는 다음 기록이 참고 된다.

E - ① 錦山郡은 본래 백제의 發羅郡으로 경덕왕이 개칭한 것인데 지금의 羅州牧이다.(『三國史記』 권36 지리지3 백제 금산군)

② 본래 백제의 發羅郡으로 신라 景德王이 고쳐 錦山郡이라 하였다. 신라 말에 甄萱이 후백제왕을 칭하여 그 땅을 모두 거느렸으나 얼마 되지 않아 郡人이 후고구려왕 弓裔에게 의지하매 궁예가 太祖에게 명하여 精騎大監으로 삼아 해군을 거느리고 가서 공격하여 빼앗고 이를 고쳐 羅州라 하였다. 成宗 14년에 처음으로 10道를 정하매 鎭海軍 節度使를 칭하고 海陽道에 속했다. 顯宗 元年에 왕이 契丹의 군사를 피하여 남으로 피난하였는데 州에 이르러 열흘을 머물다가 契丹軍이 패하여 물러가니 왕이 이에 開京으로 돌아갔다. 9년에 올려 牧으로 삼았다.(『高麗史』 권57 지리지 羅州牧조)

③ 본래 백제의 發羅郡[通義라고도 한다]으로 신라가 錦山郡[錦城이라고도 한다]이라 개명하였다. 신라 말에 甄萱이 후백제왕을 칭하여 그 땅을 모두 차지하였으나 얼마 되지 않아 郡人이 후고구려왕 弓裔에게 붙으니 궁예가 고려 太祖에게 명하여 精騎大監으로 삼아 해군을 거느리고 가서 공격하여 빼앗고 지금의 이름으로 고쳤다. 成宗 14년에 節度使를 설치할 때 鎭海軍을 칭하여 海陽道에 속했다. 顯宗 元年에

왕이 契丹의 군사를 피하여 남으로 피난하였는데 州에 이르러 열흘을 머물다가 契丹軍이 패하여 물러가니 왕이 이에 還都하였다. 9년에 올려 牧으로 삼았다. 本朝에 와서도 그대로 하였는데 세조 때에 鎭을 설치하였다.(『新增東國輿地勝覽』권35 전라도 羅州牧조)

　여기서 보는 바와 같이 나주는 본래 백제의 發羅郡이었는데 후고구려왕 궁예에게 정복당한 후 羅州라 개명한 지역이다. 그 후 고려는 물론 조선시대에도 지명의 개정 없이 현재에 이르고 있는 지역이다. 그런데 나주는 본래 큰 고을이 아니었다. 郡 단위의 고을에 지나지 않았다. 錦山郡 또는 錦城郡이었던 것이다. 그러다가 궁예에 의해 羅州로 승격하였다. 즉 '郡人'의 협조로 궁예의 수중에 들어갔던 것이다.

　그런데 여기서 '郡人'이란 뜻은 '군 전체 사람'이란 뜻보다는 '군의 민심을 대변한 대표자'라고 보는 것이 합리적일 것이다. 그렇다면 그는 누구였는가. 아마도 삼한공신으로 책봉된 羅聰禮가 아닌가 한다.[13]

　사료에는 그가 마치 궁예에게 의탁한 것으로 되어 있으나 실은 왕건에게 협조한 것이다. 왕건은 개성 출신으로 같은 해상세력이었기 때문이다. 나주와 충청도의 당진, 그리고 개성은 서해 해상교통의 중심지로 서로 긴밀한 협조관계를 유지하고 있었다. 태조 4년 나주 오씨의 아들 무를 세자로 책봉케 하고 그의 후견인이 되었던 박술희도 당진 출신이었기 때문이다. 박술희는 태조의 신임을 받아 왕건의 임종 시 훈요 10조를 직접 받을 정도였다.[14] 이는 단순한 개인적 인간관계라기보다 지역적인 공통성과 관련이 있는 것이었다. 태조 왕건을 왕위에 추대하여 개국 1등 공신이 된 복지겸이 당진 출신이었던 것[15]도 우연이 아니었던 것이다.

---

13) 『高麗史』권104 羅裕傳에는 그가 三韓功臣 羅聰禮의 10세손이었음을 밝히고 있다.

14) 『高麗史』권92 朴述熙傳.

15) 이에 대해서는 金甲童,「羅末麗初의 沔川과 卜智謙」『韓國中世社會의 諸問題』,

이처럼 나총례가 실질적으로 왕건을 통해 귀순했음은 고려 태조 11년 왕건이 견훤에게 보낸 조서를 통해서도 알 수 있다. 그는 여기서 "羅府는 서쪽으로부터 와서 移屬하였다"[16]라고 하고 있다. 또한 다른 기록을 보면 "나주가 州가 된 것은 국초로부터 비롯되었으니 우리 태조가 三韓을 통일할 때 오직 후백제가 그 험하고 멀음을 믿고 복종하지 않았는데 나주 사람들은 順逆을 밝게 알아 솔선해서 붙어 고려 태조가 후백제를 병합하는데 나주인의 힘이 컸다."[17]라고 밝히고 있다. 결국 나총례가 궁예 밑에 있었던 왕건에게 정보를 제공하고 왕건이 출동하자 이를 안내하여 공을 세웠다고 하겠다. 이렇게 하여 신라의 금성군은 태봉의 수중에 들어와 羅州라 개명되었던 것이다.[18]

이후 이 지역은 왕건의 세력 기지가 되었다. 중앙 정계에서 불리할 때에는 이 지역에 내려가 군사 활동에 전념함으로써 위기를 피할 수 있었다. 궁예가 점차 교만하고 잔인하여지자 그는 스스로 자원하여 나주로 내려왔던 것이다. 그리하여 나주는 왕건에게 있어 초기에는 제2의 수도와 다름없었다. 이곳에는 羅州道大行臺라는 기구가 있었고 여기의 장관으로 侍中이 설치되어 있었다.[19] 시중은 당시 최고의 관부였던 광평성의 책임자였다.[20] 그런데 나주에도 이것이 설치되었으니 그 지위를 가히 짐작할 수 있다.

2001 참조.

16) 『高麗史』 권1 태조세가 11년 정월조

17) 『新增東國輿地勝覽』 권35 羅州牧 樓亭 東樓조.

18) 金甲童, 「고려시대 나주의 지방세력과 그 동향」 『한국중세사연구』 11, 2001, 7~9쪽.

19) 『高麗史』 권1 태조세가 1년 9월조. 이 '羅州道大行臺'는 신라 9州 중의 하나였던 武州 지역 중 泰封·高麗가 점령하고 있던 지역에 별도로 羅州를 설치하고 이 나주 관내의 수십 군현을 관리하기 위하여 설치한 별개의 행정부였다. 따라서 大行臺侍中의 밑에는 행정사무를 분담할 각종의 관직이 있었을 것으로 추정된다. (朴漢卨, 「羅州道行臺考」 『江原史學』 1, 1985, 25쪽)

20) 『高麗史』 권1 태조세가 원년 6월 辛酉조.

그런데 왕건이 나주를 중시한 것은 단순히 이러한 정치적 이유 때문만은 아니었다. 나주는 인근의 물산 중심지로 경제적인 중심지였다. 나주 부근에는 많은 섬이 있어 해산물이 풍부하였다. 또 소금을 얻을 수 있는 염전도 있었다. 이는 막강한 경제력의 바탕이 되었다. 또 나주평야의 곡식을 개성으로 실어 나르는 데도 중요한 역할을 하는 곳이었다. 고려시대의 12漕倉 중에는 나주의 海陵倉도 있었던 것이다.[21] 이처럼 풍부한 물산과 해상교통의 이점 때문에 태조가 이 지역을 점령하여 자신의 세력기반으로 삼았던 것이다. 고려 말의 趙浚도 "우리 太祖께서 아직 신라와 백제를 평정치 못하였을 때 먼저 水軍을 다스려 친히 樓船을 타고 錦城을 쳐서 이를 領有하매 여러 島의 이권이 모두 국가에 소속하게 되었으므로 그 財力에 힘입어 드디어 三韓을 통일하였습니다."[22]라고 진술하였던 것이다.

한편 태조는 나주에서 부인을 맞기도 하였다. 장화왕후 오씨를 여기서 만나게 된 것이다. 이에는 다음 사료가 참고된다.

> F. 莊和王后 吳氏는 羅州人이니 祖는 富伅이고 父는 多憐君이다. 대대로 羅州의 木浦에 살았는데 多憐君이 沙干 連位의 딸 德交에게 장가들어 后를 낳았다. 后가 일찍이 꿈에 浦의 龍이 와서 腹中에 들어가므로 놀라 깨어 부모에게 말하니 모두 기이하게 여겼다. 얼마 후에 太祖가 水軍將軍으로서 羅州에 出鎭하여 木浦에 배를 머무르고 시내 위를 바라보니 五色의 雲氣가 있는지라 가서 본즉 后가 빨래하고 있었다. 太祖가 불러 이를 侍寢케 하였으나 미천한 신분이므로 임신되기를 원치 않아 寢席에 射精하였는데 后가 곧 이를 흡입하고 드디어 임신하여 아들을 낳으니 이가 惠宗이 되었다. 惠宗은 顔面에 자리 무늬가

---

21) 『高麗史』 권79 食貨志 漕運조.
22) 『高麗史』 권118 趙浚傳.

있었으므로 世人이 '주름살 임금'이라 하였다. 항상 물을 寢席에 뿌리고
또 큰 병에 물을 담아 팔꿈치 씻기를 싫어하지 않으니 참으로 용의
아들이라 하겠다. 나이 7세 때 太祖가 임금이 될 德이 있음을 알았으나
어머니가 미천하여 嗣位하지 못할까 두려워하여 옷상자에 柘黃袍를
담아 后에게 下賜하니 后가 大匡 朴述熙에게 보이매 朴述熙가 그 뜻을
알고 세워 正胤[太子]삼기를 청하였다. (后가) 薨하매 諡號를 莊和王后
라 하였다.(『高麗史』 권88 후비전 太祖 莊和王后 吳氏)

왕건은 나주에서 장화왕후를 만나 인연을 맺었으나 알고 보니 그
집안이 훌륭한 집안은 아니었던 모양이다. 그리하여 아이를 낳지 않으려
하였으나 실패하였다. 결국 사내아이를 낳았으니 그가 곧 武였다. 그는
태조 4년 태자로 책봉되었다가 태조의 뒤를 이어 왕위에 올랐다. 그가
바로 惠宗이었다. 이때 나주 오씨는 혜종의 후광을 등에 업고 나주에서
세력을 떨쳤을 것임에 틀림없다.
혜종이 죽은 뒤에는 그 탄생지에 興龍寺란 절을 세우고 그 안에
혜종을 제사하는 惠宗祠를 두었다. 그리고 국가에서 제사하였다. 이
제사는 고려시대부터 시작하였으나 조선시대까지도 그 제사가 이어졌
다 한다.[23]

2) 고려 현종과 나주

나주가 또 한번 관심의 대상으로 떠오른 것은 8대 임금 현종의 몽진
때였다. 현종은 즉위하자마자 거란의 침략을 받고 남쪽으로 피난을 가게
되었다. 이때 피난 간 최종 목적지가 바로 나주였다. 몽진 과정에서

---

23) 『新增東國輿地勝覽』 권35 羅州牧 佛宇, 祠廟, 東樓조.

현종은 많은 고초를 겪었다. 경기도 광주에 있을 때 강화를 청하러 간 사신 하공진 일행이 거란 병영에 구금되었다는 말을 듣고 侍郞 忠肅, 張延祐, 蔡忠順, 周佇, 柳宗, 金應仁 등을 제외한 여러 신하들이 놀라고 겁이 나서 왕을 버리고 뿔뿔이 도망하는 사태가 벌어졌다.[24] 앞서 본 바와 같이 장곡역에 유숙할 때에는 전주절도사 조용겸 무리의 공격을 받기도 하였다. 그러나 무사히 나주에 도착하였다. 그는 나주에서 10일 간 머물렀는데 이에 대한 기록을 검토해 보자.

> G-① 병술일에 왕이 仁義驛[전북 태인]을 지나 水多驛에서 묵었으며 정해일에는 蘆嶺을 넘어 나주로 들어갔다.(『高麗史』권4 현종세가 2년 정월)
>
> ② 현종 원년에 왕이 거란 침략군을 피하여 남쪽으로 피난하여 가다가 羅州에 이르러 10여 일을 머물렀으며 거란 침략군이 격퇴된 후에 수도로 돌아갔으며 9년에 牧으로 승격시켰다.(『高麗史』권57 지리지2 전라도 나주목조)
>
> ③ 현종이 남쪽으로 순행하였는데 여기에 이르러 復興의 공을 이루었으며 州의 八關禮를 설하였는데 개경과 비슷하였다.(『新增東國輿地勝覽』권35 전라도 羅州牧 樓亭 東樓)

위의 기록에서 보는 바와 같이 현종은 나주에서 열흘간 머물렀는데 그 후 거란이 물러가 환도한 후 이곳을 牧으로 승격하였음을 알 수 있다. 또한 여기서 개경과 비슷한 규모로 팔관회를 개최하였음도 알 수 있다. 그러나 나주에서의 생활도 그렇게 편안한 것은 아니었다. 하루는 적정을 염탐하는 사람이 거란 군사가 나주까지 이르렀다고 잘못 보고하자

---

24) 『高麗史』권4 현종세가 2년 정월조.

왕이 놀라 행궁 밖으로 달려 나가기도 하였다. 그러나 지채문이 나가서
다시 염탐하였는데 송균언과 정열이 거란의 前鋒元帥 駙馬의 서신과 강화
에 나섰던 河拱辰의 奏狀을 보고하자 거란 군사가 물러갔음을 알고 크게
기뻐하였다 한다.[25] 그러한 고난을 겪고 난 현종은 각고의 노력을 기울인
끝에 왕권을 튼튼히 하고 많은 제도적 개혁을 이룩하였다. 따라서 '고려를
中興한 임금[中興之主]'이라는 평가를 받기도 하였다.[26]

그런데 현종이 몽진 지역으로 왜 하필이면 나주를 택한 것일까. 그것은
앞서 본 바와 같이 태조에게 적극적인 도움을 주었으며 나주가 왕건의
후비 나주 오씨의 출신지일 뿐 아니라 혜종의 외가가 있었기 때문이었다.
고려 왕실과 밀접한 관련이 있는 나주 지역으로 가면 현종 자신을 잘
보필하고 보호해 줄 것이라 믿었던 것 같다. 왜냐하면 현종은 태조의
손자였기 때문이다. 목종과 신하들이 그를 왕으로 옹립한 것도 그가
태조의 손자였기 때문이었다. 다음 기록을 보자.

H. (채충순은) 목종 때에 누차 승진하여 中樞院副使에 이르렀다. 이때에
  왕이 병석에 누워 있었다. 채충순은 劉瑨, 崔沆과 함께 銀臺에서 당직하
  고 있었는데 어느 날 왕이 채충순을 침실로 불러다 놓고 측근자들을
  피석시킨 후 말하기를 "나의 병은 점차 회복되어 가고 있다. 그런데
  듣건대 외부에서 나의 자리를 엿보는 자가 있다 하는데 그대는 이것을
  아는가?"라고 하였다. 그가 대답하기를 "저는 말을 들은 바는 있으나
  그런 사실을 확인하지는 못하고 있습니다"라고 하였다. 왕이 베개
  위에 있는 封書를 그에게 주었는데 그것은 劉忠正이 올린 글이었다.
  그 글의 내용은 "우복야 김치양이 왕위를 엿보고 있으며 사람을
  보내 선물을 주면서 심복을 널리 포치하고 저에게도 은근히 원조해달

25) 『高麗史節要』 권3 현종 2년 정월 庚寅조.
26) 『高麗史節要』 권3 현종 22년 5월 辛未조.

라고 요구하므로 저는 그에게 알아듣도록 타이르고 거절하였습니다 마는 이 일은 감히 아뢰지 않을 수 없는 일입니다"라고 하였다. 또 다른 편지 한 통을 보여주는데 이것은 大良院君 王詢이 올린 글이었 고 편지 내용은 "악당들이 사람을 보내 저를 포위 핍박하며 술과 음식을 보냈는데 저는 독약을 넣었을까 의심하여 먹지 않고 까마귀와 참새들에게 주었더니 먹은 새들이 모두 죽었습니다. 그 음모의 위험이 이러하니 원컨대 전하께서는 저를 불쌍히 여기시고 구원하여 주시기 를 바랍니다"라고 하였다.

채충순이 편지를 보고 나서 아뢰기를 "사세가 급박하니 빨리 손을 써야 하겠습니다"라고 하였다. 왕이 말하기를 "나의 병이 점차 위독하 여 가니 조석간에 땅 속에 들어갈 것 같고 태조의 후손은 오직 대량원군 뿐이다. 그대와 최항은 평소부터 충의로운 마음을 품고 있었으니 마땅히 성의를 다하여 그를 도와 사직이 他姓에게 속하지 않도록 하라"고 하니 채충순이 나와서 최항과 상의하였다. 최항은 말하기를 "나는 항상 이 일에 대하여 근심하고 있었는데 이제 주상의 뜻이 이러하시니 국가의 행복이다"라고 하였다.

劉忠正이 감찰어사 高英起를 보내 채충순과 최항에게 전달하기를 "지금 상왕께서 병석에 누워 계신데 악당들은 기회를 엿보고 있으 므로 사직이 타성에 넘어 갈 염려가 있으니 만약 병환이 위독하시 거든 태조의 손자로 하여금 후계자로 삼아야 하겠습니다"라고 하였 다. 채충순 등은 거짓 놀라면서 묻기를 "태조의 손자가 어디 계시오?" 라고 하니 또 말하기를 "바로 대량원군입니다. 그만이 왕위 계승자 가 될 수 있습니다"라고 하였다. 이에 채충순 등이 대답하기를 "우리들도 역시 이런 말을 들은 지 오래되었습니다. 마땅히 하늘이 시키는 대로 하겠습니다"라고 하였다. 충정은 또다시 고영기를 보내 전하기를 "내가 친히 가서 의논하고 싶으나 추종하는 호위병이 많아서 다른 사람들의 의혹을 살까 두려우니 두 분이 왕림하여 주시오"라고 하였다. 채충순은 최항과 의논하기를 "이것은 개인의 일이 아니라 실로 국가의 대사이니 찾아 가서 만나야 한다"라고 하였다. 이리하여 드디어 그를 방문하고 일을 결정하였다.(『高麗史』 권93 蔡忠順傳)

여기서 보는 바와 같이 왕이 병석에 있을 때 채충순을 불러 유충정과 대량원군[후의 현종]의 편지를 보여주며 후계자를 논의하였다. 목종이 대량원군을 지목하고 최항과 상의하여 일을 도모할 것을 부탁하였다. 그들이 후계자로 대량원군을 지목한 중요한 이유는 대량원군이 태조의 손자였기 때문이었다. 그런데 그때 유충정이 감찰어사 고영기를 보내와 채충순과 최항에게 후계자 문제를 이야기하자 그들은 처음에는 모르는 척 하였다. 채충순과 최항은 유충정의 본심을 알 수 없었기 때문이었다. 유충정이 실제는 김치양 일파이면서도 목종의 동태를 떠보기 위해 편지를 올렸을 가능성을 배제할 수 없었기 때문이었다. 그러나 유충정도 후계자로 태조의 손자인 대량원군을 지목하자 자신들과 유충정의 마음이 일치함을 알고 나서 대량원군 추대 계획에 그도 참여시킨 것이었다. 이처럼 태조의 손자로서 왕위에 오른 현종은 거란이 침략하자 왕실과 밀접한 관련이 있는 나주를 피난지로 선택하여 국가를 유지하려 했다. 고려 왕실과 나주와의 친밀성을 보여주는 대목이다.

이렇게 하여 개경으로 무사히 돌아간 현종은 나주 사람들의 환대를 잊지 못해 현종 9년(1018) 나주를 牧으로 승격시켜 전주와 더불어 全羅道라 칭하게 하였던 것이다.

4. 전라도의 탄생

1) 탄생의 과정

전라도라는 명칭은 기록상으로 볼 때 고려 현종 9년(1018)에 처음 보인다. 그에 관한 기록을 보자.

I - ① 全羅道는 원래 백제의 땅이었는데 義慈王 19년(660)에 신라 太宗이 당나라 장군 蘇定方과 연합하여 백제를 멸망시키고 마침내 그 땅을 합쳤다. 경덕왕은 이곳을 나누어 全州, 武州 2개의 都督府를 두었고 眞聖王 5년(891)에 西面都統 견훤이 백제의 옛 지역을 모두 차지하고 後百濟王이라고 칭하였다. 태조 19년에 왕이 친히 이를 쳐서 평정하였고 성종 14년에 全州·瀛州·淳州·馬州 등 주·현을 江南道로, 羅州·光州·靜州·昇州·貝州·潭州·郎州 등 주·현을 海陽道로 만들었는데 현종 9년에 이를 합쳐서 全羅道라 하였다.(『高麗史』 권57 전라도)

② 全羅道는 원래 馬韓의 땅이었는데 후에 백제의 소유가 되었다. 義慈王 19년(660)에 당 高宗이 蘇定方을 보내 신라 武烈王과 더불어 공격하여 이를 멸하고 5도독부로 나누어 설치하여 각각 주현을 통할하고 酋長을 발탁하여 都督, 刺史, 縣令으로 삼아 다스렸다. 당나라 군대가 돌아가자 신라가 그 땅을 다 차지하였다. 경덕왕은 이곳을 나누어 全州, 武州 2개의 都督府를 두었고 眞聖王 5년(891)에 견훤이 백제의 옛 지역을 모두 차지하고 後百濟王이라고 칭하였다. 견훤의 아들 신검이 그 아버지의 왕위를 찬탈함에 미쳐 고려 태조가 친히 그를 정벌하여 멸하였다. 성종 14년에 全州·瀛州·淳州·馬州 등 주·현을 江南道로, 羅州·光州·靜州·昇州·貝州·潭州·郎州 등 주·현을 海陽道로 하였는데 현종 9년에 이를 합쳐서 全羅道라 하였으며 本朝에서도

그대로 하였다.(『新增東國輿地勝覽』권33 전라도)

여기서 보는 바와 같이 I-①·② 모두 전라도가 현종 9년에 탄생했으며 조선시대까지 그대로 내려왔음을 밝히고 있다. 다만 I-②는 전라도 탄생의 과정을 I-①보다 좀 더 자세히 설명하고 있을 뿐이다. 그 개략적인 과정을 보면 전라도는 원래 백제 땅이었는데 백제 멸망 후 신라가 이 지역에 전주와 무주를 설치하였고 후에 견훤이 이 지역을 차지하였다. 그러나 고려 태조가 후백제를 멸하고 차지했다가 성종 때의 강남도와 해양도를 합쳐 현종 9년에 전라도가 탄생하였음을 밝히고 있다.

그렇다면 전라도가 탄생하기까지 고려의 지방통치제도는 어떻게 변화하였는가. 어떤 과정을 거쳐 전라도가 탄생하였는가 하는 점을 좀 더 자세히 살펴볼 필요가 있다. 고려의 지방통치체제는 태조 대에 일단의 정비를 맞았다가 성종 대의 대폭적인 개편을 거쳐 현종 대에 대체적인 완성을 보았다고 할 수 있다.[27] 『고려사』지리지는 그러한 정비과정을 다음과 같이 기술하고 있다.

J. 고려 태조가 고구려 땅에서 일어나 신라를 항복시키고 백제를 멸하여 開京에 도읍을 정하니 三韓의 땅이 하나로 통일되었다. 그러나 동방이 처음으로 평정되어 經理할 겨를이 없었는데 (태조) 23년에 이르러 비로소 州·府·郡·縣의 이름을 고쳤다. 성종이 또 주·부·군·현 및 關·驛·江·浦의 이름을 고치고 드디어 경계를 나누어 10道로 하고 12주에 각각 節度使를 두었다. …… 현종 초에 절도사를 폐하고 5都護·75道安撫使를 두었다. 얼마 후에 안무사를 파하고 4都護·8牧을 두었다. 이후로부터 5道 兩界가 정해졌다.(『高麗史』권56 지리지1 서문)

---

27) 고려 지방제도의 정비과정과 향촌의 내부구조에 대해서는 구산우, 『고려전기 향촌지배체제 연구』, 혜안, 2003 참조.

위의 기록에 의하면 고려의 지방제도는 태조 23년(940)부터 정비되기 시작한 것처럼 되어 있다. 그러나 그 이전부터 부분적인 개편은 있었다. 태조 왕건은 왕위에 오른 후에도 계속적인 정복활동을 펼쳤다. 그러한 정복과정에서 지방제도가 변경·개편되기도 했던 것이다. 즉 그는 자신에게 귀부·협조했거나 딸을 준 지방세력의 출신지를 州·府로 승격시켜 주었다.[28] 都護府나 都督府가 설치되기도 하였다.[29] 반면 자신에게 불복한 지역의 중심지에는 직속군이나 외관을 주둔시키면서 주변 지역을 통제하게 하였다. 이렇게 하여 고려 초에는 많은 주가 생겨났으며 군·현의 '來屬'관계가 발생하였던 것이다.[30] 한편 今有·租藏이란 직책을 가진 지방의 토착세력이 지방의 행정과 조세업무를 관장하기도 했다.

이러한 군현제는 태조가 후삼국을 통일한 후인 태조 23년(940) 일단의 정비가 이루어졌다.[31] 고려 초에 개명된 군·현 단위의 小州는 어쩔 수 없었지만 이때 새로이 大州가 정해졌다. 廣州·忠州·原州·淸州·公州·尙州·梁州·全州·光州·春州·溟州 등이 그것이다. 이들 주는 모두 신라시대 9주 5소경 지역으로 명실상부한 大邑이었다. 따라서 전주는 통일신라 때와 같이 그 격을 유지하였다. 그러나 나주는 당시 아직 대읍으로서의 州 반열에 들지 못하였다. 이 밖에 군·현의 내속관계 역시 재조정되었다.[32]

---

28) 김갑동, 「'고려초'의 주에 대한 고찰」『고려사의 제문제』, 삼영사, 1986.
29) 김아네스, 「고려초기의 도호부와 도독부」『역사학보』173, 2002 ; 김갑동, 「나말 려초 천안부의 성립과 그 동향」『한국사연구』117, 2002.
30) 김갑동, 「고려태조대 군·현의 내속관계 형성」『한국학보』52, 일지사, 1988 ; 앞의 책, 1990, 128~148쪽 ; 김일우, 「고려초기 군현의 주속관계 형성과 지방통치」『민족문화』12, 1989 ;『고려초기 국가의 지방지배체계 연구』, 일지사, 1998.
31) 박종기, 「고려태조 23년 군현개편에 관한 연구」『한국사론』19, 서울대 국사학과, 1988.
32) 고려 태조대의 전반적인 군현제 변화 양상에 대해서는 김갑동, 「고려왕조의 성립과 군현제의 변화」『국사관론총』35, 1992 참조.

이와 같은 군현제의 개편은 삼한공신의 책정, 役分田의 제정 등과 밀접한 관련이 있는 일련의 조처였다. 이리하여 태조 말년에는 군·현 단위의 소주와 명실상부한 대주가 섞여 있는 상태였다. 이들 지역에는 외관이 파견되지 않았고, 대체로 지방세력의 자치에 맡겨져 있었다. 다만 도호부·도독부 등의 일부 지역에만 외관이 존재하였다. 이러한 군현제의 혼란상은 왕권의 강화와 더불어 개편될 필요성을 내재하고 있어 성종 대에 대대적인 개혁이 이루어졌던 것이다.

성종 2년(983) 崔承老의 건의를 받아들인 성종은 전국의 12개 州에 州牧이란 외관을 파견하였다.[33] 이때 설치된 12주목은 楊州牧·廣州牧·忠州牧·淸州牧·公州牧·海州牧·晋州牧·尙州牧·全州牧·羅州牧·昇州牧·黃州牧 등이었다. 이때에 이르러 비로소 나주는 전주와 같은 牧이라는 행정구역명을 갖게 되었다.

통일신라시대 9주 5소경 지역도 아닌데 새롭게 목이 된 지역은 나주와 더불어 승주, 해주, 황주 등이었다. 이들이 새롭게 목이 된 것은 고려 왕실과의 친밀성 때문이었다. 나주는 앞서 본 바와 같이 왕건과 친밀했던 지역으로 왕건의 후비 나주 오씨의 고향이었으며 혜종의 외가가 있던 지역이었다. 승주는 원래 후백제 지역으로 견훤의 사위 박영규가 장악하고 있었으나 견훤이 고려에 귀부하자 신검을 토벌하는 데 큰 도움을 준 지역이었다.[34] 그러한 공로로 태조는 박영규의 딸 하나를, 그리고 3대 임금 定宗은 박영규의 두 딸을 후비로 맞이하였다.[35] 황주는 태조의

---

33) 지금까지는 이때의 牧을 지방행정단위로 보아왔으나 그것은 잘못된 것 같다. 그것은 전국을 12州로 나누고 주에 牧을 둔 舜 임금의 조치를 성종이 본받았다는 기록이 뒷받침해 준다.(『고려사』 권3 성종세가 2년) 뿐만 아니라 州牧에 임명된 인물이 나타나는 점이 이를 명백하게 증명해준다. 예를 들면 金審言이나 柳伸 등이 주목을 지냈던 것이다.(『高麗史』 권93 김심언전 및 권95 유신전)

34) 『高麗史』 권92 박영규전.

35) 『高麗史』 권88 후비전1.

후비 신정왕태후 황보씨의 고향이고 광종의 후비 대목왕후 황보씨의 고향이기도 했다.[36) 해주는 고려 왕실과 직접적인 관련은 없으나 태조가 중시했던 지역 중 하나였다. 즉 태조 6년 6월 계미일에 福府卿 尹質이 後梁에 사절로 갔다가 돌아와 5백 羅漢 화상을 헌납하자 태조는 그것을 海州 崇山寺에 보관케 하였다.[37) 태조 18년 9월에 서경에 갔을 때는 黃州와 더불어 海州를 두루 순찰하기도 하였다.[38) 그러한 연유로 목이 되었다. 또 주목이 파견된 지 4개월 만에 각 주·부·군·현·관·역 등에 公須田·紙田·長田이 지급되었다. 그러는 한편 지방의 吏職名을 개정하기도 하였다.

그러다가 성종 14년(995) 다시 한번 대대적인 개편이 이루어졌다.[39) 먼저 성종은 전국을 10道로 나누었다. 10도의 명칭은 산형과 지세에 따랐는데, 關內道·中原道·河南道·江南道·嶺南道·嶺東道·山南道·海陽道·朔方道·浿西道 등이었다. 이때 전라도 지역은 강남도와 해양도에 속해 있었다. 즉 全州·瀛州[고부]·淳州[순창]·馬州[옥구?] 등 주·현을 江南道로, 羅州·光州·靜州[영광]·昇州·貝州[보성]·潭州[담양]·郎州[영암] 등 주·현을 海陽道로 하였던 것이다.[40)

강남도의 명칭은 금강 남쪽이라는 뜻이라 생각된다. 해양도는 이 지역이 바다에 접해 있었기에 붙여진 이름이었다. 이때 강남도의 치소는 전주이지만 해양도의 치소는 광주가 아니고 나주였을 것이다. 왜냐하면 광주에는 절도사가 파견되지 못하고 刺史가 파견되었기 때문이다. 현재의 광주는 본래 백제의 武珍州였으나 통일신라 경덕왕 때에 武州로 하였다가

---

36) 『高麗史』 권88 후비전1.
37) 『高麗史』 권1 태조세가 6년 6월조.
38) 『高麗史』 권2 태조세가 18년 9월조.
39) 윤경진, 「고려 성종 14년의 군현제 개편에 대한 연구」 『한국문화』 27, 서울대, 2001 참조.
40) 『高麗史』 권57 지리지2 전라도조.

고려 태조 23년에 光州라 하였다. 그러다가 성종 14년에 와서 읍격이 강등되었다. 문헌에도 분명히 "降爲刺史"라 표현되어 있기 때문이다. 그러다가 현종 9년 무렵 다시 한번 강등되었다. 즉 海陽縣으로 읍격이 강등되었던 것이다.[41]

그 이유에 대해서는 자세히 알 수 없다. 그러나 두 가지 가능성을 생각할 수 있다. 하나는 왕건이 궁예의 부하였을 때 광주지역을 공략하였으나 견훤의 사위였던 池萱이 끝까지 항복하지 않은 전력 때문일 것이고 다른 하나는 현종이 나주까지 갔을 때 광주 지역이 별로 협조하지 않았기 때문이 아닌가 한다. 한편 이때의 도는 행정구획으로 정착하지 못했고, 단지 순찰구획에 불과하였다.[42] 이 10도의 장관 격으로는 이미 국초부터 존재하였던 轉運使가 있었다.

두 번째로 들 수 있는 것은 州縣制의 실시였다. 군 단위의 행정구역을 없애고 전국을 州-縣-鎭 체제로 바꾼 것이었다. 이와 같은 조치는 이미 고려 초에 승격된 군·현 단위의 小州를 다시 강등시킬 수 없었기 때문이었다. 다시 말해 군·현 단위의 읍 중 필요한 곳을 州로 승격시켜줌으로써 군 단위를 없애버렸던 것이다.

세 번째의 개혁은 많은 외관의 파견이었다. 성종 2년의 12주목을 12軍節度使로 바꾸는 한편, 留守·都護府使·都團練使·團練使·防禦使·刺史 등의 외관을 파견하였던 것이다. 전라도 지역에서 절도사가 파견된 지역은 전주와 나주, 승주 뿐이었다. 이때 파견된 외관수는 66인으로 이미 파견된 외관과 합하면 총 74인의 외관이 있었던 셈이다.

이러한 일련의 군현제 개편은 唐制의 모방이었다. 10도제의 실시가 바로 唐 太宗의 정책을 모방한 것이었다. 주현제 실시도 고려의 특수한

---

41) 『高麗史』 권57 지리지2 전라도 해양현조.
42) 하현강, 「고려지방제도의 일연구-도제를 중심으로」 『사학연구』 13·14, 1962 ; 『한국중세사연구』, 일조각, 1988, 218쪽.

상황 때문이기는 했지만 唐 高祖 원년의 정책을 본받은 것이었다. 뿐만 아니라 절도사·단련사·방어사·자사 등도 당의 외관명을 빌려온 것이었다.

또 한 가지 특징은 이때의 군현제 개편이 군사적인 방어체제였다는 점이다. 그것은 물론 성종 12년 거란의 침입이 큰 영향을 주었다. 거란의 재침에 대비해야 했던 성종은 전국을 군사방어체제로 조직했던 것이다. 그것은 절도사라는 군사적 성격이 강한 외관을 파견한 것에서 짐작된다. 또한 전국의 외관파견 상황을 볼 때 북방지역에는 도단련사·단련사가, 그리고 남부지역에는 행정적 성격이 강한 자사가 파견된 점에서도 미루어 알 수 있다.[43]

이러한 일련의 지방제도 개혁은 얼마 가지 않아서 실패했다. 그것은 곧바로 府·郡의 읍호가 부활되었으며 목종 8년(1005) 관찰사·도단련사·단련사 등의 외관이 폐지된 점에서 알 수 있다. 또 현종 3년(1012)에는 12절도사마저 폐지되고 대신 5都護 75道安撫使가 설치되었다.

이 안무사도 현종 9년(1018) 폐지되고 4都護·8牧·56知州郡事·28鎭將·20縣令이 설치되는 개혁이 이루어졌다. 이와 더불어 이 해에 군·현의 내속관계가 대폭 개정되기도 했다. 그리하여 고려 군현제의 대체적인 골격이 마련되었다.[44] 이때 전주목은 현종 9년 안남대도호부가 되었다가 현종 13년 다시 전주로 개정되었다. 전라도라는 도명이 탄생하면서 전주는 안남도호부가 되었던 것이다.

요컨대 이러한 고려 초기의 지방통치제도의 변화와 개혁 속에서 현종 9년(1018) 全羅道가 탄생한 것이었다. 안남도호부 전주와 나주목의 첫 글자를 따서 전라도라 하였던 것이다.

---

43) 김갑동, 「성종대의 지방제도개혁」『나말여초의 호족과 사회변동연구』, 고려대 민족문화연구소, 1990, 158~176쪽.

44) 김갑동, 「고려 현종대의 지방제도 개혁」『한국학보』 80, 1995.

2) 탄생의 의의

그렇다면 전라도 탄생의 의미는 무엇일까. 우선 들 수 있는 것은 고려의 지방통치제도 5도 중에 전라도의 명칭이 가장 먼저 생겨났다는 것이다. 5도는 楊廣道·慶尙道·全羅道·交州道·西海道를 말한다. 이 중 양광도, 경상도는 충숙왕 원년(1314)에 탄생했으며[45] 교주도는 원종 4년(1263)에 생겨났다.[46] 서해도의 명칭은 정확히 나와 있지 않은데 성종 14년 이후 원 간섭기 이전의 어느 시기에 생겨났다. 아마도 교주도나 양광도, 경상도보다 빠른 시기는 아닐 것이다. 이렇게 본다면 전라도라는 명칭이 가장 먼저 생겨났고 다른 도는 그보다 훨씬 후의 시기에 도 명칭이 생겼음을 알 수 있다.

둘째는 다른 도의 명칭은 시대에 따라 많은 변화가 있었으나 전라도의 명칭은 고려 전시기에 걸쳐 한번도 변화가 없었고 조선을 거쳐 현재에 이르고 있다는 점이다. 먼저 양광도의 명칭 변화를 보면 성종 14년에 전국을 10개도로 나눌 때 楊州·廣州 소속 주·현은 關內道에, 忠州·淸州 소속 주·현은 忠原道에, 公州·運州 소속 주·현은 河南道에 각각 소속시켰다. 그 후 예종 원년에 이를 통합하여 楊廣忠淸州道로 만들었다. 明宗 원년(1171)에 이르러 다시 양광주도, 충청주도의 2개 도로 분할하였다가 충숙왕 원년(1314)에 양광도로 정했으며 공민왕 5년에 忠淸道라 칭하였다.[47] 이처럼 양광도는 충청도라는 명칭과 합쳐졌다 분리되는 변화를 겪었다.

경상도는 성종 14년에 전국을 10개 도로 나누면서 尙州 관내를 嶺南道로, 慶州·金州 관내를 嶺東道로, 晋州 관내를 山南道로 만들었으며 예종 원년에 慶尙晋州道라고 불렀다. 명종 원년에 慶尙州道, 晋陜州道 2개 도로 나누었다

---

45) 『高麗史』권57·58 지리지1·2 양광도 및 경상도조.
46) 『高麗史』권58 지리지3 교주도조.
47) 『高麗史』권56 지리지1 양광도조.

가 16년(1186)에 경상주도로 하였고 神宗 7년(1204)에 尙晋安東道로 하였으며 그 후에 다시 慶尙晋安道라고 불렀다. 고종 46년에 溟州道의 和州, 쯭州, 定州, 長州의 4개 주가 몽고 침략자들에게 강점됨에 따라 본 도내의 平海, 德原, 盈德, 松生 등을 나누어서 溟州道에 소속시켰다. 忠烈王 16년에는 다시 덕원, 영덕, 송생을 東界에 移屬시켰으며 충숙왕 원년에 와서야 경상도라는 명칭으로 정해졌다.[48] 이처럼 시기에 따라 상이한 명칭으로 불리는 다양한 변화를 겪었다.

交州道는 성종 14년에 전국을 10개 도로 나눌 때에 春州 등 군·현을 朔方道에 소속시켰으며 명종 8년에 비로소 春州道라고 부르다가 후에 東州道로 고쳤다. 원종 4년에 교주도라고 불렀고 충숙왕 원년에 淮陽道라고 하였으며 우왕 14년에 대관령 동쪽과 서쪽을 합쳐서 交州江陵道라 하고 충주 관할 하에 있던 平昌郡을 여기로 이속시켰다.[49] 즉 춘주도, 동주도, 회양도, 교주도, 교주강릉도 등 여러 명칭의 변화가 있었다.

西海道는 성종 14년에 전국을 10개 도로 나눌 때에 黃州·海州 등 주·현을 關內道에 소속시켰다가 후에 서해도로 고쳤으며 그 후 遂安, 谷州, 殷栗縣 등을 원나라에 빼앗겼었는데 충렬왕 4년에 원나라가 이를 돌려주었다.[50] 서해도는 이처럼 명칭 변화가 많지 않았다. 다만 원 간섭기에 영토의 변화가 있을 뿐이었다.

한편 전라도는 성종 14년에 全州·瀛州·淳州·馬州 등 주·현을 江南道로, 羅州·光州·靜州·昇州·貝州·潭州·郎州 등 주·현을 海陽道로 만들었고 현종 9년에 이를 합쳐서 全羅道라 하였던 것이다.[51] 이처럼 전라도는 현종 9년(1018)에 일찍 도가 생겨난 이후 한번도 명칭 개정이나 영역의 변화가

---

48)『高麗史』권57 지리지2 경상도조.
49)『高麗史』권58 지리지3 교주도조.
50)『高麗史』권58 지리지3 서해도조.
51)『高麗史』권57 지리지2 전라도조.

없이 고려 전시기를 지나 조선을 거쳐 오늘에까지 이르고 있는 지역이다. 이는 전라도가 그만큼 정치적 격변을 겪지 않고 안정적으로 고려 왕실과 밀착되어 있었음을 반증해 주는 것이다.

5. 맺음말

이상 살펴본 바를 요약, 정리하면 다음과 같다. 전주는 통일신라시대 9주 중의 하나로 지방통치의 중심지였다. 그 후 후삼국 시대에 들어와서는 후백제의 수도로 36년간이나 존속하였다. 후백제 멸망 후 안남도호부가 되었으나 전주로 환원되었다. 그러나 현종의 몽진 기간 동안에 처음에는 반란을 일으켰으나 돌아올 때는 환대를 하였다. 이에 현종은 한편으로는 이 지역을 회유하면서 그 중요성을 인식하여 현종 9년 지방제도 개편 시에 안남대도호부로 승격시켜 전라도의 근간을 삼았던 것이다.

나주는 원래 군 단위의 행정 구역에 지나지 않았다. 금산군 또는 금성군 지역이었다. 그러다가 나주가 부상한 것은 후삼국 시기에 왕건을 통하여 궁예에게 귀부하면서부터였다. 그 과정에서 역할을 한 토착 세력이 나주 나씨 나총례란 인물이었다. 그가 궁예 밑에 있었던 왕건과 결탁하여 나주를 점령토록 도와주었던 것이다. 이에 궁예는 왕건을 나주에 파견하였고 이 일대를 점령한 후 금성군에서 나주로 승격시켰다. 나주가 부상한 또 다른 이유는 왕건이 나주에서 나주 오씨 부인을 맞아온 때문이었다. 나주 오씨 부인의 아들인 武가 태자로 책봉되고 태조의 뒤를 이어 혜종으로 즉위하였던 것이다. 혜종이 죽은 후에는 혜종에 대한 사당을 건립하고 그를 제사하기도 하였다.

나주가 또 한번 고려 왕실과 밀착된 것은 거란의 침략으로 현종이 나주로 피난가면서였다. 나주 지역은 태조에게 적극적인 도움을 주었으며 나주가 왕건의 후비 나주 오씨의 출신지일 뿐 아니라 혜종의 외가가 있었기 때문이었다. 현종 자신이 태조의 손자였기에 왕실과 밀접한 관련이 있는 나주 지역으로 가면 자신을 잘 보필하고 보호해 줄 것이라 믿었던 것이다. 10일간 머무르다 돌아간 현종이 자신에게 잘해준 나주민들을 잊지 못해 현종 9년(1018) 지방통치제도 개혁 시 나주를 포함시켜 全羅道를 탄생시킨 것이었다.

전라도의 탄생과정은 고려의 지방통치제도의 변화와 밀접한 관련이 있다. 고려 태조가 후삼국을 통일한 지 4년 후인 고려 태조 23년(940)에는 대읍인 州를 중심으로 한 지방통치제도를 실시하였다. 그러나 성종 대에 오면 고려 왕실과 지방과의 관계를 고려하여 지방제도가 개혁되었다. 그리하여 종래 큰 고을이었던 광주가 강등되고 나주가 부상하였다. 그러다가 현종 9년(1018) 후백제 수도였던 전주와 나주의 첫 글자를 따서 전라도가 탄생하였다.

전라도 탄생의 의의는 두 가지 측면에서 볼 수 있다. 고려의 지방통치제도인 5도 중에 전라도의 명칭이 가장 먼저 생겨났다는 것이다. 다른 하나는 다른 도의 명칭과 영역은 시대에 따라 많은 변화가 있었으나 전라도는 명칭과 영역 면에서 고려 전시기에 걸쳐 거의 변화가 없었고 조선을 거쳐 현재에 이르고 있다는 점이다.

4장
현종 대의 사상과 문화

Ⅰ. 金審言의 생애와 유학사상

1. 머리말

新羅에서 高麗로의 왕조교체는 단순한 왕조만의 교체가 아니었다. 정치, 경제, 사회, 사상의 여러 측면에서 많은 변화가 이루어졌다. 그것은 물론 약 50여 년에 걸친 내부적인 진통을 겪으면서 진행되었다. 따라서 이러한 여러 부문에서의 변화는 신라의 모순을 개혁한다는 의미를 갖기도 했던 것이다.

思想史的인 측면에서도 신라 말, 고려 초기에는 많은 변화가 일어났다. 우선 불교 자체 면에서 華嚴宗을 비롯한 敎宗이 쇠퇴하고 대신 禪宗이 득세를 하게 되었다. 그리고 道詵에 의한 風水地理說이나 道敎의 老壯思想이 유행하기도 하였다. 이러한 변화는 眞骨귀족세력의 쇠퇴와 豪族세력의 등장이라는 당시의 정치적 정세와 밀접한 관련이 있는 것이었다.

사상면의 또 다른 변화로는 儒學思想의 역할이 급격히 증대되었다는 것이다. 그것은 주로 신라의 폐쇄적인 골품제 사회 속에서 불만을 가지고 있던 6두품세력에 의한 것이었다.[1] 특히 흔히 新羅의 3崔라 일컫는 崔致遠,

---

1) 이에 대해서는 申瀅植,「宿衛學生考」『歷史敎育』11·12, 1960 ;『韓國古代史의 新研究』, 一潮閣, 1984 ; 李基白,「新羅 統一期 및 高麗初期의 儒敎的 政治理念」『大東文化研究』6·7합집, 1969·1970 ;『新羅時代 國家佛敎와 儒敎』, 韓國硏究院, 1978 ; 李基

崔承祐, 崔彦撝 등의 역할이 컸다. 그리하여 高麗 왕조에 이르러서는 佛教도 修身의 根本으로 중시되었지만 나라를 다스리는 根源으로는 儒教가 강조되었던 것이다.[2]

이러한 儒學思想의 증대와 그에 따른 정치 개혁은 高麗 成宗代에 집중적으로 이루어졌다. 성종의 이러한 개혁은 崔承老와 金審言, 李陽 등 유학자들의 건의와 협력에 따른 결과였다. 그런데 최승로에 대해서는 지금까지 많은 연구가 되어 있으나[3] 김심언, 이양 등에 대해서는 깊은 연구가 없는 실정이다.

이에 본고에서는 주로 全羅道 靈光 출신이었던 金審言에 대해 살펴보고자 한다. 우선 그의 고향이었던 靈光이 고려시대에 어떠한 상황에 있었는가 하는 점을 살펴보고자 한다. 다음으로 김심언의 생애와 현종 대의 활동에 대해 살펴보고 마지막으로 그의 儒學思想을 封事 2條를 중심으로 하여 살펴보고자 한다. 이러한 과정에서 김심언이 당시는 물론 현종 대의 사서 편찬과 지방 통치에 상당한 영향을 끼쳤음이 자연스럽게 드러나리라 생각한다.

2. 고려시대의 영광

靈光은 본래 百濟의 武尸伊郡이었다. 그러다가 新羅에 의해 백제가 통합

東,「羅末麗初 近侍機構와 文翰機構의 擴張-中世的 側近政治의 指向-」『歷史學報』 77, 1978 ;『新羅 骨品制社會와 花郞徒』, 韓國硏究院, 1980 참조.

2) "行釋教者 修身之本 行儒教者 理國之源."(『高麗史』 권93 崔承老傳)

3) 金哲埈,「崔承老의 時務二十八條」『趙明基華甲記念 佛教史學論叢』, 1965 ;『韓國古代 社會硏究』, 知識産業社, 1975 ; 李基白,「集權的 貴族政治의 理念」『한국사』 4, 국편 위, 1974 ; 河炫綱,「高麗初期 崔承老의 政治思想硏究」『梨大史苑』 12, 1975 ;『韓國中 世史硏究』, 一潮閣, 1988 ; 趙南國,「崔承老의 時務論과 儒佛觀」『柳承國博士華甲紀念 東方思想論考』, 1983 ; 李在云,「崔承老의 政治思想」『汕耘史學』 3, 1989.

되면서 景德王 대에 武寧郡으로 개명되었다.[4] 이리하여 무령군은 武州의 관할을 받게 되었다. 즉 무령군의 太守가 무주 都督[元聖王 이전은 摠管]의 명령을 받아 행정을 수행했다고 할 수 있다. 그러나 무령군은 그 밑에 3개의 領縣을 가지고 있었다. 長沙縣, 高敞縣, 茂松縣 등이 바로 무령군의 영현이었던 것이다. 그런데 장사현과 무송현은 현재 고창군에 속해 있는 茂長面 일대이다. 장사현은 본래 백제의 上老縣이었고 무송현은 백제의 松彌知縣이었으나 경덕왕 대에 그 이름으로 고쳤고 고려왕조에 이르러 監務가 장사현에 설치되면서 무송현까지도 관할하게 되었다. 그러다가 조선왕조에 와서 태종 17년(1417) 兩縣을 합하여 茂長縣이 되었다.[5] 고창현은 현재의 高敞으로 통일신라시대의 靈光 지역은 현재의 고창군 일대를 관할하고 있었음을 알 수 있다.

그러다가 이 지역 일대는 憲德王 14년(822) 일어난 金憲昌의 반란 세력에 휩싸이게 되었다. 김헌창은 宣德王이 죽은 후 金敬信과의 왕위쟁탈전에서 패배하여 溟州로 낙향한 金周元의 아들이었다. 그는 哀莊王 8년(807) 執事部의 侍中이 되었다가[6] 憲德王 5년(813) 武珍州의 都督이 되었다.[7] 이때 김헌창은 자신의 관할 구역인 무진주의 군대를 양성했을 것이고 당연한 결과로써 武寧郡[현재의 靈光] 일대도 김헌창의 통제를 받았을 것이다. 김헌창은 그 이듬해(814) 다시 侍中이 되었다가 무슨 이유인지는 모르지만 동왕 8년(816)에 菁州都督이 되기도 하였다.[8] 다시 헌덕왕 13년(821) 熊川州都督이 된 김헌창은 다음해인 헌덕왕 14년(822) 4월 자신의 아버지가 왕이 되지 못한데 대한 불만으로 난을 일으켰던 것이다.[9] 그는 국호를

---

4) 『三國史記』 권36 지리지3 武州 武寧郡조.
5) 『新增東國與地勝覽』 권36 全羅道 茂長縣조.
6) 『三國史記』 권10 신라본기 哀莊王 8년조.
7) 위의 책, 憲德王 5년조.
8) 위의 책, 憲德王 6년 및 8년조.
9) 위의 책, 헌덕왕 13년 및 14년조.

長安, 연호를 慶雲이라 하고 武珍州, 完山州, 菁州, 沙伐州의 都督을 협박하고 國原京, 西原京, 金官京의 仕臣 및 여러 군현의 守令을 자신의 휘하로 삼았다. 그러나 菁州都督 向榮은 도망을 하고 完山州의 長史 崔雄 등은 왕경에 와서 이 사실을 고하였다. 이렇게 하여 헌덕왕은 토벌군을 편성하게 되고 급기야는 난이 실패로 돌아가게 되는 것이다. 이때 영광 지역도 반란세력에 휩싸여 상당한 혼란을 겪지 않았나 한다.

그러한 靈光 지역은 고려시대에 들어오면서 상당한 변화와 발전을 하게 된다. 즉 10개의 屬郡·縣을 거느린 대규모의 세력중심지로 발전하게 되는 것이다. 다시 말해 통일신라시대의 武寧郡이 靈光郡으로 개칭되면서 全羅道 羅州牧 휘하의 9개 主郡·縣 중의 하나가 된 것이다.

통일신라시대에는 거의 모든 군현에 外官이 파견되었다. 州에는 都督, 郡에는 太守, 縣에는 縣令 등의 외관이 파견되어 체계적인 행정조직이 이루어졌다. 그리하여 9州의 都督은 관할구역의 郡을 통솔하고 1개 郡은 대개 3내지 4개의 領縣을 거느리고 있는 체제였다. 그러나 진성여왕 3년(889)부터 시작된 전국적인 농민봉기는 외관의 파견을 불가능하게 하였다. 그러다가 이러한 혼란 과정을 수습하고 성립한 고려는 그 건국과 후삼국 통일에 협조해준 각 지방세력 즉 豪族들을 무시할 수 없었다. 즉 마음대로 외관을 파견하여 호족세력을 통제할 수 없었던 것이다. 그리하여 몇몇 중요 지역에 中央軍이나 外官을 주둔시키고 그 인근 지역을 통제케 하였다. 여기에서 나온 것이 主-屬 郡縣制였다.[10]

이러한 주속 군현제의 성립과정에서 靈光郡이 主郡이 된 것은 그 邑勢와 도 관련이 있을지 모르지만 이 지역의 勢力家가 고려태조 왕건에게 많은 협조를 했기 때문이 아닌가 한다. 이 지역에는 田宗會라는 인물이 있어 太祖功臣으로 책봉되었던 것이다.[11] 또 靈光 金氏 세력도 일정한 역할을

---

10) 金甲童, 「高麗 太祖代 郡縣의 來屬關係 形成」『韓國學報』52, 1988 ;『羅末麗初의 豪族과 社會變動研究』, 高麗大民族文化研究所, 1990 참조.

했으리라 짐작된다.

한편 고려시대 靈光郡의 속군·현으로는 壓海郡, 長城郡, 森溪縣, 陸昌縣, 海際縣, 牟平縣, 咸豊縣, 臨淄縣, 長沙縣, 茂松縣 등이 있었다. 압해군은 본래 백제의 阿次山郡이었으나 신라 경덕왕 때 압해군으로 개명되었으며 '고려초'에 현으로 강등되어 羅州의 속현이 되었다. 그러다가 그 후 영광군에 來屬된 지역이다.

나주는 통일신라시대에 錦山郡으로 불렸으나 후삼국기에 궁예에게 협조해 준 대가로 승격한 지역이다.[12] 이후 여기에는 왕건이 주로 鎭駐하여 왕비인 나주 오씨를 맞아오기도 했으며[13] 삼한공신 羅聰禮의 고향이기도 했다.[14] 그리하여 나주는 武州를 제치고 현재 전남지역의 새로운 중심지가 되었고 이에 따라 압해현을 비롯한 17개의 속군, 현을 거느리게 되었던 것이다. 그러나 이후 압해현이 영광군에 來屬하면서 신라시대 그 領縣이었던 碣島縣과 鹽海縣도 영광군의 속현이 되었다. 물론 이 두 현은 속현이 될 때 명칭도 개정되어 각각 陸昌縣과 臨淄縣이 되었다.

장성군은 본래 백제의 古尸伊縣이었으나 경덕왕 때에 岬城郡이 되었다가 '高麗'시기에 영광군에 來屬되었다. 한편 갑성군의 領縣중 珍原縣은 羅州에 來屬된 반면 森溪縣은 영광군의 속현이 되었다. 이 밖에도 신라시대 務安郡의 領縣이었던 咸豊縣, 多岐縣, 海際縣이 영광군에 내속되었다. 이리하여 영광군은 본래의 영현이었던 장사현, 무송현을 비롯하여 총 10개의 속군·현을 거느린 전라도의 중심지로 발전하였다.

그런데 이들 속군·현들이 내속한 시기를 『高麗史』 地理志에서는 '至高麗' '高麗'라는 막연한 표현으로 기술하고 있다. 그러나 이 막연한 표현을

---

11) 『東國李相國集』 권35 및 『東文選』 권118 靜覺國師碑銘.
12) 『高麗史』 권56 지리지2 全羅道 羅州牧조.
13) 『高麗史』 권88 후비전 太祖 莊和王后 吳氏조.
14) 『高麗史』 권104 羅裕傳 및 『益齋亂藁』 권7.

분석해 보면 대개 그 시기는 고려 태조 대임을 알 수 있다.[15]

고려시대 靈光郡의 속군, 현을 표로 작성해보면 다음과 같다.

〈표 1〉 고려시대 靈光郡의 속군·현

主郡名	屬郡,縣名	本地名	景德王時 地名	高麗初期 地名	來屬 時期
靈光郡		武戶伊郡	武寧郡	靈光郡	
	壓海郡	阿次山郡	壓海郡	羅州屬縣(高麗初)	後
	長城郡	古戶伊郡	岬城郡	長城郡	高麗
	陸昌縣	阿老縣	碣島縣	陸昌縣	高麗
	臨淄縣	古祿只縣	鹽海縣	臨淄縣	高麗
	森溪縣	所非兮縣	森溪縣	森溪縣	至高麗
	海除縣	道除縣	海除縣	海除縣	至高麗
	牟平縣	多只縣	多岐縣	牟平縣	高麗
	咸豊縣	屈乃縣	咸豊縣	咸豊縣	至高麗
	長沙縣	上老縣	長沙縣	長沙縣	高麗
	茂松縣	松彌知縣	茂松縣	茂松縣	高麗

이렇게 됨으로써 영광군의 속군·현에 있는 鄕吏들은 자기 관할 내의 租稅나 貢賦, 徭役을 징발하여 主邑의 경비에 충당하였다. 주읍에서도 이들을 能吏라 총애하는 사태까지 벌어졌다.[16] 뿐만 아니라 속군·현의 향리들은 정기적으로 주읍에 나아가 자기 군·현의 실정을 보고하고 명령을 받아와야 하는 불편함이 있었다. 즉 영광군의 外官이나 鄕吏는 속군·현의 향리를 통제하면서 제반 사항에 대하여 간섭, 감독하는 위치에 있었던 것이다.

요컨대 영광군은 본래 백제의 武尸伊郡이었으나 통일신라기에 이르러 武寧郡으로 개명되면서 長沙縣, 高敞縣, 茂松縣 등 3현을 領縣으로 거느리고 있었다. 그 후 헌덕왕 14년(822) 金憲昌의 난 때 그 세력에 휩싸이기도 했지만 고려왕조의 성립과 더불어 전라도의 세력중심지로 부상하게

---

15) 金甲童, 「高麗初' '至高麗' '高麗'의 時期」『羅末麗初의 豪族과 社會變動研究』, 高麗大民族文化研究所, 1990, 84~93쪽.

16) 『世祖實錄』 권46 14년 6월 戊申조.

되었다. 즉 무려 10여 개의 속군·현을 거느린 주읍이 되어 각각 16개, 12개의 속군·현을 거느린 羅州牧, 全州牧의 뒤를 이어 전라도의 3번째 중심지가 되었던 것이다. 그것은 물론 太祖功臣 田宗會와 같이 고려왕조의 성립에 많은 협조를 한 세력이 있었기에 가능했던 것이다.

3. 김심언의 생애

김심언의 생애에 대해서는 자세한 기록이 없다. 다만『高麗史』권93 金審言傳에 나와 있는 것이 유일한 기록이다. 따라서 이를 중심으로 하여 김심언의 생애를 기술하면 다음과 같다.

그는 靜州 靈光縣 사람으로 되어있다. 이 기록으로 미루어 영광이 고려시대의 어느 시기에 靜州라 불렸음을 알 수 있다. 그러나 그 개명 시기를 추정할 수 있는 자료는 발견되지 않는다. 아마도 성종 14년의 州縣制 실시과정에서 일시적으로 승격되었던 것이 아닌가 한다. 이때에 많은 군, 현이 州로 승격된 바 있다. 예를 들면 전라도의 경우만 하더라도 昇平郡이 昇州로 승격된 것을 비롯하여 秋成郡, 寶城郡, 靈岩郡이 각각 潭州, 貝州, 朗州로 승격되었던 것이다.[17] 그리고 이때 이들 군, 현이 州로 개편되면서 그 구역이 몇 개의 현으로 나누어졌거나 州의 治所가 되는 현과 그렇지 않은 지역으로 구분되었던 것 같다. 柳邦憲과 高義和는 같은 全州人이었지만 유방헌은 全州承化縣人으로, 그리고 고의화는 全州高山縣人으로 기록되었던 것이다.[18] 그런데 承化는 全州의 別號였음으로 미루어 유방헌은 전주의 治所가 있는 지역출신이고 고의화는 그 주변 출신이 아니었나 한다. 따라서 김심언도 靜州의 치소 출신으로 생각된다.

17)『高麗史』권56 지리지2 全羅道 潭陽郡, 靈岩郡, 寶城郡, 昇平郡조.
18)『高麗史』권93 柳邦憲傳 및 권95 高義和傳.

고려 초에 성립된 영광군이 그 후 조선 초기까지 현으로 강등되었다는 기록을 찾아볼 수 없기 때문이다. 이같이 표현된 예는 대체로 성종, 현종대의 인물에서 찾아볼 수 있다. 예컨대 郭元, 張延祐 등이 淸州上黨縣人, 瀛州尙質縣人으로, 그리고 尹懲古, 劉瑨 등이 樹州守安縣人, 忠州大原縣人으로 표현되어 있었던 것이다.[19]

그러나 김심언은 몇 살 때인지는 모르지만 開京으로 올라와 常侍라는 관직에 있었던 崔暹에게서 학문을 배우게 되었다. 그런데 어느날 최섬이 앉아서 졸고 있는데 꿈에 김심언의 이마 위에서 火氣가 나더니 하늘까지 닿았다. 그래서 최섬은 마음속으로 이를 기이하게 여기고 자기 딸을 김심언과 결혼시켰다. 이로써 김심언은 최섬의 사위가 된 것이었다.

최섬은 광종 9년 과거에 급제한 사람으로[20] 성종 12년과 15년에는 考試官이 되어 과거를 관장하기도 하였다.[21] 그러나 그의 家系나 本貫에 대해서는 알 수가 없다. 한편 常侍는 中書門下省에 속한 관직으로 穆宗 때에는 左·右散騎常侍로 불렸다가 文宗 대에 左·右常侍로 개명되었는데 그 관품은 정3품이었다.[22] 이 산기상시는 중국의 隋, 唐, 宋代에도 있었던 관직으로 君主를 侍從하면서 조정의 闕失을 논하고 百官에 대한 부적합한 인사나 관청의 일에 違失이 있으면 諫諍하는 책무를 지닌 諫官이었다.[23] 고려의 散騎常侍도 諫諍과 時政의 언론 및 署經 등을 직무로 하는 諫官이었다.[24] 그러므로 이 간관에는 학식이 풍부할 뿐 아니라 덕망이 있는 인사가 임명되는 것이 보통이었다. 이런 면으로 보아 최섬은 신라 6두품 계열의 慶州 崔氏가 아닌가 한다. 경주 최씨는 대개 유학을 공부한 학자들로

---

19) 『高麗史』 권94 해당 人物傳.

20) 『高麗史』 권2 光宗 9년 2월 및 『高麗史』 권73 선거지1 凡選場 光宗 9년 5월조.

21) 『高麗史』 권73 선거지1 凡選場 成宗 12년 3월 및 成宗 15년 3월조.

22) 『高麗史』 권76 백관지1 門下府조.

23) 朴龍雲, 『高麗時代 臺諫制度 硏究』, 一志社, 1980, 20~22쪽.

24) 朴龍雲, 위의 책, 66~67쪽.

예를 들면 신라 말, 고려 초의 3崔[崔致遠, 崔承祐, 崔彦撝]와 崔承老 등이 바로 경주 최씨였기 때문이다.

이렇게 하여 김심언은 성종 대에 과거에 급제하고 여러 번 승진하여 성종 9년 右輔闕兼起居注에 이르렀다. 여기서 右·左補闕은 원래 중국 당나라에 있었던 종7품 관직으로 供奉諷諫과 乘輿의 扈從, 不便不合한 일에 대한 廷議와 上封, 賢良·忠孝의 薦擧 등을 맡고 있었다.[25] 그런데 『高麗史』百官志에 보면 고려의 우보궐은 좌보궐과 함께 목종 대에 처음 설치되었다가 예종 대에 右司諫이 된 것으로 나와 있다.[26] 그러나 『高麗史』의 世家나 列傳 등을 조사해 보면 諫官의 대부분이 이미 成宗朝에 설치되어 활동하고 있다. 따라서 百官志의 설명은 잘못되었다는 것을 알 수 있다.[27] 다른 기록도 많지만 우선 여기서 보는 바와 같이 김심언이 성종 9년에 右補闕의 지위에 있었던 것에서 증명이 된다.

起居注 역시 中書門下省의 諫官으로 문종 대에 설치되었는데 관품은 종5품이었다.[28] 이들 간관은 군왕의 不可한 처사나 과오에 대하여 諫言을 하고 군왕의 부당한 처사나 詔勅에 대한 封駁을 담당하였다. 뿐만 아니라 관리들의 임명에 동의하는 署經權도 가지고 있었고 관리들의 非違나 勤怠를 감찰하고 탄핵하는 한편 풍속의 矯正에 대한 임무도 띄고 있었다. 이러한 막중한 임무 때문에 그들은 특권을 가지고 있기도 했다. 예컨대 不逮捕의 특권이 있었고 왕과 직접 대면할 수 있는 '親奏'나 '面啓'의 특권을 가지고 있었던 것이다.[29] 김심언도 간관의 지위에 올라 이러한 권한과 특권을 누렸음은 물론이다.

그리하여 그는 간관의 직위에 있으면서 그 유명한 封事 2조를 올렸던

---

25) 『唐書』 권42 직관지 門下省 및 中書省조.
26) 『高麗史』 권76 백관지1 門下府조.
27) 朴龍雲, 앞의 책, 47쪽.
28) 『高麗史』 권76 백관지1 門下府조.
29) 朴龍雲, 앞의 책, 77~102쪽.

것이다. 이의 내용에 대해서는 다음 장에서 살피기로 하겠지만 성종은
이를 보고 기뻐하여 포상을 하였다 한다.[30] 그런가 하면 동년 9월에는
전국의 孝子, 順孫, 義夫, 節婦들을 표창할 때 당시 起居郎이었던 김심언이
그 일을 수행하였다. 즉 求禮縣의 孫順과 雲梯縣의 車達 兄弟, 그리고
西都[平壤]의 朴光廉, 南海縣의 能宣의 딸 咸富, 延日縣의 鄭康俊의 딸 字伊
및 京城의 崔氏女, 別將 趙英 등에게 찾아가 개인당 穀 100석, 銀盂 2事와
彩帛布 60필을 주었던 것이다.[31] 이런 점으로 미루어 김심언은 성종의
유교정치에 핵심적인 역할을 담당하고 있었음을 알 수 있다. 이후 김심언
은 목종 대에 지방으로 나아가 州牧이 되었다. 이때 그는 백성들을 잘
보살피고 농업을 장려하여 많은 사람들로부터 칭찬이 높았다.

　현종이 즉위하자 그는 右散騎常侍가 되었다가 禮部尚書로 승진하였다.
우산기상시 역시 諫官으로 중국 唐, 宋에 있었던 종3품의 관직이었다.[32]
고려에서도 이를 모방하여 목종 대에 이를 설치하였는데 문종 대의
관품으로 정3품이었으나 후에 右常侍로 개칭하였다.[33] 이것으로 미루어
김심언은 그의 학식과 덕망으로 인하여 주로 諫官職에 오래 있었음을
알 수 있다. 예부상서는 6部 중 禮義·祭亨·朝會·交聘·學校·科擧의 일을
맡은 부서의 장관으로 관품은 정3품이었다.[34]

　현종 4년에는 右僕射(정2품)에 올라 知貢擧로서 進仕覆試를 관장하여
乙科 林維幹 등 3인을 비롯하여 丙科 3인, 同進士 2인, 明經 1인을 뽑기도
하였다.[35] 또 그해에 거란의 침입으로 燒失된 『7代事跡』을 편찬하는데
참여하기도 하였다. 이때 吏部尚書·參知政事 崔沆이 監修國史가 되고 禮部尚

---

30)『高麗史』권92 金審言傳.
31)『高麗史』권3 成宗世家 9年 9月조.
32)『唐書』권42 職官志 門下省·中書省조 및 『宋史』권161 門下省·中書省조.
33)『高麗史』권76 百官志1 門下府조.
34)『高麗史』권76 百官志1 禮曹조.
35)『高麗史』권73 百官志1 科目 凡選場조.

書 김심언은 그 밑의 修國史가 되었던 것이다. 그리고 그 밑으로는 禮部侍郎 周佇, 內史舍人 尹徵古, 侍御史 黃周亮, 右拾遺 崔沖이 修撰官으로 참여하였다.[36] 그의 유교적 안목과 학식이 역사서 편찬의 바탕이 되었던 것이다.

그러다가 현종 5년에는 內史侍郎平章事로 옮겼다가 西京留守로 나가 관직생활을 하였다. 내사시랑평장사는 성종 대 內史門下省에 설치된 관직으로 문종 대에 이르러 門下侍郎平章事로 개칭되었으며 관품은 정2품이었다. 당시 고려에서는 中書門下省의 2품 이상 관직자를 宰臣, 또는 宰相이라 불렀으며 中樞院의 樞臣, 또는 樞密과 더불어 매우 중요한 직책이었다. 이들은 같이 정사를 논의하여 결정하는 위치에 있어 관부는 달랐지만 특별히 宰樞라 하여 중시하였던 것이다. 이로써 김심언은 宰相의 반열에 올라 가문의 영광을 빛냈던 것이다. 서경유수는 고려시대 제2의 수도였던 西京[지금의 평양]의 장관이었다. 이 관직은 성종 14년에 설치되었으며 3품 이상의 관원이 임명되도록 되어 있었다.[37] 그러다가 현종 9년 그가 돌아가자 왕은 朝會를 3일간 정지하였으며 시호를 文安이라 하였다 한다.

요컨대 김심언은 전라도 영광 출신으로 개경에 올라가 최섬에게서 학문을 배우고 그의 사위가 되었다. 최섬은 광종 9년 처음 실시된 과거에서 합격한 자로 경주 최씨 가문이었다. 이로써 영광 김씨는 경주 최씨와 관련을 맺게 되면서 번성하기 시작하였다. 이후 김심언은 성종 대에 과거에 급제하여 주로 간관직을 역임하였다. 그 후 현종 대에는 간관직을 수행하면서 현종을 보필하였고 지공거로서 과거를 관장하기도 하였다. 현종 5년에는 뛰어난 학식과 역량으로『七代事跡』이라는 역사서 편찬에 참여하였다. 이어 그는 서경유수를 거쳐 정2품 내사시랑평장사에 오름으로써 宰相의 반열에 참여하게 되었다. 이렇게 됨으로써 영광 김씨는

---

36)『高麗史』권4 현종세가 5년 9월 丙辰조.『七代事跡』에 대해서는 김갑동,「고려의 7대사적과 태조실록」『사학연구』133, 2019 참조.
37)『高麗史』권77 백관지2 外職 西京留守官조.

이후 계속적인 번성을 누리게 되는 계기가 되었던 것이다.

4. 김심언의 유학사상

　김심언의 사상은 그의 저서나 문장이 남아 있지 않은 상황에서 자세히 알 수는 없다. 다행히도 성종 9년에 그가 올린 封事 2조가 남아 있어 이를 통해 그의 유학사상과 학문의 일단을 살필 수밖에 없다.

　성종은 儒學을 공부한 유교적인 군왕으로 많은 유교식 문물, 제도를 수립한 인물이다. 그리하여 그는 즉위하자마자 京官 5品 이상으로 하여금 각각 封事를 올리게 하였다. 이에 그 유명한 崔承老의 時務 28條가 나오게 되었던 것이다. 이후에도 이러한 신하들의 封事는 계속되었던 모양으로 성종 7년 左補闕 兼 知起居注 李陽의 봉사가 있었으며 성종 9년에 이르러 김심언의 봉사가 있게 되었던 것이다.

　이에 성종은 敎書를 내려 칭찬하였다. 즉 "내가 등극한 후로부터 융성한 위업을 이룰 것을 생각하여 중앙에는 백관을 두고 지방에는 수령들을 배치하여 근심을 나누는 임무에 빈틈이 없게 하고 풍속에 이로운 방책을 베풀고 싶었다. 그러나 어찌하랴. 나는 어진 사람으로서 용렬하고 暗昧하여 정치와 교화의 쇠퇴를 우려할 뿐이었노라"[38] 하면서 자신의 생각을 적고 있는 것이다.

　봉사의 내용은 크게 2條로 구성되어 있다. 즉 『說苑』의 6正 6邪와 『漢書』의 刺史 6條를 들어 중앙과 지방 관리들의 복무 자세를 강조한 부분과 西京[平壤]에 司憲 1인을 설치하자는 내용으로 구분되어 있다. 우선 김심언은 "周가 盛業을 열매 姬旦이 無逸篇을 올렸고 唐이 中興을 열매 宣宗이

---

38)『高麗史』권93 金審言傳.

百僚의 誡를 지었습니다"라고 하면서 자신이 6正 6邪를 올리는 동기를 기술하고 있다. 여기서 姬旦[周公]은 周나라 武王의 아우로 무왕을 보좌하여 殷의 마지막 왕인 紂를 토벌하고 후에 그의 조카인 成王을 도와준 인물이다. 無逸篇은 『書經』의 한 篇名으로 成王이 처음 정치를 할 때 안일함이 없어야 함을 강조한 주공의 말을 기록해 놓은 것이다. 당의 宣宗은 847년에서 859년까지 집권했던 왕으로 여기서 말하는 百寮之誡는 그가 왕위에 올라 郊廟에서 제사를 드리고 大赦를 하면서 大中이란 연호를 정하고 내린 制條를 가리키는 것이 아닌가 한다.[39] 이러한 故事에서와 같이 자신도 왕을 잘 보필하기 위하여 신하들이 지켜야 할 도리를 진술하겠다는 심정을 토로하고 있다. 그러면서 먼저 『說苑』에 나오는 6正 6邪를 언급하고 있는 것이다.

『說苑』은 漢나라의 劉向이 편찬한 책으로 주로 임금의 도리와 신하가 지켜야 할 도의를 기술하고 있다. 총 20권으로 되어 있으며 각 권의 篇名은 다음과 같다. 1권 君道, 2권 臣術, 3권 建本, 4권 立節, 5권 貴德, 6권 復恩, 7권 政理, 8권 尊賢, 9권 正諫, 10권 敬愼, 11권 善說, 12권 奉使, 13권 權謀, 14권 至公, 15권 指武, 16권 說叢, 17권 雜言, 18권 辨物, 19권 修文, 20권 反質篇으로 되어 있다. 원래 이 책은 5편밖에 전하지 않았으나 후에 15편을 士大夫들 사이에서 얻어 총 20편으로 만든 것이었다. "陸游渭의 「南集記」에 고려에서 바친 책을 얻어 완전한 책을 만들었다는 李德芻의 말이 있는 것을 보면 宋나라 때 이미 이 책이 있었다"는 『說苑』의 提要에서 알 수 있듯이 고려에서는 이 책이 상당히 유행했던 것 같다. 그리하여 김심언도 이 책을 읽고 이를 인용하고 있는 것이다. 6正 6邪에 대한 서술은 제2권 臣術篇에 나와 있다. 여기서 유향은 우선 6正 6邪를 말하게 되는 동기를 기술하고 있다. 즉 "人臣의 術策은 순종하고 명령에 복종하며

---

39) 『舊唐書』 권18下 宣宗本紀 大中 원년 정월 戊甲조.

감히 오로지 하는 바가 없어야 한다. 義에 나아가서는 구차하게 야합하지
아니하고 관직에 나아가서는 구차하게 아부하지 않아 반드시 국가에
도움이 있어야 하고 반드시 君主에게 보탬이 있어야 한다. 故로 그 몸이
높아 자손이 이를 保持하는 것이다. 따라서 人臣의 행동에 6正 6邪가
있은 즉 6正을 행하면 榮華가 올 것이오 6邪를 犯하면 辱됨을 당할 것이다.
그러하니 대저 榮辱이라는 것은 바로 禍福의 門인 것이다"[40]라고 하면서
그 뒤에 6正 6邪의 내용을 언급하고 있는 것이다.

이 6正 6邪의 내용은 『高麗史』金審言傳의 내용과 거의 같다. 그러나
그 原文을 보면 조금씩 다른 바가 있다. 따라서 해석은 『고려사』의 것을
따르되 원문에 있어서는 『고려사』의 것과 『설원』의 실제 본문을 같이
제시해 보겠다. 그럼 6正 6邪란 무엇인가. 다음의 표를 통하여 이를
살펴보자.

<표 2> 6正 6邪의 내용

6正	해석	1. 萌芽가 아직 動하지 아니하고 形兆가 아직 나타나지 아니하였을 적에 환하게 홀로 興亡의 기틀을 보아 미리 前에 禁하여 君主로 하여금 超然히 顯榮한 곳에 서게 함이니 이와 같이 하는 자를 聖臣이라 한다.
	원문	萌芽未動 形兆未見 明然獨見 <u>興亡之機</u> 預禁乎未然之前 使主超然 立于顯榮之處 此者聖臣也(『고려사』) 萌芽未動 形兆未見 昭然獨見 <u>存亡之機</u> 得失之要 預禁乎不然之前 使主超然 立乎顯榮之處 天下稱孝焉 如此者聖臣也(『설원』)
	해석	2. 마음을 비우고 뜻을 淡白하게 하며 善에 나아가고 道를 通하여 君主에게 예의로써 勤勉하고 君主에게 長策으로써 開諭하여 장차 그 美德은 순종하고 그 惡行을 匡救함이니 이와 같이 하는 자는 良臣이다.
	원문	處心白意 進善通道 勉主以禮義 諭主以長策 將順其美 匡救其惡 如此者良臣也(『고려사』) 處心白意 進善通道 勉主以禮義 諭主以長策 將順其美 匡救其惡 <u>功成事立 歸善於君 不敢獨伐其勢</u> 如此者良臣也(『설원』)
	해석	3. 일찍 일어나고 늦게 잠자서 賢明한 사람을 천거하기를 게을리 하지 아니하고 자주 과거의 사적을 들어서 君主의 뜻을 勉勵함이니 이와 같이 하는 자는 忠臣이다.

---

40) 『說苑』 권2 臣術篇.

	원문	夙興夜寐 進賢不解 數稱往古之行事 以勵主意 如此者忠臣也(『고려사』) 卑身賤體 夙興夜寐 進賢不解 數稱於往古之德行事 以勵主意 庶幾有益 以安國家社稷宗廟 如此者忠臣也(『설원』)
	해석	4. 밝게 成敗를 살펴 일찍 막아 救濟하고 禍를 돌려 福을 만들어 임금으로 하여금 몸을 마치도록 걱정이 없게 함이니 이와 같이하는 자는 智臣이다.
	원문	明察成敗 早防而救之 轉禍爲福 使君終己無憂 如此者智臣也(『고려사』) 明察幽見成敗 早防而救之 引而復之塞其間 絶其源轉禍以爲福 使君終以無憂 如此者智臣也(『설원』)
	해석	5. 文을 지키고 法을 받들어 官을 임용하고 일을 분담하며 祿과 賜를 사양하고 음식을 절약하고 검소하게 함이니 이와 같이 하는 자는 貞臣이다.
	원문	守文奉法 任官職事 辭祿讓賜 飮食節儉 如此者貞臣也(『고려사』) 守文奉法 任官職事 辭祿讓賜 不受贈遺 衣服端齊 飮食節儉 如此者貞臣也(『설원』)
	해석	6. 국가가 혼란할 적에 하는 바가 阿諛하지 아니하여 감히 君主의 嚴顔을 犯하고 君主의 過失을 면전에서 말함이니 이와 같이 하는 자는 直臣이다.
	원문	國家昏亂 所謂不諛 敢犯主之嚴顔 面言主之過失 如此者直臣也(『고려사』) 國家昏亂 所謂不諛 然而敢犯主之顔面 言主之過失 不辭其誅 身死國安 不悔所行 如此者直臣也(『설원』)
6邪	해석	1. 官에 安居하여 祿을 貪하고 公事에 힘쓰지 않고 세상과 더불어 浮沈하여 좌우로 관망함이니 이와 같은 자는 具臣이다.
	원문	安居貪祿 不務公事 與世沈浮 左右觀望 如此者具臣也(『고려사』) 安居貪祿 營於私家 不務公事 懷其智 藏其能 飢於論 渴於策 猶不肯盡節容容乎 如世沈浮 上下左右觀望 如此者具臣也(『설원』)
	해석	2. 임금이 말하는 것은 다 옳다하고 임금이 하는 것은 다 좋아하며 몰래 임금이 좋아하는 것을 구해 바쳐서 임금의 耳目을 즐겁게 하여 아첨하고 아부하여 임금과 더불어 娛樂하고 그 후의 害를 돌아보지 아니함이니 이와 같이 하는 자는 諛臣이다.
	원문	主所言皆曰善 主所爲皆曰好 隱而求主之所好 而進之以快主之耳目 偸合苟容 與主爲樂 不顧其後害 如此者諛臣也(『고려사』) 主所言皆曰善 主所爲皆曰可 隱而求主之所好 卽進之以快主耳目 偸合苟容 與主爲樂 不顧其後害 如此者諛臣也(『설원』)
	해석	3. 마음은 실로 음험한데 외모는 조금 부지런하고 말을 교묘히 하고 안색을 좋게 하면서 善人을 시기하고 賢人을 미워하며 추천코자 하는 자가 있으면 그 善함만 밝히고 惡은 숨기며 물리치고자 하는 자가 있으면 허물만 밝히고 아름다운 것을 숨겨서 君主로 하여금 상벌을 부당하게 하고 號令을 행하지 못하게 함이니 이와 같이 하는 자가 姦臣이다.
	원문	中實陰頗 外貌小勤 巧言令色 妬善嫉賢 所欲進卽 明其善 而隱其惡 所欲退卽 明其過 而匿其美 使主賞罰不當 號令不行 如此者姦臣也(『고려사』) 中實險 外容貌小勤 巧言令色 又心嫉賢 所欲進卽 明其美 而隱其惡 所欲退卽 明其過 而匿其美 使主妄行過任 賞罰不當 號令不行 如此者姦臣也(『설원』)

해석	4. 지혜는 족히 그릇됨을 꾸미고 언변은 족히 설명을 잘하여 안으로는 骨肉의 친척을 이간시키고 밖으로는 난을 朝廷에 끌어들이니 이와 같이 하는 자는 讒臣이다	
원문	智足以飾非 辯足以行說 內離骨肉之親 外構亂於朝廷 如此者讒臣也(『고려사』) 智足以飾非 辯足以行說 反言易辭 而成文章 內離骨肉之親 外姤亂朝廷 如此者讒臣也(『설원』)	
해석	5. 권세를 오로지하고 세력을 마음대로 함으로써 경중을 삼고 私門으로 黨을 이룸으로써 富家를 삼아 함부로 임금의 명령을 꾸며서 스스로 貴顯하게 함이니 이와 같이 하는 자는 賊臣이다.	
원문	專權擅勢 以爲輕重 私門成黨 以爲富家 擅矯主命 以自貴顯 如此者賊臣也(『고려사』) 專權擅勢 持招國事 以爲輕重 於私門成黨 以富其家 又復增加威勢 擅矯主命 以自貴顯 如此者賊臣也(『설원』)	
해석	6. 군주에게 佞邪로써 아첨하여 군주를 不義에 빠지게 하고 朋黨과 집단으로써 군주의 총명을 가려 흑백의 분별이 없고 시비의 간격을 없이하여 군주의 惡을 국내에 퍼지게 하고 四隣에 들리게 함이니 이와 같은 자는 亡國之臣이다.	
원문	諂主以佞邪 陷主於不義 朋黨比周 以蔽主明 白墨無別 是非無間 使主惡布於境內 聞於四隣 如此者亡國之臣也(『고려사』) 諂言以邪 墜主不義 朋黨比周 以蔽主明 入卽辯言好辭 出卽更復異其言語 使白墨無別 是非無間 伺候可推 而因附然 使主惡布於境內 聞於四隣 如此者亡國之臣也(『설원』)	

여기서 보는 바와 같이 『高麗史』 김심언전의 6正 6邪는 『說苑』의 그것을
그대로 옮겨놓은 것이 아니다. 대체적으로 볼 때 『고려사』의 기록은
『설원』의 기록을 충실하게 요약한 것이라 할 수 있다. 또 부분적으로는
고려의 실정에 맞게 字句를 고치기도 했다. 그러나 그 내용은 대체로
같다고 볼 수 있다. 이러한 내용의 封事를 올리면서 김심언은 "賢臣은
6正의 道에 處하고 6邪의 術을 행하지 아니하는 고로 위로는 편안하고
아래로는 잘 다스려지는 것이다"라고 하고 있다. 이 말 역시 『설원』의
글을 옮겨 적은 것으로 『설원』에서는 이 뒤에 "(이렇게 하면) 살아서는
樂을 보고 죽어서는 思想을 보게 되니 이것이 人臣의 術策이다"라는 글이
덧붙여 있다. 결국 6正이란 올바른 행동을 하는 여섯 종류의 신하를
일컫는 것이오, 6邪란 잘못된 행동을 하는 여섯 부류의 신하를 지칭하였던

것을 알 수 있다.

그러면 이와 같은 6正 6邪의 내용이 나올 수 있었던 국내적 배경을 살펴보자. 신라가 멸망하고 고려가 성립되면서 등장하기 시작한 儒學思想은 이미 태조 대에 자리를 잡기 시작했다고 볼 수 있다. 태조가 정복전쟁을 수행할 때에 陰陽說이나 불교에 집착하는 태도를 보이자 崔凝이란 자가 왕이 되려면 文德을 닦아 인심을 얻어야 한다고 간언하였다. 그러자 태조는 이는 어디까지나 일시적인 방도요 통일이 되어 안정이 되면 儒學을 장려할 것이라고 대답했던 것이다.[41]

이러하던 유학사상은 성종이 즉위하면서 활발하게 꽃피게 된다. 그는 유교적 군왕으로 많은 유교정책을 실시하였다. 그가 실시한 유교정책 중 대표적인 사례들을 간추려 보면 다음과 같다.

A-① (성종 즉위년 11월)이달에 왕은 八關會를 雜技라 하고 떳떳하지 못하며 또 번거롭고 요란하다 하여 일체 파하도록 하였다.(『高麗史』 권3 성종세가)

② (성종) 2년 正月 辛未에 王이 圓丘에서 祈穀할새 太祖로써 配享하였다. 乙亥에 몸소 籍田을 갈고 神農을 제사할 새 后稷으로써 配享하니 祈穀과 籍田의 禮는 이에서 시작되었다.(위와 같은 조항)

③ 斬衰 3년은 휴가 100일을 준다. 正服은 아들이 아버지를 위하여, 在室한 딸 및 旣婚하였다가 돌아온 자가 아버지를 위하여 입고 義服은 처가 夫를 위하여, 妾이 君을 위하여 입는다. 加服은 嫡孫으로 아버지가 卒하고 承重한 자가 祖父를 위하여, 曾·玄孫으로 承重한 자가 曾·高祖를 위하여 입는다. 齋衰 3년도 휴가 100일을 준다. 正服은 아들이 어머니를 위하여 입는 것이고 加服은 嫡孫으로 아버지가 卒하고 承重한

---

41) 崔滋, 『補閑集』上.

자가 祖母를 위하여 입고 曾·玄孫으로 承重한 자가 曾·高祖母를 위하여 입는 것이다. 公侯 이하는 3일로써 葬禮한다. 13개월에 小祥하고 25개월에 大祥하며 27개월에 禫祭한다. 齊衰 周年은 30일 휴가를 준다. 正服은 祖父母를 위하여, 伯叔父 및 妻를 위하여, 在室한 姑姉妹를 위하여, 남에게 시집간 姉妹로 남편과 아들이 없는 자를 위하여, 형제를 위하여, 長子 및 妻를 위하여, 衆子 및 딸을 위하여, 姪 및 在室한 姪女를 위하여, 嫡孫 및 嫡孫女를 위하여, 嫡曾孫과 庶母를 위하여, 그 아들 및 君의 衆子를 위하여 입고, 降服은 아버지가 졸하고 어머니가 改嫁한 경우이고 報服도 또한 이와 같으며 義服은 改嫁한 繼母가 아들을 위하는 경우이다. 外族 正服은 外祖父母를 위하여 입는 것이고 義服은 繼母·玆母·義母·長母를 위하여 妻를 위하여 입는다. …… 大功 9월은 20일 휴가를 준다. …… 小功 5월은 15일 휴가를 준다. …… 緦麻 3월은 7일 휴가를 준다. …… 무릇 五服은 喪을 당했을 때 3분지 2의 휴가를 주고 남는 날이 있으면 休暇의 기한에 넣는다. 성종 4년에 처음으로 이 제도를 만들었다.(『高麗史』 권64 예지6 五服制度)

④ (성종 4년) 이 해에 새로 五服에 휴가 주는 제도를 정하였다. 斬衰·齊衰 3년에는 100일의 휴가를 주고 齊衰·朞年에는 30일의 휴가를 주며 大功 9월에는 20일의 휴가를 준다. 또한 小功 5월에는 15일의 휴가를 주며 緦麻 3월에는 7일의 휴가를 주었다.(『高麗史節要』 권2)

⑤ (성종 7년) 처음으로 五廟를 정하였다.(『高麗史』 권61 예지3 諸陵조)

⑥ (성종 8년) 처음으로 太廟를 짓는데 왕이 몸소 백관을 거느리고 資材를 운반하였다.(『高麗史節要』 권2)

⑦ 成宗 10년 閏2월에 敎하기를 "내 듣건대 社는 토지의 주인이니 땅이 넓어 다 공경할 수 없으므로 흙을 모아 社로 삼음은 그 功에 보답코자 함이오. 稷은 五穀의 長이나 곡식이 많아 널리 제사할 수 없으므로 稷神을 세워 이를 제사하는 것이라 하였다. 禮에 말하기를

王이 群姓을 위하여 社를 세움을 大社라 하고 스스로를 위하여 社를
세움을 王社라 하며 諸侯가 백성을 위하여 社를 세움을 國社라 하고
스스로를 위하여 社를 세움을 侯社라 하고 大夫 이하는 여러 사람이
모여 社를 세워 置社라 한다. 그러므로 국가를 가진 자는 社를 세우지
않을 수 없다. 위로는 天子로부터 아래로는 大夫에 이르기까지 근본을
보이고 功에 보답함을 갖추지 않을 수 없도다. 이에 聖朝로부터 여러
대를 지났는데도 아직 夏松의 祀를 두지 않고 周栗의 연도 궐하였으니
朕이 왕위를 이어받은 이래로 모든 始爲를 禮典에 의하고자 하여
子穆父昭의 室을 방불하게 春祈秋報의 壇을 장차 창립코자 하니 그
群公에게 명하여 땅을 가려 壇을 설치하도록 하라" 하였다. 이에
비로소 社稷을 세웠다.(『高麗史』 권59 예지1 吉禮大祀社稷조)

이상에서 보는 바와 같이 성종은 즉위하자마자 불교행사인 八關會를
폐지하면서 유교정책을 시행하였다. 나아가 성종 6년 10월에는 西京의
팔관회까지 폐지하는 조치를 취하기도 하였다.[42] 성종 2년에는 圓丘壇을
설치하고 籍田의 예를 시작하기도 하였다. 圓丘는 일명 圜丘라고도 하는
것으로써 천자가 하늘에 제사를 지내는 것이다. 이것은 고려가 중국과
대등한 입장에 있었다는 것을 보여주는 것이다. 그것은 明의 제후국을
자처하던 조선 초기에 이것이 참람하다 하여 폐지해 버린 것에서 알
수 있다.[43]

A③·④는 喪을 당했을 때 喪服을 입는 친족의 범위와 그에 따른 관리들
의 휴가를 정해놓은 규정이다.[44] 이러한 제도는 유교에서 아주 중시하는

---

42) 『高麗史』 권69 예지11 仲冬八關會儀.

43) 金泰永, 「朝鮮初期 祀典의 成立에 대하여」 『歷史學報』 58, 1973, 109~118쪽 참조.

44) 이에 대해서는 盧明鎬, 「高麗의 五服親과 親族關係 法規」 『韓國史硏究』 33, 1981
    참조.

것으로써 성종이 유교식 제도를 얼마나 채용하려 했는가 하는 것을 잘 보여준다. 성종 7년에는 五廟를 정하였다. 宗廟는 王家의 위폐를 모신 곳으로 그 제도에 의하면 천자는 7廟, 제후는 5廟制였다. 5묘는 太祖, 高祖, 曾祖, 祖, 考를 말하는 것이다. 또 성종 8년에는 太廟를 짓기 시작하였는데 A-⑥에서 보듯이 왕이 몸소 자재를 운반하는 열의까지 보였다. 이 공사는 성종 11년에 와서 완성을 보게 되었고 儒臣들에게 명하여 昭穆의 位次와 禘祫의 의례를 정하게 하였다.[45] 이러한 한편 성종 10년에는 社稷壇을 세움으로써 왕실에서 갖추어야 할 유교식 의례는 일단의 정비를 보게 되는 것이다.

이 밖에도 성종은 과거제의 강화와 교육제도의 혁신을 통하여 유학을 진흥하고자 하였다. 과거제는 광종 9년 雙冀의 건의에 의해 처음 실시된 이래로 적어도 2, 3년에 한 번씩은 꼭 시행되었다. 과거급제자의 수는 적게는 1명, 많게는 8명 정도였다. 그러나 성종 8년 이후가 되면 급제자 수가 갑자기 증가하여 성종 8년에는 19명, 동왕 10·12·13년에는 각각 10·13·17명에 이르기까지 하였다.[46] 이러한 과거급제자의 급격한 증가는 성종 8년의 敎書와 밀접한 관련이 있는 것이었다. 그는 "바야흐로 학교를 숭상하여 나라를 다스리고자 하노라. 스승의 자리를 널리 열고 生徒를 널리 모집하여 田庄을 주어 학업을 익히게 하고 문학하는 이를 보내어 스승을 삼게 하며 해마다 甲, 乙科를 두어 俊睿한 사람을 뽑고 날로 丘園의 선비를 찾아 그 英俊을 기다리며 힘써 博識한 선비를 얻어서 나의 정치를 돕게 하리라"[47] 하고 있는 것이다. 이 같은 그의 의지가 성종 8년 이후 급제자 수의 증가로 나타나게 되었던 것이다.

또 성종은 교육정책에도 힘을 기울였다. 성종은 우선 여러 州郡縣으로

---

45) 『高麗史』 권61 예지3 諸陵조.

46) 『高麗史』 권73 선거지1 凡選場조.

47) 『高麗史』 권3 성종세가 8년 夏4월 壬戌조.

하여금 자제들을 선발하여 서울에 와서 학업을 배우도록 하였다.[48] 이 조치가 취해진 연대에 대해서는 정확히 알 수 없으나 성종 초년 경으로 생각된다.[49] 그러나 성종 5년(986)에 와서는 이들 중 고향을 생각하는 사람이 많았던지 서울에 남거나 고향으로 돌아가게 하는 조치를 취하였다. 그리하여 歸省하는 학생 207명에게는 布 1천 4백 필을 내려주고 서울에 남은 학생 53명에게는 幞頭 106개와 쌀 265석을 내려주도록 하였다.[50] 또 성종 6년 8월에는 12牧에 經學博士, 醫學博士 각 1인씩을 두고 牧宰, 知州, 知縣으로 하여금 힘써 訓誨케 하였다. 그리고 經義에 밝고 孝悌하고 醫方에 밝아 쓸 만한 사람이 있으면 서울에 천거하도록 하는 조치를 취하였다.[51] 성종 8년에는 12牧과 여러 州·府의 學生, 醫生에게 거듭 학문을 권장하고 술과 음식을 내려주기도 하였다.[52] 이외에도 성종 11년(992)에는 有司에게 명하여 좋은 땅을 골라 書齊와 學舍를 짓고 또 國子監을 창건하였다.[53]

또 그는 유교적 덕목을 잘 지킨 사람들을 포상하기도 하였다. 즉 성종 8년(888)에 늙은이와 약한 이를 扶養하고 孝子와 節婦를 포상하였던 것이다.[54] 또 성종 9년에는 "무릇 나라를 다스리는 근본은 孝道보다 더한 것이 없다"라 하면서 어머니가 병들어 죽자 화상을 그려 받들어 섬기기를 생전과 같이 했던 求禮縣의 백성 孫順興을 비롯한 전국의 孝子, 順孫, 義夫, 節婦들을 포상하였다.[55] 그리하여 결국 성종은 "儒敎를 숭상할 마음

---

48) 『高麗史』 권74 선거지2 學校조.
49) 安鼎福은 이 기사를 성종 원년 조에 넣고 있는 반면(『東史綱目』 권6上) 李基白은 이 조치가 성종 2년일 것으로 추정하고 있다.(「高麗貴族社會의 形成」 『한국사』 4, 1981, 185쪽)
50) 『高麗史』 권74 학교 成宗 5년 7월조.
51) 『高麗史』 권74 선거지 學校조.
52) 『高麗史節要』 권2 성종 8년 8월조.
53) 『高麗史』 권74 선거지 학교 성종 11년 12월조.
54) 『高麗史節要』 권2 성종 8년 8월조.

이 간절하여 周公과 孔子의 風化를 일으키고 堯舜의 다스림을 이루고자 하였던"56) 것이다. 바로 이러한 성종의 적극적인 儒敎政策속에서 金審言의 6正 6邪가 나올 수 있었던 것이다.

다음으로 김심언이 『漢書』에 나오는 刺史 6條를 들어 지방 관리의 복무 자세를 강조한 부분에 대해 살펴보자. 우선 그에 대한 기록을 보자.

> B. 또 『漢書』의 刺史六條政을 살펴보니, "첫째는 백성들의 疾苦와 失職을 살필 것이고, 둘째는 墨綬를 〈받은〉 長吏 이상의 관리들의 정사를 살필 것이며, 셋째는 백성을 해치는 도적과 크게 간교한 사람을 살필 것이고, 넷째는 토지에 대한 법을 범하거나 사시사철 지켜야할 금령을 어기는 자를 살필 것이며, 다섯째는 백성들 가운데 효도·공경·청렴·결백하고 품행이 바르며 재주가 특출한 사람을 살필 것이고, 여섯째는 관리가 돈과 곡식을 장부에 기입하지 않고 고의로 흩어 버리는 행위를 살필 것이다"라고 하였습니다.[又按 漢書六條政 一則察 民庶疾苦失職者 二則察黑綬長吏以上居官政者 三則察盜賊民之害及大奸 猾 四則察田犯律四時禁者 五則察民有孝悌廉潔行修正茂才異者 六則察吏 不簿入錢穀故散者](『고려사』 권92 金審言傳)

그런데 이 내용은 실제 『漢書』에 나와 있는 것과 상당한 차이가 있다. 우선 『한서』에는 刺史에 대한 설명이 나와 있다. 이를 보면 "監御史는 秦의 관직으로 君에 대한 監察을 관장하였다. 漢나라에서는 없어졌고 丞相이 史分刺州를 보냈으나 常置하지는 않았다. 武帝 元封 5년에 처음으로 部刺史를 설치하였는데 詔書를 받들어 州를 監察하는 것을 관장하였다. 秩은 6백 石이고 정원은 13인이었다. 成帝 綏和 원년에 명칭을 牧이라

---

55) 『高麗史』 권3 성종세가 9년 9월조.
56) 『高麗史節要』 권2 성종 5년 7월조.

고치고 秩을 2천 石으로 하였다. 哀帝 建平 2년에 다시 刺史로 하였다가 元壽 2년에 다시 牧으로 하였다"[57]라 하고 있다. 이로 미루어 刺史는 漢 武帝 때에 처음 설치되어 州를 감찰하는 임무를 맡은 관직임을 알 수 있다. 이후 後漢에 들어와서는 지방행정의 변천에 따라 여러 번 호칭이 바뀌었다. 魏晉南北朝 시대에 이르러 刺史는 州牧과 동격으로 지방의 최고행정관이 되었다.[58]

그런데 이러한 刺史에 대한 설명 뒤에 이에 대한 顔師古의 註가 있다. 여기에 刺史 6條의 내용이 언급되고 있는 것이다. 이 인용문을 보자

C. 漢의 官典職儀에 이르기를 "刺史는 파견되어 두루 君國을 돌면서 정치의 상황을 省察하고 관리들의 能否를 黜陟하며 억울한 獄事를 다스리고 6條로써 일을 묻고 6條가 아니면 살피지 않았다. 1條는 强宗과 豪右의 田宅이 제도를 넘고 강한 자가 약한 자를 能蔑하고 多數가 小數를 暴壓하는 것이고, 2조는 2천石이 詔書를 받들어 典制를 따르지 않고 관직에 있으면서 私私로움을 도모하고 詔書를 젖혀놓고 私利를 지키고 백성들을 侵漁하여 거두어들여 간사하게 하는 것이오, 3조는 3천석이 백성을 구휼하고 獄事를 걱정하지 않고 殺人을 조장하며 노하면 형벌을 주고 기쁘면 淫으로 상을 주어 백성들은 煩擾스럽게 하고 폭력을 휘둘러 백성들을 割剝하여 미움을 받아 山이 무너지고 돌이 쪼개지고 訛言이 일게 하는 것이다. 4조는 2천석이 관리들을 뽑아 쓰는 데 불공평하게 하고 구차하게 아부하여 사랑을 받으면서 賢人을 무시하고 頑惡한 자를 총애하는 것이오, 5조는 權勢를 믿고 監察하는 자에게 청탁을 하는 것이오, 6조는 2천석이 公法을 어기고 아래로 黨을 만들고 豪强에게 阿附하여 뇌물을 通行함으로써 正令을 훼손하는 것이다"

---

57) 『漢書』 권19上 百官公卿表7上.
58) 日中民族科學研究所 編, 『中國歷代職官辭典』, 國書刊行會, 1980, 133쪽.

하였다.(『漢書』권19上 百官公卿表上)

이상에서 보는 바와 같이 김심언이 말하는 刺史 6조는『漢書』에 나와 있는 내용과 상당한 차이를 보이고 있다. 이것으로 미루어 김심언은 『한서』의 刺史 6條를 그대로 인용한 것이 아니라 고려의 실정에 맞게 고쳐서 얘기하고 있음을 알 수 있다.

한편 이러한 자사 6조의 말이 나올 수 있었던 배경에는 왕권의 강화에 짝하는 지방제도의 변화와 밀접한 관련이 있는 것이었다. 다 아는 바와 같이 고려왕조는 지방호족들의 협조와 도움으로 이룩되었다. 때문에 고려 초에는 이들 호족들에게 그에 상응하는 대우를 해주어야 했다. 그리고 이들을 무시한 지방통제는 불가능하였다고 할 수 있다. 따라서 몇몇 都護府, 都督府 지역을 제외한 대부분의 지역에는 지방관이 파견되지 못하고 호족들의 자치에 맡겨져 있었다. 다만 대호족이 거주하고 있는 지역에 인근 지역을 來屬시켜 통제하는 방식의 지방제도를 채택하고 있었을 뿐이었다.59) 뿐만 아니라 이들 호족들은 나름대로의 독자적인 통치조직을 가지고 지방민을 통제하고 있었다. 예컨대 淸州의 경우 堂大等, 大等 휘하에 兵部, 倉府, 學院 등의 통치기구를 가지고 있었으며60) 강원도 溟州의 경우는 都領, 執事郞中, 員外, 色執事 등의 관직체계를 가지고 있었던 것이다.61)

그러다가 본격적으로 지방관이 파견되는 것은 성종 대에 이르러서였다. 우선 성종은 그 원년부터 동왕 2년에 걸쳐 內史門下省과 尙書省, 尙書 6曹 등의 설치를 통하여 중앙의 행정제도를 정비하고 중국의 문산계를

---

59) 金甲童,「高麗 太祖代 郡縣의 來屬關係」『羅末麗初의 豪族과 社會變動硏究』, 高麗大民族文化硏究所, 1990 참조.

60) 『朝鮮金石總覽』上 龍頭寺幢竿記.

61) 『韓國金石全文』(中世上) 地藏禪院 郞圓大師悟眞塔碑.

도입하여 중앙관의 서열체계를 확립시켰다.[62] 이렇게 하여 왕권을 강화한 성종은 동왕 2년에 이르러 지방에 대한 통제를 강화하였다.

그는 전국의 12州에 州牧이란 지방관을 파견하였다. 물론 그것은 전년에 올린 최승로의 시무 28조에 의거한 것이었다. 즉 "王者의 백성 다스림은 집집마다 찾아가 매일같이 돌보는 것이 아니므로 守令을 나누어 보내어 가서 백성의 이해를 살피게 하는 것입니다. 我聖祖[太祖]가 통합한 후로 외관을 두고자 하였으나 草創으로 인하여 일이 번거로워 겨를이 없었습니다. 이제 가만히 보건대 鄕豪가 매양 公務를 假託하여 백성을 侵暴하니 백성들이 견뎌내지 못하고 있습니다. 청컨대 外官을 두십시오. 비록 일시에 다 보내지 못한다 하더라도 먼저 10數 州縣을 아울러 한 사람의 관원을 두고 그 관원에 각각 2, 3인을 두어 愛民하는 일을 맡기십시오"[63]라는 건의에 따른 것이었다.

이러한 건의에 의하여 성종은 동왕 2년에 "비록 몸은 宮禁에 살고 있어도 마음은 항상 백성들에게 가 있다. 늦게 밥 먹고 일찍 옷 입어 매양 일깨워줌을 구하며 낮은 것을 듣고 먼 곳을 보는데 어질고 착한 이의 힘을 빌리고자 하노라. 이에 方伯의 功을 의지하여 민간의 소망에 부응하도록 하노니 虞書의 12牧을 본받아 周祚의 8백년을 연장코자 하노라"라는 敎書를 내림과 동시에 외관을 파견한 것이었다. 그런데 여기서 虞書를 본받았다는 것은 舜임금이 전국을 12州로 나누고 여기에 牧이란 지방관을 둔 것을[64] 말하는 것이다. 이에 따라 楊州牧, 廣州牧, 忠州牧, 淸州牧, 公州牧, 海州牧, 晉州牧, 尙州牧, 羅州牧, 昇州牧, 黃州牧 등의 외관이 설치되었던 것이다.

---

62) 『高麗史』 권3 성종세가 2년 5월조, 권76 백관지1 門下府조 및 金甲童, 「高麗初期의 官階制」『羅末麗初의 豪族과 社會變動硏究』, 高麗大民族文化硏究所, 1990, 186쪽.

63) 『高麗史』 권93 崔承老傳.

64) 『通典』 권32 직관14 州牧刺史조.

또 州牧이 파견된 지 4개월 만에 각 州, 府, 郡, 縣, 館, 驛 등지에 公廨田柴가 지급되었다.[65) 여기에는 公須田, 紙田, 長田이 포함되었다. 공수전은 지방 관청의 경비를 조달하기 위하여 설정된 토지였는데 각 읍의 규모에 따라 최고 300結에서 최하 3결까지 지급되었다. 지전은 말 그대로 사무용 지의 조달에 필요한 재원으로 지급되지 않은 군현도 있었고 15결이 지급된 경우도 있었다. 다음 장전은 鄕長, 部曲長, 驛長이나 戶長 등에게 지급된 것으로 생각된다. 그러나 그 액수는 매우 적어 0~5결까지였다. 그런데 이러한 조치는 앞서 본 최승로의 上書文에서 보는 바와 같이 鄕豪들이 백성들을 침탈하는 상황을 개선해 보려는 의도에서 나온 것 같다. 향호들이 관청의 경비조달을 핑계 삼아 백성들을 침탈하는 것은 금지하고 이때 정해진 토지의 액수만큼만 거두어들이게 한 조치가 아닌가 하는 것이다.

지방에 대한 공해전시의 지급이 완료된 후에는 州, 府, 郡, 縣의 吏職을 개편하였다. 『高麗史』 권75 選擧志3 鄕職조에 보면 "성종 2년 12월 州, 府, 郡, 縣의 吏職을 고쳤는데 兵部를 司兵으로, 倉部를 司倉으로, 堂大等을 戶長으로, 大等을 副戶長으로, 郎中을 戶正으로, 員外郎을 副戶正으로, 執事 를 史로, 兵部卿을 兵正으로, 筵上을 副兵正으로, 維內를 兵史로, 倉部卿을 倉正으로 하였다"라는 기록이 있다. 이것은 단순한 吏職 개명이 아니고 그 이상의 의미를 가지고 있는 것이었다. 그것은 우선 新羅式 遺制의 청산이었다. 당대등, 대등과 같은 신라식 명칭을 모두 개선하였던 것이다. 그러나 더 중요한 의미는 이 조치로 말미암아 지방의 관부가 중앙의 그것과 명확히 구분되어 격하되었다는 것이다. 兵部, 倉部 등의 명칭은 중앙의 그것과 동일하였으나 이제는 司兵, 司倉 등으로 개명됨으로써 그 차별성이 강조되었던 것이다. 이리하여 지방의 향리들은 이제 그들의

---

65) 『高麗史』 권78 식화지1 田制 公廨田柴조.

독자성이 상당히 약화되어 지방관을 보좌하는 위치로 전락하였다.

이와 같은 조치와 아울러 성종 6년 8월에는 李夢遊에게 명하여 중앙과 지방의 奏狀과 公文의 移牒방식을 심사, 결정케 하였다.[66] 또 성종 8년에는 兵馬使를 동북면, 서북면에 파견하여 軍務를 처리케 하였다.[67] 이러한 왕권 강화와 지방통제의 과정에서 김심언의 刺史 6條가 나오게 되었던 것이다. 나아가 김심언은 위와 같은 6正 6邪와 刺史 6條를 2京[開京과 西京]과 6官[아마도 6曹를 말함인 듯함]의 諸署, 局 및 12道 州縣의 官廳 堂壁에 써놓고 출입할 적에 살펴보게 할 것을 건의하고 있다. 이 같은 건의는 성종에게 흔쾌히 받아들여져 건의대로 시행되었다.

그런데 김심언의 건의 중 刺史 6條는 그 뒤에도 고려의 지방행정제도에 많은 영향을 미쳤다. 그것은 현종 9년에 제정된 諸州府員이 奉行해야 할 6條를 보면 잘 알 수 있다. 고려의 지방제도는 성종 2년의 개혁 이후로도 계속되어 성종 14년에 이르러 다시 한번 큰 변혁을 갖게 된다. 10道의 제정을 비롯하여 州縣制의 실시, 그리고 節度使, 防禦使, 團練使, 刺史 등과 같은 많은 외관의 파견이 그것이다. 이와 같은 일련의 개혁은 주로 唐制를 모방한 것이었지만 이를 통하여 지방의 鄕吏세력은 더욱 위축될 수밖에 없었다. 물론 이에 대한 지방세력의 반발도 만만치 않아 목종 8년에는 都團練使, 團練使, 刺史 등의 외관이 폐지되었다. 현종 3년에 이르러서는 12절도사마저 혁파되고 5都護, 75道安撫使제가 성립한다.[68]

그러나 다시 한번 지방제도의 큰 변혁이 이루어지는 것이 현종 9년이었 다. 우선 外官면에서 安撫使制가 없어지고 4都護, 8牧, 56知州郡事, 28鎭將 20縣令이 설치되었다. 또 각 군현간의 來屬 관계가 재조정되었다. 이리하

---

66) 『高麗史節要』 권2 성종 6년 8월조.

67) 『高麗史節要』 권2 성종 8년 3월조.

68) 물론 75道安撫使에 대해서는 7州安撫使의 잘못이라는 견해도 있다.(邊太燮, 「高麗 前期의 外官制」 『韓國史研究』 2, 1968 ; 『高麗政治制度史研究』, 一潮閣, 1971, 128~129쪽)

여 고려의 군현 체계는 이때에 이르러 그 근간이 이루어지게 되었다. 그리고 지방의 향리들에 대한 통제와 질서의 확립도 이루어졌다. 즉 이해에 향리들의 정원 수와 公服의 규격화가 이루어지게 되었다. 丁의 多少에 따른 州縣의 규모에 의거하여 향리들의 정원 수를 정하였다. 그리하여 적게는 25명에서부터 크게는 84명에 이르기까지 정원 조정이 있었던 것이다.[69] 또 향리들 중 戶長은 紫衫, 副戶長 이하 兵正·倉正 이상은 緋衫, 戶正 이하 司獄副正 이상은 祿衫에 靴·笏을 하고 史는 深靑衫, 兵史·倉史 ·諸壇史는 天碧衫에 笏은 들었으나 靴는 착용하지 못하였다.[70]

이와 더불어 이해에 諸州府員 즉 지방관이 봉행해야 할 6條가 제정되었다. 그 6조의 내용을 보자. (1) 백성들의 질병과 고통을 살필 것[察民庶疾苦] (2) 黑綬長吏의 能否를 살필 것[察黑綬長能否] (3) 도적과 姦猾한 자를 살필 것[察盜賊姦猾] (4) 백성들이 禁令을 범하는가를 살필 것[察民犯禁] (5) 백성들 중에 효도하고 공경하며 청렴결백한 자가 있는가를 살필것[察民孝弟廉潔] (6) 鄕吏가 전곡을 산실하는가를 살필 것[察史錢穀散失] 등이다.[71] 여기서 보는 바와 같이 이 내용은 김심언이 올린 자사 6조와 거의 같다. 다만 자사 6조의 내용을 약간 간추려 손질했을 뿐이다. 이것으로 보아 김심언이 올린 봉사의 내용은 당시뿐 아니라 그 후에도 큰 영향력을 발휘했음을 알 수 있다.

다음 封事 2條의 내용 중에 두 번째 조항을 살펴보자. 그 원문을 해석하여 인용하면 다음과 같다.

D. 그 둘째 조에 이르기를, "관직을 설치하고 임무를 분담하는 것은 제왕의 令典이고, 수도를 세우고 여러 고을을 설치하는 것은 고금의

---

69) 『高麗史』 권75 선거지3 銓注 鄕職조.
70) 『高麗史』 권72 여복지 冠服 長吏公服조.
71) 『高麗史』 권75 선거지3 凡用守令조.

通規입니다. 우리나라의 西京은 경계가 황해[鯨津]에 접하고 땅이 북쪽 국경[雁塞]에 닿아 있으므로, 견고한 성지[金湯]를 본떠서 요새를 만들고, 鐵甕城을 모방하여 성을 쌓았으며, 여러 관료들을 임명하고 萬戶를 배치하여 分司의 문무 관료가 매우 많습니다. 그런데 염치 있는 인물을 〈왕에게〉 천거하여 아뢰는 사람이 없고, 잘못한 사람들의 죄상을 조사하여 탄핵하는 사람도 없으니, 탁류와 청류[涇渭]가 함께 흘러 선인과 악인[薰蕕]이 하나가 됩니다. 청컨대 당 낙양[東都]에 知臺御史를 설치하였던 예에 따라 司憲 한 명을 배속하여 다스릴 수 있게 한다면, 아랫사람들의 사정이 윗사람에게 상달되고 상벌이 명확하여 만물이 태평하고 시대가 화평해지는 일을 가까운 시일 내에 기대할 수 있을 것입니다."라고 하였다.(『高麗史』 권93 金審言傳)

여기서 보는 바와 같이 북방에 西京을 설치하였으나 淸濁이 구분되지 아니하고 善惡이 판별되지 않고 있음을 지적하고 있다. 따라서 司憲 1명을 두어 관리들의 비위를 감찰하여 黜陟하자는 의견을 개진하고 있는 것이다.

司憲은 '國初'에 설치되었다고 나오는 司憲臺[72]의 관원으로 백관의 非違에 대한 감찰 임무를 맡고 있었다. 이 사헌대가 언제 처음 설치되었는가 하는 문제는 명확하게 말할 수는 없지만 아마도 성종 2년 내외의 관제가 정비될 때 설치된 것으로 여겨진다.[73] 그러다가 성종 9년 김심언의 건의에 의해 서경에도 사헌대가 설치되고 그 관원도 두어진 것 같다. 성종 12년에 常平倉을 설치하였는데 서경의 미곡은 分司司憲臺가 출납을 맡도록 했다는 기록에서 알 수 있다.[74]

---

72) 『高麗史』 권76 백관지1 司憲府조.
73) 朴龍雲, 「臺諫制度의 成立」 『高麗時代 臺諫制度 硏究』, 一志社, 1980, 42~45쪽.
74) 『高麗史』 권80 식화지3 常平義倉조.

그러면 당시 서경이 어떠한 상황에 있었기에 이러한 건의를 하고 있는 것일까. 이를 알기 위해서는 고려 태조 이래 서경정책에 대해 살펴볼 필요가 있다. 태조 왕건의 선조는 대개 고구려계의 후손으로 생각되어진다.[75) 그 때문인지 모르지만 왕건은 즉위하자마자 고구려의 옛 수도였던 平壤에 대해 많은 신경을 썼다. 그는 여러 신하들에게 "평양은 古都인데 황폐한 지 이미 오래되어 荊棘이 茂盛하고 蕃人이 그 사이에서 遊獵함으로 인하여 侵掠하니 마땅히 徙民하여 이를 實하게 함으로써 藩屛을 굳게 해야 하겠다"라고 말하였다. 그리고는 드디어 黃, 鳳, 海, 白, 鹽 등 諸州의 人戶를 나누어 여기에 살게 하고 大都護府로 삼아 堂弟 式廉과 廣評侍郎 列評을 보내어 이를 지키게 하고 參佐 4, 5인을 두었던 것이다.[76) 이러한 서경 경영은 태조의 말에서도 보는 바와 같이 국방상의 의미가 컸다. 즉 북방민족의 침입에 대비하기 위한 것이었다.

그러나 이후 태조 4년까지의 어느 시기에 平壤大都護府는 西京이란 명칭으로 바뀌었다. 그것은 『고려사』 태조세가 4년 10월조에 '幸西京'이란 기사가 보이고 있는 데서 알 수 있다. 이것은 단순한 명칭 변경이 아니라 서경에 대한 정책의 변화를 의미하는 것이 아닌가 생각된다. 즉 국내 호족들의 세력을 견제하고 왕권의 안정을 보장할 수 있는 새로운 세력 기반을 구축하려는 의도에서 이루어진 것이 아닌가 하는 것이다.[77) 이러한 생각에 따라 태조 5년에는 새로운 시책이 단행되었다. 大丞 質榮, 行波 등의 父兄子弟 및 여러 군현의 良家子弟들을 서경으로 옮겨 이를 實하게 함과 동시에 서경에 몸소 행차하여 새로 관부와 員吏를 두고 在城을 쌓았던 것이다.[78) 이때 설치한 관부는 廊官이었고 관직으로는

75) 朴漢卨,「高麗王室의 起源—高麗의 高句麗繼承 理念과 關聯하여-」『史叢』21·22合輯, 1977.
76) 『高麗史』 권77 百官志 外職 西京留守官조 및 『高麗史節要』 권1 太祖 元年 9月조.
77) 河炫綱,「高麗 西京考」『歷史學報』35·36 합집, 1967 ; 『韓國中世史硏究』, 一潮閣, 1988, 317쪽.

侍中, 侍郎, 郎中, 上舍, 史 등이었다.[79] 그런데 金行波는 원래 洞州人이었지만 이때의 사민정책으로 서경에 살게 되었고 태조가 여기에 왔을 때 두 딸을 들이어 태조의 妃父가 된 인물이다.[80] 따라서 우리는 이전에 사민되었던 王式廉은 물론이고 金行波도 태조의 탄탄한 지지기반이 되었음을 알 수 있다.

때문에 이들 西京勢力은 태조의 뒤를 이어 즉위한 혜종 대의 왕위계승전에서 상당한 영향력을 발휘하게 된다. 혜종[武]은 가문이 側微하였으나 태조와 朴述熙의 도움으로 왕위에 올랐다. 그러나 왕위를 노리는 많은 세력들이 있었다. 특히 경기도 廣州의 호족이었던 王規는 자신의 외손자인 廣州院君을 왕위에 앉히기 위해 많은 애를 썼다. 심지어는 혜종을 살해하려는 시도도 하였다. 그러자 태조 왕비 중 忠州 劉氏의 아들이었던 堯, 昭는 서경에 있었던 王式廉의 군대를 빌어 왕규세력을 타도하였다. 이로써 堯가 왕위에 오르니 이가 곧 定宗이었다.

이에 정종은 왕식렴을 크게 포상함과 아울러 서경으로 천도하려는 계획까지 추진하였다. 그리하여 서경에 왕궁을 건설하는 役事를 벌였고 개경의 백성들을 서경으로 이주시키기까지 하였다. 그러자 개경세력은 이에 반발하였고 민심은 극도로 악화되었다. 그러다가 정종은 재위 4년만에 병을 얻어 죽고 昭가 왕위에 오르니 이가 곧 그 유명한 光宗이었다.

광종의 즉위와 함께 정종 때 득세하였던 서경세력은 막대한 타격을 입은 것 같다. 그것은 혜종, 정종, 광종이 서로 왕위를 계승할 때 兩京[開京과 西京]의 文, 武官이 半이나 살상되었음을 전하는 기록이 있기 때문이다.[81] 광종은 이후 왕 7년부터 奴婢按檢法, 科擧制度, 百官의 公服제정

---

78) 『高麗史』 권1 太祖世家 5年조.
79) 『高麗史』 권77 百官志 西京留守官 屬官沿革조.
80) 『高麗史』 권88 太祖 大·小西院夫人 金氏조.
81) 『高麗史』 권93 崔承老傳.

등을 통하여 왕권 강화에 주력하였다. 그와 함께 동왕 11년에는 開京을 皇都로 삼고 西京을 西都로 하였다.[82] 이것은 태조 이래 정종 대까지 가변적인 상태에 있었던 수도의 지역을 개경으로 확정지은 조치가 아닌가 한다. 이후 서경관계 기사가 별로 보이지 않는 것이 이를 뒷받침해준다.[83]

광종의 뒤를 이어 즉위한 경종은 신라의 敬順王 金傅의 딸을 아내로 맞이하면서 親新羅적인 태도를 견지하였다. 따라서 자연히 서경은 관심 밖으로 밀려날 수밖에 없었다. 성종도 초기에는 慶州출신이었던 崔承老를 중용한 탓인지는 모르지만 서경에 대해 큰 관심을 기울이지 않은 것 같다. 그러다가 성종 9년 9월에 와서야 서경에 대한 教書를 반포하고 다음 달인 10월에 서경에 행차하였다.[84] 그런데 이 조치는 김심언이 封事를 올린 지 2개월, 3개월 후에 취해진 것이었다. 김심언이 성종 9년 7월에 서경에 司憲을 두자는 건의를 한 직후였던 것이다. 따라서 김심언의 봉사는 성종의 서경에 대한 관심을 불러일으켰고 곧이어 서경행 차에까지 이르게 한 것이라 하겠다.

그해 12월에는 서경에 修書院을 설치하고 학생들로 하여금 史籍을 베껴 보관케 하기도 하였다. 또 이를 계기로 성종은 서경에 깊은 관심을 보이게 되었다. 그리하여 성종 10년 10월과 12년 윤10월에도 서경에 행차하였던 것이다. 결국 김심언의 서경에 대한 司憲 설치 주장은 성종으 로 하여금 서경에 대한 관심을 기울이게 한 계기가 되었음을 알 수 있다.

요컨대 성종은 유교정책의 장려를 통하여 왕권을 강화하고 지방통제를 달성하려 하였다. 이러한 정책 속에서 中書門下省이나 尙書省의 성립, 文散階·武散階 채용 등의 조치가 이루어졌다. 또 지방제도 면에 있어서도

---

82) 『高麗史節要』 권2 광종 11년 3월조.
83) 河炫綱, 앞의 논문, 329쪽.
84) 『高麗史』 권3 성종세가 9년 9월·10월조.

12州牧의 설치와 鄕吏職의 개정 등을 통하여 개혁을 단행하였다. 이러한 정책적인 배경 속에서 김심언의 6正 6邪와 刺史 6條와 같은 封事가 있었던 것이다. 6정 6사는 주로 중앙관리의 복무 자세를 강조한 것이고 자사 6조는 지방관의 복무 자세를 강조한 것이었다. 한편 김심언은 漢나라의 劉向이 편찬한『說苑』의 내용에서 6정 6사를 간추려 말하고 있는 점에서 많은 유교서적을 탐독했음을 알 수 있다. 그것이 그가 현종 대에『七代事跡』 편찬 작업에 참여하는 계기가 되었다. 또한 그는『漢書』의 刺史 6조를 빌어 얘기하면서도 그것을 우리의 실정에 맞게 고쳐 강조하고 있다. 따라서 이 자사 6조는 현종 9년에도 지방관이 지켜야할 덕목으로써 강조되었다. 김심언은 다른 한편으로 고려 태조 이래 제2의 수도였던 西京에 司憲의 설치를 주장하였다. 이러한 그의 주장은 성종으로 하여금 서경에 대한 깊은 관심을 갖게 만든 중요한 계기가 되기도 하였다. 결국 김심언의 사상은 단순한 儒學思想의 전개 면에서 뿐 아니라 고려 초기의 政治史 속에서도 중요한 위치를 차지하고 있었다고 하겠다.

5. 맺음말

이상에서 우리는 고려시대 靈光 지역의 상황과 그 지역 출신인 김심언의 인물과 사상에 대하여 살펴보았다. 그 결과 우리는 다음과 같은 내용을 알게 되었다. 이를 요약하면 다음과 같다.

첫째 영광은 원래 백제의 武尸伊郡이었으나 통일신라 경덕왕 대에 이르러 武靈郡이라 개명되었다. 그리하여 그 휘하에 長沙縣, 茂松縣, 高敞縣 등 3현을 領縣으로 거느리게 되었다. 그러다가 한때 金憲昌의 반란 사건에 휩싸이기도 하였으나 큰 변화를 겪는 것은 고려의 성립과 더불어서였다. 고려왕조의 성립 이후에 영광은 전라도 지역의 중심지가 되었던 것이다.

즉 영광은 무려 10여 개의 속군, 현을 거느린 大邑으로 발전하였다. 이로써 영광은 각각 16, 12개의 속군, 현을 거느렸던 羅州, 全州에 이어 3번째의 규모를 갖게 되었던 것이다. 물론 이와 같은 영광의 발전은 太祖功臣이었던 田宗會와 같은 인물이 있었기 때문이었지만 靈光 金氏 가문의 고려왕조에 대한 협조와 공로도 영향을 미쳤다고 보이는 것이다.

둘째 영광에서 출생한 김심언은 개경에 올라와 崔暹의 문하에서 공부를 하게 되면서 출세의 바탕을 마련하였다. 즉 경주 최씨로 여겨지는 최섬의 딸과 결혼을 하게 되었던 것이다. 이로써 영광 김씨는 당시의 門閥家門과 연결을 맺게 되었고 김심언이 성종 대에 과거에 급제하면서 번성하기 시작하였다. 김심언은 이후 右補闕, 起居注, 右散騎常侍와 같은 諫官職을 역임하거나 지방관 생활을 하기도 하였다. 그리하여 그는 현종 대에 와서 門下侍郞平章事(정2품)라는 관직에까지 올라 宰相이 되기에 이르렀던 것이다. 이후 영광 김씨는 4대가 연이어 2품관 이상의 벼슬을 역임함으로써 당대의 대표적인 문벌가문으로 성장하였다. 그리하여 당시 영광 김씨들이 개경에서 거주하던 곳을 平章洞이라 부르기까지 하였던 것이다.

셋째 김심언은 당대의 大儒學者였다. 그것은 그가 성종에게 올린 封事를 통하여 알 수 있다. 이 내용 중에는 漢나라의 劉向이 임금과 신하의 도리를 여러 책에서 모아 엮은 『說苑』과 漢의 역사를 기술한 『漢書』가 언급되고 있는 것이다. 이는 그가 유교 경전은 물론이고 중국의 역사책도 섭렵하였음을 말하는 것이다. 한편 封事의 구체적인 내용은 크게 2조항으로 구분되어 있었다. 첫째 부분은 『설원』의 6正 6邪와 『한서』의 刺史 6條를 빌어 중앙관리와 지방 관리의 복무자세를 강조한 내용이다. 즉 중앙관이나 지방관 모두 부정부패를 해서는 안 되고 국가[왕]에 대한 충성과 정성을 다해야 한다는 것이었다. 이와 같은 그의 주장은 당시의 국내 정세와 밀접한 관련이 있는 것이었다. 성종은 즉위 직후부터 유교적인 제도의 정비와 왕권강화를 시도하였다. 불교행사인 八關會를 폐지하는 한편 圓丘, 社稷壇을 설치하고 籍田禮를 시작했는가 하면 유교에 입각한 五服制의 실시와 이에 따른 休暇制를 제정하기도 하였다. 또 唐의 제도에 입각하여 중앙관부를 정비하고 文, 武散階를 제정하여 중앙관리들의 관직과 서열체계를 확립하였다. 성종 2년에는 전국에 12州牧이란 地方官을 파견하는 한편 각 군, 현에 公廨田을 지급하고 鄕史職을 개정하여 지방통제를 강화하였다. 이러한 정치적 분위기 속에서 김심언의 봉사가 있게 된 것이다. 둘째 부분은 西京의 관직자들이 제대로 본분을 지키지 못하고 있으니 감찰관인 司憲을 두자는 것이었다. 서경은 태조 이래 제2의 수도로써 매우 중시되었고 정종 때에는 遷都까지 하려 했던 지역이다. 그러나 광종이 개경을 皇都로서 확정한 이후 등한시되어오다가 김심언의 봉사로 새로운 관심의 대상이 되었다. 이리하여 성종은 김심언의 봉사가 있은 후 3번에 걸친 서경 행차를 행하기도 하였다. 이처럼 김심언은 중국의 經書나 史書의 내용을 빌어 개혁을 주장하였다. 그러나 그 내용을 그대로 빌어 쓴 것이 아니라 고려의 실정에 맞게 요약하거나 고쳐서 진술하는 지혜도 발휘하였던 것이다.

이상에서 살펴본 바와 같이 靈光출신인 김심언은 훌륭한 학문과 덕행을 쌓아 가문은 물론이고 고려왕조의 발전에 크게 기여를 한 인물이었다. 즉 그는 大儒學者이기도 했지만 현실감각이 뛰어난 정치가이기도 했던 것이다. 그의 이러한 유학사상과 중국 역사에 대한 해박한 지식은 현종대에 『七代事跡』의 편찬으로 나타났고 그가 주장했던 刺史 6조는 현종 9년의 諸州府員 奉行六條에 큰 영향을 미쳤다.

Ⅱ. 고려의 『7대사적』과 『태조실록』

1. 머리말

현종 대에는 역사서 편찬도 진행되었다. 물론 고려 초부터 역사서가 편찬되지 않은 것은 아니었다. 각 왕대별로 거의 빠짐없이 實錄이 편찬되었다. 그러나 그 실록은 하나도 남아 있지 않다. 일부 실록 편찬에 관한 기록이 남아 있을 뿐이다. 그리하여 고려사 연구가 풍부하게 이루어지지 못하고 있는 실정이다. 크게 주목받지도 못하고 있다.

고려 초기의 연구에 있어서는 이러한 사정이 더욱 심각하다. 기록이 더욱 소략하기 때문이다. 고려 태조 왕건에 대한 기록만 어느 정도 전할 뿐 제2대 惠宗에서 제7대 穆宗까지의 기록이 너무 소략한 것이다. 그 배경에는 거란의 고려 침략이 있었다. 현종 원년 침입한 거란의 개경 점령에 의해 태조부터 목종까지의 7대 실록이 불탔기 때문이었다. 그후 이 7대 실록을 다시 편찬하였다 한다.[1] 그런데도 현재 남아 있는 기록은 아주 소략하다. 그러나 고려 태조 왕건에 대한 기록은 비교적

---

1) 김광철은 성종 대에 태조에서 경종에 이르는 5대실록이 편찬되었고 거란 침입으로 이 5대실록이 소실되자 이를 다시 편찬함과 더불어 성종실록과 목종실록이 추가 되어 『7대실록』이 편찬되었다는 논지를 전개하였다.(「고려초기 실록편찬」 『석당론총』 56, 2013)

많은 분량으로 남아 있다. 또 기록에는 『七代事跡』이라는 용어가 나오는데 이것이 『七代實錄』과 같은 것인지, 또 기록에 보이는 『太祖實錄』은 『七代事跡』의 일부인지 아니면 별개의 것인지 하는 점이 궁금하지 않을 수 없다.[2] 이 연구는 이러한 궁금증에서 출발하였다.

따라서 여기서는 먼저 현종 대 『七代事跡』의 편찬 과정을 자세히 살펴보고 『太祖實錄』의 정체에 대해 탐구해 보려 한다. 그리하여 태조 왕건에 대한 기록이 비교적 풍부하게 남은 원인에 대해 규명해 보려 한다.

2. 『7대사적』의 편찬 과정

『七代事跡』에 대한 기록은 『고려사』 황주량전에 나와 있다. 그 기록을 보자.

A. 국초에 거란이 경성을 함락시키고 궁궐에 불을 질러 서적이 모두 다 잿더미로 변하였다. 이때 황주량은 왕의 명령에 의하여 각지를 방문하고 자료를 수집하여 太祖부터 穆宗에 이르기까지의 七代事跡 총36권의 책을 편찬하여 왕에게 바쳤다.(『高麗史』 권95 黃周亮傳)

이 기록으로 미루어 황주량은 거란의 침략으로 궁궐과 서적이 다 불타자 조서를 받들어 태조로부터 목종에 이르는 『七代事跡』을 편찬하여

---

2) 이에 대해서는 『七代事跡』을 『七代實錄』과 같은 것으로 이해하고 『太祖實錄』은 『七代事跡』의 일부라는 주장이 있는가 하면(金成俊, 「高麗七代實錄의 編纂과 史官」 『民族文化論叢』 1, 嶺南大, 1981 ; 金成俊, 「사서의 편찬」 『한국사』 17, 국사편찬위원회, 1994) 『七代事跡』과 『太祖實錄』은 별개로 편찬된 것이라는 설도 있다.(周藤吉之, 「宋代の三館秘閣と高麗前期の三館と特に史館」 『高麗朝官僚制の研究』, 法政大學出版局, 1980)

바쳤음을 알 수 있다. 그렇다면『7대사적』을 찬술하여 바친 것은 정확히 언제인가. 거란이 개경을 함락한 이후이므로 그것은 현종 원년 거란 침입 이후의 일임에 틀림없다. 더 정확히 말하자면 현종 4년 이후의 일이었다. 그것은 다음 기록을 보아 알 수 있다.

· B. 丙辰일에 吏部尚書·叅知政事 崔沆으로 監修國史를 삼고 禮部尚書 金審言으로 修國史를 삼았으며 禮部侍郎 周佇와 內史舍人 尹徵古·侍御史 黃周亮·右拾遺 崔冲으로 모두 修撰官을 삼았다.(『高麗史』권4 현종세가 4년 9월)

즉 최항을 감수국사로 삼고 김심언을 수국사로 하였으며 윤징고·황주량·최충으로 수찬관을 삼았던 것이다. 그런데 이 조직은 바로 실록을 편찬할 때와 비슷한 것이었다. 즉 역사를 편찬하는 史館의 조직이었던 것이다. 당시 政事에 대하여 기록하는 사무를 맡았던 춘추관의 전신이 史館이었는데 그 사관의 구성원으로 감수국사, 수국사, 수찬관 등이 있었다. 監修國史는 侍中이 겸임하였으며 修國史 및 同修國史는 2품 이상 관원이 겸임하였다. 修撰官은 한림원의 3품 이하의 관원이 겸임하였고, 直史官 4명 중 2명은 權務 관직이었다.[3]

감수국사·수국사·동수국사는 總裁官으로서 史館의 모든 업무를 총괄하였다. 이들은 실록 편찬을 주관하면서 史論을 직접 쓰기도 하였다. 修撰官들은 기록된 문헌자료를 정리하여 日曆을 편찬하는 데 참여하였다. 조선시대의 史草와 비슷한 史藁를 써서 기록하는 임무를 맡았고 실록을 편찬할 때 책임을 맡아 서술하였다. 여기에는 보이지 않지만 直史官은 주로 군주의 언행을 기록하고 史藁를 쓰는 임무를 맡았다.[4] 따라서 당시의

---

3) 『高麗史』권76 백관지1 춘추관조.
4) 鄭求福,「高麗朝 史館의 實錄編纂」『韓國中世史學史(1)』, 集文堂, 1999, 103~107쪽.

조직으로 미루어 전쟁으로 불탄 7대실록을 다시 편찬하는 일을 시작하였다는 점을 알 수 있다.

당시『7대사적』의 편찬 임무를 맡은 사람들의 면모를 좀더 세밀하게 살펴보자. 우선 총책임을 맡았던 崔沆에 대해 보자. 최항은 신라에서 귀순하여 혜종이 태자로 있을 때 사부 역할을 했던 崔彦撝의 손자였다. 최언위의 아들 崔光遠은 최항의 아버지였는데[5] 그는 성종 10년 윤2월 한림학사 白思柔가 知貢擧가 되어 진사를 뽑았을 때 甲科에 장원으로 합격하였다.[6] 그 후 목종 대에 와서는 두 번이나 지공거가 되어 과거를 주관하기도 하였다. 목종 7년 4월에는 그의 아들 최항도 內史舍人의 직책으로 지공거가 되어 갑과 黃周亮 등 5명, 을과 10명, 명경과 4명을 선발하였다. 이듬해인 목종 8년 3월에도 지공거가 되어 갑과 崔沖 등 7명, 을과 10명, 명경과 3명을 선발하였던 것이다.[7] 이로 미루어 최항의 집안은 말 그대로 명문가였음을 알 수 있다. 그 자신은 목종 대에 文名을 날렸던 인물임을 알 수 있다.

그런 그가 두각을 나타내게 된 계기는 목종의 명을 받아 현종을 옹립한 것이었다. 목종 12년 정월 왕이 詳政殿에 나와서 觀燈을 하던 중 大府의 기름 창고에 불이 나서 千秋殿이 연소되었다. 천추전은 그의 어머니 천추태후가 거처하던 궁전이었다. 다행히 천추태후는 죽지 않았으나 목종은 그 책임을 모면할 수 없었다. 당시는 천추태후와 김치양과의 사이에서 아들이 태어나 목종의 왕위를 엿보고 있었기 때문이었다. 결국 목종은 고민 끝에 병을 얻어 정무를 보지 못하였다. 그리하여 그는 신하들을 궁중에 대기시키고 궁문을 닫아걸고 출입을 금하였다. 김치양과 천추태후 일파의 공격을 두려워하였기 때문이다. 당시 중추원사였던 최항도

---

5)『高麗史』권92 최언위전.
6)『高麗史』권3 성종 10년 윤2월 및『高麗史』권73 선거지1 과목1.
7)『高麗史』권73 선거지1 과목1 凡選場조.

참지정사 劉瑨, 급사중 蔡忠順 등과 함께 銀臺에서 숙직하고 있었다. 신하들이 침실에 들어가 문병을 하려고 하였으나 이마저도 허락되지 않았다. 그러면서 목종은 왕위가 김치양의 아들에게 돌아갈 것을 염려하여 채충순, 최항 등과 함께 후계자에 대한 일을 밀의하고 皇甫兪義를 神穴寺에 보내 大良院君을 맞아 오게 하였다.[8] 후계자로 대량원군을 정한 것은 그가 태조의 손자였기 때문이었다.[9] 이렇게 하여 왕위에 오른 것이 곧 顯宗이었다. 현종의 옹립에 막대한 공을 세웠던 것이다.

그 후 강조가 일시적으로 정권을 잡았으나 거란에게 잡혀가 죽자 목종 12년 3월 柳允孚를 문하시중으로, 柳邦憲을 문하시랑평장사로, 강조를 이부상서 참지정사로, 진적을 형부상서 참지정사로, 劉瑨과 王同穎을 각각 상서좌복야·상서우복야로, 崔沆과 金審言을 각각 좌산기상시·우산기상시로, 채충순을 이부시랑 좌간의대부로, 金勵를 병부상서로, 文仁渭를 공부상서로 각각 임명하였다.[10] 이 조치로 최항은 중서문하성의 정3품직인 左散騎常侍가 된 것이다. 목종 대에는 종2품의 중추원사였으나 현종 즉위 후 종3품으로 오히려 강등된 것이다.[11] 그러나 품계는 낮아졌을지라도 왕을 곁에서 보필할 수 있게 되었다. 결국 그해 7월 한림학사이기도 했던 최항은 현종의 師傅가 되었다.[12] 현종 3년 2월에는 吏部尙書(정3품)·參知政事(종2품)의 지위에 올랐다.[13] 그러다가 현종 4년에 이르러 감수국

---

8) 李泰鎭,「金致陽 亂의 性格」『한국사연구』17, 1977 참조.
9) 『高麗史』권3 목종세가 12년. 당시의 자세한 상황은『高麗史』권93 채충순전, 同 권94 황보유의전, 同 권127 강조전 등에 상세하게 기술되어 있다.
10) 『高麗史』권4 현종세가 목종 12년 3월조.
11) 물론 여기서의 관품은 모두 문종 대에 정해진 것이지만 그 이전부터 행해져 오던 것을 문종 대에 정리하였다고 보는 것이 합리적이다.
12) 『高麗史』권4 현종세가 목종 12년 7월조.
13) 무오일에 韋壽餘를 시중으로, 劉瑨을 문하시랑으로, 崔士威를 내사시랑평장사로, 崔沆을 이부상서 참지정사로, 朴忠淑을 상서좌복야로, 蔡忠順을 예부상서로 각각 임명하였다.(『高麗史』권4 현종세가 3년 2월조)

사를 맡게 된 것이다.

현종 8년에는 정2품의 門下平章事에 올라 중추부사 尹徵古와 함께 泗州 [현 경남 사천]에 파견되어 현종의 아버지 安宗의 관을 옮겨오기도 하였다.[14] 그러다가 현종 15년 6월 문하시랑평장사로 죽음을 맞이하였다.[15] 이러한 공으로 최항은 姜邯贊, 崔士威, 王可道와 함께 현종의 廟廷에 배향되었다.[16] 그 후에도 덕종 2년에는 正匡으로 추증되었고[17] 문종 21년에는 강감찬과 함께 守太師 兼 中書令에 추증되었다.[18] 이처럼 최항은 최선을 다해 목종과 현종을 보필한 인물이었다.

한편 현종 초기에는 자기 집에 보관하고 있던 태조의 『信書訓要』를 최승로의 손자였던 崔齊顔에게 전달함으로써 이른바 훈요 10조가 세상에 알려지게 되었다.[19] 이로 미루어 최언위의 손자였던 최항의 집에는 훈요 10조 외에도 선대의 기록이 제법 남아 있었던 것 같다. 이 점도 최항이 『7대사적』 편찬의 총책임자가 된 한 원인이었지 않나 한다.

修國史를 맡았던 金審言은 전라도 靈光 사람으로 常侍 崔暹에게서 학문을 배워 성종 때 과거에 합격한 인물이다. 관직에 진출한 후 右輔闕 兼 起居注에 이르렀는데 성종 9년 7월에 六正 六邪와 刺史六條에 관한 封事를 올렸다.[20] 6정 6사란 『說苑』이란 책에 나와 있는 것으로 여섯 부류의 올바른 신하와 여섯 부류의 사악한 신하가 어떠한 사람들인지를 설명한 것이고 자사 6조는 『漢書』에 있는 것으로 지방관이 지켜야 할 6가지

---

14) 『高麗史』권4 현종세가 8년 4월조 ; 김갑동, 「고려 현종과 사천 지역」『한국중세사연구』 20, 2006 참조.
15) 『高麗史』권4 현종 15년 6월조.
16) 『高麗史』권60 예2 길례대사2 禘祫功臣配享於庭.
17) 『高麗史』권5 덕종 2년 10월조.
18) 『高麗史』권8 문종 21년조.
19) 『高麗史』권93 최승로전. 이에 대해서는 김갑동, 「왕건의 훈요10조 재해석」『역사비평』 60, 2002 참조.
20) 『高麗史』권93 김심언전.

조항이다. 이를 들어 신하들이 지켜야 할 도리를 상주한 것이다.[21] 성종은 이에 매우 기뻐하였다 한다.

목종 때에는 수령으로 나가서 농업을 장려하고 백성을 구휼하여 사람들에게 많은 칭찬을 받았다 한다. 현종이 즉위하자마자 右散騎常侍가 되어 좌산기상시에 임명된 최항과 함께 같은 부서에서, 같은 업무를 하게 되었다.[22] 이러한 인연으로 현종 4년의 역사 편찬에 같이 참여하게 된 것 같다. 현종 2년에는 예부상서로 승진하였는데 같은 시기에 최충은 右拾遺에 임명되었다.[23] 『7대사적』 편찬 시 최충이 김심언 아래에 배속된 것도 이러한 인연이 작용하지 않았나 한다. 이후 김심언은 현종 4년 8월에 尙書左僕射로서 知貢擧가 되어 과거 시험을 주관하기도 하였다.[24] 현종 5년에는 내사시랑평장사로 전임되었다가 西京留守로 외직에 나아갔다.[25] 최항과 같이 역사를 편찬하다 잘못된 일이 있어 외방으로 폄출된 것이 아닌가 한다. 그러다가 목종 9년에 죽었으니[26] 역사 편찬에는 더 이상 관여하지 못하게 되었다. 최항보다 6년이나 먼저 세상을 떠났던 것이다.

수찬관이었던 周佇는 宋나라 溫州 사람으로 穆宗 때 상선을 따라 고려로 왔는데 學士 蔡忠順이 그의 재주를 알고 가만히 왕에게 고하여 그를 머물러 두게 하였다. 처음에 그는 禮賓省主簿에 임명되었는데[27] 그 후 몇 달이 지나지 않아 拾遺로 승진하여 드디어 制誥를 맡아 보게 되었다. 현종 원년 왕이 거란군을 피하여 남쪽으로 피난 갈 때에는 왕을 끝까지

---

21) 김갑동, 「김심언의 생애와 사상」 『사학연구』 48, 1994 참조.
22) 『高麗史』 권4 현종세가 목종 12년 3월조.
23) 『高麗史』 권4 현종세가 2년 5월 및 『高麗史』 권93 김심언전.
24) 『高麗史』 권73 선거지1 과목1 凡選場조.
25) 『高麗史』 권4 현종세가 5년 8월 및 『高麗史』 권93 김심언전.
26) 『高麗史』 권4 현종세가 9년 9월 및 『高麗史』 권93 김심언전.
27) 『高麗史』 권3 목종세가 8년 및 『高麗史』 권94 주저전.

수행하여 공을 세웠다. 즉 현종 2년 거란주가 개경에 침입하여 太廟, 궁궐, 민가들을 모조리 소각하자 왕은 경기도 廣州로 가 머무르게 되었다. 그때 시종하던 여러 신하들은 하공진 일행이 거란 병영에 구금되었다는 말을 듣고 모두 놀라고 겁이 나서 뿔뿔이 도망하는데 오직 시랑 忠肅, 張延祐, 蔡忠順, 周佇, 柳宗, 金應仁 등은 왕의 곁을 떠나지 않고 지켰다.[28] 그때부터 크게 현달하여 벼슬이 禮部侍郎·中樞院直學士가 되어 역사 편찬에 참여하게 된 것이다.

그 후 內史舍人, 秘書監을 거쳐 현종 9년에는 右常侍에 임명되었다.[29] 현종 12년에는 翰林學士承旨에 보임되어 玄化寺 碑文을 짓기도 하였다.[30] 이러한 공으로 그는 崇文輔國功臣號를 받았으며 左散騎常侍 등을 역임하고 上柱國의 훈위와 海南縣開國男 食邑 3백 호를 받았고 이어 禮部尙書로 승진하였다가 현종 15년에 죽었다.[31] 그는 성품이 겸손하고 문필이 능하여 외교 문서의 초안이 그의 손에서 많이 작성되었으므로 고려 왕조에서 상당한 우대를 받았다 한다.[32] 그리하여 현종 5년 4월에는 秘書監의 지위로 지공거가 되어 과거를 주관하였으며 禹賢符 등 11명의 진사를 선발하기도 하였다.[33]

또 다른 수찬관이었던 尹徵古는 樹州 守安縣 사람으로 성종 말기에 과거에 급제하여 목종 때에 監察御史를 지냈으며 현종 즉위 후 侍御史로 승진하였다.[34] 얼마 후 內史舍人으로 전직되어 國史修撰官에 임명되었다. 현종 8년 4월에는 中樞副使로서 문하평장사 최항과 함께 泗州[현 경남

---

28) 『高麗史』 권4 현종세가 2년 및 『高麗史』 권94 주저전.
29) 『高麗史』 권4 주저전 및 『高麗史』 권4 현종 9년 6월조.
30) 『高麗史』 권4 현종세가 12년조.
31) 『高麗史』 권4 현종 13년 10월, 권5 현종세가 15년 5월 및 『高麗史』 권94 주저전.
32) 『高麗史』 권94 주저전.
33) 『高麗史』 권73 선거지1 과목1 凡選場조.
34) 『高麗史』 권94 윤징고전.

사천]에 파견되어 安宗의 관을 개경으로 옮겨오는 임무를 수행하기도 했다.35) 현종 9년에는 中樞使로 승진하였으며36) 현종 11년에는 右散騎常侍에 올랐다.37) 후에 檢校司徒에 이르고 上柱國의 훈위를 받았다. 현종 12년(1021)에 檢校太尉 벼슬과 推忠佐理功臣號를 받은 후 죽었다.38) 그는 성품이 진중하고 엄격하며 풍채가 아름다웠으며 楷書를 잘 썼다 한다. 이르는 곳마다 처사가 공평하였고 남의 결함을 꼬집어 말하지 않으니 사람들이 그를 어려워하고 사랑하였다. 그가 죽으니 왕이 부고를 받고 말하기를 "세상에 어찌 이런 인재가 또 있으랴? 내가 앞으로 그의 도움을 크게 기대하였는데 ……" 하고 오랫동안 탄식하며 그의 죽음을 애석히 여겼다. 그에게 尙書右僕射를 추증하고 莊敬이라는 시호를 주었다. 德宗이 즉위한 후 왕은 윤징고의 공로를 생각하여 그의 아들 尹希旦을 등용하였다 한다.39)

수찬관 黃周亮은 목종 7년 최항이 지공거로 있을 때 갑과에 장원급제한 인물이었기에40) 최항과는 座主-門生의 관계였다. 따라서 최항이 감수국사가 되자 그 밑의 수찬관을 맡은 것은 어쩌면 당연한 일인지도 모른다. 현종 때에 여러 번 승진하여 현종 4년 정월 侍御史에 임명되었다.41) 그 직후 수찬관의 임무를 맡게 된 것이다.

그 후 拾遺를 거쳐 현종 15년에는 御史中丞에 임명되었다.42) 현종 17년에

---

35) 『高麗史』 권4 현종 8년 4월조.
36) 『高麗史』 권4 현종세가 9년 9월조.
37) 『高麗史』 권4 현종세가 11년 5월조.
38) 『高麗史』 권4 현종 12년 8월 및 12월 ; 『高麗史』 권94 윤징고전.
39) 『高麗史』 권94 윤징고전.
40) 『高麗史』 권3 목종세가 7년 4월 ; 『高麗史』 권73 선거지1 과목1 凡選場 목종 7년 4월조.
41) 『高麗史』 권4 현종세가 4년 정월조.
42) 『高麗史』 권5 현종 15년 12월에는 어사중승에 임명된 기록만 보인다. 그러나 『高麗史』 권95 황주량전을 보면 어사중승에 승진하기 전 습유란 벼슬을 지냈음을 확인할 수 있다.

는 태자소첨사가 되어[43] 태자를 보필하는 임무를 맡게 되었다. 현종 18년에는 刑部侍郎,[44] 현종 20년에는 尙書左丞으로 參知政事 李可道, 左僕射 異膺甫, 御史大夫 皇甫兪義 등과 함께 개경의 羅城을 축조하였는데 이때의 공로로 같은 해 11월에 國子祭酒·翰林學士에 임명되었다.[45] 현종 21년에는 太子右庶子를 거쳐 中樞副使에 올랐다.[46] 이처럼 황주량은 현종 후반기부터 출세가도를 달렸다.

德宗 즉위년(1031년) 10월 平章事 柳韶가 契丹이 구축하고 있던 압록강의 城橋를 공파하기 위해 출병을 주장하자 王可道·李端 등은 동조하였으나 황주량은 황보유의·徐訥 등과 함께 반대하여 이를 관철시키기도 하였다. 덕종 원년 2월에는 중추사가 되었고[47] 그 해 4월에 修國史가 되었다.[48] 이듬해에는 判御史臺事가 되었고[49] 덕종 3년에는 이부상서,[50] 靖宗 즉위년에는 예부상서·참지정사에 올랐다.[51] 그해 7월에 內史侍郎·同內史門下平章事에 임명되었다.[52] 정종 4년 5월에 고려의 귀화주인 威鷄州의 여진인 仇屯·高刀化 등이 살인죄를 범하자 이들의 치죄를 둘러싸고 고려법을

---

43) 『高麗史』 권5 현종17년 11월조.
44) 『高麗史』 권5 현종 18년 6월조.
45) 『高麗史』 권5 현종 20년 11월조.
46) 『高麗史』 권5 현종 21년 5월 및 12월조.
47) 『高麗史』 권5 덕종 원년 2월조.
48) 『高麗史』 권5 덕종 원년 4월조.
49) 『高麗史』 권5 덕종 2년 정월조.
50) 『高麗史』 권5 덕종 3년 7월. 『高麗史』 권95 황주량전에는 덕종 때에 政堂文學·判翰林院事로 임명되었다 했는데 어느 것이 옳은지 알 수 없다. 열전에서 判御史臺事를 판한림원사로 착각한 것이 아닌가 한다.
51) 『高麗史』 권6 정종 즉위년 12월 및 『高麗史節要』 권4 덕종 3년 12월. 『高麗史』 권95 황주량전에는 靖宗 때에 吏, 戶, 禮 3부의 상서와 참지정사를 역임하였다고 되어 있다. 그렇다면 이부상서와 예부상서를 지낸 사이에 호부상서 벼슬에도 있었다는 말이 된다. 그러나 이부상서는 정종 대가 아니고 德宗 대인데 정종 대로 착각한 것 같다.
52) 『高麗史』 권6 정종 3년 7월조.

적용할 것인가, 여진 본인들의 법을 적용할 것인가 하는 논의가 있었다. 전자는 문하시중 서눌 등 6인이 주장한 것이고 후자는 황주량 등 11인이 주장하였는데 靖宗은 후자를 택하였다.[53] 정종이 얼마나 황주량을 신임하였는가를 단적으로 보여준 사건이었다. 정종 4년 문하시랑평장사로 승진되었고[54] 정종 9년에 推忠進節文德匡國功臣 칭호를 받았으며 特進守太保兼門下侍中·判尙書吏部事·上柱國의 훈위를 주었다. 죽은 후 그는 景文이란 시호를 주었다.[55]

그는 이처럼 학문에 뛰어난 업적을 남겨 여러 번에 걸쳐 知貢擧를 역임하기도 하였다. 즉 현종 14년 6월 지공거가 되어 병과 張喬 등 2명, 동진사과 2명, 명경과 2명을 선발하였으며 덕종 3년 3월에 禮部尙書로 지공거가 되어 을과 盧延覇 등 4명, 병과 4명, 동진사과 3명, 명경과 2명을 선발하였다. 덕종 7년 2월에 門下侍郞의 직위로 지공거가 되어 을과 兪暢, 병과 4명, 명경과 5명을 선발하였던 것이다.[56]

황주량과 같이 수찬관에 임명되었던 崔冲은 황해도 海州 출신으로 목종 8년 최항이 지공거로 있을 때 과거에 장원급제한 인물이다.[57] 따라서 최충도 최항의 門生이었다. 그 후 여러 관직을 거쳐 현종 2년에 右拾遺가 되었다가[58] 현종 4년 국사 편찬에 참여하게 된 것이다. 그가 황주량과 같이 최항 휘하의 수찬관이 된 것은 둘 다 최항이 지공거로 있을 때 과거에 합격한 인연 때문일 것이다.

이후 그가 관직을 옮길 때에는 황주량과 같이 한 경우가 많았다. 예를 들면 현종 15년 황주량을 어사중승에 임명할 때 최충은 중추원 직학사가

---

53)『高麗史』권95 황주량전.
54)『高麗史』권6 정종 4년 11월조.
55)『高麗史』권95 황주량전.
56)『高麗史』권73 선거지1 과목1 凡選場조.
57)『高麗史』권3 목종세가 8년 및 사73 선거지1 과목1 凡選場 ;『高麗史』권95 최충전.
58)『高麗史』권4 현종세가 2년 5월조.

되었고[59] 현종 17년 황주량이 태사 소첨사가 될 때 崔齊顔은 태자우서자, 최충은 태자중윤에 각각 임명되었다.[60] 현종 20년에는 평장사 徐訥을 판서경유수사·상서좌복야로, 李端을 서경 유수사로, 황주량을 국자좨주· 한림학사로 인사발령하였는데 이때 최충은 우간의대부가 되었다.[61] 현종 21년 5월에도 金猛을 태자소부로, 劉徵弼을 태자빈객으로, 황주량을 태자우서자로 임명하면서 최충은 태자우유덕이란 관직을 주었다.[62] 현종의 뒤를 이은 덕종 대에도 그러한 경우가 있었다. 즉 덕종 2년 황주량이 판어사대사가 될 때 최충은 우산기상시에 임명되었다.[63] 정종 3년에도 유징필을 내사시랑·동내사문하평장사·서경유수사로, 황주량을 내사시랑·동내사문하평장사로, 최제안을 상서좌복야·참지정사·중추사로 임명할 때, 최충을 참지정사·수국사로 임명하였던 것이다.[64] 이로 미루어 두 사람은 평생 뜻을 같이하였다고 할 수 있다. 둘 다 최항의 門生이었다는 인연도 있었고 국사 편찬에도 같이 참여한 때문이 아닌가 한다.

최충은 덕종이 즉위하자 "성종 때에 중앙과 지방의 각 관청들의 벽에는 모두 『說苑』의 六正 六邪의 글과 漢 나라의 刺史 六條令 등을 써 붙였는데 이미 오랜 세월이 경과되었으니 그것을 고쳐 써 붙여 관직에 있는 자들로 하여금 잘못을 시정하고 올바른 정사를 하도록 알려 주는 것이 필요하다" 고 건의하여 허락을 받았다.[65] 그런데 6정 6사와 자사 6조는 김심언이 건의했던 것으로 최충이 김심언의 뜻을 잘 따르고 동의하였음을 알 수 있다. 국사 편찬 시 상관이었던 인연 때문이었지 않나 한다.

---

59) 『高麗史』 권5 현종 15년 12월조.
60) 『高麗史』 권5 현종17년 11월조.
61) 『高麗史』 권5 현종 20년 11월조.
62) 『高麗史』 권5 현종 21년 5월조.
63) 『高麗史』 권5 덕종 2년 정월조.
64) 『高麗史』 권6 정종 3년 7월조.
65) 『高麗史』 권95 최충전.

靖宗 때에는 尙書左僕射·參知政事·判西北路兵馬使에 임명되었다. 왕이 최충을 국경 지대로 보내 국경 경비에 필요한 城池를 정비할 임무를 주고 특히 의복을 주어 보냈다. 최충이 부임한 후 寧遠鎭, 平盧鎭 등과 여러 곳에 堡 14개 소를 설치하였다.[66] 그는 임무를 수행하고 돌아와서 內史侍郞平章事로 승진되었고 守司徒·修國史 벼슬과 上柱國 훈위를 더 받았으며 얼마 안가 문하시랑평장사로 승진되었다.[67] 그러한 공로로 후일 최충은 정종의 묘정에 배향되었다.[68]

문종이 즉위한 후에는 문하시중에 임명되어 정치와 군사 관계 일을 모두 주관하였으며 그에게 守太保 벼슬을 더 주고 4년에는 또 開府儀同三司·守太傅를 더 주고 推忠贊道功臣 칭호를 주었다. 그러다가 문종 22년 9월 세상을 떠났다.[69] 한편 최충은 뛰어난 학식을 갖추고 있어 文憲公徒라는 일종의 사립대학을 운영하였다. 또한 여러 번에 걸친 知貢擧를 역임하였다. 즉 현종 17년과 정종 원년에 지공거로서 과거를 주관하였던 것이다.[70]

이처럼 현종 4년 국사 편찬의 조직과 인원 구성을 보면 우선 이들은 宋나라에서 귀화한 주저를 제외하고 모두 과거출신자라는 공통점을 갖고 있다. 그러기에 일찍 죽은 윤징고를 제외하고 모두 知貢擧를 역임하였다. 당대에 문장과 실력으로 모두 인정받은 인물이었다는 점을 알 수 있다.

그렇다면 이들은 언제까지 국사의 편찬에 매진하였을까. 이에 대해서는 『7대사적』 편찬 작업이 계속되어 덕종 3년에 끝을 맺었다는 견해가 있다.[71] 그러나 이 사업이 지속적으로 수행되었다고 보기는 어렵다.

---

66) 『高麗史』 권82 병지2 城堡 정종 7년 ; 『高麗史』 권95 최충전.
67) 『高麗史』 권95 최충전.
68) 『高麗史』 권60 예지2 길례대사2 禘祫功臣配享於庭조.
69) 『高麗史』 권7 문종 원년 6월, 문종 3년 2월, 문종 4년 정월 ; 『高麗史』 권8 문종 22년 9월 ; 『高麗史』 권95 최충전.
70) 『高麗史』 권73 선거지1 과목1 凡選場조.

먼저 들 수 있는 이유로는 편수관들의 죽음과 현종 9년 거란의 침입이었다. 수국사를 맡았던 김심언은 현종 5년 서경유수로 발령이 나서 국사 편찬에 손을 댈 수 없었다. 그리고 현종 9년 9월 죽음을 맞이하였다. 이어 그해 12월 소손녕의 10만 대군이 고려에 쳐들어와 이에 대한 대비를 해야 했다. 따라서 국사 편찬은 중단된 것 같다. 그럼에도 불구하고 거란이 물러간 후 그 조직과 기능은 지속되었다. 주저가 현종 12년 左散騎常侍·知制誥·判史館事로서 修撰官을 겸하고 있는 기록이 있기 때문이다.[72] 그러나 얼마 안가 현종 12년에는 윤징고가, 현종 15년 5월과 6월에는 주저와 최항이 연이어 죽었다. 감수국사와 수국사, 수찬관 2명이 모두 죽음을 맞이하였던 것이다. 남은 것은 수찬관인 황주량과 최충 만이 남게 되었다. 때문에 국사 편찬은 다시 중단될 수밖에 없었다.

이러한 사태에 직면하자 현종은 현종 14년(1023) 12월 내사시랑평장사 李龔을 監修國史로 임명하여[73] 국사 편찬을 마무리 하려 하였다. 그러나 이공은 그 후 전혀 기록에 보이지 않다가 靖宗 원년(1035) 기록에 보이고 있다. 즉 그는 이전에 자신의 직책을 더럽힌 죄로 폄출되었다가 사면을 받아 다시 尙書左僕射에 복직하였으나 御史臺의 탄핵으로 다시 파면되었던 것이다.[74] 이로 미루어 그는 瀆職 사건으로 정계에서 물러난 것 같다. 감수국사라는 직위를 이용해 국사를 왜곡하려 했는지도 알 수 없다.

따라서 그 무렵을 전후하여 7대 사적은 황주량과 최충 등에 의해 완벽하지는 못하지만 대략적으로 마무리된 것이 아닌가 한다. 아마도 그 공으로 현종 15년 황주량은 어사중승(종4품)이 되고 최충은 중추원직학사(정3품)가 된 것 같다.[75] 둘 다 종 6품의 拾遺에서 2품 내지 3품을

---

71) 金成俊, 「사서의 편찬」 『한국사』 17, 국사편찬위원회, 1994, 151쪽.
72) 『朝鮮金石總覽』 上, 241쪽.
73) 『高麗史』 권5 현종 14년 12월조.
74) 『高麗史』 권6 정종 원년 7월 ; 『高麗史節要』 권4 정종원년 7월조.
75) 『高麗史』 권5 현종 15년 12월조.

뛰어 넘어 승진한 것이다. 다른 이유는 찾을 수 없고 국사 편찬이 마무리되었기 때문에 다른 관부로 승진, 발령을 낸 것이라고 볼 수 있다. 현종 17년부터는 현종의 후계자인 태자의 보필 임무가 황주량과 최충에게 맡겨졌다. 즉 현종 17년 11월에 황주량은 태자소첨사, 최제안은 태자우서자, 최충은 태자중윤에 각각 임명되었던 것이다.[76]

이렇게 볼 때 현종 4년부터 편찬하기 시작한 실록편찬 작업은 완벽하게 이루어지지 못했다 하겠다. 따라서 이를 실록이라 하지 못하고 『7대사적』이라 하였다. 또 감수국사나 수국사가 마무리를 하지 못하고 죽었으며 새로이 임명된 감수국사 이공은 제 역할을 하지 못하고 정계에서 폄출되었다. 따라서 그 실질적인 편찬은 최충보다 과거 합격의 선배인 황주량에 의해 주도되었다. 그리하여 『고려사』에는 『7대사적』이 황주량에 의해 편찬된 것처럼 되어 있는 것이다.

3. 『태조실록』의 편찬과 그 배경

그런데 『고려사』에 보면 『太祖實錄』이란 책이 몇 군데 언급되고 있다. 우선 다음 기록을 보자.

C. 『太祖實錄』에 의하면 태조 즉위 2년에 왕의 3대 조상들을 追封하였다. 증조부인 始祖에게 諡號를 올려 元德大王이라 하고 그 부인은 貞和王后라 하였고, 조부인 懿祖를 景康大王이라 하고 그 비는 元昌王后라 하였으며, 아버지인 世祖를 威武大王이라 하고 그 비는 威肅王后라고 하였다.(『高麗史』 高麗世系)

---

76) 『高麗史』 권5 현종 17년 11월조.

사료 C는 『고려사』를 편찬하면서 『太祖實錄』을 근거로 하여 태조 2년에 선조들에게 시호를 올렸다는 내용이다. 그런데 이 기록의 뒤에 金寬毅의 『編年通錄』에 나와 있는 왕건의 선조에 대한 이야기를 싣고 있다. 그에 의하면 왕건의 7대조 할아버지인 虎景이라는 사람이 "聖骨將軍"이라고 자칭하면서 백두산으로부터 산천을 두루 구경하다가 扶蘇山 왼쪽 산골에 와서 거기에서 장가를 들고 살았는데 어느 날 같은 마을 사람 9명과 함께 平那山에 매를 잡으러 갔다가 날이 저물어 굴속에서 자게 되었다. 그때 호랑이 한 마리가 나타나 굴 앞을 막고 가지 않자 호경이 먹잇감이 되기 위해 굴 밖으로 나갔는데 굴이 무너져 9명이 죽고 혼자만 살아남았다 한다. 그 후 호랑이는 여자 산신령으로 변하여 호경과 함께 살았지만 옛 처를 잊지 못해 내려와 관계하여 康忠을 낳았다는 설을 소개하고 있다.

이 기록에 대해 익명의 史臣은 다음과 같이 평하고 있다.

D. 『太祖實錄』은 政堂文學·修國史 黃周亮이 편찬한 것이다. 황주량은 태조의 손자인 顯宗 代에 벼슬하였던 만큼 태조 때의 일을 실지로 보고 들은 것들이다. 그런데 그 추증에 관한 기사에 있어서는 사실대로 이것을 서술하여 貞和王后를 국조의 부인으로 하여 3대의 조상을 기록하였을 뿐, 한마디도 세상에서 전하는 설에 언급한 것이 없다. 김관의는 의종 왕대의 낮은 관원이요 또 태조 때와는 2백 60여 년이나 떨어진 시대의 사람으로서 어찌 당시의 실록을 버리고 도리어 후대의 황당무계한 잡서적들의 설을 신용하여 그렇게 썼는가? …… 슬프다! 옛날부터 임금의 세계를 논하는 사람들은 대개 괴이한 말을 많이 하였고 그 중에서는 혹 견강부회하여 만든 설도 있으니 뒷사람들은 거기에 대해 의심하지 않을 수 없게 되는 것이다. 그래서 여기에는 실록에 기재된 바 3대 추증에 관한 기록을 옳은 것으로 하고 김관의

등의 설도 역시 세상에 오래 전해 온 것이기 때문에 함께 붙여서 기록하여 둔다.(『高麗史』高麗世系)

여기서 보는 바와 같이 사신은 황주량이 편찬한 『태조실록』에는 선조들에 대한 추증 기록만 있는데 김관의의 『편년통록』에는 황당무계한 이야기를 싣고 있어 이는 비판받아 마땅하다고 주장하고 있다.

그런데 문제는 『태조실록』을 정당문학·수국사 황주량이 편찬하였다는 것이다. 그렇다면 여기서의 『태조실록』은 앞의 A 사료의 『7대사적』과 같은 것인가 다른 것인가. 이에 대해 『7대사적』은 『7대실록』을 말하는 것으로 『태조실록』은 그 중의 하나라는 주장이 있다. 즉 『7대실록』은 현종 4년부터 편찬하기 시작하여 덕종 3년 7월에 완성을 보았는데 『태조실록』은 그 일부라는 것이다.[77] 그러나 『7대사적』과 『태조실록』은 별개로 『7대사적』은 황주량이 현종 4년에 수찬관으로서 송의 『歷代名臣事迹』[후의 『冊府元龜』]을 본받아 편찬한 사서이고 『태조실록』은 德宗朝에 편찬한 것으로 다른 것이라는 견해도 있다.[78] 필자는 후자의 설이 맞다고 생각한다.

앞서 본 바와 같이 『7대사적』의 편찬은 현종 14년(1023) 경 완벽하지는 못하지만 마무리되었다. 그러나 감수국사 이공이 정계를 떠나면서 남아 있던 수찬관 두 명 중 황주량이 선배로서 주관하였으므로 황주량이 편찬하여 바친 것처럼 기술되었다.

그 후 현종이 죽자 德宗이 왕위에 올랐다. 그러자 덕종은 『7대사적』을 보고 창업자인 태조에 대한 기록이 소략하다는 생각을 했던 것 같다.

---

77) 金成俊, 「高麗七代實錄의 編纂과 史官」 『民族文化論叢』 1, 嶺南大, 1981 ; 金成俊, 「사서의 편찬」 『한국사』 17, 국사편찬위원회, 1994, 149~152쪽.

78) 周藤吉之, 「宋代の三館秘閣と高麗前期の三館と特に史館」 『高麗朝官僚制の研究』, 法政大學出版局, 1980, 435~436쪽.

그리하여 『태조실록』 편찬의 필요성을 느끼게 되었다. 그리하여 덕종 원년 4월 실록 편찬에 대한 조직을 구성하였다. 이에 대한 자료는 다음과 같다.

  E. 계사일에 王可道를 감수국사로, 李端을 내사시랑 동 내사문하평장사로, 黃周亮을 수국사로, 劉徵弼을 상서좌복야로, 羅敏을 예부상서로 각각 임명하였다.(『高麗史』 권5 덕종 원년 4월)

 이때의 국사 편찬 조직이 현종 대의 『7대사적』을 다시 마무리 하려 한 것인지 아니면 다른 실록을 편찬하기 위한 조직이었는지는 단언하기 어렵다. 그러나 이는 기존의 『7대사적』을 참고했겠지만 새로운 역사 편찬 작업을 위한 조직으로 보는 것이 합리적이다. 현종 14(1023) 중단된 사업을 9년이나 지난 덕종 원년(1032)에 다시 시작했다고 보기는 어렵다. 새로운 왕도 즉위했기 때문이다.

 한편 편찬 조직을 보면 왕가도를 감수국사로 하고 황주량을 수국사로 삼고 있다. 그러나 수찬관에 대한 임명 기사는 보이지 않는다. 수찬관이 없었든지 아니면 규정대로 한림원의 3품 이하가 자동으로 수찬관이 되었는지[79] 확실히 알 수 없다.

 감수국사를 맡은 왕가도는 원래 이름이 李子琳이었는데 성종 14년 과거에 장원급제하였다.[80] 황주량보다는 9년 먼저 과거에 합격한 인물이다. 현종 5년 김훈, 최질의 반란을 진압하는데 결정적인 공을 세우면서 출세하기 시작하였다. 왕가도는 후에 벼슬이 여러 번 올라 尙書右丞, 同知中樞事, 戶部尙書를 역임하고 致盛功臣號를 받았으며 현종 18년에 參知

---

79) "春秋館掌記時政 國初稱史館 監修國史 侍中兼之 修國史同修國史 二品以上兼之 修撰官 翰林院三品以下兼之."(『高麗史』 권76 백관지1 춘추관)
80) 『高麗史』 권73 선거지1 과목1 凡選場조.

政事로 임명되었다. 현종 20년에 左僕射 異應甫와 御史大夫 皇甫兪義, 左丞 黃周亮 등과 함께 開京의 羅城을 축조하였다. 이런 공으로 檢校太尉·行吏部 尙書로 승진되고 태자소사·참지정사를 겸임하였으며 上柱國 훈위와 開城 縣開國伯의 봉작과 식읍 7천 호를 받았다. 또 輸忠創闕功臣號를 받고 王氏로 賜姓되었고 開城縣에 田庄을 받았다.[81]

德宗이 즉위하자 왕가도는 왕비를 맞을 것을 제의하였는데 왕은 그의 딸을 데려다 왕비로 삼았다. 그가 곧 덕종의 제2비 敬穆賢妃 王氏였다.[82] 이와 같은 연유로 門下侍郞同內史門下平章事에 올라 국사 편찬의 책임자인 감수국사를 맡게 된 것이다. 그러나 그는 신병이 있어서 조회 이외의 출석을 면제받기도 하였다. 그때에 거란과의 국교 문제가 발생하면서 황주량과 의견을 달리하게 되었다. 고려는 거란의 聖宗이 죽은 것을 계기로 억류된 사신을 돌려줄 것을 요청하고 그렇지 않으면 압록강의 거란 성을 공격하겠다 하였다. 그러나 거란이 이를 거절하자 賀正使 파견을 정지하고 遼나라의 새 임금 興宗의 연호를 사용하지 않고 聖宗의 太平 연호를 그대로 사용하였다. 나아가 평장사 柳韶가 거란이 쌓은 압록강의 성을 탈취하자고 건의하자 우선 그로 하여금 북부 국경지대에 關防을 설치하게 하였다.[83] 그러나 이를 실행에 옮기지는 못하였다. 이 문제에 대해 王可道와 李端 등은 성의 탈취를 적극 주장하였으나 서눌과 황보유의, 황주량, 최제안, 최충, 김충찬 등은 모두 반대하였던 것이다. 왕가도는 자기 의견이 채택되지 않자 관직을 사직하고 고향으로 돌아가 병을 치료하다 덕종 3년 5月 죽었다.[84] 그 후 그는 顯宗 廟庭에 배향되었다.[85]

---

81) 『高麗史』 권94 왕가도전.
82) 『高麗史』 권88 후비전1 德宗 敬穆賢妃 王氏조.
83) 『高麗史』 권5 덕종 2년 7월조.
84) 『高麗史』 권5 덕종 3년 5월 및 사94 왕가도전.
85) 『高麗史』 권60 예지2 길례대사2 禘祫功臣配享於庭 ;『高麗史』 권94 왕가도전.

결국 왕가도는 감수국사를 맡았으나 덕종 2년 7월 무렵 귀향과 함께 국사 편찬에서는 손을 떼게 되었다. 그러자 황주량이 덕종 3년 정월 政堂文學·判翰林院事에 임명되어 국사를 주관하게 되었다.[86] 한림원은 현종 대에 탄생하였는데 원래 기능은 詞命을 撰述하는 것이었다.[87] 사명이란 국왕이 쓰는 각종 의례 문서, 명령서 등을 말하는데 여기서 국사 편찬에 관여하기도 하였다. 앞서 본 바와 같이 수찬관을 한림원의 3품 이하가 겸직할 수 있었기 때문이다. 이에 덕종 원년부터 시작해온 『태조실록』 편찬이 이 무렵에 완성되었다고 보여진다. 현종 대에 편찬된 『7대사적』이 너무 간략하였기 때문에 최소한 고려의 건국자이며 자신의 증조부인 태조 왕건에 대한 실록은 수정, 증보할 필요성이 있었기 때문이다. 실록 편찬 작업이 끝난 후 덕종 3년 7월 그는 吏部尚書에 올랐기 때문이다.[88] 이때까지 그는 수국사의 직책을 계속 띠고 있었다고 할 수 있다.

고려의 창업자 왕건에 대한 관심과 숭배 정책은 현종 대부터 지대하였다.[89] 예를 들면 그는 현종 7년 정월에 태조의 관을 모셔다가 다시 顯陵에 장사하였다. 현종 원년 거란의 침입 때 태조의 관을 負兒山 香林寺에 모셨었는데 이때에 이르러 다시 원래의 자리로 모셔온 것이었다.[90] 현종 8년 10월에는 태조의 무덤인 현릉을 수선하였으며[91] 12월에는 현릉에 참배한 후 대사면령을 내렸다.[92] 현종 9년 정월에는 사신을 서경에 파견하여 聖容殿에서 태조를 제사하였다. 태조의 초상을 다시 만들었기

---

86) 『高麗史』 권5 덕종 3년 정월조.
87) "藝文館 掌制撰詞命 太祖仍泰封之制 置元鳳省 後改學士院 有翰林學士 顯宗改爲翰林院."(『高麗史』 권76 백관지1)
88) 『高麗史』 권5 덕종 3년 7월조.
89) 김갑동, 「고려 현종과 사천지역」『한국중세사연구』 20, 2006 참조.
90) 『高麗史』 권4 현종세가 7년 정월조.
91) 『高麗史』 권4 현종세가 8년 10월조.
92) 『高麗史』 권4 현종세가 8년 12월조.

때문이었다.[93] 현종 9년 거란이 다시 고려를 침략하자 현종은 태조의 관을 다시 부아산 향림사로 옮겼다.[94] 그러나 이듬해인 현종 10년 11월 거란이 물러가자 태조의 관을 다시 현릉에 모셨고 그해 12월에는 현릉에 참배하였다.[95]

이와 함께 현종은 태조의 자손들에게 관직을 주기도 하였다. 즉 현종 3년 2월 종실을 부흥해야 한다는 강조의 건의에 따라 孝隱太子의 아들이며 태조의 庶孫이었던 禎과 琳에게 벼슬을 주었던 것이다.[96] 또 현종 5년 12월 태조공신의 자손들 중 관직이 없는 자들에게 관직을 주기도 하였다.[97] 이처럼 현종은 자신의 할아버지인 태조에 대해 지극한 배려를 아끼지 않았다.

덕종도 아버지 현종을 통해 할아버지인 안종 욱과 할머니 헌정왕후의 비참한 죽음에 대해 들었을 것이고 자신도 태조 왕건의 직계손이라는 자부심이 있었을 것이다. 따라서 특별히『태조실록』을 다시 편찬케 한 것이다. 결국 이렇게 하여 탄생한 것이 바로 정당문학·수국사 황주량이 편찬한『태조실록』이었던 것이다. 앞의 D 기록에 "『태조실록』은 정당문학 수국사 黃周亮이 편찬한 것이다"라는 기록은 당시의 상황을 잘 말해준다. 황주량의 관직과 직무가 덕종 3년의 상황과 딱 맞아떨어지는 것이다. 다시 말해『태조실록』은 덕종 원년부터 시작하여 덕종 3년 7월까지 편찬한 것으로 현종 대에 편찬한『7대사적』과는 다른 것이었다.[98] 그것이『고려사』편찬 시에도 반영되어 태조세가는 분량이 많은데 비해 태조를 제외한

---

93)『高麗史』권4 현종 9년 정월조.
94)『高麗史』권4 현종세가 9년 12월조.
95)『高麗史』권4 현종세가 10년 11·12월조.
96)『高麗史節要』권3 현종 3년 2월조.
97)『高麗史』권75 선거지3 凡敍功臣子孫조.
98) 그러나 덕종 대의 사관 편성은 7대실록을 편찬하기 위한 것이 아니라『현종실록』수찬작업을 준비하기 위한 것이었다는 주장도 있다.(김광철,「고려초기 실록편찬」『석당론총』56, 2013, 228쪽)

혜종~목종의 세가는 분량이 극히 적게 되었던 것이다.

　그것은 다음 사료에서도 증명이 된다.

> F. 洪州는 성종 14년에 運州都團練使를 두었고 현종 3년에 知州事로 고쳤
> 다가 후에 지금 명칭으로 고쳤다.[『太祖實錄』에는 "10년 3월에 왕이
> 運州에 입성하였다"라고 쓰고 그 주에 "곧 지금의 洪州이다."라고
> 하였다.] 공민왕 5년에 王師 普愚의 內鄕이라는 이유로 牧으로 승격시
> 켰고 17년에 지주사로 낮추었다가 20년에 목으로 복구하였다.(『高麗
> 史』 권56 지리지1 洪州조)

　여기에 근거해 본다면 홍주는 성종 14년에 운주라 불렸다가 현종
3년 이후 어느 때에 개명되어 탄생한 것이라 할 수 있다. 그러나 성종
14년에 처음으로 운주라 불렸다는 말은 틀린 것이다. 성종 14년의 州
단위 행정구역은 대부분이 고려 태조 때에도 州였기 때문이다.[99] 『고려
사』 찬자도 이것이 의심스러운 때문인지 『태조실록』에 '운주'가 등장하고
있는데 '그것이 곧 지금의 홍주다'라는 주석이 있음을 적어 놓고 있다.
앞서 본 바와 같이 『태조실록』은 황주량이 덕종 3년에 완성하여 바친
것이었다.[100] 따라서 홍주로 바뀐 시기는 덕종 3년 이전, 더 정확히
말하면 현종 9년 군현제가 정비될 때인 것이다. 결국 『태조실록』은 현종
9년 이후 편찬된 것임을 말해주는 것이다.

---

　99) 김갑동, 「성종대의 지방제도 개혁」 『나말려초의 호족과 사회변동 연구』, 고려대
　　　민족문화연구소, 1990, 164~167쪽 〈표 4〉 참조.
100) 金成俊, 「7대실록·고려실록」 『한국사』 17, 국사편찬위원회, 1994, 150쪽.

4. 맺음말

고려 태조부터 목종 대까지의 기록인『7대실록』은 현종 원년 거란의 침략으로 불타 없어졌다. 그리하여 현종 4년부터『7대실록』을 다시 편찬하기 시작하였다. 그러나 실록편찬 작업은 완벽하게 이루어지지 못하였다. 따라서 이를 실록이라 하지 못하고『七代事跡』이라 하였다. 또 감수국사나 수국사가 마무리를 하지 못하고 죽었으며 새로이 임명된 감수국사李顗은 바로 관직에서 물러나게 되었다. 따라서 그 실질적인 편찬은 최충보다 과거 합격의 선배인 황주량에 의해 주도되었다. 그리하여『고려사』에는『7대사적』이 황주량에 의해 편찬된 것처럼 되어 있는 것이다.

이후 덕종 대에 이르러 소략한『七代事跡』을 보완하기 위한 작업에 착수하였다. 우선 태조 왕건 관련 기록부터 수정, 증보하게 되었다. 이때 왕가도는 감수국사를 맡았으나 덕종 2년 7월 무렵 귀향과 함께 국사 편찬에서는 손을 떼게 되었다. 그러자 황주량이 덕종 3년 정월 政堂文學·判翰林院事에 임명되어 국사를 주관하게 되었다. 이에 덕종 원년부터 시작해온 태조 관련 역사 기록이 완성되어 이를『태조실록』이라 하게 되었다. 실록 편찬 작업이 끝난 후 덕종 3년 7월 그는 이부상서에 올랐다.

『太祖實錄』을 우선적으로 편찬하게 된 것은『7대사적』이 소략한 때문이기도 했지만 현종과 덕종의 큰 관심 때문이기도 했다. 태조 왕건은 고려 왕조의 창업자일 뿐 아니라 현종의 조부이며 덕종의 증조부였기 때문이다. 왕건에 대한 관심과 숭배 정책은 현종 대부터 지대하였다. 덕종도 아버지 현종을 통해 할아버지인 안종 욱과 할머니 헌정왕후의 비참한 죽음에 대해 들었을 것이고 자신도 태조 왕건의 직계손이라는 자부심이 있었다. 따라서 특별히『태조실록』을 다시 편찬케 한 것이다.

결국 이렇게 하여 탄생한 것이 바로 정당문학·수국사 황주량이 편찬한

『태조실록』이었던 것이다. 다시 말해 『태조실록』은 덕종 원년부터 시작하여 덕종 3년 7월까지 편찬한 것으로 현종 대에 편찬한 『7대사적』과는 다른 것이었다. 그것이 『고려사』 편찬 시에도 반영되어 태조세가는 분량이 많은데 비해 태조를 제외한 혜종~목종의 세가는 분량이 극히 적게 되었던 것이다.

Ⅲ. 홍경사의 창건과 그 동향

1. 머리말

顯宗은 성장하면서 불교와 밀접한 연관을 맺게 되었다. 따라서 그는 즉위한 후에도 불교 장려 정책을 실시하였다. 그 일환으로 개경은 물론 각 지방에도 많은 불사를 일으켰다. 그 중 하나가 천안 지역에 설립한 弘慶寺다. 지금은 다 불타서 없어지고 창건 내용을 알 수 있는 비석만 남아 있는 상황이다. 이 비석을 '奉先弘慶寺事蹟碣碑'라 한다. 이 비는 1962년[원래는 1934년] 국보 제7호로 지정되었다. 현재의 천안시 성환읍 대홍리 320번지에 있는데 성환~평택간 국도1호변 상행선 우측도로가의 솔숲 사이에 위치하고 있다. 총 높이 358㎝, 비폭97㎝, 비신 높이188㎝, 비신 두께 22㎝의 규모를 갖고 있다.

이 비석의 비문 상단에는 '奉先弘慶寺碣記'라고 가로로 쓰여져 있으며, 비문의 내용에 의하면 왕명을 받들어 崔冲[해동의 공자로 칭송됨]이 비문의 내용을 짓고 당시(1026년)의 명필이었던 白玄禮(?~?)가 글씨를 썼다. 고려의 제8대 현종 임금께서 부왕인 安宗이 불법을 널리 전파하고자 했던 뜻을 이어받아 옛 직산현 성환역 주변에다 현종 7년(1016)부터 현종 12년(1021)까지 만5년에 걸쳐 법당, 행랑 등의 200여 칸의 건물과 서쪽에 80칸의 광연통화원 건물을 지었다는 것이다.

이 홍경사에 대해서는 이미 주로 사상적 측면에서 다루어진 바 있다.[1] 그러나 이 홍경사의 창건 배경과 그 이후의 동향에 대해 더 자세히 살펴볼 필요가 있다. 이를 위해 본고에서는 성환역이 있었던 직산과 인근 천안의 역사를 살펴보고 홍경사를 처음 건립한 현종과 홍경사 창건 동기 및 배경에 대해 살펴볼 것이다. 또 명학소민 봉기와 관련한 홍경원의 동향도 탐구해 볼 것이다.

2. 성환, 직산과 천안의 역사

우선 성환의 전신이었던 직산의 간략한 역사에 대해 살펴보자. 이에는 다음 기록이 참고된다.

A-① 稷山縣은 본래 위례성이었다. 백제 온조왕이 부여로부터 남쪽으로 도망하여 나라를 열었는데 여기에 도읍을 건설하였다. 후에 고구려가 이 지역을 취하여 蛇山縣으로 하였다. 통일신라도 지명을 그대로 하여 백성군 영현으로 삼았다. 고려초에 지금 이름으로 고치고 현종 9년에 천안부에 속하게 하였는데 후에 縣務를 설치하였다. 조선 태조 2년 이 현의 사람 환관 金淵이 入侍하여 명나라에 사신을 받들어 다녀왔으므로 知郡事로 승격하였다. 태종 원년 다시 현무로 강등되었다가 13년에 縣監으로 고쳤다. 연산군 을축년에 경기에 移屬하였다가 중종 초에 복구하여 淸州鎭管에 속하게 하였다.(『輿地圖書』충청도

---

1) 홍경사에 대한 기존 연구로는 박홍배, 「홍경사 창건의 사상적 배경」,『경주사학』 3, 1984 ; 강현자, 「고려 현종대 봉선 홍경사의 창건배경」,『중앙사학』21, 2005 ; 이인재, 「고려 전기 홍경사 창건과 삼교공존론」,『한국사학보』23, 2006 ; 강현자, 「고려 현종대 봉선 홍경사의 기능」,『사학연구』84, 2006 등이 있다.

직산현조)

② 성환역은 현의 북쪽 8리에 있다. 察訪이 있는데 본도에 속한 역이 11개이다. 新恩, 金蹄, 廣程, 日新, 敬天, 平川, 丹平. 維鳩, 金沙, 長命, 迎春이 그것이다.(『新增東國輿地勝覽』 권16 충청도 직산현조)

여기서 보는 바와 같이 성환역이 있었던 직산현은 본래 백제의 위례성 지역이었다. 과연 여기에 백제의 수도였던 위례성이 있었는가에 대해서는 여러 설이 있으나 본고의 범주를 벗어나는 것이어서 생략하기로 한다. 그 후 고구려가 이 지역을 차지한 후 사산현으로 하였으며 통일신라 때 현재의 안성에 해당하는 백성군의 영현이 되었다. 고려 초에 직산현으로 개명되어 천안부에 속하였다가 조선 태조 2년 직산군으로 승격하였으나 태종 원년 다시 현이 되었다. 연산군 때 경기에 이속되었다가 중종 초에 다시 충청도로 이관되었음을 알 수 있다.

또 현재의 성환읍의 전신인 성환역은 공주에서 천안을 거쳐 수원으로 가는 길목에 있는 주요한 교통 요지였음을 알 수 있다. 그것은 일찍이 『高麗史』 권82 병지2 站驛조의 22驛道에 그 명칭이 보이고 있으며 『世宗實錄地理志』나 『經國大典』 등에도 성환역의 명칭이 나오고 있는 것에서 알 수 있다. 1895년 지방행정구역 개편 시 공주부 소속의 직산군 이서면에 편입되었다가 1914년 천안군 성환면으로 개칭되었으며, 1963년 천안시 성환면이 되었다. 1974년 천안시 성환읍으로 승격하여 지금에 이르고 있다.

한편 직산현이나 성환역은 고려시대에도 천안부에 속해 있었다. 즉 고려시대 천안부에는 8개의 속군·현이 있었다. 溫水郡·牙州·新昌縣·豊歲縣·平澤縣·禮山縣·稷山縣·安城縣 등의 군현이 천안부에 속해 있었던 것이다. 그 상황은 다음 표와 같다.

<표 1> 천안부의 속군·현

主邑名	屬郡·縣		
	통일신라시 지명	고려시 지명	형성 시기
天安府	湯井郡	溫水郡	현종 9년
	陰峰縣	牙州	현종 9년
	祈梁縣	新昌縣	현종 9년
	馴雉縣	豊歲縣	현종 9년
	河八縣	平澤縣	고 려
	孤山縣	禮山縣	현종 9년
	蛇山縣	稷山縣	현종 9년
	白城郡	安城縣	현종 9년 후
	靑武縣	淸陽縣	현종 9년

이처럼 직산현은 천안부에 속해 있었다. 그렇다면 여기서 직산현의 주읍이었던 천안의 역사를 잠시 살펴볼 필요가 있다. 오늘날의 '천안'이라는 명칭은 고려 초기에 처음 등장하였다. 이에 관련해서는 다음 기록들이 참고된다.

B - ① 己亥에 大木郡에 행차하여 大丞 弟弓으로 天安都督府使를 삼고 元甫 嚴式으로 副使를 삼았다.(『高麗史』 권1 太祖世家 13년 8월)

② 大木郡에 행차하여 東·西 兜率을 합쳐 天安府를 삼고 都督을 설치하였는데 大丞 弟弓으로 使를 삼고 元甫 嚴式으로 副使를 삼았다.(『高麗史節要』 권1 太祖 13년 8월)

③ 태조 13년 東·西 兜率을 합하여 天安府로 삼고 都督을 두었다. 전해지는 이야기로는 術師 藝方이 太祖에게 아뢰기를 "(천안은) 삼국의 중심으로 다섯 용이 구슬을 다투는 지세이므로 큰 관청을 설치하면 백제가 스스로 항복할 것이다"라고 하였다. 이에 태조가 산에 올라 주위를 살펴보고는 府를 두었다. 별호는 任歡이요, 屬郡이 한 곳이며 屬縣이 일곱이다.(『高麗史』 권56 地理志1 天安府)

④ 至正 己丑年 윤달에 내가 韓州로부터 寧州를 거쳐 서울로 가는데

그 고을 군수 成君이 고을 정자의 이름 짓기를 청하며 말하기를 "옛날에 우리 태조가 장차 백제를 치려 하는데 術者가 말하기를 '만일 王字城의 세 용이 구슬을 다투는 땅에 軍樓를 쌓고 閱兵을 하면 三韓을 통일하여 왕이 되는 것은 가히 서서 기다릴 수 있다' 하였다. 이에 풍수를 보아 이 성을 경영하고 군사 10만을 주둔시켰는데 결국 능히 甄氏를 취하였다. 그 주둔하여 군영이 있었던 곳을 鼓庭이라 하는데 郡史에 실려 있는 것이 이와 같다. 옛날에는 정자가 고정에 있어 官道를 굽어보고 있었는데 소위 구슬을 다투는 형세라는 것은 실상 亭子 아래에 있고 王字라는 것은 그 형체이다. 내가 그 정자가 황폐하고 더럽고 또 그 이름 잃은 것을 안타깝게 여겨 옛날 것을 철거하고 확장하여 새롭게 하였다. 바라건대 이름을 지어서 사람으로 하여금 이 정자 지은 것이 공연한 것이 아님을 알게 하려 할 뿐이다" 하였다. (『稼亭集』 권6 및 『東文選』 권71 寧州懷古亭記)

⑤ 『高麗史』에 전하는 말로는 術師 倪方이 太祖에게 아뢰기를 "이곳은 삼국의 중심이며 다섯 용이 구슬을 다투는 형세[五龍爭珠之地]입니다. 3千戶의 읍을 두고 여기에서 병사를 훈련시키면 후백제가 장차 스스로 항복해 올 것입니다" 하였다. 이에 태조가 산에 올라 두루 살펴보고 처음으로 天安府를 설치하였다.(『新增東國輿地勝覽』 권15 天安府 形勝)

B-③에서 보는 바와 같이 천안도독부는 풍수지리적인 형국으로 볼 때 "삼국의 중앙에 해당하며 다섯 용이 구슬을 다투는 지세[三國中心 五龍爭珠之勢]로 여기에 큰 관부를 설치하면 후백제가 스스로 항복해올 것"이라는 말에 따라 설치하였다는 것이다. 그러나 B-④에 의하면 다섯 용이 아니고 세 용이 다투는 땅이라고 되어 있다. B-④는 고려 말기에 李穀이 쓴 글이다. 寧州는 충선왕 대에 천안부에서 개명된 지명이다.[2] 따라서 고려초기의 상황이 와전되어 5룡이 3룡으로 잘못 전해진 것이라

생각한다.

그런데 그것이 술사인 예방의 말에 따른 것이라 하고 있다. B-⑤에서 보는 것처럼 『新增東國輿地勝覽』의 찬자도 이 같은 설에 찬동을 하고 있다. 지금도 천안에는 태조 왕건이 예방과 같이 올라가 지형지세를 살펴보았다는 太祖山이 존재하고 있다.[3]

예방은 현종 대 東京의 復設과도 관련이 있는 인물이다. 현종 21년 銳方이 올린 바 있는 『三韓會土記』에 '고려에는 3경이 있다'는 문구에 따라 안동도호부를 동경으로 바꾸고 있다.[4] 여기서 말하는 '藝方'·'倪方'·'銳方'은 모두 같은 인물에 대한 다른 표기임에 틀림없다. 예방이란 인물이 실제 있었는지 알 수 없으나 풍수의 힘을 빌어 후백제를 제압하고자 한 동기에서 비롯되었다 할 것이다.

그러나 실제로는 당시의 정치·군사적 형세 속에서 천안부가 설치된 것이었다. 당시 통일전쟁의 상황을 살펴보자. 왕건과 견훤은 처음에는 우호적인 관계로 출발하였다. 그러다가 둘 사이에 틈이 벌어진 것은 태조 7년(924)이었다. 호족들이 다투어 왕건에게 귀순하자 다급해진 견훤이 그 아들 須彌康과 良劍 등을 보내 曹物郡을 공격한 것이었다. 이로써 양 진영은 본격적인 대결을 벌이게 되었다. 이때 양군은 서로 만나 싸웠으나 승패를 결정짓지 못하였다. 그러자 서로 인질을 맞교환함으로써 일시적인 화의를 맺었다.[5]

그러나 이듬해인 926년 4월 견훤이 볼모로 보낸 진호가 병들어 죽게 되면서 다시 전투가 시작되었다. 이후 왕건은 일시적인 승리를 거두기도 했다. 태조 10년(927) 3월 운주를 공격하여 획득하였고[6] 大良城[현재의

---

2) 『高麗史』 권56 지리지1 天安府조.
3) 오세창, 『천안의 옛지명』, 천안문화원, 1989, 51쪽.
4) 『高麗史』 권57 지리지2 東京留守官 慶州조.
5) 『高麗史節要』 권1 태조 8년 10월조.
6) 『高麗史節要』 권1 태조 10년 3월조.

경남 합천을 공격하여 후백제의 장군 鄒許祖 등 30여 인을 포로로 잡기도 하였다.[7] 高思葛伊城[현재의 경북 문경]의 성주 興達의 귀순을 받기도 하였다. 이에 위협을 느낀 견훤은 비상수단을 썼다. 高鬱府[현재의 경북 영천]를 공격하는 척 하고 신라의 서울인 경주를 급습하여 경애왕을 살해한 것이다. 급보를 받고 신라를 도우려 출동한 왕건은 公山[현재의 대구 팔공산] 전투에서 크게 패해 죽을 고비를 넘겼다.[8]

그러자 왕건은 착실히 전투준비를 한 후에 후백제를 공략하리라 마음먹었다. 그 준비작업은 성을 쌓는 축성사업으로 나타났다. 먼저 태조 11년 (928) 湯井郡[현재의 충남 온양]에 행차하여 성을 쌓았다. 그것은 기록에 의해 뒷받침된다. 즉『高麗史』에는 단순히 왕건이 "幸湯井郡"라고만 되어 있다.[9] 그러나 이때 유금필로 하여금 성을 쌓게 하였음에 틀림없다. 태조 11년 7월 왕건이 三年山城[현재의 충북 보은]을 치다가 이기지 못하고 靑州에 행차하였다. 이때 후백제군이 청주를 침략하자 湯井郡에 城을 쌓고 있던 유금필이 꿈에 계시를 받고 달려가 구해주었다는 기록이 있기 때문이다.[10]

이후 재기를 다짐하던 왕건은 태조 13년(930) 古昌郡[현재의 경북 안동] 전투에서는 크게 승리하였다. 목숨까지 잃을 뻔 하면서 신라를 도와준 왕건을 보고 고창군의 토착 세력들이 그를 도와줬기 때문이었다. 金宣平·權幸·張吉 등이 그들이었다. 그러자 인근의 군현이 귀순하여 왔다. 또한 溟州에서 興禮府에 이르기까지의 110여 성도 귀순해 왔다.[11] 확실한 승기를 잡은 것이었다.

고창군 전투의 승리 직후 왕건은 천안에 都督府를 설치하였다. 그것은

---

7)『高麗史』권1 태조세가 10년 7월조.
8)『高麗史』권1 태조세가 10년 9월 ;『高麗史節要』권1 태조 10년 9월조.
9)『高麗史』권1 태조세가 11년 4월 庚子조.
10)『高麗史節要』권1 태조 11년 7월조.
11)『高麗史』권1 태조세가 13년 ;『高麗史節要』권1 태조 13년조.

B①·②·③에서 보는 바와 같다. 남진정책의 전초기지로 삼고자 한 것이었다. 후일 후백제와 마지막 전투를 벌이기 위해서는 천안에 도독부를 두어 군대를 주둔시키는 것이 좋다고 판단한 것 같다. 이에 따라 중앙군이 여기에 파견되어 주둔하였을 것이다.[12] 실제 왕건은 이곳 王字山에 성을 쌓고 鼓庭이란 군사 훈련소를 설치하여[13] 후백제 정벌의 전초 기지로 삼았다.

한편 도독 내지 도독부사에 임명된 弟弓은 태조의 妃父로 나와 있는 皇甫悌恭과 동일인물로 여겨진다. 황보제공은 神靜王太后 皇甫氏의 아버지로[14] 태조 휘하에서 많은 활약을 하였다. 즉 그는 태조 8년의 曹物郡 전투시 大相으로서 上軍을 지휘하였다.[15] 이로 보아 그는 武將이었음을 알 수 있다. 그리고 태조 18년에는 나주의 탈환 책임자로 유금필을 천거하기도 하였다.[16] 이와 같이 비중있는 인물을 천안부의 책임자로 임명한 것은 천안부의 군사적 중요성이 그만큼 컸음을 증명하는 것이다. 따라서 당시 천안은 강력한 군사적 거점이었음을 알 수 있다.[17]

---

12) 이에 대해서는 김갑동, 「나말려초 천안부의 성립과 그 동향」『한국사연구』 117, 2002 ; 김명진, 「태조 왕건의 천안부 설치와 그 운영」『한국중세사연구』 22, 2007 참조.

13)『新增東國輿地勝覽』 권15 天安郡 山川 王字山 및 古跡 鼓庭조.

14) 물론 이 황보제공이『高麗史』권82 朴守卿傳에는 '帝弓'으로『高麗史』권1 太祖世家 13년 8월조에는 '帝弓', 그리고『高麗史』권92 庾黔弼傳에는 '悌弓' 등으로 표현되어 있다. 그러나 같은 인물의 다른 표기로 보아도 좋을 것이다.

15)『高麗史』권1 태조세가 8년조.

16)『高麗史』권92 庾黔弼傳·朴守卿傳.

17) 김아네스는 "도독부·도호부에 비하여서 민정적인 기능이 강하였다. 곧 태조는 천안의 도독에게 민정관으로서의 역할을 좀더 기대하였다고 여겨진다"고 하였다.(「고려초기의 都護府와 都督府」『歷史學報』173, 2002, 80쪽) 그러나 이는 단편적인 해석으로 당시의 정치·군사적 현실을 고려치 않은 결과라 하겠다.

3. 현종의 홍경사 창건

일찍이 천안과 직산 일대에는 태조 왕건 때부터 사찰이 창건되었다. 즉 천안 지역에는 태조와 관련된 절이 3개 있었다. 하나는 留麗王寺이고 다른 하나는 馬占寺였다. 『新增東國輿地勝覽』에는 유려왕사에 대해 '留麗王寺 高麗太祖留宿 因爲名'이라고 기록하고 있다.[18] 즉 유려왕사는 왕건이 머물렀던 절이었기에 그렇게 부르게 되었다는 내용이다. 이 유려왕사 터가 지금의 어디냐 하는 점에는 두 가지 견해가 있다. 하나는 현재의 상명대학교 인근이라는 견해다. 지난 1961년에 이곳에서 고려시대의 삼층석탑이 발견됨으로써 향토사학계에서는 이곳이 유력한 유려왕사 터일 것이라고 추측하고 있다. 또한 『한국지명총람』에 의하면, 1961년에 삼층석탑이 발굴된 곳이 원래 유려왕사라고 전해지던 곳이라고 하였다. 이 탑은 현재 천안 삼거리 공원에 있다.[19] 또 다른 하나의 견해는 현재의 태조산 수련장 부근으로 보는 견해다. 그런데 그곳은 성불사의 암자이거나 유려왕사의 암자였을 가능성이 많은 곳으로 판단하고 있다.[20]

마점사에 대해서는 '俱在王字山 高麗太祖駐馬 因名馬占'이라 되어 있다.[21] 이 절은 왕자산에 있는데 태조가 여기에 말을 머물러두었으므로 이렇게 이름한 것이다. 원래 절이 있었는데 이때에 와서 이름만 고친 것인지 아니면 이때에 창건된 것인지에 대해서는 잘 알 수가 없다. 이 절도 지금은 남아 있지 않아 어디에 있었는지 정확한 위치는 알 수 없다.

또 天興寺도 왕건이 창건한 절이었다.[22] 이 절은 현재의 천안시 성거읍

---

18) 『新增東國輿地勝覽』 권15 天安郡 佛宇조.
19) 오세창, 앞의 책, 1989, 43쪽.
20) 張成均, 「天安의 鎭山 王字山과 太祖峰의 位置比定」 『鄕土硏究』 10, 1999, 108쪽.
21) 『新增東國輿地勝覽』 권15 天安郡 佛宇조.
22) 조한필도 천흥사를 태조 왕건 때 창건한 사찰로 보았다.(조한필, 「성거산 천흥사와 고려 태조·현종」 『향토연구』 18, 천안향토사연구소, 2010, 10쪽) 그러나

천흥리에 있었다. 그러나 이 절도 현존하지 않고 절터만 남아 있다. 이곳에 있던 천흥사는 성거산 밑에 있었다. 성거산은 왕건이 태조 4년(921)에 이곳의 愁歇院에 머물렀는데 동쪽의 어느 산 위에 오색구름이 걸쳐 있는 것을 보고는 여기에 聖스러운 山神이 있다고 생각하여 제사한데서 유래한 산명이다.23) 이때를 전후하여 천흥사도 창건된 것으로 여겨진다.24)

성거산이라는 산명은 황해도 牛峯郡에도 있었다. 九龍山의 또 다른 이름이었다. 여기에는 고려의 國祖인 聖骨將軍의 祠堂이 있었다. 그리하여 일명 聖居山이라 불렀던 것이다.25) 성골장군이란 왕건의 선조인 虎景을 가리킨다. 그는 같은 동네사람 아홉 명과 平那山에 사냥하러 갔다가 호랑이를 만나 자신은 간신히 화를 면하고 나머지 아홉 명은 그 산에서 죽었다. 그리하여 산 이름을 구룡산이라 하였다 한다. 그는 또한 이 산의 女山神과 결혼하여 산신이 되었다.26) 그런 까닭에 이 산을 성거산이라고도 한 것이다.

왕건은 불교와 더불어 전통신앙인 山川神과 天神에 대해서도 깊은 믿음을 갖고 있었다. 그리하여 그는 죽을 무렵에 남긴 훈요 10조에서 "우리 국가의 大業은 여러 부처님의 호위하는 힘에 의한 것이었다[我國家大業 必資諸佛護衛之力]"라 하면서도 "짐이 삼한 산천의 陰助에 의해 대업을 이루었다[朕賴三韓山川陰佑 以成大業]"라고 하고 있는 것이다. 또 燃燈會·八

고려 개국 이전부터 있었던 사찰을 왕건이 창건에 가까울 정도로 重創했을 가능성도 있다.(김명진, 「고려시대 천안지역의 왕실불교」, 『국학연구』 34, 2017, 422쪽)

23) 『新增東國輿地勝覽』 권16 稷山縣 山川조.

24) 최근의 발굴 조사 성과로도 천흥사는 고려 초에 창건된 사찰임이 밝혀졌다.(「연합뉴스」 2021년 5월 17일자 기사)

25) "有九龍山 國祖聖骨將軍祠焉 故又號聖居山."(『高麗史』 권56 地理志1 王京開城府 牛峯郡)

26) 『高麗史』 高麗世系.

關會의 지속적인 실행도 자손들에게 부탁하였는데 팔관회는 天靈과 五嶽·名山大川·龍神을 섬기는 행사였던 것이다.[27] 성거산의 산명도 이런 믿음에서 비롯된 것이다.

그 때문에 왕건은 성거산 밑에 절을 창건하여 후삼국 통일의 염원을 빌었던 것이다. 천흥사란 이름도 '하늘이 국가를 흥하게 할 것'이라는 의미였다. 이런 측면에서 볼 때 '天安'이란 지명도 하늘이 편안하게 해줄 것이라는 믿음에서 나왔다고 하겠다. 즉 이곳에 도독부를 설치하고 군사를 주둔시키면 하늘이 후삼국을 통일하여 편안하게 해줄 수 있을 것이라 믿었던 것이다. 이는 또한 황산군[충남 논산군 연산면]에서 후백제 신검의 항복을 받고 그 옆의 산을 天護山이라 이름한 것과 상통하는 것이다. 하늘이 보호해준 산이라는 뜻으로 붙여진 것이다.[28] 성거산 밑에 천흥사를 지은 것은 천호산 밑에 開泰寺를 지은 것과 같은 맥락이었다. 부처와 천신, 그리고 산신의 음조를 바란 것이었다.

지금 이곳 천흥리에는 당간지주와 오층석탑이 남아 있을 뿐이다. 그런데 그 둘의 거리가 꽤 멀리 떨어져 있는 것으로 보아 천흥사가 번창했을 당시의 규모를 짐작케 한다. 근처에 많은 초석이 남아 있고, '天興寺'라고 찍힌 기와 조각들이 논밭에 널려 있었다고 한다.

한편 이 절에는 현종 원년에 만들어 봉안된 종이 있었다. 이 종에는 "統和二十八年庚戌二月日"이라는 銘文이 새겨져 있다.[29] 통화는 遼의 연호로 통화 28년은 고려 현종 1년(1010)을 말한다. 이는 현종의 즉위한 다음 해로 이 해에는 경북 예천의 開心寺石塔이 조성되기도 하였다.[30] 그런데 이 종은 현종이 만들어 봉안한 것으로 추측된다. 이 같은 추정의

27) 『高麗史』 권2 太祖世家 26년 4월조.
28) 『新增東國輿地勝覽』 권18 忠淸道 連山縣 佛宇 開泰寺 ; 김갑동, 「후백제의 멸망과 견훤」 『韓國史學報』 12, 2002, 83~87쪽.
29) 許興植 編, 『韓國金石全文-中世 上』, 亞細亞文化社, 1984, 434쪽.
30) 허흥식 편, 위의 책, 433쪽.

근거로는 우선 종이 거대하고 문양이 우수하다는 것이다. 이 종은 국보 제280호로 현재 국립중앙박물관에 소장되어 있는데 종의 전체 높이가 128.3㎝에 달한다. 이 같은 규모의 종은 지방호족의 힘으로는 주조가 불가능하다. 성덕왕의 공덕을 기리기 위해 만든 성덕대왕신종과 같은 신라종의 형태를 계승하고 있다. 또 요[거란]의 연호를 쓰고 있다는 것도 국가나 왕실이 개입했다는 근거다.

성환에 있었던 弘慶寺도 현종 7년(1016)부터 창건되었다. 즉 현종은 승려인 逈兢 등에게 홍경사를 세울 것을 명하고 姜民瞻 등에게 공사 감독을 맡게 하였다. 홍경사의 서쪽에는 廣緣通化院을 세웠다. 그런데 홍경사는 특별히 '奉先弘慶寺'라 하였다.[31] 선친의 뜻을 받들어 지은 홍경 사란 뜻이다. 선친이란 다름 아닌 그의 아버지 安宗 郁을 가리키는 것이었다.

그렇다면 왜 현종 대에 거대한 천흥사의 종이 조성되었으며 홍경사가 창건되었을까. 이는 현종의 출신과 즉위 과정, 그리고 시대적 분위기와 관련된 문제였다. 우선 그의 즉위 과정을 도표를 통해 보자.

〈표 2〉 태조~현종의 왕위계승표

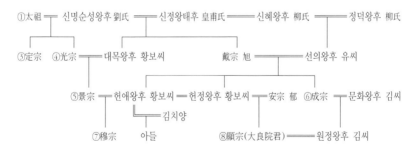

---

31) 崔冲,「奉先弘慶寺記」『東文選』권64. 또 실제 발굴결과 '奉先弘慶寺'라 새겨진 명문기와가 다수 출토되었다.(충청남도역사문화연구원,『천안 호당리 유적, 천안봉선홍경사지 시굴조사보고서』, 2011, 192쪽)

여기서 보는 바와 같이 현종은 경종의 왕비였던 헌정왕후 황보씨와 태조의 아들인 안종 욱의 사이에서 태어났다. 그런데 그는 낳자마자 어머니 憲貞王后 皇甫氏를 잃었고 아버지 安宗 郁도 泗水縣[현재의 경남 사천]에 귀양을 갔다. 이후 성종 12년(993) 현종은 사천의 아버지 곁으로 보내졌다가 성종 15년(996) 안종 욱이 죽어 귀룡동에 묻힌 다음 해[997년]에 개경으로 돌아오게 되었다.

부모를 잃은 그는 목종 대에 金致陽과 千秋太后[헌애왕후 황보씨]의 견제를 받아 崇敎寺·神穴寺 등의 사찰에서 자랐다. 그 후 김치양 일파는 그를 죽이려 하였으나 신혈사 스님들의 도움으로 살아나 왕위에 오른 것이었다.[32] 따라서 그의 즉위에는 부처님과 사원, 그리고 스님들의 도움이 컸다고 하겠다.

때문에 그가 즉위하자 불교가 융성하기 시작하였다. 현종 자신도 불교를 적극 장려하였다. 이는 그가 즉위하자마자 취한 정책에서 엿볼 수 있다. 즉위 직후 시급한 인사조치와 교서를 반포한 후 燃燈會와 八關會를 부활시켰다. 성종 대에 폐지되었던 불교행사인 연등회와 팔관회를 다시 설한 것이었다.[33] 거란이 침입하자 나주까지 피난갔던 그는 그후 나주에서도 팔관회를 거행하였다.[34] 거란이 침입했다 물러간 현종 3년(1012)에는 승려들을 내전에 모아 仁王般若經을 강론하게 하기도 했다.[35] 현종 9년(1018) 죽은 부모의 명복을 빌기 위해 玄化寺를 창건케 한 것은[36] 불교에 대한 현종의 관심을 단적으로 보여준다.

---

32) 『高麗史』 권4 顯宗世家.
33) 『高麗史』 권4 현종세가 원년 윤2월·11월 ; 『高麗史節要』 권3 현종 원년 윤2월·11월 조.
34) 『三峯集』 권3 登羅州東樓 諭父老書 ; 변동명, 「高麗時代의 羅州 錦城山信仰」 『全南史學』 16, 2001, 49~64쪽.
35) 『高麗史』 권4 현종세가 3년 5월 丙戌조.
36) 『高麗史』 권4 현종세가 9년 6월 戊申조.

또 천흥사는 태조가 세운 사찰이었기에 더욱 의미가 있었다. 현종은 태조의 손자였기 때문이었다. 그의 아버지 안종 욱은 태조와 후비 神成王太后 金氏 사이에서 낳은 아들이었다. 그런데 신성왕태후 김씨는 경순왕의 伯父인 金億廉의 딸이었다.[37] 그는 경종이 일찍 죽자 그 후비였던 헌정왕후와 관계하여 현종을 낳은 것이었다. 이러한 현종 대의 시대적 분위기 속에서 천흥사에 대종이 봉안되고 불쌍하게 돌아가신 아버지의 뜻을 받들어 홍경사를 창건하였던 것이다. 그런 의미에서 홍경사는 先考인 안종의 명복을 빌기 위한 王室願堂이었다고 해도 과언이 아니다.[38]

또 현종은 할아버지의 업적과 전통을 계승하려 하였다. 거란의 침입시 현종이 피난지로 나주를 선택한 것도 그곳이 태조의 제2의 근거지였기 때문이었다. 왕조 창업 이전부터 맺어 온 고려 왕실과 나주 사이의 뿌리깊은 인연 때문이었다.[39] 현종은 종실을 부흥해야 한다는 강조의 건의를 받아들여 孝隱太子의 아들이며 태조의 庶孫이었던 禎과 琳에게 벼슬을 주기도 하였다.[40] 현종 5년(1014) 태조 대의 공신 자손 중 관직이 없는 자에게 관직을 주었다.[41] 현종 7년(1016)에는 거란 침입으로 負兒山[삼각산]으로 옮겼던 태조의 관을 다시 모셔와 顯陵에 장사했다.[42] 이듬해에는 현릉에 참배하여 대사면령을 내린 바 있으며[43] 현종 9년(1018)에는 서경의 聖容殿에 태조의 초상을 모시고 제사하기도 하였다.[44] 이러한 맥락에서 볼 때 태조의 유업을 계승하고 왕실의 안녕과 국가의 발전을 위해 종을

---

37)『高麗史』권88 후비전 神成王太后 金氏條.
38) 강현자,「고려 현종대 봉선 홍경사의 기능」『사학연구』84, 2006, 55~61쪽.
39) 변동명, 앞의 논문, 2001, 52~54쪽.
40)『高麗史節要』권3 현종 3년 2월조.
41)『高麗史』권75 선거지3 銓注 凡敍功臣子孫조.
42)『高麗史』권4 현종세가 7년 정월 壬申조.
43)『高麗史』권4 현종세가 8년 12월 乙亥조.
44)『高麗史』권4 현종세가 9년 정월조.

만들고 홍경사를 창건하였다 하겠다.

이제 홍경사의 창건 과정을 구체적으로 살펴보자. 이는 「奉先弘慶寺碣記」에 자세하게 나와 있다. 그에 의하면 홍경사는 현종 7년(1016) 현종이 左右兩街都僧錄 通眞光敎圓濟弘道大師인 逈兢이란 스님에게 명하여 지은 절이었다. 즉 현종이 형궁에게 "옛적에 皇考이신 安宗 憲景孝懿英文大王께옵서 왕자로 계실 적에 불법에 마음을 돌리시어 항상 『法華經』의 오묘한 학설을 보시고, 깊이 '中道에서 城을 만들었다[中道化城]'는 말에 감동하시어 이대로 실천하려 하시다가 마침내 공을 이루지 못하셨다. 짐은 곧 그 뜻을 잘 계승하여 영원히 그 성공을 보려 한다. 그리하여 하나는 길가는 사람을 구제하는 데 험난한 땅에서도 걱정이 없게 하는 것이고 다른 하나는 승려를 모아들여서 불법을 공부하게 하는 것이다. 그러하니 대사는 마땅히 노력하여 그 뜻에 협조하여 직접 터를 보아서 내가 부탁하는 명령에 부합되게 하며 그 일을 처리하는 권한을 맡으라"[45]라고 명함으로써 건축이 시작되었다.

형궁은 왕의 명을 받고 지도를 펼쳐 놓고 좋은 지역에 자리를 골라 홍경사를 창건하였다. 그러나 혼자 하기에는 벅찼던지 같은 도반이었던 승려들의 협조를 얻게 되었다. 마음을 같이 할 협력자를 찾은 것이었다. 이에 마침내 廣利證玄大師 賜紫沙門인 得聰과 靜慮修眞典理大德 賜紫沙門인 藏琳 등과 함께 공사에 진력하였다. 아마 이들은 일반 승려들을 모집하여 공사에 참여한 것 같다. 비문에는 "이들이 다투어 넘어지는 수레를 부축하며 모두 중요한 길목을 점령하였다. 열의를 다하고 모여들어서 이 공사에 참여하였다"라고 되어 있는 것이다.

일반인들도 많이 참여하였는데 현종은 대신들에게 그 감독을 맡기었다. 즉 推誠致理翊戴功臣 金紫興祿大夫 兵部尚書 知中樞院事 兼太子太傅 上柱

---

45) 원문은 『東文選』 권64 奉先弘慶寺記에 있으며 번역문은 임창순의 것을 참고하였음을 밝혀둔다. 이하의 번역문도 마찬가지이다.

國 天水縣開國男 食邑二百戶인 姜民瞻과 中樞副使 中大夫 秘書監 兼太子賓客
柱國 宜春縣開國男 食邑三百戶 賜金紫魚袋인 金猛 등에게 명하여 이들을
別監使로 삼아 공사를 지휘, 감독하게 하였다. 기록에는 그들이 공사
참여자들을 혹독하게 하지 않고 강제하지 않았다고 되어있다. 즉 그들은
"인부를 사역하는 데도 농사철을 피하였으며 물자도 국가의 창고에서
꺼내지 아니하였다. 기와장이는 기와를 대고 나무꾼은 목재를 공급하였
다. 톱질과 자귀질은 일없는 목수들을 모아서 시키고 괭이질과 삽질에는
놀고 있는 사람들이 달려와서 일하였다"라고 되어있다. 그러나 이를
꼭 믿을 수는 없다. 때로는 공사의 빠른 완공을 위해 독촉도 하고 재촉도
했으리라 짐작한다.

그렇게 시작하여 현종 12년(1021)까지 공사가 진행되어 완공을 보게
되었다. 그 시설과 구조를 보면 법당·불전·대문·행랑 등 모두 2백여
칸이었고, 그곳에 안치할 塑像·畵像, 그리고 鍾磬·幡蓋들도 준비되었다.
당시의 절은 아주 크고 화려하였다. 그리하여 비문에는 "절의 외모가
어디서 날아온 듯이 보였고 불상을 모신 불전, 불경을 봉안한 經樓는
화려하고 기이하여 완연히 兜率宮인 듯 의심스러웠다. 鍾과 塔도 장엄하여
멀리서도 절임을 알 수 있었다"라고 되어 있다.

또한 절의 서편에 공적인 관원들과 나그네들이 먹고 묵을 수 있는
客館을 짓기도 하였다. 한 구역이 80칸 쯤 되었는데 이름을 廣緣通化院이라
하였다. 이곳에는 겨울에 사용될 따뜻한 온돌방과 여름에 사용할 널찍하
고 시원한 방이 마련되었다. 여기에 사람들이 먹을 수 있는 식량을 저축하
고 말을 먹일 수 있는 마초도 저장하였다.

그렇다면 홍경사는 왜 이곳에 세워지게 되었을까? 이를 탐구하기
이해서는 다음과 같은 점이 고려되어야 한다. 첫째는 형궁이 지도를
펼쳐보고 정했다는 점이고, 둘째는 이곳이 갈래길의 요충인 데다가 사람
사는 곳으로부터 멀리 떨어져 있고, 무성한 갈대숲이 들판에 가득해서

행인들이 자주 강도를 만나기 때문이라는 점이다.[46] 셋째는 이 절의 이름을 奉先弘慶寺라 했다는 점이다.

우선 형궁이 지도를 펼쳐보고 정했다는 것에만 집중하면 현종이 절의 위치를 정하는 데는 전혀 개입하지 않고 형궁이 위치를 마음대로 정했다고 해석할 수 있다. 그러나 이곳이 교통의 요충지이며 갈대숲 때문에 강도가 많았다는 표현을 보면 현종이 대체적인 위치를 정해줬는데 형궁이 좀 더 구체적인 자리를 정했다는 뜻으로 볼 수도 있다. 다음으로 절 이름을 봉선홍경사라 했다는 것은 '선친의 뜻을 받들어 널리 경사스런 일을 행하는 절'이라는 뜻이다. 여기서 선친이란 앞서 보았듯이 바로 아버지 安宗 郁을 가리키는 말이다. 절을 지은 것은 물론이고 절의 위치도 아버지 와 연관이 있을 것이란 추정이 가능하다.

그런데 아버지의 뜻이란 비문의 내용에만 의거하면 안종이 불법을 전파하려는 뜻을 이어받아 절을 지은 것이라 해석할 수 있다. 그러나 『新增東國輿地勝覽』에는 "고려 현종은, 이곳이 갈래길의 요충인 데다가 사람 사는 곳으로부터 멀리 떨어져 있고, 무성한 갈대숲이 들판에 가득해 서 행인이 자주 약탈하는 강도를 만나기 때문에, 중 逈兢에게 명하여 절을 세우게 하고, 兵部尚書 姜民瞻 등이 일을 감독해서 병진년[현종 7년, 1016년]부터 신유년[현종 12년, 1021년]에 와서 집 2백여 칸을 세우고, 奉先弘慶寺라는 이름을 하사하였다"[47]라고 되어있어 현종이 직접 대체적 인 위치를 정했음을 알 수 있다.

그렇다면 왜 현종은 직산현의 성환역 부근에 절을 지으라 명한 것일까. 아버지의 뜻을 받들어 절을 지어 불법을 전파하려 했는데 그 위치는 자신의 경험을 근거로 정했다고 해석할 수 있다. 즉 현종이 즉위하자마자 거란의 침입을 받아 급히 나주로 피난갈 때 이 지역을 지나다가 도적들의

---

46) 『新增東國輿地勝覽』 권16 충청도 직산현 역원 홍경원.
47) 『新增東國輿地勝覽』 권16 충청도 직산현 역원 홍경원.

출몰로 고생한 경험 때문에 이곳에 절을 짓도록 했다는 것이다. 실제 당시의 피난로를 보면 개경을 출발하여 楊州→ 廣州→ 鼻腦驛→ 蛇山縣→ 參禮驛→ 長谷驛→ 仁義驛→ 水多驛을 거쳐 蘆嶺을 넘어 羅州로 들어갔다.[48) 그런데 사산현은 직산현의 옛 이름이었기 때문에[49) 현종이 직산의 성환역 부근을 거쳐 갔음은 틀림없다. 이 과정에서 현종은 많은 고초를 겪었다. 직산에 오기도 전에 어가가 경기도 광주에 이르렀을 때 강화를 청하러 간 사신 하공진 일행이 거란 병영에 구금되었다는 말을 듣고 侍郎 忠肅, 張延祐, 蔡忠順, 周佇, 柳宗, 金應仁 등을 제외한 여러 신하들이 놀라고 겁이 나서 왕을 버리고 뿔뿔이 도망하는 사태가 벌어졌다.[50) 신하들이 거의 다 도망간 상황에서 직산에 이르러 도적을 만났다면 얼마나 고생이 심했을까 짐작이 간다. 따라서 현종이 직접 이 부근에 절을 짓도록 명령한 것일 가능성이 있다.

다른 하나의 가능성은 아버지 안종 욱이 이곳에 절을 짓기를 희망했을 가능성도 있다. 아버지 안종이 사수현으로 귀양갈 때 이곳에서 도적을 만나 고생했다는 말을 듣고 현종이 이곳에 절을 지었다는 것이다. 즉 현종이 어렸을 때 사수현에서 아버지와 같이 살면서 아버지의 고생담과 더불어 이곳에 절을 지었으면 좋겠다는 말을 들었는데 자신도 피난 시 사산현에서 비슷한 경험을 하면서 아버지의 뜻을 받들게 되었다는 것이다.[51) 특히 절뿐 아니라 광연통화원이란 객관을 지어 오가는 사람들의 숙식을 제공해 주었다는 것에서도 아버지의 뜻과 현종 본인의 뜻이 맞아떨어진 것이 아닐까 한다.[52) 결국 절의 위치 선정은 안종 욱이나

---

48) 강현자, 「고려 현종대 봉선 홍경사의 기능」 『사학연구』 84, 2006, 73쪽 ; 김갑동, 「고려 현종의 혼인과 김은부」 『한국인물사연구』 15, 2011, 167쪽.
49) 『新增東國輿地勝覽』 권16 충청도 직산현 建置沿革.
50) 『高麗史』 권4 현종세가 2년 정월조.
51) 김명진, 「고려시대 천안지역의 왕실 불교」 『국학연구』 34, 2017, 427쪽.
52) 직산과 죽주 사이의 郵亭 건설 필요성과 직산의 천안부로의 영속, 그리고 태조의

현종 자신이 대체적으로 정했으나 구체적인 위치는 형긍이 직접 잡았다고
하겠다.

4. 홍경사 창건의 사상적 배경

홍경사는 불교 사상의 바탕 위에서 창건되었다. 즉 「봉선홍경사갈기」
에서 보는 바와 같이 『법화경』의 '中道化城' 사상 속에서 이루어졌다.
『법화경』에 의하면 '중도화성'이란 사람들이 보배로운 진리의 세계[寶所]
로 나아가는 데 험난하고 어렵고 피곤하므로 중도에 포기하려는 사람들이
많아 이들을 인도하기 위하여 중도에 城을 하나 만들어 이들을 쉬어가게
했다는 데서 나온 말이다. 즉 보소에 가는 길이 멀고 험난하므로 부처가
잠시 변화로 성을 만들어 쉬게 함으로써 다시 힘을 얻어 진리의 세계에
도달케 하였다는 것이다. 이 중도화성의 城이 다름 아닌 사원인 것이다.
이런 사상 속에서 홍경사가 창건된 것이었다.

뿐만 아니라 福田 사상도 홍경사 창건의 불교적 배경으로 작용하였다.
복전이란 어떤 布施行을 함으로써 큰 공덕을 쌓는 것이 마치 농부가
田地에 씨를 뿌려 가을에 큰 수확을 거두는 것과 같다는 의미에서 나온
말이다. 이 공덕 사상에 바탕을 둔 복전 사상은 처음에는 성현을 존경하는
功德田[敬田], 부모의 은혜에 보답하는 報恩田[恩田]으로 나누어졌다가
점차 빈궁한 사람에게 보시하는 貧窮田[悲田]으로 확대되었다. 이러한
복전 사상은 대승불교에서 더욱 심화되어 복전의 공덕을 구하는 것이
아니라 타인에게 베푸는 것이라는 데까지 발전하였다. 이리하여 대승불

흔적이 깃들어 있는 성거산과의 관련성 등으로 홍경사를 창건했다는 설도
있다.(李仁在, 「高麗 前期 弘慶寺 創建과 三敎共存論」『韓國史學報』23, 2006, 100~103
쪽)

교에서는 빈궁한 자, 질병이 있는 자, 行旅者들을 위해 보시하고 베푸는 사회 활동이 활발하게 일어나게 되었다. 이러한 복전 사상 속에서 홍경사의 광연통화원이 건립되었던 것이다.53)

또한 이 홍경사는 불교뿐 아니라 유교와 도교와 공존하는 3교 공존사상 속에서 창건되었다. 갈기에서도 언급되었듯이 崔冲은 "『內典』에 이르기를, '招提라는 것은 여러 곳의 우수한 사람들을 불러들여 서로 이끌며 널리 불법을 천명하기 위하여 거처하는 곳이다' 하였으며, 또 『莊子』에는, '旅館을 설치하여 仁義를 보인다' 하였으며, 『晉書』에는, '여관을 만들어서 공무로 다니는 사람이나 사사로 다니는 사람을 구제한다' 하였다. 지금 稷山縣의 成歡驛에서 북쪽으로 1마장쯤 되는 곳에 새로 절을 세운 것은 곧 그러한 종류에 속한다."라고 하고 있다.

崔冲은 원래 유학자였다. 그는 1005년(목종 8) 문과에 장원으로 급제하면서 벼슬길에 들어온 사람이다. 그 후 右拾遺에 올랐고, 1013년(현종 4)에 거란의 침입으로 소실된 역대의 문적을 재편수하는 國史修撰官을 겸해 태조에서 목종에 이르는 『七代事跡』 편찬에 참여하였다. 그 뒤 右輔闕·起居舍人·中樞直學事를 역임하고, 1025년에 翰林學士 內史舍人 知制誥를 거쳐 禮部侍郞 諫議大夫에 올랐다. 1033년(덕종 2) 右散騎常侍에 이어 同知中樞院事가 되어 『說苑』의 六正·六邪의 글과 漢나라 刺史六條의 글을 각 관청에 붙이게 하여 좋은 정치를 하는 데 힘을 기울였다. 그 뒤 刑部尙書 中樞使로 전임되었다. 정종 초에 知貢擧가 되어 과거를 주관하였으며 1037년(정종 3) 參知政事 修國史로 『현종실록』의 편찬에도 참여하였다. 또 私學十二徒의 하나인 文憲公徒의 창시자이기도 하였다.54) 이처럼 그는 유명한 유학자였고 여러 번 역사 편찬에도 참여하여 역사에 대해서도 조예가 깊었다. 그리하여 불경뿐 아니라 『장자』나 『진서』를 언급하고

---

53) 朴洪培, 「弘慶寺 창건의 思想的 背景」 『慶州史學』 3, 1984, 17~24쪽.

54) 『高麗史』 권95 崔冲傳.

있는 것이다.

우선 『내전』은 불경을 말한다. 불경의 招提라는 말은 원래 범어로 사방을 뜻하는 말인데 천축국의 대표적인 절로 招提寺가 있었다. 그리하여 초제사의 초제가 가람 즉 절을 뜻하는 말로 쓰이게 되었다. 즉 절을 창건하여 우수한 사람들을 모아 불법을 천명하기 위하여 절을 세운다는 뜻이다.

그는 또 『장자』를 인용하여 인의를 보이기 위한 목적에서 절을 창건하였 다고 설명하였다. 『장자』에는 '인의는 곧 선왕의 蓬廬다'라고 하고 있다. 이는 곧 인의는 백성들을 편안하게 해줄 수 있는 여관 또는 객사와 같다는 뜻이다. 또 그는 『진서』에 나오는 귀절을 인용하여 공적이나 사적으로 지나는 사람들을 구제하기 위해 절을 짓는다 하였다. 실제 『진서』의 내용을 보면 '逆旅를 설치하는 것은 상인들을 통하게 하고자' 한 것이라고 되어 있다. 여기서의 역려란 의미도 여관이나 객사를 의미하 였다. 이는 최충이 불교나 유교나 도교 경전 뿐 아니라 역사서에도 정통하 였음을 보여주는 것이다.[55] 그가 고려실록 등 역사편찬에 참여한 경험에 서 나온 지식이었다 하겠다.

이처럼 홍경사는 불교의 중도화성, 복전 사상, 그리고 유교와 도교 등 여러 종교의 복합적인 사상 속에서 창건되었다.

5. 명학소민의 봉기와 홍경원

이렇게 완공된 홍경사는 시간이 흘러 건물이 노후화되면서 수리할 필요가 생겼다. 그리하여 인종 8년(1130) 홍경사와 그 부속 건물을 수리하

---

55) 李仁在, 「高麗 前期 弘慶寺 創建과 三敎共存論」 『韓國史學報』 23, 2006, 114~117쪽.

였는데 이때에는 이를 弘慶院이라 표기하기도 하였다.56) 당시 외척이었던 이자겸은 이 절을 수리하는 공사를 위해 인근 주현의 백성들을 동원하여 원성을 사기도 했다.57)

이후 묘청의 서경천도운동이 진행되는 과정에서 홍경원이 등장하기도 하였다. 인종은 묘청 일파의 서경 천도 주장에 따라 우선 서경의 임원역 땅에 대화궁을 지었다. 1129년 대화궁이 완성되자 인종이 서경으로 행차하기도 하였다. 그러자 묘청 일파는 칭제건원과 금나라 정벌을 주장하였다. 이듬해인 1130년(인종 8) 8월 妙淸의 말을 따라 홍경원에서 阿吒波拘神道場을 27일 동안 개최하였다. 또 반야도량을 選軍廳에 설치하기도 하였다.58) 인종이 서경에서 돌아왔다 다시 간 사이에 묘청의 청에 따라 사리 즉 佛骨을 궁궐 내의 重華殿에 안치하고 이러한 불교 행사를 개최하였던 것이다. 이 도량은 아타파구위 대장군, 즉 曠神鬼神大將이 말한 다라니를 외워 재난을 물리치기를 기원하는 법회였다. 묘청은 도량을 개최하면서 반대파들을 물리치고 자신의 뜻이 관철되기를 바랐겠지만 27일 동안 계속된 불교 행사에 많은 백성들이 동원되었을 것임은 쉽게 짐작이 간다. 康宗 때에도 이러한 법회가 홍경원에서 개최되었는데, 이때 李奎報가 지은 道場文이 현재까지 전해지고 있다.59)

그 후 이 홍경원이 다시 주목을 받은 것은 명학소민의 봉기와 관련해서였다. 鳴鶴所는 유성현의 동쪽 10리 지점에 있었다는 기록으로 미루어60) 현재의 대전광역시 서구 탄방동 지역이었다고 볼 수 있다. 또 명학소 지역은 나무를 태워 숯을 만드는 炭所였기에 그 명칭이 현재까지 남아 탄방동이 된 것이라 추측된다.

---

56) 『高麗史節要』 권9 인종 8년 7월조.
57) 『高麗史』 권98 高兆基傳.
58) 『高麗史』 권16 인종세가 8년 8월.
59) 『東國李相國前集』 권39 佛道疏 「弘慶院行阿吒波拘威大將軍道場文」.
60) 『新增東國輿地勝覽』 권17 충청도 공주목 古跡조.

고려는 의종 24년(1170)에 오면 무신들이 난을 일으켜 정권을 잡는 사태가 발생하였다. 정중부·이고·이의방 등이 정권을 잡아 毅宗을 폐위하고 明宗을 옹립하였다. 이후 그들끼리 권력쟁탈전이 일어나 李高가 李義方에게 죽음을 당하고 명종 4년 이의방 역시 鄭仲夫의 아들 鄭筠에게 살해당하였다. 이로써 정중부가 집권하게 되었다. 이들 무신들이 집권하자 백성들은 처음 혹 새로운 세상이 올 것인가 기대하였다. 그러나 수탈체제는 그 전보다 더 강화되었다. 정중부의 아들 정균과 정중부의 사위 송유인 등이 권력을 빙자하여 백성들을 수탈하였다.

그러자 이에 불만을 품은 세력들이 봉기하기 시작했다. 봉기는 우선 西京에서 시작되었다. 趙位寵이 정중부를 토벌한다는 명분하에 군사를 일으켰던 것이다. 여기에 서북 지역에 있는 40여 성의 백성들이 가담하였다.[61] 이 봉기는 2년 동안이나 계속되었으나 결국 진압당하였다. 이러한 서북 지역민의 항쟁은 남쪽에도 파급되었다. 제일 먼저 일어난 곳이 지금의 대전지역이었다. 서북 지역의 봉기가 끝나기도 전인 명종 6년 정월 공주에 속했던 명학소의 亡伊·亡所伊 형제의 봉기가 일어났던 것이다. 이에는 다음 기록들이 참고된다.

> C - ① 明宗 6년에 州의 鳴鶴所 사람 亡伊가 무리를 불러모아 公州를 쳐 함락시키자 조정에서 그 所를 올려 忠順縣으로 삼고 令尉를 두어 이를 무마하였다가 뒤에 내리니 다시 반란하였으므로 이에 이를 삭제하였다.(『高麗史』 권56 지리지1 양광도 공주조)
>
> ② 己巳에 金나라 사신을 향연하였다. 公州 鳴鶴所의 백성 亡伊·亡所伊 등이 黨與를 불러 모아 山行兵馬使라 자칭하고, 공주를 공격하여 함락하였다.(『高麗史』 권19 명종세가 6년 1월)

---

61) 『高麗史』 권100 趙位寵傳.

③ (명종 6년 정월) 공주 명학소의 망이·망소이 등이 무리를 불러모아 山行兵馬使라 칭하고 공주를 공격하여 함락시켰다. 정부는 祗候 蔡元富와 郞將 朴剛壽 등을 보내어 달래었으나 賊兵은 따르지 않았다.(『高麗史節要』 권12)

④ 丙戌에 亡伊의 鄕인 鳴鶴所를 승격하여 忠順縣이라 하여 內園丞 梁守鐸으로 令을 삼고, 內侍 金允實로 尉를 삼아 慰撫하였다. 尹鱗瞻이 西京을 攻破하여 趙位寵을 잡아 죽이고, 사람을 보내와 戰捷을 고하였다.(『高麗史』 권19 명종세가 6년 6월)

⑤ (명종) 6년 8월에 鄭仲夫가 병으로 免하기를 청하니 諸領의 군사가 익명의 榜을 붙여 말하기를, "侍中 鄭仲夫 및 아들 承宣 鄭筠과 사위 僕射 宋有仁이 권세를 천단하고 방자하므로 南賊이 일어남은 그 근원이 이에 의함이니 만약 군사를 내어 치려하면 반드시 먼저 이 무리를 죽인 뒤에야 가능하다." 하는지라 鄭筠이 이를 듣고 두려워하여 解職하기를 빌고 여러 날 동안 나오지 않았다.(『高麗史』 권128 반역 정중부전)

⑥ 때에 良醞令同正 盧若純과 主事同正 韓受圖란 자가 있어 거짓으로 咸有一 및 平章事 李公升, 內侍郞將少監 獨孤孝 등의 글을 만들어 忠州賊 亡伊에게 보내어 함께 난리를 일으키고자 한다 하니 망이가 그 사자를 잡아 安撫別監 盧若冲에게 보냈는데 노약충이 거두어 칼을 씌워 압송하거늘 임금이 承宣 文章弼에게 명하여 국문하게 하였다. 노약순 등이 말하기를, "지금 임금을 죽이고자 하는 적은 當路의 大官이라 우리들이 분격함을 이기지 못하여 외적을 끌어다가 함께 베어서 죽여 없애고자 하였다. 그러나 돌아보건대 우리 무리는 이름이 미미함을 생각하여 혹 좇지 않을까 두려웠으며 함유일·이공승 등은 본래 물망이 있기 때문에 속여 그 이름으로 글을 보냈나이다."라고 하였다. 임금이 듣고 이를 의롭게 여겼으나 重房이 그 죄를 다스릴 것을 청하므로 모두 얼굴에 먹칠하여 먼 섬에 귀양보내었다. 노약충은

노약순의 형으로써 또한 연좌되어 폄출되었다. 中書門下에서 또 함유
일의 죄를 아뢰거늘 內侍의 籍을 삭탈하였고 〈명종〉 9년에 나이
70세가 넘었으므로 물러나기를 빌거늘 工部尙書로써 致仕하게 하였
다.(『高麗史』 권99 함유일전)

⑦ 己酉에 亡伊·亡所伊가 와서 항복하므로 倉廩의 곡식을 하사하고,
監察御史 金德剛에게 명하여 그 鄕으로 압송시켰다.(『高麗史』 권19
명종세가 7년 1월)

C-①은 명학소에서 일어난 봉기의 내용을 간략하게 전하고 있다. 그러
나 구체적인 내용을 보면 우선 그들은 백성들을 모아 봉기를 하면서
자신들을 산행병마사라 칭하였다. 兵馬使는 원래 고려의 양계 지역에
파견된 3품의 벼슬로 병마권을 위시한 모든 권한을 가진 관직이었다.[62]
그런데 자신들은 주로 산속으로 다니면서 백성들을 주도한다는 의미에서
그렇게 붙인 것이다.

이에 조정에서는 지후 채원부와 낭장 박강수를 보내어 이들을 달래었
다. 강경책보다 회유책을 쓴 것이다. 그것은 아직도 서북 지역에서 일어난
조위총의 봉기를 진압하지 못하였기 때문이었다. 군사력의 대부분이
서북지역에 있었기 때문에 이들을 토벌하는 것은 어렵다고 판단했던
것이다.

이처럼 회유책이 실패로 돌아가자 명종 6년 2월 조정에서는 장사
3,000명을 불러모아 대장군 丁黃載와 장군 張博仁으로 하여금 이들을
거느리고 가서 토벌케 하였다.[63] 물론 여기서는 그 토벌 대상이 '南賊'으로
만 표현되어 있다. 그러나 이는 명학소 봉기군을 뜻하는 것임에 틀림없다.
당시 개경 남쪽에서 '남적'이라 표현할 만한 실체는 명학소민 뿐이었기

---

62) 『高麗史』 권77 백관지2 外職조.
63) 『高麗史』 권19 명종세가 6년 2월조.

때문이다.

그러나 싸움은 여의치 않았다. 명종 6년 3월 출동하였던 南賊執捉兵馬使가 조정에 그 상황을 보고한 내용을 보면 알 수 있다. 그에 의하면 "남적과의 싸움이 불리하여 사졸이 많이 도망하였으니 청컨대 승병을 모아 군사를 구제하여 주십시오"라는 내용이었다.[64] 여기서 남적집착병마사는 앞서 출동했던 정황재를 말하는 것이었다. 그가 대장군이라는 무관직을 띄고 있는 점에서 알 수 있다. 장사 3,000여 명도 불리할 정도였다면 봉기의 규모가 어떠했는가를 가히 짐작할 수 있다. 그러면서 승병을 보내줄 것을 청하고 있다.

봉기가 시작된 지 5개월 후에 와서야 취한 정책이 명학소에 대한 忠順縣으로의 승격이었다. 앞으로는 국가에 대해 충성하고 국가의 명령을 잘 따르라는 의미였다. 이에 따라 縣令과 縣尉라는 외관이 파견되었다. 외관 파견이 망이·망소이를 비롯한 소민들에게는 무슨 이익이 되는 것이기에 정부는 이런 조치를 취한 것일까. 그것은 외관의 임무와 관련이 있다. 외관의 임무 중에는 백성들의 질병과 고통을 잘 보살펴야 하며 향리들의 부정을 바로잡는 것도 포함되어 있었다.[65] 기본적으로 외관은 백성들의 근심과 고통을 덜어주어야 했다. 때문에 외관 파견은 지역민들에게 혜택이 돌아가는 것이었다.

그러나 명학소민의 봉기는 쉽게 그치지 않았고 조정에서도 이를 매우 근심하고 있었던 모양이다. 당시의 집권자들조차도 이의 확산을 두려워하고 있었다. 군사들이 '南賊'이 봉기한 것은 당시의 집권자인 정중부와 그 아들 정균, 그리고 정중부의 사위 송유인 때문이었다고 방을 붙이자 정균이 두려워 관청에 나오지도 못했던 것이다. 여기서 '남적'이란 다름 아닌 명학소민을 가리키는 것이었다.

---

64) 『高麗史』 권19 명종 6년 3월조.
65) 『高麗史』 권75 선거지3 전주 選用守令조.

조정에서 우려했던 대로 명학소민의 봉기는 더욱 확대되어 명종 6년 9월에는 예산현까지 진출하여 그 곳의 외관인 監務를 살해하는 사태가 발생하였다.66) 그러나 예산현을 함락한 것은 명학소민과 연대한 또 다른 세력이었다. 그저 '남적'이라고만 표현되어 있기 때문이다. 이 무리의 우두머리는 孫淸이란 자였다.67) 손청은 스스로 병마사를 칭하고 봉기하였던 것이다.68)

그러자 노약순이나 한수도 등 중앙의 관직자들조차 이들과 연합하여 집권무신들을 처단코자 했다. 그러나 오히려 망이가 그 使者를 안무별감 노약충을 통해 조정에 보냄으로써 그들은 죄를 받게 되었다(C-⑥). 이 사건이 언제 일어났는지 이 기록만으로는 알 수 없다. 그러나『고려사절요』에는 이 사건이 명종 6년 9월에 일어났음을 전하고 있다.69)

이를 보면 망이·망소이의 봉기군이 정부군과 어느 정도 타협을 하고 있었음을 알 수 있다. 그런데 망이 등을 '忠州賊'이라 표현하고 있어 이들 세력이 충주까지 진출했음을 알 수 있다. 공주·충주 방면과 예산 방면에서 농민들이 봉기한 것이다.

조정에서는 이제 더 이상 방치할 수 없다고 판단하였다. 그리하여 명종 6년 12월 대장군 鄭世猷와 李富를 處置兵馬使로 삼아 左右道로 나누어 남적을 토벌케 했다.70) 좌도 쪽은 충주 쪽을 말하는 것이고 우도는 예산 지역을 말하는 것이었다.

이에 망이·망소이 등은 정부군에 투항하였다. 투항하였다고는 되어

---

66)『高麗史』권19 명종세가 6년 9월 辛亥조.
67) 李貞信도 예산현을 공격한 세력은 예산 지역의 토호로 여겨지는 손청이었을 것이라 하였다.(『高麗 武臣政權期 農民·賤民抗爭 硏究』, 高麗大 民族文化硏究所, 1991, 96쪽)
68)『高麗史』권19 명종 6년 11월조.
69)『高麗史節要』권12 명종 6년 9월조.
70)『高麗史』권19 명종세가 6년 12월조.

있지만 이미 강화 내지 타협이 되어 있었던 것 같다. 앞서 본 바와 같이 노약순 등이 보낸 사자를 정부군에 넘기고 있다든지 투항한 이들에게 곡식을 하사하고 고향으로 되돌려 보내고 있는 것에서 알 수 있다.

그러나 얼마 안 가 이들은 다시 봉기하였다.

D-① 庚辰에 亡伊 등이 다시 叛하여 伽耶寺에 침략하여 노략질하였다.(『高麗史』 권19 명종세가 7년 2월)

② 己丑에 南賊이 黃驪縣을 침구하였으며 또 鎭州도 침략하였다.(『高麗史』 권19 명종세가 7년 2월)

③ 辛亥에 亡伊 등이 弘慶院을 불태우고 기거하는 승려 10여 인을 죽였으며, 住持僧을 핍박하여 書狀을 가지고 서울로 가게 하니, 대략 이르기를, "이미 우리 고을을 승격하여 縣을 만들고 또 守令을 두어 安撫시키더니, 도리어 다시 군사를 발하여 와서 치고 우리 어머니와 처를 붙잡아 가두니 그 뜻이 어디에 있음인가. 차라리 창칼 아래 죽을지언정 끝내 항복한 포로는 되지 않을 것이며, 반드시 王京에 이른 연후에 그만둘 것이다."라고 하였다.(『高麗史』 권19 명종세가 7년 3월)

④ 辛卯일에 大廟에 벼락이 쳤다. 南賊의 괴수 亡伊가 사람을 보내와 항복하기를 청하였다.(『高麗史』 권19 명종세가 7년 6월)

⑤ 丁巳에 南賊處置兵馬使 鄭世猷 등이 賊의 괴수 亡伊·亡所伊 등을 잡아 淸州獄에 가두고, 사람을 보내어 戰捷을 고하였다.(『高麗史』 권19 명종세가 7년 7월)

여기서 보는 바와 같이 명종 7년 2월에 와서 망이 등을 비롯한 명학소민은 다시 봉기하였다. 그들이 왜 다시 봉기했는지에 대해서는 D-③이 그것을 말해주고 있다. 충순현으로 승격하고 수령을 두면서 죄를 묻지 않겠다고 정부 측에서 약속했던 모양이다. 그런데 그 약속을 어기고 다시 군사를 발하여 자신들의 妻와 母를 잡아가둔 것에 대한 억울함에서 비롯되었다.

그들은 다시 봉기하여 공주시 유구면을 거쳐 현재의 차동고개를 넘어 예산의 가야사를 습격하였다. 이곳에는 이에 앞서 손청 등의 무리가 있었는데 이들과 연합하여 가야사를 점령하였을 것이다. 왜 가야사라는 절을 목표로 하였는가. 그것은 당시 절이 민중들을 수탈하는 역할을 담당했기 때문이다.

곧이어 이들은 황려현[경기도 여주]을 점령하고 진주[충북 진천]를 점령하였다(D-②). 그러나 이것은 망이의 무리가 동시에 점령한 것은 아닐 것이다. 두 지역은 상당한 거리적 간격이 있기 때문이다. 아마도 망이 세력이 진주를 점령하고 충주에 있던 망이의 동조세력은 황려현을 점령하였다고 보는 것이 합리적일 것이다. 여주 지역의 지도자는 李光이었던 것 같다. 왜냐하면 명종 7년 3월 좌도병마사가 賊首 李光 등 10여 명을 사로잡았다는 기록이 있기 때문이다.[71] '左道'라는 표현으로 보아 충주 일대에서 봉기한 세력이 틀림없기 때문이다.

이보다 앞서 명종 7년 2월에는 가야산의 손청 등 그 무리들도 우도병마사에 의해 잡혀 죽었다.[72] 망이 등의 세력이 진주를 점령한 틈을 타 가야산 지역에 남아 있던 손청 일당을 타도한 것이 아닌가 한다. 그러자 망이 등의 봉기군은 다시 돌아오다 현 경기도 성환 지역에 있는 홍경원을 불사르고 승려 10여 명을 죽였다.

망이의 봉기군은 왜 이 절을 불태운 것일까. 그것은 두 가지로 추측해 볼 수 있다. 먼저 이 절의 승려들이 손청의 무리를 토벌하는데 협조를 했기 때문으로 볼 수 있다. 예산의 가야산으로 가기 위해서는 성환 지역을

---

71) 『高麗史』 권19 명종 7년 3월조.
72) 『高麗史』 권19 명종 7년 2월 己亥조.

통과해야하기 때문이다. 두 번째 가능성은 이 절이 인근 마을 주민들을 수탈하였기 때문이라 할 수 있다. 둘 다 원인이 될 수 있으나 봉기군의 공격 대상이 된 직접적인 원인은 첫 번째일 가능성이 더 크다고 볼 수 있다.[73] 홍경원을 불태운 후 이들은 개경까지 진격할 것이라는 의지를 불태우기도 하였다.

이렇듯 명학소민의 봉기가 수그러들 기세를 보이지 않자 조정에서는 강력한 토벌책으로 선회한 것 같다. 그러자 망이 등은 명종 7년 6월 항복할 것을 청하였다. 그러나 조정에서는 이를 받아들이지 않고 토벌을 감행하여 명종 7년 7월 망이·망소이 등을 잡아 청주 옥에 가두게 되었다. 이로써 1년 6개월에 걸친 공주 명학소민의 봉기는 끝이 났다.

이후 홍경사는 한 동안 기록이 보이지 않다가 고려 말에 이르러 사서에 등장한다. 우왕 9년(1383)에는 韓脩가 홍경사에서 축원하기도 하였다.[74] 한수는 청주 한씨로 충숙왕 복위 2년(1333)에 출생하여 우왕 10년(1384)에 죽은 인물이다. 따라서 죽기 1년 전에 홍경사에서 축원한 것을 보면 자신의 질병이나 장수를 기원한 것이 아닌가 한다.

그러나 이때는 이미 홍경사가 불탄 이후의 일이었다. 고려 말 조선 초기의 문신이었던 李詹의 시에서도 이를 엿볼 수 있다. 이 시의 내용은 다음과 같다.

    E. 말을 홍경사에 쉬게 하고 　　　　　　　　　　[停驂弘慶寺]

       다시 옛 비문을 읽어보네 　　　　　　　　　　[再讀古碑文]

       글자가 지워진 것은 들 중이 때린 것이요 　　　　[字缺野僧打]

---

73) 그러나 李貞信은 두 번째 가능성에 비중을 두고 있다. 즉 당시 홍경원은 다른 절과 마찬가지로 백성들을 수탈하여 원성의 대상이었기 때문에 이를 불태운 것이라 보고 있다.(앞의 책, 106쪽)

74) "孟雲先生在北弘慶院 行香法席 欲訪未果 吟成一首."(『牧隱集』 詩藁 권34)

이끼가 남은 것은 봄에 불탄 흔적일세.   [苔殘春燒焚]

산위 고갯마루에는 장차 해가 떨어지려 하고   [峴山將落日]

진령에는 정사도 뜬구름일세.   [秦嶺政浮雲]

현종께서 효도를 극진히 하여   [顯廟能敦孝]

큰 뜻을 후손들에게 남겨 주었네.   [貽謀及後昆]

(『新增東國輿地勝覽』 권16 충청도 직산현 역원 홍경원)

이첨은 1345년(충목왕 1) 태어나서 1405년(태종 5)에 죽은 인물로 그가
홍경사에 갔을 때 홍경사는 불타 없어지고 비석만이 남아 있었다는
점을 알 수 있다. 들판을 가던 중이 비문을 때린 것은 명학소 민들이
홍경사를 불태운 것에 대한 아쉬움 때문이었으리라 생각한다. 그리고
현종의 효도를 엿볼 수 있는 유적임을 말하고 있다. 그러나 홍경사가
불타면서 절은 폐허가 되고 원만이 남았으므로, 절 이름을 弘慶院이라고도
하였다.75)

이처럼 현종 때 창건된 홍경사는 고려 무인정권 때까지 중요한 사찰이
었지만 명학소민의 봉기 때 불타 없어지고 광연통화원만 남게 되어
주로 홍경원이라 불려지게 되었던 것이다.

---

75) 창건 당시에는 분명히 '奉先弘慶寺'라 하였다. 왜냐하면 실제 발굴결과 '(大)中祥符
十年' '奉先弘慶寺'라 새겨진 명문기와가 다수 출토되었기 때문이다. '(大)中祥符十
年'은 1017년으로 현종 8년에 해당하며 창건을 시작한 다음 해인 것이다.(충청남
도역사문화연구원, 『천안 호당리 유적, 천안봉선홍경사지 시굴조사보고서』,
2011, 192쪽) 그러나 원래부터 홍경사는 홍경원으로도 불렸다는 견해도 있다.(李
仁在, 「高麗 前期 弘慶寺 創建과 三敎共存論」 『韓國史學報』 23, 2006, 99쪽)

6. 맺음말

이상에서 살펴본 바와 같이 성환과 직산, 천안은 불가분의 관계에 있었다. 고려시대에도 성환역이 있었던 직산현은 천안부에 속해 있었으며 현재에도 천안시 성환읍으로 되어 있는 것이다. 그런데 천안은 고려 태조 왕건과 밀접한 관련을 갖고 있었다. 천안은 태조 13년(930) 풍수지리설에 의해 설치된 것으로 기록에 나와 있다. 그러나 실은 고창[안동] 전투에서 승리한 왕건이 후백제를 완전히 정복하기 위한 남방 군사기지로 건설된 것이었다. 고려시대의 직산이나 성환은 천안의 속현으로써 이를 지원하는 역할을 하였던 것이다.

이러한 성환 지역에 고려 현종이 弘慶寺를 건립하였다. 이 지역 일대에는 이미 유려왕사. 마점사, 천흥사 같은 사찰이 고려 태조 때에 설립되어 있었다. 그런데 태조의 손자이며 안종 욱의 아들이었던 현종이 아버지의 뜻을 받들어 건립한 사찰이 바로 홍경사였다. 불쌍하게 돌아가신 아버지의 뜻을 받들고 명복을 빌기 위해 아버지가 봐둔 자리에 홍경사를 건립하였던 것이다. 절뿐 아니라 광연통화원을 건립하여 백성들을 구제하려 하였다. 사찰과 인연이 깊었던 현종이 취한 불교 정책의 일환이기도 했다. 또 홍경사는 불교와 유교, 도교의 삼교가 공존하는 현실 속에서 창건되었다. 즉 홍경사는 불교의 福田 사상과 유교나 도교의 仁義 사상, 또 실제 생활 속에서 필요한 상행위 등의 조화 속에서 탄생한 것이라 하겠다.

이러한 홍경사가 후대에 와서는 백성들을 수탈하는 장소로 변모하기도 했다. 무신정권이 들어선 뒤에 이러한 현상은 더욱 심화되었다. 무신들이 지방관으로 내려오면서 수탈체계가 더욱 심화되었던 것이다. 게다가 공주 명학소에서 일어난 망이·망소이 등의 봉기군을 진압하는데 협조함으로써 명학소 민의 공격 대상이 되기도 했다. 이때 홍경사는 불타 없어지고 광연통화원만 남게 되어 홍경원이라고도 불려지게 되었던 것이다.

1. 원전사료

『三國史記』　　　　　　　　『三國遺事』
『高麗史』　　　　　　　　　『高麗史節要』
『朝鮮金石總覽』　　　　　　『新增東國輿地勝覽』
『三峯集』　　　　　　　　　『牧隱集』
『東文選』　　　　　　　　　『東國通鑑』
『東史綱目』　　　　　　　　『益齋亂藁』
『世祖實錄』　　　　　　　　『大東地志』
『東國李相國集』　　　　　　『慶尙道地理志』
『世宗實錄地理志』　　　　　『韓國金石遺文』
『韓國金石全文(中世 上)』
『漢書』　　　　　　　　　　『說苑』
『唐書』　　　　　　　　　　『宋史』
『舊唐書』　　　　　　　　　『文獻通考』

2. 저서

강은경,『고려시대 戶長層 연구』, 혜안, 2002.
고구려연구회,『서희와 고려의 고구려 계승의식』, 학연문화사, 1999.
구산우,『고려전기 향촌지배체제 연구』, 혜안, 2003.
권순형,『고려의 혼인제와 여성의 삶』, 혜안, 2006.
김갑동,『나말려초의 호족과 사회변동 연구』, 고려대 민족문화연구소, 1990.
김갑동,『고려의 후삼국 통일과 후백제』, 서경문화사, 2010.
김갑동,『고려의 토속신앙』, 혜안, 2017.
김갑동,『고려태조 왕건정권 연구』, 혜안, 2021.
김남규,『고려 양계 지방사연구』, 새문사, 1989.

김성준, 『한국중세 정치법제사연구』, 일조각, 1985.

김위현, 『고려시대 대외관계사 연구』. 경인문화사, 2004.

김일우, 『고려초기 국가의 지방지배체계 연구』, 일지사, 1998.

김재만, 『고려·거란 관계사 연구』, 국학자료원, 1999.

김창현, 『고려의 여성과 문화』, 신서원, 2007.

김창현, 『천추태후, 역사 그대로』, 푸른역사, 2009.

김철웅, 『한국중세 국가제사의 체제와 雜祀』, 한국연구원, 2003.

류영철, 『고려의 후삼국통일과정 연구』, 경인문화사, 2005.

박옥걸, 『고려시대 귀화인연구』, 국학자료원, 1996.

박용운, 『고려시대사』, 일지사, 1985.

박은경, 『고려시대 향촌사회연구』, 일조각, 1996.

박종기, 『고려시대 부곡제연구』, 서울대출판부, 1990.

박종기, 『고려의 지방사회』, 푸른역사, 2002.

박종진, 『고려시기 지방제도 연구』, 서울대학교출판문화원, 2017.

방동인, 『한국의 국경획정연구』, 일조각, 1997.

백제연구소 편, 『후백제와 견훤』, 서경문화사, 2000.

신복룡 외, 『고려실용외교의 중심, 서희』, 서해문집, 2010.

신형식, 『한국 사학사』, 삼영사, 1999.

신호철, 『후백제 견훤정권 연구』, 일조각, 1993.

안병우, 『고려전기의 재정구조』, 서울대학교출판부, 2002.

안주섭, 『고려 거란 전쟁』, 경인문화사, 2003.

안지원, 『고려의 국가불교의례와 문화』, 서울대출판부, 2005.

오세창, 『천안의 옛지명』, 천안문화원, 1989.

윤영인, 『10~18세기 북방민족과 정복왕조 연구』, 동북아역사재단, 2009.

이기백, 『한국사학의 방향』, 일조각, 1978.

이난영 편, 『韓國金石文追補』, 아세아문화사, 1979.

이미지, 『태평한 변방, 고려의 對거란 외교와 그 소산』, 경인문화사, 2018.

이정신, 『고려 무신정권기 농민·천민항쟁 연구』, 고려대 민족문화연구소, 1991.

이정신, 『고려시대의 정치변동과 대외정책』, 경인문화사, 2004.

이정훈, 『고려전기 정치제도 연구』, 혜안, 2007.

장페이페이 외 지음, 김승일 옮김, 『한중관계사』, 범우, 2005.

전북전통문화연구소, 『후백제 견훤정권과 전주』, 주류성, 2001.

정구복, 『한국중세사학사(1)』, 집문당, 1999.

정구복, 『한국중세사학사』, 경인문화사, 2014.

정용숙, 『고려왕실 족내혼 연구』, 새문사, 1988.

정용숙, 『고려 시대의 后妃』, 민음사, 1992.

정청주, 『신라말고려초 호족연구』, 일조각, 1996.

정해은,『고려시대 군사전략』, 군사편찬연구소, 2006.
채웅석,『고려시대의 국가와 지방사회』, 서울대출판부, 2000.
최종석,『한국 중세의 읍치와 성』, 신구문화사, 2014.
충청남도역사문화연구원,『천안 호당리 유적, 천안봉선홍경사지 시굴조사보고서』,
　　　　2011.
하현강 외,『한국의 역사인식(상)』, 창작과 비평사, 1976.
하현강,『한국중세사연구』, 일조각, 1988.
한국종교사연구회 편,『성황당과 성황제』, 민속원, 1998.
한영우,『역사학의 역사』, 지식산업사, 2002.

3. 논문

강현자,「고려 현종대 봉선 홍경사의 창건배경」『중앙사학』21, 2005.
강현자,「고려 현종대 봉선 홍경사의 기능」『사학연구』84, 2006.
고윤수,「고려 현종대의 醴泉郡과 漆谷郡 - 고려전기 개경정부의 지방지배 전략과
　　　　지방사회의 변화 - 」『역사와 담론』36, 2003.
구산우,「고려 태조대의 지방제도 개편 양상」『부산사학』22, 1998.
구산우,「고려 현종대의 대거란전쟁과 그 정치·외교적 성격」『역사와 경계』74,
　　　　2010.
권순형,「고려 목종대 헌애왕태후의 섭정에 대한 고찰」『사학연구』89, 2008.
김갑동,「'고려초'의 주에 대한 고찰」『고려사의 제문제』, 삼영사, 1986.
김갑동,「고려태조대 군·현의 내속관계형성」『한국학보』52, 일지사, 1988.
김갑동,「고려왕조의 성립과 군현제의 변화」『국사관론총』35, 1992.
김갑동,「왕권의 확립 과정과 호족」『한국사』12, 국사편찬위원회, 1993.
김갑동,「신라의 멸망과 경주세력의 동향」『신라문화』10·11, 1994.
김갑동,「김심언의 생애와 사상」『사학연구』48, 1994.
김갑동,「고려 현종대의 지방제도 개혁」『한국학보』80, 1995.
김갑동,「고려시대의 도령」『한국중세사연구』3, 1996.
김갑동,「고려초의 관계와 향직」『국사관론총』78, 1997.
김갑동,「백제유민의 동향과 나말여초의 공주」『역사와 역사교육』3·4합집, 1999.
김갑동,「고려시대 나주의 지방세력과 그 동향」『한국중세사연구』11, 2001.
김갑동,「羅末麗初의 洌川과 卜智謙」『韓國中世社會의 諸問題』, 2001.
김갑동,「왕건의 훈요10조 재해석」『역사비평』60, 2002.
김갑동,「후백제의 멸망과 견훤」『韓國史學報』12, 2002.
김갑동,「나말려초 천안부의 성립과 그 동향」『한국사연구』117, 2002.
김갑동,「고려시대의 대전과 명학소민의 봉기」『고려무인정권과 명학소민의 봉기』,
　　　　다운샘, 2004.

김갑동, 「고려 현종과 사천지역」『한국중세사연구』 20, 2006.

김갑동, 「고려의 후삼국 통일과 유금필」『軍史』 69, 2008.

김갑동, 「나말려초 강릉호족의 성립배경과 존재양태」『강릉학보』 2, 2008.

김갑동, 「고려전기 后妃의 稱外姓 문제」『한국사학보』 37, 2009.

김갑동, 「고려 현종의 혼인과 김은부」『한국인물사연구』 15, 2011.

김광철, 「고려초기 실록편찬」『석당론총』 56, 2013.

김남규, 「고려 양계의 도령에 대하여」『경남대논문집』 4, 1977.

김당택, 「高麗 穆宗 12년의 政變에 대한 一考」『韓國學報』 18, 1980.

김당택, 「徐熙와 成宗代의 지배세력」『徐熙와 高麗의 高句麗繼承意識』, 학연문화사, 1999.

김두향, 「고려 현종 대 정치와 吏系 관료」『역사와 현실』 55, 2005.

김명진, 「태조 왕건의 천안부 설치와 그 운영」『한국중세사연구』 22, 2007.

김명진, 「고려시대 천안지역의 왕실 불교」『국학연구』 34, 2017.

김보광, 「고려 초 康兆의 政變과 中臺省의 등장」『사학연구』 109, 2013.

김보광, 「고려 성종·현종대 太祖配享功臣의 선정 과정과 의미」『사학연구』 113, 2014.

김성준, 「高麗七代實錄의 編纂과 史官」『民族文化論叢』 1, 嶺南大, 1981.

김성준, 「사서의 편찬」『한국사』 17, 국사편찬위원회, 1994.

김아네스, 「고려초기의 都護府와 都督府」『歷史學報』 173, 2002.

김아네스, 「고려시대 천추태후의 정치적 활동」『한국인물사연구』 10, 2008.

김일우, 「고려초기 군현의 주속관계 형성과 지방통치」『민족문화』 12, 1989.

김정숙, 「金周元世系의 성립과 그 변천」『白山學報』 28, 1984.

김창현, 「고려시대 천추태후와 인예태후의 생애와 신앙」『한국인물사연구』 5, 2006.

김창현, 「고려시대 후비의 칭호와 궁」『고려의 여성과 문화』, 신서원, 2007.

김태영, 「조선초기 祀典의 成立에 대하여」『역사학보』 58, 1973.

김태욱, 「고려 현종대 宰樞의 사회적 기반」『이기백선생고희기념한국사학론총』上, 일조각, 1994.

김회윤, 「고려 현종대 羅城 축조 과정에 관한 연구」『한국사학보』 55, 2014

노명호, 「고려의 五服親과 親族關係 法規」『한국사연구』 33, 1981.

노명호, 「고려초기 왕실출신의 '鄕里'세력 - 麗初 親屬들의 政治勢力化 樣態 - 」『고려사의 제문제』, 삼영사, 1986.

류영철, 「후삼국 정립기 고려의 지방경영과 부(府)의 성립」『한국중세사회의 제문제』, 한국중세사학회, 2001.

문철영, 「봉선 홍경사와 망이·망소이의 난」『충청학과 충청문화』 4, 2004.

박옥걸, 「고려 '도령'에 관한 재검토」『사학연구』 58·59, 1999.

박은경, 「고려시대 읍호승강과 군현제」『백산학보』 57, 2000.

박종기, 「고려태조 23년 군현개편에 관한 연구」『한국사론』 19, 서울대 국사학과, 1988.

박한설,「羅州道行臺考」『江原史學』1, 1985.

박현서,「북방민족과의 항쟁」『한국사』4, 국사편찬위원회, 1974.

박홍배,「홍경사 창건의 사상적 배경」『경주사학』3, 1984.

변동명,「고려시대의 羅州 錦城山信仰」『전남사학』16, 2001.

신석호,「韓國の修史事業」『조선학보』89, 1978.

신성재,「고려 현종대 강민첨의 생애와 군사활동」『백산학보』109, 2017.

윤경자,「고려 왕실의 혼인형태」『숙대사론』3, 1968.

윤경진,「고려 성종 14년의 군현제 개편에 대한 연구」『한국문화』27, 서울대, 2001.

이인재,「고려 전기 홍경사 창건과 삼교공존론」『한국사학보』23, 2006.

이재운,「崔承老의 정치사상」『汕耘史學』3, 1989.

이정란,「고려 후비의 칭호에 관한 고찰」『典農史論』2, 1996.

이정란,「고려시대 혼인형태에 대한 재검토」『사총』57, 2003.

이태진,「김치양 난의 성격」『한국사연구』17, 1977.

임지원,「고려 현종대 軍律 제정과 戰歿者 예우」『대구사학』137, 2019.

전경숙,「고려 현종대 거란과의 전쟁과 군사제도 정비」『역사와 담론』82, 2017.

조한필,「성거산 천흥사와 고려 태조·현종」『향토연구』18, 천안향토사연구소, 2010.

최종석,「현종대 고려-거란 관계와 외교 의례」『동국사학』60, 2016.

하현강,「고려 전기의 왕실혼인에 대하여」『梨大史苑』7, 1968.

하현강,「고려시대의 역사계승의식」『이화사학연구』8, 1976.

하현강,「고려지방제도의 일연구 - 도제를 중심으로」『사학연구』13·14, 1962.

한정수,「고려 현종~정종 대 八關會의 정비와 그 의미」『한국사연구』194, 2021.

江原正昭,「高麗 王族の成立 - 特に太祖の婚姻お 中心として-」『朝鮮史研究會論文集』2, 1966.

旗田巍,「高麗王朝成立期の府と豪族」『法制史研究』10, 1960.

李熙永,「高麗朝 歷代妃·嬪の姓の繼承に關する一試論 - 同姓不婚制の形成過程における一現像究明 -」『民族學研究』31-1, 1966.

周藤吉之,「宋代の三館秘閣と高麗前期の三館と特に史館」『高麗朝官僚制の研究』, 法政大學出版局, 1980.

찾아보기

지은이 | 김 갑 동

대전광역시 출생. 대전고·공주사범대학 역사교육과 졸업
고려대학교 대학원 사학과 석사·박사과정 졸업(문학박사)
원광대학교 국사교육과 부교수, 대전대학교 박물관장·인문예술대학 학장, 호서사학회·한
국중세사학회 회장, 교육부 역사교육심의위원, 중학교 및 고등학교 한국사 교과서 검정위
원, 전국수학능력시험, 중등교사 임용시험 출제위원 역임
전 대전대학교 역사문화학과 교수

중요 저서

『나말려초의 호족과 사회변동 연구』(고려대 민족문화연구소, 1990), 『주제별로 본 한국역
사』(서경문화사, 1998), 『태조 왕건』(일빛, 2000), 『옛사람 72인에게 지혜를 구하다』(푸른
역사, 2003), 『고려 전기 정치사』(일지사, 2005), 『중국산책』(서경문화사, 2005), 『라이벌
한국사』(애플북스, 2007), 『고려의 후삼국 통일과 후백제』(서경문화사, 2010), 『충청의
얼을 찾아서』(서경문화사, 2012), 『고려시대사 개론』(혜안, 2013), 『고려의 토속신앙』(혜안,
2017), 『고려태조 왕건정권 연구』(혜안, 2021)

고려 현종 연구

김 갑 동 지음

초판 1쇄 발행 2022년 3월 31일

펴낸이 오일주
펴낸곳 도서출판 혜안

등록번호 제22-471호
등록일자 1993년 7월 30일

주 소 ⑨04052 서울시 마포구 와우산로 35길 3(서교동) 102호
전 화 3141-3711~2
팩 스 3141-3710
이메일 hyeanpub@hanmail.net

ISBN 978-89-8494-676-7 93910

값 28,000 원